新型城镇化战略与国家治理现代化研究

黄建洪 著

人民出版社

责任编辑：夏　青
封面设计：汪　阳

图书在版编目(CIP)数据

新型城镇化战略与国家治理现代化研究 / 黄建洪著.
北京 ：人民出版社，2024. 12. -- ISBN 978 - 7 - 01 - 026621 - 3

Ⅰ. F299. 21；D630. 1

中国国家版本馆 CIP 数据核字第 2024PP9840 号

新型城镇化战略与国家治理现代化研究

XINXING CHENGZHENHUA ZHANLÜE YU GUOJIA ZHILI XIANDAIHUA YANJIU

黄建洪　著

人民出版社 出版发行
（100706　北京市东城区隆福寺街 99 号）

中煤(北京)印务有限公司印刷　新华书店经销

2024 年 12 月第 1 版　2024 年 12 月北京第 1 次印刷
开本:710 毫米×1000 毫米 1/16　印张:20. 5
字数:365 千字

ISBN 978 - 7 - 01 - 026621 - 3　定价:85.00 元

邮购地址 100706　北京市东城区隆福寺街 99 号
人民东方图书销售中心　电话 (010)65250042　65289539

国家社科基金后期资助项目
出版说明

后期资助项目是国家社科基金设立的一类重要项目，旨在鼓励广大社科研究者潜心治学，支持基础研究多出优秀成果。它是经过严格评审，从接近完成的科研成果中遴选立项的。为扩大后期资助项目的影响，更好地推动学术发展，促进成果转化，全国哲学社会科学工作办公室按照“统一设计、统一标识、统一版式、形成系列”的总体要求，组织出版国家社科基金后期资助项目成果。

全国哲学社会科学工作办公室

目　　录

导　论

尽管对于城镇化的定义众说纷纭，但是城市（镇）化之于现代化的基础作用却为人们一致肯定。城镇化是中国现代化进程的重要组成部分，其影响中国发展的速度、广度和深度值得密切关注。近年来，伴随着与新型工业化、信息化和农业现代化一道的“新四化”定位，新型城镇化以国家战略方式进入到转型治理场域。根据国家统计局 2024 年初发布的数据显示，2023 年末城镇常住人口 93267 万人，比上年末增加 1196 万人；乡村常住人口 47700 万人，减少 1404 万人；城镇人口占全国人口比重（城镇化率）为 66.16%，比上年末提高 0.94 个百分点①。然而，人们对于城镇化的关注尤其是在地方实践层面上，在相当程度上仍然延续既有的思路和路径依赖，表现为对经济发展的过度依赖，这无疑会戕害城镇化的健康发展。实际上，从实践的内生性与发展的可持续性角度讲，新型城镇化是一个复杂的“国家”现象，它不仅关系到未来城镇发展的战略定位，更关涉到能否有效推进国家治理体系与治理能力的现代化。

一、研究背景与意义

新型城镇化正以战略方式进入国家治理场域。无论从学术界大量关注所引发的“知识现象”而言，还是我国从实务界正戮力推进的“实践运动”而论，作为我国现代化战略“推进器”的新型城镇化已然成为导引国家治理变迁的关键性变量之一。然而，从回应于知识资源整合性研究的需要与对建设实践阻力化解的关注看，对于大转型时代中国城镇化运行的实践基础、发展逻辑与塑构作用之认知，总体上尚处于亟待深化阶段。跳脱纯粹经济功能这一显性工具性的理解，导入公共管理学的理论视野，新型城镇化的理论发生学与实践运筹学之于国家建构价值便能够得到较好展现。正是基于此，我们认为，作为现代化历程之中的城镇化，其所内蕴的发展意义与对风险的规避探寻应予以更为充分的关注。

① 国家统计局：《中华人民共和国 2023 年国民经济和社会发展统计公报》，2024 年 2 月 29 日。

城镇化的发生与发展,既是经济社会发展到一定阶段的必然,又是国家治理的结果,即它既是作为自然历史过程的一种自生自发的秩序,更是国家战略选择与政策安排的结果。中国城镇化道路,既有西方先发国家城市化发展所出现的问题影子,更有中国传统社会城市演化的深刻烙印,但从根本上讲,城镇化发展的“新型”形态是一种回应国家治理的公共供给,具有显著的实践能动性与主观建构性。为此,这就需要导入公共供求的视野从而进行有针对性的分析。

一般而言,治理是在既定的时间和空间中展开的,这个具有限定的时空便构成治理主体据以进行判断与政策选择的场域。社会存在决定行为选择。场域的先赋性与给定性直接制约着行动者的实践,因此其对于特定治理场景中的议题筛选、议程设置、偏好排序、模式选择、资源配置、行为调节以及绩效监管等活动有着重大塑造作用。当分散的社会期望汇聚成为一种普遍明确的需求的时候,对于此种需求进行及时甄别、有效整合以及作出有针对性的政策输出便成为以“体系—过程—政策”方式展开的国家治理,它直接影响到社会公共产品的供给和公共服务的提供。但是,公共回应并不总是能够主动且有效地发生,它既受到公共需求的表达方式和主张强度的影响,同时更受制于既有治理结构对于此种需求的捕捉能力、阐释能力以及政策输出能力,而且在此过程中既需要形成适度的“刺激—反应”,更要有面对新议题、新格局的开放与调适。公共需求的导向性与公共供给的回应性之间的关系表明,国家治理的持续改进,不论是主动选择还是被动接受,都是重要的公共选择,其选择方式与路径的不同,后果也常常迥异。

显然,无论是从中国社会内部结构的复杂性还是现代化有序转型的稳妥性出发,都不能简单移植西方城市化理论来研究中国问题,需要既尊重中国的历史,又尊重中国社会的现实。正如美国学者弗里德曼所强调的那样,对于中国城镇化的有效研究,必须要注意到其特性①:一是二元性,它拥有古老城市文明的历史延续性与时代独特性;二是多维“社会—空间”性,包含历史、经济、社会、文化等诸多重叠性发展题域,需要跨学科的视野;三是内生性,作为一种内源性过程,它是导致中国独特现代性的具体形式。这样的辨识,对于我们进行的新型城镇化研究,具有重要的方法论意义。

基于治理场域中的公共供求视角,本书围绕“型构思路——实践逻辑——塑铸作用——改革向度”的理路,拟探究如下问题:中国新型城镇化

---

① John Friedmann,“Four Theses in the Study of China’s Urbanization”,*International Journal of Urban and Regional Research*,2006,30(2).

战略的形态嬗变与国家治理的新需求，新型城镇化的构造思路、实践逻辑以及其塑铸作用与国家治理现代化。作为一项综合性的战略议程和持续大规模的公共选择过程，新型城镇化将引发中国社会的结构性巨变，城镇化发展的"中国道路"也将对创新国家治理的调适向度与改革议程提出新要求，围绕城镇化发展这一公共供求的研究切入或许能够为我们提供一个观察中国发展的新窗口和新契机。

二、国内外文献综述

党的十九届六中全会审议通过的《中共中央关于党的百年奋斗重大成就和历史经验的决议》明确指出：推进以人为核心的新型城镇化，加强城市规划、建设、管理。这为新时代深入推进以人为本的新型城镇化、全面提升城镇品质、更好地满足人民群众对美好生活的需要，指明了方向。与此同时，这也为从更高层面、更为自觉、更加系统的角度，落实《中华人民共和国国民经济和社会发展第十四个五年规划和二〇三五年远景目标纲要》中"完善新型城镇化战略　提升城镇化发展质量"的政策倡导，提供了遵循。党的二十届三中全会审议通过的《中共中央关于进一步全面深化改革、推进中国式现代化的决定》指出：统筹新型工业化、新型城镇化和乡村全面振兴，健全推进新型城镇化体制机制，促进城乡共同繁荣发展。这为进一步全面深化改革、促进新型城镇化高质量发展，提供了新思路，提出了新要求。

（一）国内学界关于城市化和新型城镇化的研究

1. 近年总体文献概况

近年国内关于新型城镇化有着较为广泛的研究。仅入库中文专著而言，2019 年 1 月—2023 年 6 月期间就有 63 本之多。如在 2020 年一年间代表性的著述，就涉及 6 个典型视角：(1) 从马克思关于人的发展思想视角，研究以人为核心的中国新型城镇化①；(2) 从结构转型、时空质均衡演化视角，研究城镇化质量提升②；(3) 从效率增进、产业升级与绿色发展视角，

① 王格芳：《以人为核心的新型城镇化道路研究》，人民出版社 2020 年版；丛书编写组：《推进以人为核心的新型城镇化》，中国市场出版社 2020 年版；何立峰主编：《国家新型城镇化报告(2020—2021)》，人民出版社 2022 年版。

② 胡星：《基于结构转型、时空质均衡演化的新型城镇化质量提升研究》，经济管理出版社 2020 年版。

研究城镇化转型①;(4)从发展目标、动力机制与绩效评价角度,研究西部地区新型城镇化②;(5)从理念、框架与路径视角,研究城镇化进程中城市文化发展③;(6)基于人口、经济与制度视角对中国城镇化进行探索。此外,2019—2021年涉及议题广泛,如新中国城镇化发展70年④;新型城镇化与社会组织创新⑤,村镇规划⑥;高质量城镇化发展道路⑦,新型城镇化与城乡融合发展⑧,农业转移人口的土地退出机制与实现途径⑨,新型城镇化的金融支持⑩、新型城镇化的财政支持⑪以及新型城镇化的质量提升⑫等。

从代表性的观点看,提出以人为核心的城镇化需要关注转变、转型与转换。譬如,有学者提出要关注我国城镇化下半场的12个拐点,即速度拐点、机动化拐点、老龄化拐点、住房拐点、碳排放拐点、能源资源拐点、污染曲线拐点、四线城市和小城镇人口流失拐点、城市群集聚拐点、历史文脉拐点、住房回归居住功能拐点、城市安全拐点等⑬,就比较清晰地勾勒出了围绕人之需求城镇化的发展趋势,值得关注。

---

① 于斌斌:《中国新型城镇化转型与治理:效率增进、产业升级与绿色发展》,经济科学出版社2020年版;张东玲、王艳霞、刘敏:《新型城镇化对城市土地绿色利用效率的政策驱动效应——基于280个地级市的实证检验》,《城市问题》2022年第4期。

② 杨佩卿:《西部地区新型城镇化研究——发展目标、动力机制与绩效评价》,中国社会科学出版社2020年版。

③ 张学昌:《中国特色新型城镇化进程中的城市文化发展研究:理念、框架与路径》,四川大学出版社2020年版。

④ 蔡昉、都阳等:《新中国城镇化发展70年》,人民出版社2019年版;黄锟:《新时代中国特色新型城镇化道路》,社会科学文献出版社2019年版;黄茂兴、张建威:《中国推动城镇化发展:历程、成就与启示》,《数量经济技术经济研究》2021年第6期。

⑤ 李桂平、易玲:《嵌入型监管:城镇化背景下社会组织政策创新》,《江西社会科学》2018年第6期。

⑥ 金兆森、陆伟刚、李晓琴:《村镇规划》,东南大学出版社2019年版。

⑦ 杨志恒:《人本主义视角下城镇高质量发展的概念、目标与路径》,《现代城市研究》2023年第3期。

⑧ 刘爱梅:《新型城镇化与城乡融合发展》,人民出版社2021年版。

⑨ 唐浩:《新型城镇化进程中农业转移人口的土地退出机制与实现途径研究》,经济管理出版社2021年版。

⑩ 马德功、王建英等:《新型城镇化金融支持研究》,西南财经大学出版社2021年版。

⑪ 梁益琳:《新型城镇化建设与财政支持模式》,经济科学出版社2020年版;赵德昭:《地方政府财政治理对就地城镇化影响的实证研究》,《中国软科学》2022年第1期。

⑫ 杨佩卿:《西部地区新型城镇化研究——发展目标、动力机制与绩效评价》,中国社会科学出版社2020年版。

⑬ 仇保兴、叶蒙宇、宁坤:《关注我国城镇化下半场的十二个拐点》,《城市发展研究》2021年第9期。

进一步看，以2022—2023年国内出版的40多本代表性著作看，主要涉及如下的集中研究：一是城镇化道路与模式的总体性研究①；二是人口城市化、以人为本的城镇化研究②；三是城镇化与乡村振兴、城乡融合发展的研究③；四是城市群与区域协调发展研究④；五是城镇化与产业发展、产城融合的研究⑤；六是城镇化与生态文明的研究⑥；七是城镇化与地方政府行为

① 侯月丽等：《新型城镇化标准化研究与实践》，中国标准出版社2023年版；刘成晨、陈建平等：《新型城镇化的多维研究》，上海三联书店2022年版；袁方成：《迈向充分而平衡的新型城镇化》，中国社会科学出版社2022年版；杨飞虎：《中国新型城镇化包容性发展研究》，经济管理出版社2022年版；许伟：《中国特色城镇化道路探索的研究》，人民出版社2022年版；朱翔：《中国绿色城镇化推进研究》，湖南教育出版社2022年版；马德勇：《中国新型城镇化的技术选择探究》，东北大学出版社2022年版；汪光焘等编著：《新发展阶段的城镇化新格局研究》，中国建筑工业出版社2022年版；何立峰主编：《国家新型城镇化报告（2020—2021）》，人民出版社2022年版；江苏省住房和城乡建设厅等：《城镇化》，中国建筑工业出版社2022年版；方创琳：《城镇化与城市地理学》，科学出版社2023年版；顾菁：《信息化背景下中国城镇化动力作用机理及仿真》，陕西科学技术出版社2022年版。

② 楚天骄：《以人为核心的新型城镇化》，中共中央党校出版社2023年版；梁振民：《我国人口城镇化与土地城镇化协调性研究》，人民出版社2022年版；刘岱宁：《传统农区人口流动与城镇化模式研究》，中国经济出版社2022年版；何苑、代雪玲等：《基于人口变化的我国新型城镇化发展研究》，经济管理出版社2022年版；陈昱：《人口城镇化与土地城镇化互动机理及政策优化研究》，社会科学文献出版社2022年版；任远、赵德余主编：《人口迁移流动和新型城镇化发展》，上海人民出版社2022年版。

③ 刘卫柏、李中：《城镇化进程中的农村土地制度改革研究》，人民出版社2023年版；谢天成：《乡村振兴与新型城镇化协同发展研究》，中国建筑工业出版社2022年版；徐维祥、李露：《乡村振兴与新型城镇化的战略耦合研究》，经济科学出版社2022年版；姚江云：《新型城镇化进程中乡村治理研究》，中南大学出版社2022年版；蒲松林：《城镇体系构建与城乡经济一体化发展研究》，成都时代出版社2022年版；魏后凯、宋亚平编：《新型城镇化与乡村振兴》，社会科学文献出版社2022年版。

④ 孙久文、席强敏等编：《新型城镇化与区域协调发展》，中国人民大学出版社2023年版；孙久文、张皓等：《推进黄河流域高效城镇化与城市群可持续发展的科学路径》，经济管理出版社2023年版；刘青：《基于区域创新体系的珠江三角洲区域城镇化空间研究》，科学出版社2023年版；李慧燕：《京津冀城市群新型城镇化质量时空演变与提升路径》，中国经济出版社2023年版；罗意、王炜等：《新城新生：新疆北部牧区城镇化进程中牧民生活转型研究》，科学出版社2022年版；江欢成、胡昊等主编：《长三角一体化城镇建设与协调发展研究》，上海交通大学出版社2022年版；赵果庆、张欣玲：《城镇化能否突破"胡焕庸线"？——基于2005—2020年中国省区市面板数据的实证检验》，《中国软科学》2022年第12期。

⑤ 谭志雄：《产业集聚与新型城镇化互动发展研究》，中国社会科学出版社2023年版；张晋晋：《新型城镇化与产业集聚互动发展研究》，经济管理出版社2022年版；袁冬梅：《中国城镇化与产业转型升级互动研究》，经济管理出版社2022年版。

⑥ 姚远：《生态位视角下新型城镇化适宜度评价》，中国建筑工业出版社2022年版；邓祥征、张帆等：《城镇化生态转型》，科学出版社2022年版。

的研究①。

2. 城市化、城镇化相关概念研究

其一，制度创新观，如认为城市化是农业国在工业化、现代化过程中制度创新的结果，是一个国家内部人口、资源与产业在市场机制作用下以城市为主导重新进行配置的过程②；其二，空间配置观，认为本质是生产要素在市场调节下的空间优化配置，是与工业化并行的城乡互动、农工互利实现城乡区域共同发展的过程③；其三，系统转化观，强调城镇化是以人为中心、受多种因素影响的极其复杂多变的系统转化过程④，是实现从生存性需求向发展性需求转变、从历时性积累向共时性提升迈进的过程⑤。从连续性的角度看，自 20 世纪 80 年代至 21 世纪初的许多探讨，对城镇化概念与议题的认知仍具启发意义。譬如，费孝通关于“小城镇、大问题”的探讨⑥；对城镇化道路与战略的分析⑦；对城镇化的区域差异及其发展模式的研究⑧；对城市化与农村劳动力流动、就业与市民化以及半城镇化的研究⑨；城市化的格局、构成和机理的探究，对城市空间及社会信任的研究，以及中国城市群的研究等。⑩

① 李丽琴：《财政分权体制下中国新型城镇化的推进与实现》，经济出版社 2023 年版；沈海军：《新型城镇化背景下地方政府公信力提升的路径研究》，社会科学文献出版社 2023 年版；马宁宁：《中国城镇化进程中的政策工具适配性研究》，中国财政经济出版社 2022 年版；侯祥鹏：《基于地方政府行为的中国城镇化发展研究》，江苏人民出版社 2022 年版；沈蕾：《新型城镇化进程中财政政策与金融政策的协同效应和模式选择研究》，中国金融出版社 2022 年版。

② 赵新平、周一星：《改革以来中国城市化道路及城市化理论研究述评》，《中国社会科学》2002 年第 2 期。

③ 孙永正、王秀秀：《中国城市化和城市治理的反思与转型》，《城市问题》2016 年第 1 期。

④ 王勇辉等：《农村城镇化与城乡统筹的国际比较》，中国社会科学出版社 2011 年版，第 3 页。

⑤ 李从军：《中国新城镇化战略》，新华出版社 2013 年版，第 55 页。

⑥ 费孝通：《小城镇 大问题（之二）——从小城镇的兴衰看商品经济的作用》，《瞭望周刊》1984 年第 3 期。

⑦ 袁方：《中国城市化道路的探讨》，《北京大学学报》（哲学社会科学版）1988 年第 3 期。

⑧ 辜胜阻：《非农化及城镇化理论与实践》，武汉大学出版社 1993 年版。

⑨ 崔功豪、武进：《中国城市边缘区空间结构特征及其发展——以南京等城市为例》，《地理学报》1990 年第 4 期；辜胜阻、简新华等：《当代中国人口流动与城镇化》，武汉大学出版社 1994 年版；蔡昉、王德文：《劳动力市场扭曲对区域差距的影响》，《中国社会科学》2001 年第 2 期；蔡昉：《劳动力迁移的两个过程及其制度障碍》，《社会学研究》2001 年第 4 期；温铁军、温厉：《中国的“城镇化”与发展中国家城市化的教训》，《中国软科学》2007 年第 7 期。

⑩ 顾朝林：《中国城市化：格局 · 过程 · 机理》，科学出版社 2008 年版；陆大道、姚士谋等：《基于我国国情的城镇化过程综合分析》，《经济地理》2007 年第 6 期；李强：《政策变量与

3. 党领导城市工作和城市(镇)化政策研究

例如习近平关于新型城镇化重要论述①,党的百年城市思想与中国式现代化②,建党百年优化城乡关系治理的历程经验③,改革开放40年中国新型城镇化发展④,城市空间与党建⑤,党与城市社会变迁⑥,党的城市接管与建设工作⑦,党推进新中国城市化的历史进程及其基本经验⑧,以及城市化与中国共产党执政能力建设⑨。尤其是从历年五年规划(计划)对城市化或城镇化的政策规定及其实践中⑩,可见其深刻影响,见表0-1。

表0-1　历次五年规划(计划)中的城镇化政策取向

序号	名称	时段	内容
1	"一五"计划	1953—1957	恢复城市经济,吸纳农村人口参与工业项目建设;粮票面世,城乡之别开始出现
2	"二五"计划	1958—1962	开展以重工业为核心的工业建设,农业与工商业发展严重滞后,城市化波动
3	"三五"计划	1966—1970	以战备为中心,加快三线建设,改变工业布局,城市化倒退
4	"四五"计划	1971—1975	三线建设收尾,适当发展沿海工业基地,城市化停滞
5	"五五"计划	1976—1980	以经济建设为中心,改革开放,知青回城,恢复城市化

中国社会分层结构的调整》,《河北学刊》2007年第5期;桂勇、黄荣贵:《社区社会资本测量:一项基于经验数据的研究》,《社会学研究》2008年第3期;姚士谋、陈彩虹等:《我国城市群区空间规划的新认识》,《地域研究与开发》2005年第3期。

① 刘长庚、吴迪:《习近平关于新型城镇化重要论述的逻辑体系》,《湘潭大学学报》(哲学社会科学版)2021年第6期。

② 黄建洪:《百年党史蕴含丰富的"城市思想"》,《新华日报》2021年5月25日。

③ 姜长云:《建党百年优化城乡关系治理的历程、经验与启示》,《人文杂志》2021年第11期。

④ 朱建良主编:《改革开放40年中国新型城镇化发展》,经济管理出版社2018年版。

⑤ 苏智良:《城市·空间与中共建党》,上海教育出版社2018年版。

⑥ 赵欣、张晓波等:《中国共产党与城市社会变迁》,人民出版社2017年版。

⑦ 郎琦:《晋察冀边区城市接管与建设工作研究》,中国言实出版社2022年版。

⑧ 张新华、杨升祥等:《新中国城市化的基本经验》,载天津市社会科学界联合会编:《新规划·新视野·新发展——天津市社会科学界第七届学术年会优秀论文集》(上),天津人民出版社2011年版。

⑨ 史艺军:《城市化与中国共产党执政能力建设研究》,辽宁人民出版社2005年版。

⑩ 孔翠芳、徐勤贤:《对国家重大规划实施情况评估之思考——以〈国家新型城镇化规划(2014—2020年)〉为例》,《工程研究——跨学科视野中的工程》2022年第3期;黄新华、黄英:《推进中国式现代化的规划治理:过程、特征与机理》,《厦门大学学报》(哲学社会科学版)2022年第5期。

续表

序号	名称	时段	内容
6	“六五”计划	1981—1985	以经济比较发达的城市为中心，带动农村发展，逐步形成经济区；批准设立4大经济特区和14个沿海开放城市/地区
7	“七五”计划	1986—1990	以大城市为中心的、不同层次的城市网络；坚决防止大城市过度膨胀，重点发展中小城市和城镇
8	“八五”计划	1991—1995	合理分工、优势互补、协调发展，严格控制大城市的规模，合理发展中等城市和小城市，以乡镇企业为依托建设一批布局合理、交通方便、具有地方特色的新型乡镇
9	“九五”计划	1996—2000	发展跨省区市经济区，西部大开发，促进区域协调发展和西部城市发展
10	“十五”计划	2001—2005	实施城镇化战略，着重发展小城镇，积极发展中小城市，完善区域性中心城市功能，发挥大城市的辐射带动作用
11	“十一五”规划	2006—2010	走中国特色城镇化道路，促进大中小城市和小城镇协调发展，形成辐射作用大的城市群，培育新的经济增长极
12	“十二五”规划	2011—2015	按照统筹规划、合理布局、完善功能、以大带小原则，遵循城市发展规律，以大城市为依托，以中小城市为重点，形成辐射作用大的城市群，促进大中小城市和小城镇协调发展
13	“十三五”规划	2016—2020	坚持以人的城镇化为核心、以城市群为主体形态、以城市综合承载能力为支撑、以体制机制创新为保障，加快新型城镇化步伐，努力缩小城乡发展差距，推进城乡发展一体化
14	“十四五”规划	2021—2025	坚持走中国特色新型城镇化道路，深入推进以人为核心的新型城镇化战略，以城市群、都市圈为依托促进大中小城市和小城镇协调联动、特色化发展

资料来源：根据国家历次“五年计划”“五年规划”整理而得。

4. 新型城镇化既有推进模式与城市性的研究

在20世纪八九十年代，我国城市化特征在于人口高度聚集①；以接力式进城为核心的弹性城市化模式②，也是一种农民自主的城市化模式，打破行政建制与城乡体制的界限在沿海地区形成带状城市③。这一阶段非农产

① 江曼琦、席强敏：《中国主要城市化地区测度——基于人口聚集视角》，《中国社会科学》2015年第8期。

② 王德福：《弹性城市化与接力式进城——理解中国特色城市化模式及其社会机制的一个视角》，《社会科学》2017年第3期。

③ 夏柱智、贺雪峰：《半工半耕与中国渐进城镇化模式》，《中国社会科学》2017年第12期。

业发展是城市化发展的持续动力①。作为一种战略进入国家治理场域，城镇化可以分为抑制型城镇化、补偿型城镇化、再平衡城镇化②。政府主导推进是城镇化的重要特质，其推进模式分为7种类型，包括建立开发区、建设新区和新城、城市扩展、旧城改造、建设中央商务区、乡镇产业化和村庄产业化③。新型城镇化是以城乡统筹、城乡一体、产城互动、节约集约、生态宜居、和谐发展为基本特征的城镇化，是城市与小城镇、新型农村社区协调发展互促共进的城镇化④。实践中的城镇化包括技术—经济型、社会—政治型、文化—生存型、生态—环境型和心理—体认型的城镇化，引发的中国"城市性"即人本化对国家治理产生着深刻的影响⑤。

5. 新型城镇化与空间生产研究

作为转型中的城镇化，新型城镇化面临空间挤压、资源稀缺、生物宜居性丧失、工具理性泥淖等⑥。既有的研究包括城市化快速发展期城市规划体系建设⑦，基于社会空间理论视角的城镇化进程中的城市社会学研究⑧、城市规划发展史研究⑨，空间共享研究⑩、城中村居住空间治理研究⑪，城郊

① 任杲、宋迎昌：《经济增长、城市化与大城市化——发达国家的发展实践及对中国的启示》，《经济体制改革》2018年第5期。

② 黄建洪：《城镇化发展的"中国道路"与国家治理现代化》，《江汉论坛》2014年第8期。

③ 李强、陈宇琳等：《多元城镇化与中国发展：战略及推进模式研究》，社会科学文献出版社2013年版。

④ 杨静美、张新华等：《新型城镇化建设"三部曲"及政府角色定位——以天津市为例》，《天津行政学院学报》2014年第4期；张玉磊：《新型城镇化的法治视角：从政策之治到法治之治》，《长白学刊》2016年第3期；丁成日、朱佳星、陈灿：《城镇化和城镇化模式对经济增长的影响分析》，《城市发展研究》2022年第12期。

⑤ 国务院发展研究中心和世界银行联合课题组：《中国：推进高效、包容、可持续的新型城镇化》，《中国经济报告》2014年第4期；任远：《人的城镇化：新型城镇化的本质研究》，复旦学报（社会科学版）2014年第4期；杨仪青：《公共服务均等化视角下人的城镇化实现路径》，《现代经济探讨》2016年第5期；黄建洪：《中国城镇化与现代国家认同的三维建构——基于公共供求的视角》，《天津社会科学》2016年第4期。

⑥ 仇保兴：《中国特色的城镇化模式之辨——"C模式"：超越"A模式"的诱惑和"B模式"的泥淖》，《城市发展研究》2009年第1期；李铁：《城镇化改革需破解三大制度障碍》，《农村经营管理》2013年第1期。

⑦ 郝寿义、姚胜利：《加快天津城镇化进程的规划思考》，《北京规划建设》2005年第5期。

⑧ 张宝义：《中国城镇化过程中的空间正义探寻》，《城市》2014年第2期。

⑨ 王富海、孙施文等：《城市规划：从终极蓝图到动态规划——动态规划实践与理论》，《城市规划》2013年第1期。

⑩ 武廷海：《面向公共服务设施配置的村镇中心布局规划研究》，《小城镇建设》2014年第11期。

⑪ 赵聚军：《跳跃式城镇化与新式城中村居住空间治理》，《国家行政学院学报》2015年第1期。

村(社区)城镇化方式研究[①],城市拆迁安置社区治理体系重构研究[②],资本空间化与空间生产研究[③]、城市规模分布演化研究[④]、城镇化水平空间格局[⑤],街面治理与城镇空间再生产[⑥],以及城市群空间结构演化机制研究[⑦]等,成果丰富。此外,以城郊城镇化的政策取向为例,近年来党和国家有关这方面有一系列的政策发展与制度安排,取得了显著成绩,但同时也不断面临新发展需求下的新问题、新挑战[⑧]。

6. 新型城镇化道路与模式研究

一是中国城镇化道路或战略研究。学者对新型城镇化与新型工业化、信息化和新型农业现代化道路一起构成"新四化"的城镇化战略,展开了大量探究[⑨]。这与国家的政策倡导有着极为紧密的联系。二是城镇化模式发展与创新研究,提出了一系列有见地的观点和思路[⑩]。三是新型城镇化战

① 卢福营:《城郊村(社区)城镇化方式的新选择》,《社会科学》2016 年第 10 期。

② 宋辉:《新型城镇化推进中城市拆迁安置社区治理体系重构研究》,《中国软科学》2019 年第 1 期。

③ 杨振宇:《资本空间化:资本累积、城镇化与空间生产》,东南大学出版社 2016 年版;翼福俊:《资本的空间生产与中国城镇化道路研究》,武汉大学出版社 2017 年版。

④ 孙斌栋、金晓溪等:《走向大中小城市协调发展的中国新型城镇化格局》,《地理研究》2019 年第 1 期。

⑤ 臧良震、苏毅清:《我国新型城镇化水平空间格局及其演变趋势研究》,《生态经济》2019 年第 4 期;杨振、雷军:《中国地级及以上城市城镇化发展的时空格局及影响因素》,《中国科学院大学学报》2019 年第 1 期;吴海琳、陆兵哲:《新型城市化的时空社会学分析》,《江海学刊》2019 年第 4 期。

⑥ 王阳、杨佳玲:《街面治理与我国城镇空间再生产的多重逻辑》,《宁夏社会科学》2021 年第 6 期。

⑦ 姚常成、宋冬林:《中国城市群空间结构演化机制与优化路径问题研究》,《教学与研究》2021 年第 10 期。

⑧ 苏红键:《中国城镇化改革红利:一个量化空间分析》,《中国农村经济》2022 年第 11 期;钱振明:《中国城镇化问题的治理之道——基于空间正义的分析》,《江苏行政学院学报》2022 年第 6 期。

⑨ 简新华:《中国城镇化与特色城镇化道路》,山东人民出版社 2009 年版;费孝通:《中国城镇化道路》,内蒙古人民出版社 2010 年版;马晓河、胡拥军:《中国城镇化总体布局及未来战略构想》,《中国特色社会主义研究》2011 年第 2 期;厉以宁编:《中国道路与新城镇化》,商务印书馆 2012 年版;李铁:《中国城镇化进程中的非农就业问题和政府治理结构研究》,中国发展出版社 2013 年版;韩康:《中国城镇化向何处去》,国家行政学院出版社 2013 年版;唐欣芳:《中国特色城镇化道路的选择与发展:一个综述》,《社会科学动态》2022 年第 8 期。

⑩ 杨新华:《新型城镇化的本质及其动力机制研究——基于市场自组织与政府他组织的视角》,《中国软科学》2015 年第 4 期。

略及其推进策略[①]。许多探讨富有启发意义:城镇化过程时空模式[②];多元城镇化战略及推进模式[③];工业化牵引模式[④];产城融合发展模式[⑤];农村城镇化模式[⑥];就地城镇化模式与特色乡镇治理[⑦];县城载体城镇化模式以及去"空心化"的研究[⑧],数字经济赋能新型城镇化发展[⑨]。

7. 新型城镇化与发展成本问题研究

最为关键的是农业转移人口市民化研究,譬如城镇化新阶段下的农业转移人口和农民市民化[⑩],新市民的身份认同[⑪],农民市民化政策与公共服务供给[⑫],

① 吴殿廷、杨春志:《中国新型城镇化战略及其推进策略》,东南大学出版社 2014 年版;朱鹏华、刘学侠:《新型城镇化:基础、问题与路径》,《中共中央党校学报》2017 年第 1 期;邓文钱:《中国新型城镇化发展理论与实践问题研究》,中国政法大学出版社 2018 年版。

② 贺雪峰:《城市化的中国道路》,东方出版社 2014 年版。

③ 李强等:《多元城镇化与中国发展:战略及推进模式研究》,社会科学文献出版社 2013 年版;张自然:《中国最优与最大城市规模探讨——基于 264 个城市的规模成本——收益法分析》,《金融评论》2015 年第 5 期。

④ 郭万超、胡琳琳:《新型城镇化进程中农民工市民化问题探析》,《科学社会主义》2014 年第 3 期;裴长洪:《农民工群体市民化成共享发展最大问题》,《群众》2016 年第 4 期。

⑤ 刘厚莲:《我国特大城市流动人口住房状况分析》,《人口学刊》2016 年第 5 期。

⑥ 徐勇:《深化对农村城镇化认识十题》,《东南学术》2013 年第 3 期;张江华、沈关宝:《深入与反思:费孝通的小城镇理论与 30 年来的中国城镇化实践》,社会科学文献出版社 2016 年版;陆铭:《从分散到集聚:农村城镇化的理论、误区与改革》,《农业经济问题》2021 年第 9 期。

⑦ 祁新华、朱宇:《乡村劳动力迁移的"双拉力"模型及其就地城镇化效应——基于中国东南沿海三个地区的实证研究》,《地理科学》2012 年第 1 期;桂华:《论新型城镇化与乡村振兴战略的衔接》,《贵州社会科学》2020 年第 9 期;邢青松、彭鑫等:《新型城镇化背景下特色乡镇治理演化博弈分析》,《北京交通大学学报》(社会科学版)2020 年第 4 期。

⑧ 刘炳辉、熊万胜:《县城:新时代中国城镇化转型升级的关键空间布局》,《中州学刊》2021 年第 1 期;吴重庆:《超越"空心化":内发型发展视角下的县域城乡流动》,《南京农业大学学报》(社会科学版)2021 年第 6 期。

⑨ 徐维祥、李露等:《乡村振兴与新型城镇化耦合协调的动态演进及其驱动机制》,《自然资源学报》2020 年第 9 期;孙哲远、宋锋华等:《数字经济对城市发展效率的影响及对策——基于全国 70 个主要大中城市的面板数据》,《企业经济》2021 年第 11 期。

⑩ 洪银兴、杨玉珍、王荣:《城镇化新阶段:农业转移人口和农民市民化》,《经济理论与经济管理》2021 年第 1 期;王政:《非农化与城镇化不同步的结构性观察》,《宏观经济管理》2021 年第 11 期。

⑪ 李斌、张贵生:《农业转移人口身份认同的分化逻辑》,《社会学研究》2019 年第 3 期;王桂新:《中国人口流动与城镇化新动向的考察》,《人口与经济》2021 年第 5 期。

⑫ 王敏、吕寒:《新型城镇化、农民市民化与公共服务供给》,《哈尔滨商业大学学报》(社会科学版)2020 年第 4 期;姜彦坤、赵继伦、刘晓静:《政策工具视阈下农业转移人口市民化政策的三维分析》,《经济问题》2021 年第 8 期。

市民化与逆城镇化①等。譬如,对此不同层级政府的城镇化成本,从地方财政分权与新型城镇化关联角度的研究就颇为丰富②。此外,从农民退出机制③,金融支持与投融资平台④,征地机制⑤、土地市场化机制改革⑥、农业转移人口的土地退出机制与实现途径⑦等方面,进行了有益的探索。

8. 新型城镇与乡村振兴战略的协同研究

乡村振兴与新型城镇化的深度融合机理与机制,广受关注⑧。学界把这种融合或耦合称为"双轮驱动"战略⑨,并从精准扶贫跨域协同、制度统合等角度,来探究城镇化与乡村振兴的战略融合路径⑩。学者强调,以人为核

---

① 沈东:《新型城镇化、市民化与逆城镇化》,《江淮论坛》2019 年第 1 期;沈东:《农民工返乡与中国式逆城镇化实践智慧》,《学术界》2022 年第 3 期;李东泉:《新型城镇化进程中社区治理促进市民化目标实现的条件、机制与路径》,《同济大学学报》(社会科学版)2021 年第 3 期;段龙龙、叶子荣:《"逆城镇化"推动中国城乡融合发展的逻辑关联与实现路径》,《当代经济研究》2022 年第 3 期。

② 杨志安、邱国庆:《地方财政分权与新型城镇化:线性抑或倒"U"》,《云南财经大学学报》2019 年第 2 期;王志锋、张维凡、朱中华:《中国城镇化 70 年:基于地方政府治理视角的回顾和展望》,《经济问题》2019 年第 7 期。

③ 姚士谋:《中国城镇化及其资源环境基础》,科学出版社 2010 年版;郑兴明:《中国城镇化进程中农民退出机制研究》,人民出版社 2012 年版。

④ 郭濂:《中国新型城镇化的路径选择与金融支持》,《中国城市金融》2014 年第 10 期;沈洋、犹雨寒、周鹏飞:《数字普惠金融对新型城镇化的影响》,《金融与经济》2021 年第 11 期;马德功、王建英:《新型城镇化金融支持研究》,西南财经大学出版社 2021 年版。

⑤ 程晓波、郁建兴:《城镇化进程中地方政府的征地机制完善与制度创新》,《南京社会科学》2016 年第 11 期。

⑥ 方创琳、马海涛:《新型城镇化背景下中国的新区建设与土地集约利用》,《中国土地科学》2013 年第 7 期;熊金武:《市场导向型城镇化道路中的强制性与退出权——兼论农民工与失地农民的贫民化陷阱》,《中国农村研究》2015 年第 1 期。

⑦ 唐浩:《新型城镇化进程中农业转移人口的土地退出机制与实现途径研究》,经济管理出版社 2021 年版。

⑧ 谢立中:《未来中国城镇化的理想水平与乡村治理的中国方案》,《武汉大学学报》(哲学社会科学版)2020 年第 3 期;徐维祥、李露、周建平、刘程军:《乡村振兴与新型城镇化耦合协调的动态演进及其驱动机制》,《自然资源学报》2020 年第 9 期;张琛、孔祥智:《乡村振兴与新型城镇化的深度融合思考》,《理论探讨》2021 年第 1 期;周文:《新型城镇化和乡村振兴背景下的城乡融合发展研究》,《政治经济学评论》2022 年第 3 期;张明皓:《乡村振兴与新型城镇化的战略耦合及协同推进路径》,《华中农业大学学报》(社会科学版)2022 年第 1 期。

⑨ 陈锡文:《以新型城镇化与新农村建设双轮推进城乡一体化》,《求索》2017 年第 11 期;熊柴、蔡继明等:《城乡融合发展与土地制度改革》,《政治经济学评论》2021 年第 5 期;夏锋:《实施乡村振兴与新型城镇化"双轮驱动"战略》,《中国党政干部论坛》2020 年第 5 期。

⑩ 陈桂生、张跃嫔:《精准扶贫跨域协同研究:城镇化与乡村振兴的融合》,《中国行政管理》2019 年第 4 期;岳文泽、钟鹏宇等:《从城乡统筹走向城乡融合:缘起与实践》,《苏州大学

心的新型城镇化，尤其要考虑与经济增长质量耦合①，把与产业集聚、产业结构升级、特色产业与“特色小镇”模式以及社会治理耦合放到重要位置②。从城镇化与城乡关系角度，农村城市化和城市反哺农村是新型城镇化的两个向度，过于忽视后者会引发严重问题③。基于此，要打通战略的双向互动：其一是打破城乡之间存在的制度性障碍，推动城乡产业互融发展、户籍制度、积极创新农村用地制度和市镇建设体制、完善政绩考核评价机制④；其二是完善城镇化法治建设，使城镇规划立法规范化、创新土地利用法律制度、完善社会保障法律体系、城市治理法律制度以及严格执行环境保护法律制度；其三是处理好政府与市场的边界，成功的城镇化既是市场调节的过程，又是政府调控的结果⑤，譬如，仅就城镇化中的土地问题，就有大量的研究，探讨城镇化发展与农村现代化的相互关系⑥。

9. 新型城镇化战略推进中的体制改革与公共服务研究

新型城镇化中，适应城镇化未来发展需要的行政区划调整值得关注⑦，

学报》（哲学社会科学版）2021 年第 4 期；黄锡生、王中政：《论城乡融合发展的双重逻辑及制度统合》，《现代经济探讨》2021 年第 5 期。

① 徐雪、王永瑜：《中国省域新型城镇化、乡村振兴与经济增长质量耦合协调发展及影响因素分析》，《经济问题探索》2021 年第 10 期；刘治彦、余永华：《以新型城镇化建设促进城乡高质量发展的路径研究》，《企业经济》2021 年第 10 期。

② 唐刚：《发展特色产业与实现新型城镇化——“特色小镇”模式的理论机制与经济效应研究》，《商业研究》2019 年第 6 期；谢国根、蒋诗泉等：《区域经济、城镇化与社会治理耦合协调水平分析》，《统计与决策》2020 年第 1 期；李恩平：《城镇化驱动力与绩效逻辑——以内陆省江西经济转型发展为例》，《江西社会科学》2020 年第 7 期。

③ 刘震、徐国亮：《新型城镇化中的城市反哺农村》，《甘肃社会科学》2017 年第 6 期；蔡禾：《新中国城乡关系发展与当下面临的问题》，《社会学评论》2021 年第 1 期。

④ 李程骅：《中国城市转型研究》，人民出版社 2013 年版。

⑤ 张占斌：《中国新型城镇化道路研究》，国家行政学院出版社 2013 年版；中国金融 40 人论坛课题组：《加快推进新型城镇化：对若干重大体制改革问题的认识与政策建议》，《中国社会科学》2013 年第 7 期。

⑥ 谭荣、曲福田：《中国农地发展权之路：治理结构改革代替产权结构改革》，《管理世界》2010 年第 6 期；李铁：《中国城镇化进程中的非农就业问题和政府治理结构研究》，中国发展出版社 2013 年版；张郁达：《中国城镇化进程中的农村土地制度改革》，知识产权出版社 2015 年版；储德平：《中国农村城镇化发展：内在机制与实证分析》，世界知识出版社 2017 年版；夏柱智：《城市化进程中的土地制度改革比较研究——基于苏南和珠三角的经验》，《社会科学》2019 年第 2 期；刘同山、张云华：《城镇化进程中的城乡二元土地制度及其改革》，《求索》2020 年第 2 期；熊柴、蔡继明、刘媛：《城乡融合发展与土地制度改革》，《政治经济学评论》2021 年第 5 期。

⑦ 李晓琳：《适应城镇化未来发展需要的行政区划调整研究》，《区域经济评论》2021 年第 2 期。

如基于县(市)行政区划调整的中国四大板块区域城镇化[①]。与此相应的,诸如"镇改市"治理体制创新[②]、经济发达镇行政管理体制改革[③]、新型城镇化建设的法治保障[④]、地方和基层政府官员晋升激励与城镇化模式选择之间的关系也不可忽视[⑤]。在城镇化战略推进过程中,公共服务均等化的研究是一个焦点。地方公共服务如何成为新型城镇化的新动力[⑥]、公共服务供给、空间溢出与新型城镇化发展质量[⑦]、公共服务与城镇化质量的关联测度[⑧]、公共服务治理模式[⑨]、城乡基本公共服务均等化[⑩]等讨论,为后续城乡公共服务均等化讨论提供较丰富的理论支持。

10. 以人为核心新型城镇化推进重难点问题研究

近年来,围绕如何以人为本的城镇化研究,呈现加速态势。譬如,有研究从要素转换、演化机理和维度解构三个层面,构建中国新型城镇化的理论逻辑体系,提出"十四五"时期我国新型城镇化发展中的产业结构调整与城镇化新动能培育、空间格局优化与城镇化分类推进、城乡融合发展与城镇化提质增效、有效政府治理与要素市场化配置、双循环新格局与城镇化红利释放、面向经济全球化的开放型城镇化等六项重大问题[⑪],具有启迪性。对中

---

① 孟延春、谷浩:《中国四大板块区域城镇化路径分析:以县(市)行政区划调整为例》,《城市发展研究》2017年第10期。

② 赖先进:《从赋权转向赋能:"镇改市"治理体制创新的优化路径》,《经济体制改革》2021年第5期。

③ 谭景辉:《论新型城镇化中的经济发达镇行政管理体制改革》,《中国行政管理》2019年第10期。

④ 陈柏峰、王裕根:《新型城镇化建设的法治保障:一个研究框架》,《求是学刊》2018年第2期。

⑤ 王芳、陈硕:《晋升激励与城镇化——基于地级市数据的证据》,《中国经济问题》2020年第6期。

⑥ 刘维林:《地方公共服务如何成为新型城镇化的新动力?》,《城市发展研究》2021年第9期。

⑦ 赵永平、王可苗:《公共服务供给、空间溢出与新型城镇化发展质量》,《经济体制改革》2020年第2期;姜瑞云、刘志华:《优化农民工基本公共服务供给的策略分析——基于新型城镇化视角》,《农业经济》2023年第1期;钱振明:《县城城镇化趋势与县城公共服务供给强化之路径》,《中国行政管理》2022年第7期。

⑧ 詹国彬:《公共服务与城镇化质量的关联测度》,《政治学研究》2016年第4期。

⑨ 高红、黄恒学:《新型城镇化视阈下公共服务治理模式研究》,《中国行政管理》2015年第7期。

⑩ 张晓杰:《新型城镇化与基本公共服务均等化的政策协同效应研究》,《经济与管理》2013年第11期;王坤:《新型城镇化背景下民族地区公共服务供给研究》,《中国行政管理》2015年第2期。

⑪ 李兰冰、高雪莲等:《"十四五"时期中国新型城镇化发展重大问题展望》,《管理世界》2020年第11期。

国特色新型城镇化理论内涵的认知与建构①，对以人为核心城镇化战略、模式、动力与道路研究②，以及新型城镇化的要素结构③、城镇化2.0的新动力与新特征④、新型城镇化的区域差异及其动力机制⑤和城镇化系统耦合协调发展⑥等，均为近年比较集中探讨此论域的代表性成果。一则城市权利的讨论。从内涵、问题与对策角度分析人的城镇化⑦，涉及"人"的现代化⑧，城市权利与权利失衡调适⑨，福利维度的城镇化路径选择⑩，以人为核心的"城市能力"论⑪，以及城镇化包容性发展的制度创新、模式选择与政策供给等议题⑫。二则户籍制度改革的探讨。诸如户籍改革、农地转让权与城镇化率⑬，户籍制度改革与农民工市民化⑭，户籍人口城镇化进程评价及

① 陈明星、叶超、陆大道等：《中国特色新型城镇化理论内涵的认知与建构》，《地理学报》2019年第4期。

② 傅允生：《城市化逻辑与进程：中国的实践》，《浙江学刊》2019年第1期；陈亚军：《新型城镇化建设进展和政策举措》，《宏观经济管理》2020年第9期；刘霞辉：《中国式城市化》，《湖南大学学报》（社会科学版）2021年第5期；贺硕怡：《新形势下中国新型城镇化动力问题研究》，《技术经济与管理研究》2021年第8期。

③ 袁方成、陈泽华：《新时代新型城镇化的要素结构及其优化路径》，《华中师范大学学报》（人文社会科学版）2020年第3期。

④ 张颖、卓贤：《城镇化2.0的新动力与新特征——基于手机用户大数据的分析》，《改革》2021年第1期。

⑤ 王滨：《新型城镇化的区域差异及其动力机制研究》，《统计与决策》2020年第10期。

⑥ 苏旭峰、冉启英：《西北地区城镇化系统耦合协调发展分析——基于高质量发展视角》，《技术经济与管理研究》2021年第10期。

⑦ 李源、郭祥林：《人的城镇化：内涵、问题与对策》，《人民论坛·学术前沿》2021年第6期。

⑧ 陈心颖：《新型城镇化中"人"的现代化解读》，《福建论坛》（人文社会科学版）2020年第2期。

⑨ 周文：《西方国家城市权利状况及对中国城镇化建设的启示》，《学术月刊》2021年第8期；曹文宏：《从"绝对"到"相对"：城镇化进程中的权利失衡及其调适》，《求实》2021年第4期。

⑩ 罗必良、洪炜杰：《城镇化路径选择：福利维度的考察》，《农业经济问题》2021年第9期。

⑪ 马长发、贾鼎、李嘉、朱文浩：《以人为核心的"城市能力"论——中国新型城镇化研究新思维》，《城市发展研究》2020年第12期。

⑫ 常亚轻、黄健元等：《长江经济带包容性城镇化发展区域差异研究》，《南通大学学报》（社会科学版）2020年第5期；杨飞虎、王晓艺：《我国新型城镇化包容性发展的制度创新与模式选择研究》，《江西社会科学》2020年第2期。

⑬ 赵军洁、张晓旭：《中国户籍制度改革：历程回顾、改革估价和趋势判断》，《宏观经济研究》2021年第9期；李沛霖：《户籍制度改革区域差异对人口流动影响研究》，《人口与发展》2021年第6期。

⑭ 张光辉：《新型城镇化、户籍制度改革与农民工市民化研究》，《产经评论》2019年第5期；蒲小勇：《新型城镇化进程中农民工市民化权利保障问题研究》，《领导科学论坛》2023年第4期；王涛：《新型城镇化视角下农民工市民化现状及成本分担机制研究》，《农业经济》2023年第4期。

城际差异①，户籍身份转换与居民幸福感②等。三则农民工市民化的研究。走以人民为中心的城镇化中国道路，近阶段首要解决庞大农业转移人口市民化的问题③，对农民外出务工的逻辑④、农民工“进城落户”意愿⑤、农民工的就业歧视及其社会风险⑥、人口、土地与产业三维协调发展⑦等展开了富有启发性的探讨。

11. 新型城镇化案例研究

近些年来，以案例方式讨论城镇化的研究不断涌现。如苏南城镇化发展，天津市华明示范镇⑧，来自云南的城镇化实践⑨，基于中镇案例的节约型城镇化模式⑩，江苏新型城镇化与城乡一体化“空间落点”协同战略⑪，少数民族地区构建新型城镇化战略格局⑫，长江三角洲城市农民工留城意愿⑬，

① 刘金伟：《户籍人口城镇化进程评价及城际差异分析》，《国家行政学院学报》2018 年第 4 期。

② 邵光学：《新型城镇化背景下户籍制度改革探析》，《上海经济研究》2015 年第 2 期；樊纲、胡彩梅：《调整“城镇化”偏差，明确“城市化”战略》，《深圳大学学报》（人文社会科学版）2017 年第 3 期；霍鹏、张冬、屈小博：《城镇化的迷思：户籍身份转换与居民幸福感》，《农业经济问题》2018 年第 1 期；唐琼：《新型城镇化背景下户籍制度改革的难点及对策》，《湖湘论坛》2022 年第 3 期；李蹊：《避责型块内分割：新型城镇化下小城市户籍改革困境分析》，《北京工业大学学报》（社会科学版）2023 年第 3 期。

③ 焦晓云：《当代中国人的城镇化研究》，吉林大学出版社 2018 年版。

④ 辜胜阻、郑凌云、易善策：《新时期城镇化进程中的农民工问题与对策》，《中国人口·资源与环境》2007 年第 1 期；贺雪峰、董磊明：《农民外出务工的逻辑与中国的城市化道路》，《中国农村观察》2009 年第 2 期。

⑤ 冯奎：《新型城镇化过程中政府的角色》，《中国党政干部论坛》2013 年第 8 期。

⑥ 张平：《中国新型城镇化道路与人的城镇化政策选择》，广东经济出版社 2015 年版；徐和平：《城市化比较与中国城市化道路选择》，贵州人民出版社 2000 年版。

⑦ 段进军：《城镇化转型与健康城镇化道路》，苏州大学出版社 2017 年版；刘习平：《中国新型城镇化转型研究：人口、土地与产业三维协调发展的视角》，知识产权出版社 2018 年版；张蔚文、麻玉琦等：《现代化视野下的中国新型城镇化》，《城市发展研究》2021 年第 7 期。

⑧ 张贵、韩彦清：《城镇化进程中应把握好的几个问题——天津华明示范镇“三区联动”调研报告》，《经济研究参考》2011 年第 25 期。

⑨ 武友德、王源昌：《边疆少数民族地区特色城镇化发展道路研究——以云南为例的分析》，《云南师范大学学报》（哲学社会科学版）2010 年第 2 期。

⑩ 汪斌锋、郭强：《新型城镇化的“中镇”模式——中国城镇化的第三条道路》，《湖南城市学院学报》2014 年第 1 期。

⑪ 胡小武：《江苏新型城镇化与城乡一体化“空间落点”协同战略》，《南京社会科学》2013 年第 9 期。

⑫ 钟海燕：《城镇化、工业化与民族地区经济发展方式转变》，《广西民族研究》2013 年第 2 期。

⑬ 钱文荣、李宝值：《不确定性视角下农民工消费影响因素分析——基于全国 2679 个农民工的调查数据》，《中国农村经济》2013 年第 11 期。

内蒙古赤峰的牧区城镇化[①]，长三角地区的城镇化格局[②]，西北地区城镇化的路径[③]，中部六省的新型城镇化[④]，山东城镇化[⑤]，天津市东丽区城镇化[⑥]，江苏省宿迁市新型城镇化[⑦]，西部农村就地城镇化[⑧]，县（市）域城镇化[⑨]、珠三角农村青年就地城镇化[⑩]，以及区域案例比较[⑪]等。

12. 新型城镇化面临挑战研究

集聚强时空压缩性与多中心复杂性的城镇化面临多重风险。其一，中国城镇化的最大风险是"城乡矛盾的内化，即城市化的发展没有真正解决城乡二元结构和城乡差别的矛盾，而是转化为城市体系内部更加复杂、更加深刻、更加棘手的社会矛盾"[⑫]。其二，政府主导对城镇化发展具有形塑性和限制性双重向度，呈现利益型秩序[⑬]，表现为地方政府行为的内生性[⑭]以及人口城镇化迟滞和农村治理秩序失衡等外部性[⑮]。其三，大城市的资源集聚、发展权限、制度倾侧的城镇化"等级制"具有虹吸、截留、固化、排斥治理风险，肇因于快速城镇化进程中政府行政供给的错位[⑯]。其四，快速城镇

---

① 傅帅雄：《新型城镇化的经验与思路》，《中国发展观察》2014 年第 9 期。

② 吴柏均、潘春阳：《探索以县级城市为核心的城镇化》，《社会观察》2014 年第 11 期；张悦倩、刘全龙、李新春：《长三角城市群城市韧性与新型城镇化的耦合协调研究》，《城市问题》2022 年第 5 期。

③ 蓝志勇、刘军：《中国西北地区城镇化的路径探讨》，《中国行政管理》2015 年第 5 期。

④ 徐斌：《中国新型工业化与新型城镇化研究：基于中部六省的视角》，复旦大学出版社 2015 年版。

⑤ 秦庆武：《农村人口城镇化的困境与出路》，《中国乡村发现》2016 年第 6 期。

⑥ 孙涛、孙然好等：《京津冀城市群地区影响城镇化的关键要素识别及其交互作用》，《生态学报》2018 年第 12 期。

⑦ 尹俊：《试论新型城镇化的三元结构建设——以江苏省宿迁市为例》，《人民论坛》2013 年第 2 期。

⑧ 吴碧波、黄少安：《乡村振兴战略背景下西部地区农村就地城镇化的模式选择》，《广西民族研究》2018 年第 2 期。

⑨ 李晓江编著：《中国县（市）域城镇化研究》，中国建筑工业出版社 2019 年版。

⑩ 朱战辉：《农村青年就地城镇化实践机制分析》，《中国青年研究》2019 年第 4 期；桑培东、李小昂：《新型城镇化发展策略研究——以珠三角地区为例》，《改革与开放》2022 年第 1 期。

⑪ 王明华：《人本观念下新型城镇化高质量发展转型研究》，《农业经济》2021 年第 12 期。

⑫ 韩康：《中国城镇化向何处去》，国家行政学院出版社 2013 年版。

⑬ 任志新：《城镇化时代的利益型秩序及其治理》，《云南行政学院学报》2018 年第 1 期。

⑭ 陈书奇：《地方政府在城镇化中的角色紧张及优化策略》，《郑州大学学报》（哲学社会科学版）2015 年第 4 期。

⑮ 姜永伟：《法治视阈下政府主导城镇化的"共建共享"转型》，《河北法学》2018 年第 9 期。

⑯ 孙崇明、叶继红：《"等级制"下的城镇化治理风险与改革路径——基于"反梯度理论"的探讨》，《学习与实践》2018 年第 9 期。

化进程中具有城乡断裂风险、摩擦加剧风险、发展失衡风险①。为此,要着力解决就业不充分②、社会保障滞后、公共服务难以覆盖、城市融入成本过高③、社会排斥④甚至引发“城市病”、利益分化下的群体性事件⑤等“半城镇化”⑥的复杂衍生问题。

13. 新型城镇化战略的影响研究

其一,城镇化的比较视野。诸如新型城镇化的动力、基于国际经验的中国城镇化反思⑦,城镇化的中国与欧洲比较⑧、世界与中国城市化之路:从理念共识到共同行动⑨,从“地方”到“全球”中国区域城市化动力与国际化路径⑩以及城市化比较与中国城市化道路选择⑪等。其二,是城镇化的可持续发展问题,涉及:新时代城镇化可持续发展的路径选择⑫,城镇化推进

① 李云新、杨磊:《快速城镇化进程中的社会风险及其成因探析》,《华中农业大学学报》(社会科学版)2014 年第 3 期;彭兆荣、杨娇桥:《邑城在乡土中——中国城镇化的自我逻辑》,《学术界》2018 年第 3 期;李培林:《面对未来:我国城镇化的特征、挑战和趋势》,《中国社会科学院大学学报》2022 年第 8 期。

② 丁守海:《中国城镇发展中的就业问题》,《中国社会科学》2014 年第 1 期;胡雪萍、李丹青:《技术进步就业效应的区域差异研究——基于中国东、中、西部地区的比较分析》,《上海经济研究》2015 年第 8 期。

③ 周飞舟、王绍琛:《农民上楼与资本下乡:城镇化的社会学研究》,《中国社会科学》2015 年第 1 期;林宝:《中国老年人口城镇化滞后问题研究——基于国际比较的视角》,《中国人口科学》2018 年第 3 期。

④ 李志强、沈静:《城镇化视阈中“村改居”社区公共安全治理——社会燃烧论的分析维度》,《长白学刊》2017 年第 4 期;姚进忠:《福利多元:农民工城市融入服务体系建构的社会工作行动研究》,《中国行政管理》2018 年第 1 期;朱竑、张博等:《新型城镇化背景下中国流动人口研究:议题与展望》,《地理科学》2019 年第 1 期。

⑤ 张海波、童星:《被动城市化群体城市适应性与现代性获得中的自我认同——基于南京市 561 位失地农民的实证研究》,《社会学研究》2006 年第 2 期;温志强:《城镇化背景下基于利益视域的群体性突发事件预警管理研究》,《管理世界》2014 年第 2 期。

⑥ 潘鑫、魏旭红、王颖:《中部地区县域城镇化统计口径优化思考——半城镇化现象的视角》,《城市规划》2015 年第 11 期;韩增林、温秀丽、刘天宝:《中国人口半城镇化率时空分异特征及影响因素》,《经济地理》2017 年第 11 期。

⑦ 康文峰:《基于国际经验的中国城镇化的反思与启示》,《理论与当代》2016 年第 5 期。

⑧ 陈彦主编:《城镇化:中国与欧洲》,金城出版社 2013 年版。

⑨ 陈锐:《世界与中国城市化之路:从理念共识到共同行动》,社会科学文献出版社 2012 年版。

⑩ 周蜀秦:《从“地方”到“全球”中国区域城市化动力与国际化路径研究》,中国建筑工业出版社 2010 年版。

⑪ 徐和平:《城市化比较与中国城市化道路选择》,贵州人民出版社 2000 年版。

⑫ 徐成龙、庄贵阳:《新型城镇化下城镇可持续发展的内涵解析与差异化特征探讨》,《生态经济》2021 年第 1 期;黄亮雄、王贤彬等:《经济增长目标与激进城镇化——来自夜间灯光数据的证据》,《世界经济》2021 年第 6 期;马晓河:《中国经济迈上新的大台阶亟需加快推进城镇化》,《农业经济问题》2021 年第 9 期。

与区域创新[①],城镇化与经济增长的耦合协调发展[②],城镇化制度结构与可持续发展问题[③],新型城镇化发展与城市区域治理创新[④]等。其三,城镇化的国家及社会后果。成果包括“城市中国”的治理逻辑与国家治理现代化[⑤],新型城镇化的经济效应[⑥],中国城镇化与国家治理现代化、现代国家认同[⑦],城镇化与社会发展[⑧],城镇化发展的“中国道路”与国家治理现代化等。

14. 新型城镇化发展质量研究

近年来,有关城镇化质量测度、评价与高质量城镇化推进方略的研究得到持续关注[⑨],诸如基于东、西部地区比较的新型城镇化质量影响因素[⑩],以及新型城镇化综合试点政策对城镇发展质量的影响[⑪]等成果不断涌现。

---

① 王立平、鲍鹏程:《中国的城镇化推进与区域创新——来自卫星灯光数据的经验证据》,《技术经济》2021 年第 7 期。

② 周亮、车磊等:《中国城镇化与经济增长的耦合协调发展及影响因素》,《经济地理》2019 年第 6 期。

③ 刘国新:《中国特色城镇化制度变迁与制度创新研究》,中国社会科学出版社 2015 年版。

④ 李玏、宋涛:《新型城镇化背景下城市公共文化设施供给水平与空间配置研究——以北京市为例》,载中国地理学会编:《2015 年中国地理学会经济地理专业委员会学术研讨会论文摘要集》,2015 年 6 月 26 日;付晓东:《新时代小城市发展靠什么》,《人民论坛》2018 年第 34 期;余江、叶林:《中国新型城镇化发展水平的综合评价:构建、测度与比较》,《武汉大学学报》(哲学社会科学版)2018 年第 2 期。

⑤ 黄建洪、祁文博:《“城市中国”的治理逻辑与国家治理现代化》,《领导科学论坛》2016 年第 21 期。

⑥ 赵永平、王可苗:《公共服务供给、空间溢出与新型城镇化发展质量》,《经济体制改革》2020 年第 2 期。

⑦ 黄建洪:《中国城镇化与现代国家认同的三维建构——基于公共供求的视角》,《天津社会科学》2016 年第 4 期。

⑧ 李培林:《当代中国城市化及其影响》,社会科学文献出版社 2013 年版;唐任伍:《新城市程中的民生隐忧》,北京师范大学出版社 2013 年版;潘家华、魏后凯:《中国城市发展报告(No.7 聚焦特大城市治理 2014 版)》,社会科学文献出版 2014 年版。

⑨ 苏红键:《中国县域城镇化的基础、趋势与推进思路》,《经济学家》2021 年第 5 期;任碧云、郭猛:《我国新型城镇化高质量发展的策略研究》,《经济纵横》2021 年第 5 期;杨飞虎、张玉雯等:《双循环格局下城镇化高质量发展实现路径》,《江西社会科学》2021 年第 6 期;赵玉、谢啟阳等:《中国城镇化高质量发展的综合测度与演化特征》,《区域经济评论》2020 年第 5 期;郑雁玲、田宇:《我国新型城镇化效率评价及对策》,《宏观经济管理》2020 年第 10 期;王滨:《中国城镇化质量综合评价》,《城市问题》2019 年第 5 期;胡祖才:《以改革创新推动新型城镇化高质量发展》,《宏观经济管理》2019 年第 8 期。

⑩ 马国勇、王颖:《新型城镇化质量影响因素研究——基于东、西部地区的比较》,《预测》2021 年第 6 期。

⑪ 曹守慧、丁士军、孙飞:《新型城镇化综合试点政策对城镇发展质量的影响研究》,《华中农业大学学报》(社会科学版)2021 年第 5 期。

实际上，对城镇化质量的探讨一直广受关注，如城镇化发展速度与质量问题①，城镇化转型与健康城镇化道路②，城镇化质量提升战略③，城市化发展质量的调控机理与优化模式④，新型城镇化健康发展⑤，城市群城镇化发展质量的综合测度与演变规律⑥以及基于市民化角度中国人口城镇化质量研究等⑦。

（二）国外学界关于城市化、中国城市化和城镇化的研究

美国著名城市学家弗里德曼指出，中国城市研究不能够简单地套用西方现代化、城市化或国家整合理论来描述，因为中国的城市深深根植于其历史文化之中，因为中国不只是一个国家，而是一个值得研究和有自身逻辑的文明⑧。这种观点富有启发性。从一般意义上讲，关于城市化、城镇化、城市社会的研究，较为丰富，譬如《城市的形成：历史进程的城市模式和城市意义》⑨，《美国大城市的死与生》⑩，《城市文化》⑪，《城市》⑫，《城市化》⑬，

① 孔凡文：《中国城镇化发展速度与质量问题研究》，东北大学出版社 2006 年版；韩宜佟、王鑫滨：《长江经济带城镇化发展质量评价与空间关联性分析——以长江经济带 108 市为例》，《新型城镇化》2023 年第 1 期；赵旭、王信知：《基于府际协同的长株潭城市群新型城镇化高质量发展研究》，《城市学刊》2022 年第 6 期。

② 段进军：《城镇化转型与健康城镇化道路》，苏州大学出版社 2013 年版。

③ 刘美平：《中国城镇化质量提升战略研究——基于结构契合角度的分析》，经济科学出版社 2015 年版。

④ 王德利：《京津冀城市群城镇化发展存在的主要问题》，《农村经济与科技》2020 年第 3 期。

⑤ 张占斌编：《中国新型城镇化健康发展报告》，社会科学文献出版社 2016 年版；李铁：《中国城镇化进程中的非农就业问题和政府治理结构研究》，中国发展出版社 2013 年版；杨志恒：《高质量城镇化发展道路探索》，经济科学出版社 2021 年版。

⑥ 王德利：《中国城市群城镇化发展质量的综合测度与演变规律》，《中国人口科学》2018 年第 1 期。

⑦ 王晓丽：《中国人口城镇化质量研究：基于市民化角度》，经济科学出版社 2018 年版；黄敦平、陈洁：《我国新型城镇化质量综合评价》，《统计与决策》2021 年第 12 期；李豫新、赵奕萌：《新发展理念下新型城镇化高质量发展水平测度及空间非均衡性分析》，《工业技术经济》2021 年第 12 期。

⑧ John Friedman, "Four Theses in the Study of China's Urbanization", *International Journal of Urban and Regional Research*, 2006, 30(2).

⑨ [美]斯皮罗·科斯托夫：《城市的形成：历史进程的城市模式和城市意义》，单皓译，中国建筑工业出版社 2005 年版。

⑩ [加]简·雅各布斯：《美国大城市的死与生》，金衡山译，译林出版社 2006 年版。

⑪ [美]刘易斯·芒福德：《城市文化》，宋俊岭等译，中国建筑工业出版社 2009 年版。

⑫ [英]约翰·里德：《城市》，郝笑丛译，清华大学出版社 2010 年版。

⑬ [美]保罗·斯诺克、琳达·迈克卡西等：《城市化》，顾朝林等译，科学出版社 2011 年版。

《光辉城市》[①],《比较城市化》[②],《城市的胜利》[③],《城市社会学》[④],《城市发展史》[⑤],《城市意象》[⑥],《城市读本》[⑦],《新型城市郊区化》[⑧],《城市世界》[⑨]和《城市即人民》等[⑩]。

代表性的文献,诸如中国国家治理的变化及其对城市规模的影响,城市化进程中的城乡不平等,转型中的城市中国,中国城市化的结果、战略及政策,中国的城市趋势及其政策,大转型中的土地和城市政治,城镇化与中国财政改革,对过度城市化和"鬼城"的研究,多层次多视角中的城市化,以及城乡人口与老龄化等众多议题。此外,许多的新近文献,对中国城镇化及其经济社会后果也颇有关注[⑪],值得思考。

---

① [法]勒·柯布西耶:《光辉城市》,金秋野等译,中国建筑工业出版社 2011 年版。

② [美]布莱恩·贝利:《比较城市化:20 世纪的不同道路》,顾朝林译,商务印书馆 2008 年版。

③ [美]爱德华·格莱泽:《城市的胜利》,刘润泉译,上海社会科学院出版社 2012 年版。

④ [美]R.E.帕克等:《城市社会学——芝加哥学派城市研究》,宋俊岭译,商务印书馆 2012 年版。

⑤ [美]刘易斯·芒福德:《城市文化》,宋俊岭等译,中国建筑工业出版社 2009 年版。

⑥ [美]凯文·林奇:《城市意象》,方益萍等译,华夏出版社 2013 年版。

⑦ [美]张庭伟、田莉主编:《城市读本》(中文版),中国建筑工业出版社 2013 年版。

⑧ [美]朱迪斯·德·容编著:《新型城市郊区化》,张靓秋、宫本丽译,华中科技大学出版社 2016 年版。

⑨ [英]多琳·马西、[英]约翰·艾伦等:《城市世界》,杨聪婷、朱颖等译,华中科技大学出版社 2016 年版。

⑩ [美]亨利·丘吉尔:《城市即人民》,吴家琦译,华中科技大学出版社 2017 年版。

⑪ [美]罗伊·鲍尔:《城镇化与中国财政改革》,刘乐峥译,中国财政经济出版社 2014 年版;Ariken Muhadaisi,Zhang Fei,Chan Ngai weng,Kung Hsiangte,"Corrigendum to'Coupling coordination analysis and spatio-temporal heterogeneity between urbanization and eco-environment along the silk road economic belt in China'",*Ecological Indicators*,2021(121);Solomon Nathaniel,Syed Abdul Rehman Khan,"The nexus between urbanization,renewable energy,trade,and ecological footprint in ASEAN countries",*Journal of Cleaner Production*,2020(272);Thomas Elmqvist,Erik Andersson,Niki Frantzeskaki,Timon McPhearson,Per Olsson,Owen Gaffney,Kazuhiko Takeuchi,Carl Folke,"Sustainability and resilience for transformation in the urban century",*Nature Sustainability*,2019,2(4);Kockelkorn,Anne,Sawyer,Lindsay,Hanakata,C.Naomi,et al.,"Towards a New Vocabulary of Urbanisation Processes:A Comparative Approach",*Urban studies*,2018,55(1);Winters,V.John,Li Yu,"Urbanisation,Natural Amenities and Subjective Well-being:Evidence from US Counties",*Urban studies*,2017,54(8);Christian Sorace,William Hurst,"China's Phantom Urbanisation and the Pathology of Ghost Cities",*Journal of Contemporary Asia*,2016,46(2);Tomaz Ponce Dentinho,"Urbanisation and Sustainability:the Role of the Spatial Allocation of Property Rights and Public Investment",*International Journal of Global Environmental Issues*,2014,13(2/3/4);G.Yalcin,A.Bol,C.Eski,"Studies on Renovation of Cadastral Sheets for Urbanisation",*Survey review*,2013,45(Mar.TN.329).

（三）国家治理现代化文献综述

中国特色的国家治理现代化是中国式现代化道路的重要内容。党的十八届三中全会通过的《中共中央关于全面深化改革若干重大问题的决定》指出:全面深化改革的总目标是完善和发展中国特色社会主义制度,推进国家治理体系和治理能力现代化。在总结百年奋斗的历史经验时,中国共产党提出:党领导人民“成功走出中国式现代化道路,创造了人类文明新形态,拓展了发展中国家走向现代化的途径,给世界上那些既希望加快发展又希望保持自身独立性的国家和民族提供了全新选择”。① 习近平总书记曾指出:“一个国家选择什么样的治理体系,是由这个国家的历史传承、文化传统、经济社会发展水平决定的,是由这个国家的人民决定的。我国今天的国家治理体系,是在我国历史传承、文化传统、经济社会发展的基础上长期发展、渐进改进、内生性演化的结果。”②党的十八大以来,党中央反复强调:“中国特色社会主义最本质的特征是中国共产党领导,中国特色社会主义制度的最大优势是中国共产党领导,党是最高政治领导力量。”党的十九届四中全会通过的《中共中央关于坚持和完善中国特色社会主义制度　推进国家治理体系和治理能力现代化若干重大问题的决定》突出强调:“必须坚持党政军民学、东西南北中,党是领导一切的,坚决维护党中央权威,健全总揽全局、协调各方的党的领导制度体系,把党的领导落实到国家治理各领域各方面各环节。”党的二十大报告进一步强调指出:“从现在起,中国共产党的中心任务就是团结带领全国各族人民全面建成社会主义现代化强国、实现第二个百年奋斗目标,以中国式现代化全面推进中华民族伟大复兴。”③为此,报告围绕“中国式现代化,是中国共产党领导的社会主义现代化”主题全面论述了国家治理现代化的各重要领域。党的二十届三中全会通过的《中共中央关于进一步全面深化改革　推进中国式现代化的决定》,则从推动生产关系和生产力、上层建筑和经济基础、国家治理和社会发展更好相适应,为中国式现代化提供强大动力和制度保障角度,全面部署了进一步全面深化改革,以继续完善和发展中国特色社会主义制度,推进国家治理体系和治理能力现代化。这些重要论述,为研究国家治理现代化、促进理论服务实

① 《中共中央关于党的百年奋斗重大成就和历史经验的决议》,人民出版社 2021 年版,第 64 页。

② 《习近平谈治国理政》,外文出版社 2014 年版,第 105 页。

③ 习近平:《高举中国特色社会主义伟大旗帜　为全面建设社会主义现代化国家而团结奋斗——在中国共产党第二十次全国代表大会上的报告》,人民出版社 2022 年版,第 21 页。

践确立了原则、指明了方向、厘清了内容。

1. 近年代表性研究著作

新中国的伟大历程,即是中国国家治理现代化的不平凡历程。① 比较早一些的专著,譬如王浦劬的《国家治理现代化:理论与策论》,从国家治理现代化的理论意蕴、政府行政体制改革、社会治理机制优化、公共政策与公共服务创新、公务员公共服务动机分析以及国外经验与启示等方面,展开了较为细致全面的研究,富有启发性。② 又如,俞可平著《论国家治理现代化》,从治理和善治的理论基础、全球化与治理变迁、社会自治与治理秩序、法治与善治、依法治国以及全球治理等角度,阐释了国家治理现代化对于现代中国的现实意义,并指出只有沿着民主法治的道路,才能真正实现国家治理体系的现代化。③ 国家治理现代化,是继工业、农业、科技和国防"四个现代化"之后的第五个现代化。从世界现代化的历史经验来看,不断地从以"官员的权力本位"为表征的传统政治,走向以"公民的权利本位"为表征的现代政治,是社会现代化不可或缺的重要内容。④ 在进一步的研究中,作者还从制度和程序两个角度论述改革开放后中国通向国家治理现代化的道路,解析"中国发展之谜",着重回答"中国的改革为什么能够取得成功""中国是如何进行治理的""中国治理模式的特征是什么"和"未来中国治理改革的重点是什么"等重大问题。⑤ 再如,许耀桐从治理的由来和发展、国家建构和治理的类型与转型、国家治理现代化的基本特点、中国特色国家治理体系的系统结构以及如何认识中国特色国家治理体系的构件要素等诸多方面展开了研究阐述。⑥ 复如,虞崇胜等学者从国家治理的价值体系、制度体系、能力体系和路径选择等方面,对国家治理现代化这个"第五个现代化"进行了全面的研究。⑦ 在此阶段,许多研究者都围绕国家治理现代化的改革目标、政府改革、财税改革、金融改革等展开了研究,⑧或者从"五位一体"总布局的视角,对中国国家治理现代化进行了从经济、政治、文化、社会和生

---

① 魏礼群:《国家治理现代化:70 年回顾和新时代展望》,国家行政学院出版社 2020 年版。

② 王浦劬:《国家治理现代化:理论与策论》,人民出版社 2016 年版。

③ 俞可平:《论国家治理现代化》(修订版),社会科学文献出版社 2015 年版。

④ 俞可平:《走向善治:国家治理现代化的中国方案》,中国文史出版社 2016 年版。

⑤ 俞可平主编:《中国如何治理? ——通向国家治理现代化的道路》,外文出版社 2018 年版。

⑥ 许耀桐:《中国国家治理体系现代化总论》,国家行政学院出版社 2016 年版。

⑦ 虞崇胜、唐皇凤:《第五个现代化:国家治理体系和治理能力现代化》,湖北人民出版社 2015 年版。

⑧ 魏加宁:《如何实现国家治理现代化:对改革基本问题的思考》,中国发展出版社 2017 年版。

态文明等五个方面进行了分析。①

党的十八届三中全会吹响了新时代全面深化改革的集结号,相关的研究呈现快速增长的态势。有研究者基于三中全会精神,围绕历届三中全会系列研究、落实三中全会之创新宏观调控方式研究、改革动态及落实情况等内容,从历史视角、宏观调控以及改革三个方面论述了三中全会的有关理论和现实问题。② 在此基础上,作者们深化了研究,围绕以中国式现代化全面推进中华民族伟大复兴这个主题,从经济、政治、文化、社会和生态各个方面,系统地论述了国家治理体系和治理能力现代化取得的重大成就并提出了进一步深化改革的政策性建议。③ 围绕党的十八届三中全会提出的全面深化改革总目标,有论著深入阐述了中共历届中央领导集体是如何创建、巩固、完善、发展中国国家基本制度的,聚焦政府与市场、国有经济与民营经济、中央与地方关系这几对重大关系演变的历史逻辑和未来发展,探讨了中国未来如何实现国家治理体系和治理能力的现代化。④

从中国道路和政治建设维度,研究日渐丰富。政党执政是现代国家的普遍现象。故没有政党执政的现代化,就没有国家治理的现代化。而依法执政既是政党执政现代化的基础和特征,也是政党执政现代化的重要内容。有著作对加强和改善党的领导,改进党的领导方式和执政方式,从而推进国家治理科学化、现代化进行了深入剖析。⑤ 也有论著致力于从国家治理现代化的政党逻辑出发,揭示了中国现代国家治理和政治发展的规律、方式和特征,从国家治理的角度阐明中国共产党为什么"能"。⑥ 还有的论著从国家治理现代化进程的历史考察、国家治理体系的内涵、国家治理与民主政治发展、国家治理与反腐败、国家治理与司法治理的关系等多方面,探究了国家治理的政治维度。⑦ 有论著指出,要分析中国国家治理体系和能力的"基因"及"密码"。中国之治的模式并非凭空形成,而是在历史的时空情境中

① 许海清:《国家治理体系和治理能力现代化》,中共中央党校出版社 2013 年版;赵建春:《中国国家治理现代化研究》,经济管理出版社 2018 年版;辛向阳:《中国特色社会主义与国家治理现代化》,浙江人民出版社 2015 年版。

② 高培勇:《走向国家治理现代化——中共十八届三中全会决定研究》,中国社会科学出版社 2018 年版。

③ 高培勇、张翼:《深入推进国家治理现代化研究》,中国社会科学出版社 2023 年版。

④ 胡鞍钢:《中国国家治理现代化》,中国人民大学出版社 2014 年版。

⑤ 江必新、程琥:《国家治理现代化与依法执政》,中国法制出版社 2016 年版;马振清、杨礼荣:《依法治国与中国特色国家治理现代化》,光明日报出版社 2020 年版。

⑥ 陈明明主编:《国家治理现代化的政党逻辑》,复旦大学出版社 2022 年版。

⑦ 刘少华、刘宏斌等:《国家治理体系现代化与政治治理》,湖南人民出版社 2015 年版;范文等:《中国国家政治治理现代化研究》,国家行政学院出版社 2020 年版。

不断演变和发展的，受到政党、传统文化价值、古代政治制度、外部环境等多重因素的塑造。同时，国家治理现代化的实现是一项系统性工程，在党的领导下，当下的治理现代化具有鲜明自上而下和顶层设计的特征，未来要展开制度层面更深层次的推进工作。① 有论著从国家治理中国语境的内涵与意义、治国理政的历史变迁、国家治理特征比较历史分析、国家治理现代化的新方位新环境新挑战、推进国家治理现代化的新要求新取向及做强网络治理等方面分析了国家治理的重要领域，提出中国特色社会主义进入新时代，治国理政面临新的历史方位，为此需要在新空间和格局中提高国家治理现代化水平的要求和任务。② 也有论著从现代国家治理体系的三重属性以及政党治理、政府治理、市场治理、文化治理和城乡统筹治理等议题与领域拓展研究了国家治理现代化的诸多方面。③

此外，在较为丰富的研究著作中，值得关注的研究有：(1)从现代化经济体系建设入手，有研究围绕产业体系、市场体系、收入分配体系、城乡区域发展体系、绿色发展体系、全面开放体系以及经济体制等七个方面剖析现代化经济体系的建设内容以及努力方向，以此推进中国式现代化。④ 另有学者从中国特色的国家治理、中国的新发展格局、创新驱动与中国经济发展、要素市场改革与开放、经济增长与货币金融等六个方面，聚集经济发展热点问题，探究经济改革与国家经济治理体系的现代化。⑤ (2)从制度与文化的关联角度，有论著围绕中国国家治理现代化的基础理论、中国国家治理现代化的制度原理、结构体制和运行机制、中国国家治理体系的传统文化底色、思想要素和路径逻辑等展开了论述和阐释，并提出加快构建中国特色政治学自主知识体系的若干思考。⑥ (3)从治理规模的角度出发，有学者提出由人口规模、经济规模、国土规模叠加形成的超大治理规模，深刻影响着中国国家治理现代化进程。从治理规模指数构建、政策制定执行以及超大城市和中小规模城市案例等维度，该著作从中国式治理现代化的时空特征切入，分析了治理现代化的超大规模特征与治理机制。⑦ (4)从国家治理与农民发展的角度，有论者运用马克思主义人的自由发展理论并结合历史制度主

---

① 刘建军、邓理：《国家治理现代化：新时代的治国方略》，上海人民出版社2020年版。

② 上官酒瑞：《国家治理现代化——中国道路·政治建设卷》，经济科学出版社2020年版。

③ 刘世军、刘建军：《中国之治：国家治理体系与治理能力现代化》，上海人民出版社2020年版；杜飞进：《中国的治理——国家治理现代化研究》，商务印书馆2017年版。

④ 杨英杰、杨全社等：《国家治理现代化与现代化经济体系建设》，工人出版社2023年版。

⑤ 苏剑主编：《经济体制改革与国家治理体系的现代化》，中国经济出版社2021年版。

⑥ 王浦劬等：《国家治理现代化：制度与文化》，人民出版社2023年版。

⑦ 赖先进：《规模与国家治理现代化》，经济科学出版社2022年版。

义，基于“自由与制度”互动下，在治理现代化层面探讨了农民自由全面发展的制度解构与建构这一重要议题。[①]（5）从大数据的角度，有论著研究了大数据时代背景下中国推进国家治理现代化的有关理论及实践问题。该著作探究了大数据和国家治理现代化的价值衔接、运用大数据促进国家治理现代化的关键环节、保障措施以及典型案例等。[②]（6）基于比较视野以及国家与社会关联治理的角度，有论著研究了历史视野下的国家治理、国际比较下的国家治理、国家治理现代化分析以及社会治理与乡村振兴战略等重要议题，带来了新的思考和认识。[③]（7）从系统推进的角度，有著作以马克思主义国家理论及其中国化的国家治理理论为指导，以古今中外真实案例为依据和参考，探究了中国治理现代化进程中的农村社会治理以及治理热点、难点问题，从破除阻碍和发展对策等方面给出了治理建议。[④]（8）从行政制度与国家治理的角度，有论著研究了当代中国的行政体制和运行机制，分析其行政制度原理、行政制度变革规律，以及制度创新推进国家治理体系和治理能力现代化的进程。[⑤] 国家治理的过程，同时也是公共行政理论和实践创新的过程，会带来新的理论和实践范式。[⑥]（9）从评估的角度，有论著从中国国家治理现代化的时代性、民族性和实践性，探讨了中国国家治理评估的价值原则和评估框架、国家治理体系评估指标体系、国家治理能力评估指标体系和国家治理绩效评估指标体系。[⑦]（10）从中国智慧的关注点出发，有著作从中华民族伟大复兴的时代高度，围绕新时代党和国家事业的历史性成就和历史性变革，立足中国国家治理理论与实践的创新探索，深刻解读成就背后的道路、理论、制度和文化优势，特别是基层治理、绿色发展和全球治理领域“中国之治”的逻辑演进和创新优势。[⑧]

---

① 李增元：《国家治理现代化与农民自由全面发展》，社会科学文献出版社 2021 年版。

② 冯锋：《运用大数据促进国家治理现代化研究》，中国社会科学出版社 2023 年版；陈志刚：《可信任的治理：以数字政府推进国家治理能力现代化》，北京联合出版有限公司 2023 年版。

③ 冉昊：《国家治理与社会治理：历史比较、国际视野与现代化分析》，浙江大学出版社 2021 年版。

④ 王伟光、邓纯东：《国家治理体系和治理能力现代化论》，广西师范大学出版社 2021 年版。

⑤ 高小平：《行政制度：结构·运行·赋能——基于国家治理现代化视角》，南京大学出版社 2021 年版。

⑥ 李钊：《国家治理现代化公共行政理论创新研究》，华中科技大学出版社 2023 年版。

⑦ 杜志章：《中国国家治理现代化综合评估体系研究》，华中科技大学出版社 2023 年版。

⑧ 欧阳康：《国家治理现代化的中国智慧》，华中科技大学出版社 2024 年版；欧阳康：《国家治理现代化理论与实践研究》，华中科技大学出版社 2021 年版。

2. 近年相关期刊研究论文

国家治理的概念是在扬弃国家统治与国家管理两个概念基础上提出的一个新概念,有关国家治理现代化则涉及更多的议题,深入研究需要有科学的方法论。① 从某种意义上来说,中国式现代化是奠基在"新型理性"上的现代化发展道路和治理方案,完成了对治理领域"工具理性主义"谜题的科学解答,不但走出了一条国家治理体系和治理能力现代化建设的成功实践之路,而且完成了治理理论上的原创性发展,实现了治理理论与实践的有机统一。② 概括来看,学界从多个视角对国家治理现代化所涉主题展开了比较全面系统的研究③:(1)系统分析视角,主张以宏观的理论视野阐释系统内部结构、要素之间"协同配合"与"良性互动"的运行模式,从而使系统架构形成整体合力、产生系统整体效能;(2)制度分析视角,从制度现代化凸显国家治理的实质与逻辑、制度体系与国家治理能力相衔接、制度建设承载国家治理现代化的具体任务三个层面,对国家治理现代化与制度建设的内在一致性展开论证;(3)关系分析视角:以内部各要素或组成部分的协调有序发展为目标(如协同高效处理党、政府、社会、公民的基本关系),解构现代国家治理模式与具体路径;(4)结构分析视角,围绕结构要素的排列与功能的发挥,阐释国家治理现代化内部结构的良性互动模式。此外,有学者还归纳了"国家发展""执政能力""民主政治""制度认同"等视角,阐释了国家现代化是国家发展现代化的一种调适、融合的过程,也是中国共产党实现执政能力现代化的过程,并论证了衡量国家治理成果的价值标准和指标体系等。实际的研究展开,日渐丰富且深入,以下作一些代表性文献的梳理分析。

所谓国家治理现代化,既指党管理国家各个领域的制度体系,又指党运用国家制度体系管理社会各方面事务的能力,还指规范公民个人行为的社会主义核心价值观。其实质,首要就是为治理国家(政府)公共权力与正确处理党、国家(政府)、社会、公民个人及其关系提供一种现代化的治理模式。④ 有学者指出,国家治理体系和治理能力现代化是目标,也是一个过

---

① 燕继荣、何增科、叶庆丰:《关于国家治理现代化的对话》,《科学社会主义》2014 年第 1 期;张凤阳:《科学认识国家治理现代化问题的几点方法论思考》,《政治学研究》2014 年第 2 期。

② 刘新刚:《国家治理中的"工具理性主义"谜题及其解答》,《中国社会科学》2023 年第 6 期。

③ 高文勇:《十八大以来国家治理现代化研究:逻辑·视角·议题·前瞻》,《晋阳学刊》2020 年第 6 期。

④ 韩庆祥:《从哲学视阈理解"国家治理现代化"》,《马克思主义与现实》2015 年第 3 期。

程。相对于传统治理而言,它至少包括五个要素,即治理制度化——有完备的国家治理制度体系;治理民主化——国家治理体系和治理过程都要体现主权在民或人民当家作主;治理法治化——宪法和法律成为国家治理的最高权威;治理高效化——能积极高效地应对复杂多变的挑战和问题,促进经济社会发展;治理协调化——国家治理的各个方面和各个层次成为有机整体,协调共进。① 其中,中国国家治理体系现代化建设,在中国特色社会主义制度基础上展开,聚焦点是基础制度建设,基础制度建设的成败决定中国国家治理体系与治理能力现代化的成败。② 从原理上讲,现代国家治理体系具有一般属性、国别属性和任务属性“三重属性”,也就是现代国家治理体系具有通约性和差别性,而这些属性的组合中展现出了政治文明的多样性。③ 更进一步分层地讲,现代国家治理体系是一个多层次建构,在理念层上其表现为形式理性与实质理性的双重建构,在规范层上包含制度技术、政治社会关系、政党等诸多建构,在日常生活层上推动总体性日常生活和日常政治中的总体性的人的全面发展。④ 而治理体系是国家运行的制度载体和机制保障,在中国语境中,国家主导是治理体系现代化的内在逻辑。治理体系现代化国家逻辑的核心问题是,构建有效应对和化解国家与社会关系问题的治理规则、程序及其秩序,即在根植于国家与社会关系共同体建设的动态演化的历史过程中,面向实践解决国家的均衡建构问题。⑤

中国特色国家治理现代化,是基于当前社会生产发展水平及社会主要矛盾新变化⑥,以治理体系现代化为根基、以治理能力现代化为驱动力,以促进“党”“国家”与“社会”的有机互动和融合为依托,以提升国家治理效能为旨归的国家治理理论与实践新创造。在实践中,形成了以党的核心领导为根本前提,以“人民中心”为治理取向、以“一核多维”为治理框架、以“问题导向”为治理策略的社会主义国家主导治理的实践形态。⑦ 中国式国

① 徐勇、吕楠:《热话题与冷思考——关于国家治理体系和治理能力现代化的对话》,《当代世界与社会主义》2014 年第 1 期。

② 赵宇峰、林尚立:《国家制度与国家治理:中国的逻辑》,《中国行政管理》2015 年第 5 期。

③ 刘建军:《和而不同:现代国家治理体系的三重属性》,《复旦学报》(社会科学版)2014 年第 3 期。

④ 王焕炎:《国家治理的形而上学思考——论现代国家治理体系的三重建构》,《马克思主义与现实》2015 年第 4 期。

⑤ 陈进华:《治理体系现代化的国家逻辑》,《中国社会科学》2019 年第 5 期。

⑥ 汪玉凯:《社会主要矛盾的转化为国家治理现代化提供重要依据》,《中国党政干部论坛》2017 年第 11 期。

⑦ 赵中源、黄罡:《国家治理现代化的内在理性、变革逻辑与实践形态》,《政治学研究》2022 年第 1 期。

家治理现代化是中国共产党实践探索和对优秀传统治理智慧经验创造性转化的有机结合,以人民为中心是其鲜明特征。中国国家治理现代化之路是一个顶层设计与泥泞前行相结合的过程,需要审慎从基本政治制度、价值体系、治理体系、治理能力四个方面进行阐释和系统谋划,以推进建设。① 也有研究者指出,国家治理现代化的主要内涵集中体现在以下六个层面:治理主体的多层化和多元化,各种各样的治理主体都能够发挥他们整体的效用,多元的治理主体能够参与国家治理活动;治理结构的分权化和网络化;治理制度的理性化;治理方式的民主化与法治化;治理手段的文明化,因为在现代中国的具体治理实践中,不文明的暴力化倾向依然存在;治理技术的现代化。② 从最一般意义上看,国家治理现代化应该遵循如下的基本原则:一个稳定的国家是国家治理现代化的前提和基础性工作;它是人民不断广泛深入参与国家治理的过程;提高制度的整体能力是国家治理现代化的重要目标;要不断激发社会、市场活力,赋权社会,赋能市场,以补充、分担和支持国家的治理能力;以及它没有完成时,只有进行时,没有固定不变的标准。③

在治理实践中,形成了以党为核心的国家治理体系,党的领导成为中国国家治理体系的最本质特征。政党是现代国家治理的主要推动力量,国家治理现代化呼唤具有强大统筹整合能力、战略规划能力、执行落实能力的政党。中国共产党所具有的强大政党能力是国家治理得以现代化的关键因素。④ 党的严密组织体系是党在国家治理体系中发挥总揽全局、协调各方领导核心作用的组织载体与力量支撑,党的决策执行体系则成为党发挥总揽全局、协调各方领导核心作用的实施载体与运行保障。⑤ 研究者指出,中国采取党建驱动国家建设的独特路径,在政党录用实践中形成了借由精英选拔、政治吸纳和制度认同以推进国家建设的作用机制。这种兼具"供给性"和"适应性"的政党录用策略,不仅实现了提升党组织的先进性和代表性的党建目标,还发挥着精英选拔、社会整合和认同构建等作用以驱

① 薛澜:《顶层设计与泥泞前行:中国国家治理现代化之路》,《公共管理学报》2014 年第 4 期。

② 唐皇凤:《中国国家治理现代化路径选择的若干思考》,《华中科技大学学报》(社会科学版)2014 年第 3 期。

③ 杨雪冬:《论坚持走中国式国家治理现代化道路》,《中共福建省委党校(福建行政学院)学报》2024 年第 1 期。

④ 项敬尧:《中国共产党政党能力与国家治理现代化》,《教学与研究》2023 年第 1 期。

⑤ 蔡礼强、张晓彤:《党的领导与国家治理现代化:功能定位与实现方式》,《中国行政管理》2023 年第 10 期。

动国家建设。① 有研究指出,党的政治建设与中国特色社会主义政治建设在国家治理现代化中形成映射关系、表里结构和共生体系。这种关系模式的形成具有其内在性,形成的外部条件是中国特殊的政党、国家、社会三元结构,制度完善机制和价值认同机制构成了两个“政治建设”关系模式的生成机制。② 有学者指出,以内在视角回溯性地考察中国国家治理的历史进程可以发现,其包含诸多现代元素,“有效组织性”是核心特征。改革开放以来现代化的成功实践得益于对市场的有效组织和动员,党领导革命取得胜利的关键则是有效组织社会,并以现代方式重建了社会基盘。③ 长时段回溯地看,改革开放不仅推动了中国经济持续增长,而且推动国家治理趋向现代化,从政治学的三重逻辑来理解改革开放,历史—价值逻辑、工具逻辑和动力逻辑这三重逻辑具有重大的国家治理现代化价值。④

从战略选择的高度看,有学者指出,中国国家治理现代化的战略定位体现在四个维度,即顺应中国国家权力运行从国家专政、国家管理到国家治理发展的历史趋势;回应现实挑战,确保在中国共产党统领格局下多元主体有序的协同治理,化解中央权威与地方自主之间的紧张性,实现国家治理的有效性和公正性;立足全球视野,为中国积极参与全球治理、提高中国在全球治理中的话语权奠定坚实的内部基础;以及优化治权,重构执政合法性,从经济绩效合法性转向治理有效合法性。⑤ 也有论者指出,制度问题是国家治理中的根本问题,推进国家治理现代化的实质是实现制度现代化;制度现代化是一个在深化改革中不断完善和逐步定型的过程。确保人民真正享有管理国家和社会的主人权利,是推进国家治理现代化的根本价值指向,民主既是一种国家形态,又是一种国家形式,从根本意义上说社会主义民主就是国家治理。⑥ 正因为如此,有学者认为,推进国家治理现代化的有效路径便是决策民主化。⑦ 制度建设需要逐步实现对政府与市场、中央与地方、经济与社会、政府与社会等关系的理顺,这本身便构成理解中国国家治理体系并

① 孟天广、王烨:《国家治理现代化的“新叙事”:转型中国的党建与国家建设》,《华中师范大学学报》(人文社会科学版)2020年第6期。
② 袁红:《国家治理现代化中两个“政治建设”的关系模式探讨》,《云南社会科学》2019年第6期。
③ 王若磊:《中国历史进程中的国家治理现代化——有效组织的视角》,《政法论坛》2023年第4期。
④ 陈周旺:《国家治理现代化之路:改革开放的政治学逻辑》,《学海》2019年第1期。
⑤ 肖滨:《中国国家治理现代化战略定位的四个维度》,《中国人民大学学报》2015年第2期。
⑥ 包心鉴:《制度现代化:国家治理现代化的实质与指向》,《社会科学研究》2015年第2期。
⑦ 周光辉:《推进国家治理现代化的有效路径:决策民主化》,《理论探讨》2014年第5期。

推进治理优化的路径。理顺关系再塑了中国国家治理特质，上述关系理顺的过程，也是在闭合和开放中寻求平衡的过程，其根源在于中国国家治理同时并存的总体性诉求和现代性诉求，更大系统的“关系”的开放性吸纳，对未来中国国家治理的变革至关重要。①

从治理形态上看，加快推动文明治理和治理文明，是实现国家治理手段和目标的统一，推进国家治理现代化的必然要求。这就需要以治理文明为目标、以价值文明为引领、以制度文明为核心、以行为文明为基础、以器物文明为载体。② 中国国家治理现代化的显著特征是包含了党的治理、国家治理、社会治理三个层次，其中党的治理现代化起到了决定性作用。③ 国家治理现代化的新形态建构探究涉及：以时空为维度，从纯粹的逻辑构建对国家治理现代化进行结构性界定，并通过“生产”“民主”“法治”三重基本向度的有机统一，将社会主义国家治理形态化地展现出来；立足于历史实践，将具备同一性的治理现代化规律从单纯的逻辑形态变化呈现为中华人民共和国成立后不同历史时期差异化的国家治理实践形态。逻辑变革与历史现实再造得以统一的关键就在于党坚持自我革命、自我审视的高度政治自觉，其以治国理政能力建设为现实依托，促成了国家治理现代化的逻辑同一性与其实践的历史性的辩证共生，并开辟了新发展阶段社会主义国家治理现代化的新形态、新境界。④ 在此过程中，制度的协同化建设、运行与保障至关重要，这就需要妥善处理根本制度、基本制度和重要制度的相互关系，坚持政治制度建设与经济体制改革协同共进、顶层设计与基层实践良性互动和有效融合，通过责任政治建设在价值理念、参与态度和信任关系等方面构建保证制度运行的协同性支撑体系。⑤

从逻辑上看，国家治理现代化体现了现代国家建构的过程，国家治理的成败取决于国家治理的制度逻辑及其治理的有效性。新中国的国家治理呈现出由权力本位逐渐向权利本位转变的趋势，取得了卓越的治理成效。以开放系统的视野分析国家治理转型的核心问题，需要切实将国家治理的逻辑落定于权利本位。在当代中国，国家治理现代化首要的是坚持党的领导，坚持以人民为中心、以公民权利确立治理根基、以宪法之治凝聚治理共识、

---

① 何艳玲：《理顺关系与国家治理结构的塑造》，《中国社会科学》2018 年第 2 期。

② 杨立华：《文明治理和治理文明：中国国家治理现代化的新方向》，《教学与研究》2020 年第 1 期。

③ 胡鞍钢：《中国国家治理现代化的特征与方向》，《国家行政学院学报》2014 年第 3 期。

④ 冉杰：《新时代国家治理现代化新形态的建构与创新》，《学术研究》2022 年第 12 期。

⑤ 张贤明：《制度建设协同化：国家治理现代化的有效路径》，《行政论坛》2020 年第 5 期。

以合作行动创造治理动力、以公共美德提供治理支撑，由此确立和夯实现代国家治理有效性的基点，提升国家治理效能。① 中国式国家治理现代化是中国式现代化在国家治理领域的体现。中国式国家治理现代化呈现三重逻辑，即由管制型治理到管理型治理、由管理型治理到服务型治理、由服务型治理到制度化治理的历史逻辑；融汇中国优秀传统文化和治国理政智慧、马克思主义中国化时代化的理论创新成果，吸取国外治理教训的思想逻辑；以国家治理体系现代化为基础、以国家治理能力现代化为核心、以提升国家治理效能现代化为导向的实践逻辑。这三重逻辑分别构成了中国式国家治理现代化的底色、亮色与特色。② 学者指出，国家治理现代化的变革逻辑主要体现在三个层面，即一是在经典理论根基上的守正创新；二是在制度体系上的结构性革新；三是在治理范式更替上的独特智慧。这三个层面相得益彰，从“历史性”与“结构性”双重意义上全面立体展现了“中国之治”所蕴含的“中国智慧”。③ 与此同时，国家治理现代化是中国发展的长期战略选择，不仅是一个时间进程，也是一场空间变革，是对不断衍生变化的各类空间的有效治理。国家治理现代化就是各类空间秩序的调整和理顺，以构建出良好的空间秩序。现代国家产生后，空间管辖的主权化与空间类型的多样化之间的矛盾就成为国家治理要应对的基本矛盾之一。需要进一步认识国家治理的空间逻辑，增强空间意识，探索推进国家治理现代化更为可行的路径。④

从面临困境（其实也是机遇）看，直面当代中国政治的复合性质和复合逻辑，就需要直面当代中国政治的复合性所形成的张力结构，从政治空间和体制资源等方面开掘国家治理现代化的发展路径。⑤ 国家治理现代化这一命题隐含着政治上的一元与多元、现代与后现代的内在张力。有研究指出，现阶段最需要关注的还是政治现代化的问题，包括政治的程序化和制度化、多元化和一体化、代议制和官僚制等，同时还要关注发展时序问题，正确认识和处理民主与民生、代议民主与协商民主、现代化与后现代等时序逻辑。当前中国面临从前现代社会向现代国家的转型以及如何应对后现代性挑战

---

① 夏志强：《国家治理现代化的逻辑转换》，《中国社会科学》2020 年第 5 期。

② 丁志刚、熊凯：《中国式国家治理现代化的三重逻辑分析》，《中南大学学报》（社会科学版）2023 年第 5 期。

③ 赵中源、黄罡：《新时代国家治理现代化的变革逻辑与实践图谱》，《学术研究》2022 年第 11 期。

④ 杨雪冬、陈晓彤：《国家治理现代化的空间逻辑》，《中国人民大学学报》2022 年第 5 期。

⑤ 刘伟：《论当代中国政治的复合性与国家治理现代化》，《武汉大学学报》（哲学社会科学版）2015 年第 3 期。

的双重任务,平衡好这双重任务是对领导人的巨大考验。① 有学者指出,当前国家治理面临的最大挑战,是“集体无意识”的非理性和反理性因素导致无法完成现代意义上的“国家构建”而发生国家治理的“现代性欠缺”,由此引发各种危机。基于中国国情,需要展现国家治理的开放性与自主性,国家治理现代化必须以公平正义为价值导向,基于法治、民主与科学的治理品质要求,作出正确的价值选择和扎实的制度建设。② 在有的学者看来,在社会转型期中国软治理的治理体系和治理能力遇到了很大挑战,主要表现在软治理的价值、内容及机制等方面,这是改革实践需要尤其着力的地方。③ 作为比较可行的下一步改革的目标,有学者提出,就是要通过建构尽可能体现公平正义价值的治理制度及其运作机制来适当地舒缓资源配置严重非均衡的问题,并以此来缓解最为紧迫的社会矛盾。④ 有学者提出,当前我国在国家治理特别是基层治理实践上不同程度地存在着在治理实践中比较注重短期成效、科学预见的能力较弱,基层治理的政策相对滞后导致在基层治理实践中成本过高,不同层面、不同领域的治理交叉和重复的现象大量存在,“治理过度”和“治理缺失”现象并存,属地化治理模式越来越难以应对快速变化的流动性社会等困境。为此,需要增强国家治理的科学性、能动性、整体性、人本性、适配性和自主性,循序转向预见型治理、治理机制探索、整体性治理、心理情感治理、流动性治理和共享型治理。⑤

以战略落实的角度讲,基于推进国家治理现代化之战略环境分析,制度强国是全面建成社会主义现代化强国重要的战略选择。从理论上来说,国家治理体系强调的是国家治理的结构,它涉及领导制度的完善、权力结构的优化等;国家治理能力更多强调的是国家治理的能量、工具及其成效。⑥ 推进国家治理现代化须落实分权原则,强调分权制约并不一定要学西方的三权分立,也不必然削弱党的领导,分权制约的核心是要构建科学合理的权力

---

① 胡伟:《如何推进我国的国家治理现代化》,《探索与争鸣》2014 年第 7 期。

② 范逢春:《国家治理现代化:逻辑意蕴、价值维度与实践向度》,《四川大学学报》(哲学社会科学版)2014 年第 4 期。

③ 任勇、肖宇:《软治理与国家治理现代化:价值、内容与机制》,《当代世界与社会主义》2014 年第 2 期。

④ 吴毅:《国家治理现代化的现实目标与可能路径》,《华中科技大学学报》(社会科学版)2014 年第 3 期。

⑤ 文军:《时空转型中国家治理现代化的诉求困境与未来走向》,《社会发展研究》2019 年第 4 期。

⑥ 刘建军:《体系与能力:国家治理现代化的二重维度》,《行政论坛》2020 年第 4 期。

结构和运行机制。[①] 法治是国家治理的基本方式,依法治国、依法执政、依法行政、严格执法和公正司法,决定了推进国家治理现代化本体上和路径上就是推进国家治理法治化。法治化是国家治理现代化的必由之路,治理体系法制化和治理能力法治化是国家治理法治化的两个基本面向。[②] 基于内部最大优势,制度强国的首要战略部署是坚持党的全面领导,这是全面提升国家制度吸纳力、整合力、执行力的源头活水。"民心是最大的政治",制度强国的战略部署是实行全过程人民民主,包容性经济增长,实现共同富裕,提升国家制度吸纳力。基于外部最大挑战,制度强国的优先战略部署是实现国家安全体系和能力现代化,提升国家制度整合力。面对内外叠加重大考验,制度强国的战略部署要继续完善重点领域的党和国家机构职能体系,提升国家制度执行力。[③] 其中,包括信息安全风险、环境安全风险、反恐安全风险、公共安全风险和政治认同风险等政治风险,[④]政治安全的内在机理表现为包括权力运行、利益分配、权利保障在内的政治体系保持长治久安的治理逻辑,[⑤]需要高度关注、系统治理。制度作为国家治理现代化的基础,其价值理性、工具理性以及价值理性与工具理性动态张力形塑了制度变迁的规律。新时代推进中国国家治理现代化,就要进一步夯实制度基础,实现顶层设计与基层执行的上下联动、中国智慧与世界眼光的内外兼顾以及理论视野和问题导向的知行合一。[⑥] 在战略实施层面,要统筹兼顾责任体系、制度框架和动态治理能力这三个维度的建设,力求在具备整体性和开放性的制度基础上实现管理者思维的转变、治理手段的多元化以及治理系统的弹性化。[⑦] 只有推进国家治理的价值理念、关键领域、纵横关系、制度安排和方式方法等方面的变革与创新,才能建构现代化的国家治理体系。[⑧] 有学者指出,国家治理现代化的本质就是指国家的治理形式从统治—管理型向控制—协调型的转变过程。[⑨] 理顺政府、社会和国家关系是实现国家治

① 燕继荣:《推进国家治理现代化须落实分权原则》,《中国党政干部论坛》2015 年第 3 期。

② 张文显:《法治与国家治理现代化》,《中国法学》2014 年第 4 期。

③ 宋世明、黄贵辉:《论析国家治理现代化的战略部署》,《行政管理改革》2023 年第 3 期。

④ 黄新华、何雷:《国家治理现代化进程中的政治安全风险研究》,《探索》2015 年第 4 期。

⑤ 马雪松:《国家治理现代化视域下政治安全的内在机理与实现途径》,《探索》2015 年第 4 期。

⑥ 杜玉华、俞佳奇:《国家治理现代化的制度基础及其在中国的实践策略》,《学术研究》2020 年第 5 期。

⑦ 麻宝斌、陈希聪:《国家治理现代化的战略省思》,《天津社会科学》2016 年第 2 期。

⑧ 黄新华:《推进国家治理现代化的路径探析》,《学习论坛》2016 年第 2 期。

⑨ 戴长征、程盈琪:《国家治理现代化的理论定位和实现路径——以国家与社会关系为中心》,《吉林大学社会科学学报》2018 年第 4 期。

理现代化的重要内容。在重新厘定政府、社会和国家基本概念及政府和社会基本关系的基础上,中国国家治理现代化的未来目标是最终建立强政府与强社会组成的强国家。这是在实践中推进国家治理现代化进程中要关注的务实策略。[①]

从能力方面看,需要将中国式现代化的内涵拓新与国家治理现代化的赋能加力统一起来分析。有研究指出,国家治理能力是由“意识形态认同”决定的体制吸纳能力和体制濡化能力,“社会结构平等”决定的制度汲取能力和制度整合能力,“官僚意志自主”决定的政策执行能力和政策回应能力共同构成。[②] 通过国家治理体系和治理能力赋能于中国式现代化的转化方式,包括通过建构完善的治理组织赋能中国式现代化建设的组织力,通过提升有效的治理水平赋能中国式现代化建设的领导力,广泛地促进治理合作赋能中国式现代化建设的协同力,加强实施治理的运行机制赋能中国式现代化建设的执行力以及推进治理运用网络技术的发展赋能中国式现代化建设的信息力等五个方面。[③] 也有研究指出,当下中国推进国家治理能力现代化,需要特别重视共识凝聚能力、制度构建能力、科学发展能力与改革创新能力[④],或者认为国家治理能力的核心是法律制度供给与实施的能力,旨在寻求各主体执政能力、行政能力、参政能力和自治能力的协同均衡[⑤];或者加强各方面的能力建设,主要包括以提高党的执政能力为重点、以提升国家各级领导干部的履职能力为着力点、以提高人民群众的自我管理能力和自治能力为归宿、以提高依法治国能力为抓手的能力建设。[⑥] 从世界政治的大历史维度和大空间维度看,很多国家的成败与否都和国家能力、治理模式有关,而流行的“好制度”“好政体”则成为发展中国家难以自拔的陷阱。中国正在建构的“有能力的有限政府”,将“人民性”置于制度之中,是通向国家治理现代化的新政治。[⑦]

推进国家治理体系和治理能力现代化,既是全面深化改革的目标又是实现这一目标的基本途径,由政府、市场和社会三者的协同和互动构成的中

① 杨立华:《建设强政府与强社会组成的强国家——国家治理现代化的必然目标》,《国家行政学院学报》2018 年第 6 期。

② 王鸿铭:《国家治理能力:现代国家建设的理论分析范式》,《学海》2024 年第 3 期。

③ 许耀桐:《中国式现代化的内涵拓新和国家治理现代化的赋能加力》,《科学社会主义》2023 年第 1 期。

④ 张贤明、田玉麒:《论推进国家治理能力现代化的四个维度》,《行政论坛》2014 年第 5 期。

⑤ 吴汉东:《国家治理能力现代化与法治化问题研究》,《法学评论》2015 年第 5 期。

⑥ 申建林、秦舒展:《实现国家治理能力现代化的四维路径》,《中州学刊》2018 年第 4 期。

⑦ 杨光斌:《世界政治视野下的中国国家治理现代化》,《行政论坛》2015 年第 5 期。

层子系统在其中起着关键作用,它既传递和体现着顶层核心子系统的功能,又支撑和促进着底层保障层子系统的生成。① 国家治理的常态性组织化承载,是机构改革。深化党和国家机构改革,既是推进国家治理体系和治理能力现代化的一场深刻变革、一个重要支撑和一项重要任务,也是全面深化改革的一个大动作。机构改革需要在国家治理现代化的背景下加以理解,因为国家治理现代化既可以是机构改革的目标,也可以成为机构改革的手段。② 我国机构改革历来都重视顶层设计,即提出国家治理现代化的总目标,统筹党和国家机构改革,理顺政府、市场与社会关系,优化政府机构职能以及推进法治政府建设等。③ 进一步地看,作为国家治理现代化视角下建设现代化政府整体性改革方案的创新与实践,"放、管、服"改革体现了政府权力与职责边界的调适逻辑、系统集成与统筹治理的协同逻辑、"放、管、服"三位一体的发展逻辑、技术创新与制度变革的共演逻辑等运作逻辑。④ 走向国家治理现代化的政府职能转变,需要有系统思维,在政府、市场、社会三者能力的权衡中动态调整政府职能边界,将政府职能转变的治理理念、治理方法和工具有机统一起来,以提高治理效能。⑤ 因此,从公共治理范式更新的角度讲,从"管理"到"治理"的转变,其理论以及实践的意味是"政社共治、官民协同"的政府治理模式的建构。⑥

在社会治理层面,作为政治建设与国家治理的基础环节,构建复合型党群关系、打造党组织主导的多元合作社会治理模式,需要基层党组织建构枢纽型组织形态来予以承载,以此来全面推动党组织适应网络社会的组织形态转型与升级。⑦ 要走出"即兴式"举措多于制度规范、法治保障不足等误区,就需要从完善社会政策体系、构建公民权利保障体系、优化基本公共服务体系、强化社会组织培育体系、建立社会行为规范体系、创新社区治理体系、巩固公共安全体系、健全社会风险预警与应对机制等方面推进社会治理

---

① 胡宁生:《国家治理现代化:政府、市场和社会新型协同互动》,《南京社会科学》2014 年第 1 期。

② 竺乾威:《国家治理现代化与机构改革》,《学术界》2016 年第 11 期。

③ 陈振明:《党和国家机构改革与国家治理现代化——机构改革的演化、动因与效果》,《行政论坛》2023 年第 5 期。

④ 陈水生:《国家治理现代化视角下的"放管服"改革:动力机制、运作逻辑与未来展望》,《政治学研究》2020 年第 4 期。

⑤ 薛澜、李宇环:《走向国家治理现代化的政府职能转变:系统思维与改革取向》,《政治学研究》2014 年第 5 期。

⑥ 桑玉成:《论现代国家治理体系的建构》,《思想理论教育》2014 年第 1 期。

⑦ 郑长忠:《国家治理现代化的政党微观逻辑》,《江汉论坛》2015 年第 3 期。

体系和治理能力现代化建设。[①] 在治理能力的建构上，从理论范式上来说，国家治理模式转型体现了公共行政从功能主义、解释主义向建构主义转变的系统过程。建构主义主张在自我治理、参与民主、公共协商、多元协同等方面有更多的建树，在国家治理的社会建构过程中，既要通过国家治理价值、结构以及程序的整体推进而寻求国家治理能力的切实提升，又要超越社会建构本身在制度规范供给与克服市场失灵上的不足，而发挥国家在宏观引导、顶层设计、制度供给以及政策规范等方面的必要作用。[②]

数字时代，尤其是自 21 世纪以来以大数据、人工智能为代表的新技术革命迅猛发展，赋予国家理论以数字暴力、数字主权、数字政府和数字治理等概念内涵和实践新形态。[③] 这也为数字时代的国家治理现代化探究形成了新挑战、设置了新议题。“互联网+”引发了政府治理模式的变革，国家治理能力从管理工程发展为社会工程，价值格局走向开放式治理，网络化治理有助于实现国家治理价值、形式和技术的理性结构匹配融合，整体助推国家治理现代化建设。[④] 国家治理现代化的目标是建构一种平衡型国家，其要义是国家与社会的动态平衡。在智能革命的背景下，人工智能技术至少在资源丰富、共识达成、充分回应等方面为国家治理现代化形成重要助力；但亦在安全风险、公民隐私和公平难题等方面对国家治理提出新的挑战。[⑤] 信息时代，面向新质生产力的发展，算力驱动的智能革命正在重塑经济运行规律、社会资源配置方式、国家治理理念等，成为数字化时代国家治理变革的内在驱动力。[⑥] 国家治理现代化包含秩序系统、赋权系统和创新系统三大内容。就秩序系统而言，GPT 技术的出现可能将传统的知识秩序完全打破，并重构一种新的知识权威，接下来国家治理现代化的进一步推进则需要更多考虑“智能体红利”的问题。[⑦] 通常而言，国家治理能力主要由国家秩序能力、国家赋权能力和国家创新能力构成，而国家数字能力可区分为多种

---

① 姜晓萍：《国家治理现代化进程中的社会治理体制创新》，《中国行政管理》2014 年第 2 期。

② 张振波、金太军：《论国家治理能力的社会建构》，《社会科学研究》2017 年第 6 期。

③ 黄其松：《数字时代的国家理论》，《中国社会科学》2022 年第 10 期。

④ 罗梁波：《“互联网+”时代国家治理现代化的基本场景：使命、格局和框架》，《学术研究》2020 年第 9 期。

⑤ 高奇琦：《智能革命与国家治理现代化初探》，《中国社会科学》2020 年第 7 期；周文彰：《数字政府和国家治理现代化》，《行政管理改革》2020 年第 2 期。

⑥ 米加宁、李大宇：《算力驱动的新质生产力：本质特征、基础逻辑与国家治理现代化》，《公共管理学报》2024 年第 2 期。

⑦ 高奇琦：《GPT 技术与国家治理现代化——基于秩序、赋权与创新的框架》，《山东大学学报》（哲学社会科学版）2023 年第 5 期。

类型，朝向双强平衡型的国家数字能力建设要注重自主性与嵌入性的动态平衡。① 在现实向度上，既需要通过“治理好”数字技术规避资本无序扩张、侵犯数据隐私、网络攻击等风险隐患，也需要通过“利用好”数字技术推进中国共产党的执政能力、依法治国能力、行政管理能力、经济治理能力、社会治理能力等国家治理主要领域的现代化。② 有学者指出，数字化将重塑财政体系并形成数字财政，为财政治理和国家治理现代化带来新的机遇，数字财政盈余是数字财政收益的重要方面。③ 如果将信息作为国家治理的基础资源、信息能力作为国家治理的基础能力之一，那么信息不对称的事实塑造了信息短缺的焦虑、搜索信息的冲动、完备信息的想象以及信息保密的本能等扭曲效应，构成了国家信息化活动的基本底色。推进国家治理现代化必须要正视信息不对称问题及其影响，重构和优化国家治理的信息机制，着力跨越信息不对称的陷阱，最终提升国家治理的准确性、适应性和有效性。④

从理论贡献上，新时代国家治理现代化理论是马克思主义国家治理理论中国化、时代化的创新成果。国家治理现代化是中国式现代化的有机成分和基础性工程。其理论建构以探析社会主义国家治理转向的动力及内在机理为指向，以诠释“国家”与“治理”的兼容与耦合为发端，以推动构建“善治”的人类政治文明新形态为目标，在理论议题上回应“中国关切”，在逻辑演绎上创造“中国话语”，在形态建构上呈现“中国范式”，在价值指向上追求“中国之治”，并在认识论、方法论、价值论等层面上形成了新突破，历史性地回应了“怎样治理社会主义社会这样全新的社会”的重大命题。⑤ 以全球视野观之，有学者指出，在全球化时代，要从协调国家与国内社会、国际社会双重关系的角度出发，来思考国家治理现代化面临的问题、发展的方向以及着力的重点。⑥ 面向全球治理，构建人类命运共同体的理念和主张，是国家治理体系和治理能力现代化的根本目的，既是国家内部事务治理的目的，

① 高奇琦：《国家数字能力：数字革命中的国家治理能力建设》，《中国社会科学》2023 年第 1 期。

② 尹振涛、徐秀军：《数字时代的国家治理现代化：理论逻辑、现实向度与中国方案》，《政治学研究》2021 年第 4 期。

③ 王志刚、赵斌：《数字财政助推国家治理现代化》，《北京大学学报》（哲学社会科学版）2020 年第 3 期。

④ 韩志明：《跨越信息不对称的陷阱：国家治理现代化的信息维度》，《江苏社会科学》2024 年第 1 期。

⑤ 赵中源、黄罡：《新时代国家治理现代化理论建构及其原创性贡献》，《政治学研究》2023 年第 4 期。

⑥ 杨雪冬：《全球化进程与中国的国家治理现代化》，《当代世界与社会主义》2014 年第 1 期。

也适用于全球治理。这是因为,中国语境中的现代化概念属于一种“向前看的现代化”,而西方现代化理论所推荐的所谓现代化模式在实质上属于一种“回头看的现代化”。而“向前看的现代化”是一种精神追求和理念向往,在全球化的新时代,是以构建人类命运共同体为目的的。① 但也有学者明确指出,当前的理论和实践还未充分认识和揭示治理的整体性,未能制定出统筹全球治理与国家治理的整体性政策,亟待推进全球治理与国家治理互动统筹。② 从政治文明的角度,有研究者指出,中国特色国家治理现代化在人类政治文明产生和发展的过程中创造了以“人民中心”为治理取向、以提升全体国民的整体利益的“善治”为治理目标、以系统完备的中国特色社会主义制度为治理依据、以法治为治理方式和以维护社会公平正义与和谐有序为治理结果的“治理文明”新形态,实现了对政治文明的创造性建构。③ 有学者指出,中国特色社会主义国家制度和国家治理体系是党带领中国人民百年奋斗获得的最重要思想创新成果、最重要制度创造成果和最重大实践创新成果之一,意义重大深远。要以历史思维探析我国国家制度和国家治理现代化的探索历程与演进逻辑,以系统思维分析其核心理念和理论体系,以创新思维凸显其核心价值和比较优势,以比较思维探析其创新智慧和世界意义。④

对于治理和国家治理的研究来看,有研究指出,国家现代化建设在很大程度上就是国家能力建设。从时间性角度分析中国国家能力建设中暗含的长周期性和可见的时序性,中国从站起来、富起来到强起来的发展进程,在国家能力建设上依次体现为主权能力、经济发展能力和总体安全能力。这一国家能力建设历程体现了国家建设重心在政治—经济—文化关系中的依次转移,具有历史制度主义政治学方法论中的“时间性”。⑤ 结果导向、关系导向和工具导向的静态国家能力研究容易忽视时间维度和动态变化,动态国家能力观强调不同时空情形下的不同治理模式对国家强制、汲取、公共服务和信息决策能力有不同的要求,在不同治理模式之间灵活切换是一种特殊类型的国家能力。当国家形势呈现出阶段性质变以及在常规治理与危机

---

① 张康之:《国家治理现代化的中国概念》,《党政研究》2021 年第 5 期。

② 蔡拓:《全球治理与国家治理:当代中国两大战略考量》,《中国社会科学》2016 年第 6 期。

③ 赵中源、何小红:《国家治理现代化:政治文明新形态的创造性建构》,《江西社会科学》2023 年第 11 期。

④ 欧阳康:《中国式现代化视域中的国家制度和国家治理现代化》,《中国社会科学》2023 年第 4 期。

⑤ 江天雨:《中国国家能力建设的时间性分析》,《教学与研究》2023 年第 4 期。

治理之间，治国者需要因应形势适时调整治理模式，否则国家治理将陷入困境。[①] 这样的分析思路，指出了国家能力与国家治理能力在纵向维度上的关联纠缠与复杂张力。亦即，从国家统治向国家治理转变中的国家能力理论变迁，需要放置在构建现代国家构建的政治逻辑框架、探寻中国国家能力理论的适用性之中来完成。[②]

然而，需要注意的是，上述研究呈现多元视角和丰富观点的同时，也会为进一步的研究既留下麻烦、又创造契机。譬如，对国家治理研究的“国家”，在政治学的不同视角下，现代国家的构成模式不同，国家性及其维系纽带也不同。如制度视角和结构视角侧重现代国家的外在手段：国家如何站在最高处，垄断包括物理暴力和物质工具在内的外在手段，建立相对于社会分工的政治分工，形成相对于社会组织的权威性、自主性；又如理性视角和文化视角侧重现代国家的内在理由：国家如何建构权威的中立性，谋求支配的正当性，塑造自身的能动性，以及国家就此遭遇何种挑战，国家为什么并不总能站在最高处。这四种视角共同塑造了现代国家构成的问题域，使之成为理解现代国家及其国家性变迁的出发点。[③] 同时，还有另一层至关重要的研究范式选择问题。正如有的研究所指出的那样，关于中国国家治理能力的研究很多都建立在批判西方国家能力理论的基础上，而西方学界对国家能力本质的主流认知经历了国家自主性到基础性权力的转换。在这一过程中，人们把抽象的国家分解为具有一致性的行动者或制度组织，突出其中一种属性对国家能力产生和运行的作用是常见的国家概念操作化方式。为此，合理地扬弃西方国家能力理论需要重视以下问题，历史化、情境化地阐释国家概念中的制度—行动者二重性，重视国家权力向国家能力转换中关于国家价值取向的预设，关注公共利益与国家机构利益的一致性，以及正确看待“人”对制度的纠偏。[④] 这是因为，简单套用“用理论和制度代替实践，用目的代替过程，用规范代替分析，用二元代替复杂的纠缠关系”的研究方式，需要得到更为内生性地审视和矫正[⑤]，从而基于客观实际而非逻辑推理，来构筑理论和形成致思理路。为此，要“走出理论荒野”，就需要

① 陈慧荣、麻丹凤：《国家能力新视角：治理模式的因应变化》，《上海行政学院学报》2023 年第 4 期。

② 凌争：《国家能力研究的中国学术图景：评述与展望》，《公共行政评论》2018 年第 6 期。

③ 欧树军：《现代国家的构成》，《社会科学》2023 年第 4 期。

④ 张禹：《国家能力与国家概念再审视》，《武汉大学学报》（哲学社会科学版）2021 年第 3 期。

⑤ 肖瑛：《从“国家与社会”到“制度与生活”：中国社会变迁研究的视角转换》，《中国社会科学》2014 年第 9 期。

批判性解构和建设性重构同步。① 这些研究，在比较中反思、在反思中建构，各有深意、富有启发。

（四）文献评价

1. 已有研究的整体评价

其一，研究领域逐步拓宽。从单纯的关注城镇化概念，逐步转向新型城镇化的细分领域，向关注后续系统配套支持制度改革转变；从关注一些较为表面的议题向关注较为深层次的议题转变；从关注静态的状态描述向关注其与社会多主体合作的实践绩效转变。这表明对城镇化问题的认识正逐步走向深化。

其二，研究取向更加多元化。由于不同研究者的视角差异，有的研究者更加强调城镇化推进的正面意义，而另外一些学者则更多关注近年城镇化面临的一些新的矛盾和问题。但是，也存在较明显的观点分歧。当然，无论是持何种取向，其基本的出发点是一致的，即都认为我国城镇化治理的效能效率有待进一步提高。

其三，研究群体逐步扩大。县域吸引了大量的学者投入研究热情。目前研究力量正快速向政治学、经济学、法学、公共管理学、社会学、生态学等学科领域扩展。需要注意的是，研究的群体中既有政务部门的实际工作者，也有学术界的专家学者，这成为该领域研究的普遍现象。

其四，研究对策取向特征明显。由于该领域的应用性比较明显，在此领域的研究，不论是涉及城镇化自身还是基层政府、乡村治理、社会治理等，具有鲜明的对策取向特征。这对于现实的理解和把握有了明显的提高，同时也说明实际关键性的问题仍然有待进一步深化和细化。

2. 已有研究存在的不足

第一，研究视角的学科整合及纵向层次贯通仍需努力。一方面，已有研究普遍缺乏理论指导尤其是缺乏跨学科的理论视野。将零散的局部领域的经验总结提炼成为制度化的建设思路和实施方案，已有的研究尚未给予足够的重视。另一方面，已有研究的具体分析视角过于单一，要么注重正式制度层面的宏观政策分析，要么注重个案领域的具体实践，却很少人同时从宏观、中观和微观三个层面来考察城镇化与国家治理现代化相关问题，这就导致研究产出的有效性和质量受到约束，难以真正抵达城镇化治理体系优化的深处，对中国式城镇化新道路的重大价值及其与国家治理现代化的双向

---

① 唐世平、高岭等：《国家能力：走出理论荒野》，《学术月刊》2022 年第 11 期。

互塑意义，未能关注到位。

第二，研究方法的选择及合理组合需动态更新。一则已有部分研究缺乏长期的田野调查基础特别是田野参与观察研究为支撑，导致其研究路径和研究结论都与基层的实践有相当的差距。二则对既有问题的研究归纳不够精准。特别是没有从快速变化的具体形势和实践需要出发来设计具有针对性的改革模式和实践方案，由此导致的严重信息不对称甚至可能会使研究扭曲现实，研究处于相对静态且具有碎片化的诸多特征，这点恰恰是本课题研究需要突破的重点所在。

第三，研究资料的更新及有效使用待进一步改进。已有的研究哪怕是最近两年发表的研究论著所用的资料大都是基于既往案例，更新不够及时；新近案例的更新，可能从代表性和比较维度等方面看，仍有进一步改进的空间。囿于包括资料的更新不够及时等约束，而未能对城镇化与国家治理现代化关联建设等予以学理性分析和理论性升华，出现理论研究滞后于实践需要、缺乏解释力和引导力的尴尬局面。

第四，研究对策的系统性及持续更新度尚存不足。新型城镇化与国家治理不仅属于实践层面，还属于理论层面，将理论研究有机结合于实践的开展，是科学、合理的研究路径。而以往研究虽有广泛的理论关怀和问题考虑，但由于缺乏足够的实践思考，这在一定程度上影响了对策可操作性。

三、核心概念与理论基础

（一）核心概念

1.新型城镇化

新型城镇化是以城乡统筹、城乡一体、产业互动、节约集约、生态宜居、和谐发展为基本特征的城镇化，是大中小城市、小城镇、新型农村社区协调发展、互促共进的城镇化。新型城镇化的核心是人的城镇化，本质是用新发展理念来统领城镇化建设。新型城镇化的要求是不断提升城镇化建设的质量内涵。与传统提法比较，新型城镇化更强调内在质量的全面提升，也就是要推动城镇化由偏重数量规模增加向注重质量内涵提升转变。长期以来粗放式用地、用能，如今要走资源节约、环境友好之路；过去主要依靠中心城市带动，提出新型城镇化后更应该强调城市群、大中小城市和小城镇协调发展。新型城镇化需要回应中国现代化进程中的产业转移、空间转型与治理转向。故而，新型城镇化的“新型”，主要指城镇化发展的理念、目标、主体、内容、机制、动力、资源、参与、保障以及绩效评价等,要有新的标准、新的方法和新的价值指引,核心是贯彻“以人为本”在城镇化公共政策制定与实践中的主导地位,体现依靠人、为了人、服务人和促进人的城镇化初衷和重点,实现人本化城镇化建设。

2. 国家治理现代化

国家治理现代化是指国家治理体系和治理能力现代化,是在党的十八届三中全会通过的《中共中央关于全面深化改革若干重大问题的决定》中提出的。其中,治理体系现代化是指国家治理组织系统结构的现代化;治理能力现代化是指国家治理者素质和方法方式的现代化。具体而言,治理体系现代化指的是:厘清政府在公共事务治理上的施政范围与功能职责,发挥社会组织和群众的积极性与能动性,同时发挥市场在资源配置中的决定性作用,最终建立起“政府—市场—社会”多元治理体系,其中,政府在公共事务治理过程中活动范围与功能职责的界定是国家治理体系现代化最为关键的问题。治理能力现代化指的是:政府在公共事务治理上制定决策与执行决策能力的民主化、法治化、科学化。概括起来,作为新时代的国家治理新方略①,国家治理现代化,就是以现代的国家治理结构回应社会持续健康发展的功能需要,从而实现共建共治共享。以此观之,国家治理结构与治理能力的系统优化和发展升级,以现代民主、法治和科学的方式方法治理国家事务和社会公共事务,从而实现全方位地增进人民福祉和国家进步。

(二)理论基础:治理、城市化理论与马克思主义国家理论

1. 治理理论

治理是一种公共管理活动和公共管理过程,包括必要的公共权威、管理规则、治理机制和治理方式。“治理一词的基本含义是指在一个既定的范围内运用权威维持秩序,满足公众的需要。治理的目的是在各种不同的制度关系中运用权力去引导、控制和规范公民的各种活动,最大限度地增进公共利益。从政治学的角度看,治理是指政治管理的过程,包括政治权威的规范基础、处理政治事务的方式和对公共资源的管理。”②公共治理达到良好状况,就是善治,应该具有合法性、透明性、责任性、法治、回应、

① 刘建军、邓理:《国家治理现代化:新时代的治国方略》,上海人民出版社 2020 年版,第 1 页。

② 俞可平:《治理与善治:一种新的政治分析框架》,《南京社会科学》2001 年第 9 期。

有效等基本要素。[①] 治理理论包含以下内容:一是承认在公共事务中的参与者的地位平等,都具有治理之主体性,如政府与群众之间、政府与社会组织之间、政府内部各机构之间,等等,都享有治理权限;二是遵守程序和规则;三是对公共事务的自主、积极参与;四是治理活动中应该充分地体现对权利的尊重,对利益的协调,因而取向是折中的。

结合各种论述,公共治理具有如下特征:第一,治理主体的广泛性。治理主体可以是公共机构,也可以是私人机构,还可以是公共机构与私人机构的合作。第二,治理对象的公共性。凡涉及国家、公共组织、私人机构及社会个人等各种活动主体之间相互关系的政治、经济、文化等各种社会公共事务,均属治理之列。第三,治理过程的合作性与互动性。公共治理与市场、社会自治组织、社会中介组织、社会独立组织等具有许多联系,因此必然凸显国家与社会的合作,模糊了公共领域与私人领域的明确界限,更加强调国家对社会的依赖。公共治理的互动性体现在治理主体与对象间的相互调适、协商、沟通,对公共事务目标的确立进行共同探讨。公共治理所拥有的管理机制是合作网络的权威,其权力向度是多元的、相互的。第四,治理方式与手段的多元化。政府应该运用各种可行的办法来达到对公共事务的良好管理。公共治理的这些特征也可以扼要地陈述为:公共性、公正性、公开性、合作性、平等性;它们是契约观念与效率精神在治理公共事务中的外化,具体体现在公共治理的基本问题领域,如公共治理理念、治理模式、治理结构、公共治理中的政策过程、治理工具、治理能力及评估等方面。

2. 城市化理论

城市化是一个由乡村向城市逐步转变的过程,涉及政治、经济、文化、社会、空间和生态等多方面的系统性变迁。城市化并非完全等同于城镇化。城市化强调更多的城市成长及其经济社会后果,城镇化则较多地关注以市镇为载体的城市化所带来的复杂变化。中国城市化具有独特性,改革开放以来一直成为学术界的研究热点之一。目前有五种最具代表性和影响力的学说,即反城市主义说、工业战略说、城市二元体系和工农业均衡发展说、工业化和城市偏爱说以及综合说。[②] 这些理论虽各有所长,但普遍存在着发展时段、具体国情等"情景错置"的"水土不服"问题,中国的城市化理论需

---

① 参见俞可平:《权利政治与公益政治》,社会科学文献出版社2000年版,第113—114、117—119页。

② 薛凤旋、蔡建明:《研究中国城市化理论学派述评》,《地理研究》1998年第2期。

要创新与重建。①

由于国情不同，中国的城市化研究不能直接套用西方的城市化理论与模式。为此，需要在对西方城市化理论批判的基础上，克服西方城市化理论的三大局限，②即西方城市化理论模式的局限——“理想类型模式”与“极端认知”；西方城市化理论发展前提的局限——时代拘囿与“西方中心化”的负效应；全球城市化理论的局限——虚无性与“地方性精神”的丧失。为此，中国本土城市化理论模式需要进行三大核心价值建构，即创造本土化的“循环社会型城市化模式”（强调可持续的生态化的城市化模式）、创造本土化的“充分就业型富民城市化模式”以及创造本土化的“全员福祉型城市化模式”，从而更切合中国发展实际地来指导新型城镇化的理论研究和实践建设。

3. 马克思主义国家理论

国家是社会的产物。恩格斯曾指出：“国家决不是从外部强加于社会的一种力量。……确切地说，国家是社会在一定发展阶段上的产物；国家是承认：这个社会陷入了不可解决的自我矛盾，分裂为不可调和的对立面而又无力摆脱这些对立面。而为了使这些对立面，这些经济利益互相冲突的阶级，不致在无谓的斗争中把自己和社会消灭，就需要有一种表面上凌驾于社会之上的力量，这种力量应当缓和冲突，把冲突保持在‘秩序’的范围以内；这种从社会中产生但又居于社会之上并且日益同社会相异化的力量，就是国家。”③

基于此，我们认为，国家治理实际上就是要以国家的权力权威为基础依托，展开其统治、管理、服务等多项治理的系统活动。国家治理现代化，意味着国家基本制度确立之后，还需要考虑其治理体制机制、方式方法、程序标准等实际运行问题。在一个相对平稳的政治制度框架内，国家政府依法享有治权的公共权力组织，通过各种合法方式使用可资利用的公共资源，以一定的公共政策过程来推行和完成职能规范的任务和要求，以提供满足政府体系内外需求的公共产品为形式，有效治理自身、保持政府体系的稳定存在发展和有效治理社会、确保社会持续发展进步。从内涵上讲，国家治理现代化是国家以现代高效的方式实现其根本意志、达成其治理目的过程；从外延

① 赵新平、周一星：《改革以来中国城市化道路及城市化理论研究述评》，《中国社会科学》2002 年第 2 期。

② 张鸿雁：《西方城市化理论反思与中国本土化城市化理论模式建构论》，《南京社会科学》2011 年第 9 期。

③ 《马克思恩格斯文集》第 4 卷，人民出版社 2009 年版，第 189 页。

上看,国家必须履行管理社会公共事务、维持社会秩序、调节社会冲突、增进社会政体福利水平,使社会政治、经济、文化之间有一个大致均衡的持续发展的能力。国家治理现代化就绝非仅仅是理论问题,它同时更是实践问题。

四、研究思路与研究方法

(一)研究思路

毫无疑问,中国的城镇化构成中国现代化进程中最为显著的经济社会现象之一,从涉及的人口规模、经济体量、空间格局以及社会效益的复杂性而言,它都是世界级的、人类级的,正对中国的国家治理乃至对全球人类格局产生着至关重要而持久的影响。自 2012 年以来,党的十八大将新型城镇化与新型工业化、信息化、农业现代化一道,定位为推进中国现代化发展的"新四化",并力图通过它们之间的深度融合与良性互动而助益于经济社会的全面发展。以战略方式进入国家治理场域的新型城镇化,作为现代化进程中的一种"不可避免的客观存在",它何以为"新"?依据于大转型这一特定的实践情势,该战略的发生学有着四层意蕴:其一,查验其所承载的经济、行政、社会、文化乃至生态任务,可知城镇化建设的复杂性;其二,指向于对城乡、区域以及市镇内部之间诸多宿弊的矫正,需要凸显城镇化实践的创新性;其三,回应于既尊重又超越于物本侧重的内在需要,呼吁城镇化发展的人本化;其四,改造以往改革成本收益的失衡格局,亟待城镇化彰显权利精神以增进权力—权利关系的再平衡。

自 21 世纪以来,伴随着中国一跃成为世界第二大经济体,有关新型城镇化战略的权威表述引发多方广泛关注。仅就近年"井喷式"呈现的各种研究文献看,城镇化话题俨然已成为一个高热度的知识现象,众多社会学科争相为之"号脉";与理论界热议相因应的是,各级地方政府的热衷似乎更胜一筹,已开始一场强劲的实践运动。党的十八大以来,城镇化逐渐成为新一轮经济增长的强大引擎。①

然而,无论经济发展还是民生幸福,都离不开有效的国家治理。"改革是对未来最重要的投资。"②对于国家治理而言,如何有效再次启动系统性

① 中国金融 40 人论坛课题组:《加快推进新型城镇化:对若干重大体制改革问题的认识与政策建议》,《中国社会科学》2013 年第 7 期。

② 周其仁:《改革的逻辑》,中信出版社 2013 年版,第 258 页。

改革至关重要。而城镇化战略所回应的“发展需要”与“人本向度”,恰好可以成为探究国家治理变迁的新视角。这是因为,城镇化进程既是以经济现代化为基础之现代化的重要组成部分,又内在地构成了推进经济现代化的重要动力;与此同时,从“现代化的本质就是人的现代化”认知出发,①经济现代化的目标和归宿还在于服从和服务于人主体性价值的全面实现。这两个层面的实践,都需要在持续优化的国家治理论域内得到保障。

改革开放以来,政府与市场始终是决定中国经济社会发展总体格局的两大主导因素,但是,二者之间有着复杂的交互机制。② 从治理的稳定性与可持续性角度讲,既有国家治理模式在进一步的发展转型中需要作出调整。

但是,以大转型为背景底色的新型城镇化战略,需要对如下问题作出回答。第一,它何以运转?以“新四化”布局之一为定位的新型城镇化,无论从发生秩序、实践动力还是目标指向等角度看,均较之既往的城镇化有着诸多不同的逻辑要素,但这些逻辑是如何彼此交叉勾连、因应作用的?有待进一步探讨。第二,有哪些重要题域?作为在独特时空中展开的压缩式现代化的重要环节,新型城镇化将以怎样的实践图景展现出来?有何特征?仍需深入追问。第三,其推进中将伴生哪些风险?与社会结构的持续分化与重构一道,会出现各种不确定性,但对这些风险的性质、类型、特征仍缺乏清晰的研判。第四,此类共生风险如何管控?这需要对于怎样克服治理浅表性、有效提升风险治理的系统性等问题,进行更具针对性的思考。

上述问题的关键,在于充分体认和合理把握新型城镇化战略的中国特性。这既需要准确阐明大转型时代中国的复杂现代性对于城镇化的逻辑分析意义,又需要以新的理论视角来“深描”独特混合逻辑运行中伴生风险的阈值,更需要基于实践图景与秩序想象的“刻画”为风险管控提供可扎根的政策选择。为此,本书尝试选取两方面的理论支撑:一是共生理论。起源于生物学的“共生”,表达的是生命体某种程度的永久性的物质联系。而扩散至社会科学领域的共生所指,不仅是一种生物现象,也是一种社会现象;不仅是一种自然状态,也是一种可塑形态;不仅是一种生物识别机制,也是一种社会科学方法。③ 共生理论的核心价值在于:在系统论的基础上,给人们呈现出一种多样态、非均衡的资源依赖、结构依存、生存依靠的复杂融通关系。二是根植性理论。经济社会学的根植性理论,意指经济行为是深深根

① ［美］英格尔斯:《人的现代化》,殷陆军译,四川人民出版社1985年版,第86页。
② 金太军、袁建军:《政府与企业的交换模式及其演变规律》,《中国社会科学》2011年第1期。
③ 袁纯清:《共生理论》,经济科学出版社1998年版,第1—2页。

植于网络与制度等社会关系之中的，即只有嵌入社会网络结构的信息和经济关系，才能够为参与者所接受。① 当维持根植性联系时，就能把行为主体的动机从追求短期利益转向到通过建立信任和互惠而确立长期关系上来，从而产生信任、信息交换和合作安排。②

选择上述理论工具并展开"逻辑—题域—风险"分析，具有针对转型期城镇化实践的理论解释力。一则，经济社会转型所给定的复杂现代性，表现为实践中规范的协调性与内在结构的自洽性、实现条件和实现方式的复杂性以及实现过程中规范与结构之生成性与开放性基础上的发展性。③ 这说明，中国现代化之路具有任务多重性、动力内生性与过程复杂性。作为现代化推进的战略载体和实践依托，新型城镇化以一种"国家脚步"的方式表达着这种复杂现代性的赋得性与行动域。二则，城镇化的利好与风险并非此消彼长，而是因应共生、彼此关联的。城镇化要塑造的未来城市社会是一个机遇与挑战并存的不确定社会结构体。根据共生的依存原理，恰恰是对于一定程度风险的自觉回应，内在地构成了趋利避害、扬善抑恶的城镇化推进和发展机制。三则，强调实践行为的社会性与文化含义，能够帮助人们依托于内生基础而发展出改进策略。这是因为，根植性有助于行为体超越单纯经济利益的考量而将其行为深嵌于其所置身的社会文化背景之中，以发展出具有系统整合性的政策取向。这对于在推进城镇化过程中减少改革的碎片化与政策的离散性，④不无裨益。

构建具有适应性与引导力的国家治理体系是国家实现有效治理、有序变迁和可持续发展的前提条件。然而，国家治理模式的选择不是随机的，而是受制于特定的经济社会基础即社会内生性，清晰地勾勒和准确地回应这种支配社会运行的内生性"密码"，其实质便是理性揭示来自于社会的基本发展需求。然而，要回应这种社会发展需求，既受制于治理主体对于内生情景的理解力，更受制于治理体系的行动力。当经济社会发展的总体需求被简约为实践的公共需求的时候，积极主动的改革探索便成为一种回应性的公共供给。这一公共供求的均衡度与有效性，受制于客观实在性与主观能

---

① Mark Granovetter, "Economic Action and Social Structure: the Problem of Embeddedness", *American Journal of Sociology*, 1985(91).

② Brian Uzzi, "The Sources and Consequences of Embeddedness for the Economic Performance of Organizations: the Network Effect", *American Sociological Review*, 1996.

③ 冯平、汪行福：《"复杂现代性"框架下的核心价值建构》，《中国社会科学》2013 年第 7 期。

④ Kenneth Lieberthal, "Introduction: The Fragmented Authoritarianism Model and Its Limitations", In Kenneth Lieberthal & Michel Oksenberg(eds.), *Policy Making in China: Leaders, Structures and Processes*. N.J.: Princeton University Press, 1988, p.2.

动性的合力作用。

在中国,以战略方式进入治理场域的新型城镇化,代表着一种"国家计划",是以"项目制"为新治理体制的实践表达,①既肩负着推进经济社会综合性变迁的重任,又蕴含着国家治理文明发展的使命。这可以视作为以国家治理更新的方式展开新形势下的公共回应,是一种改革公共供给方式、达致新的供求平衡的实践努力。但是,要实现公共供给从供给主导型向需求回应型模式的循序转向,关键在于有一个持续的促动力量。实际上,任何有效的发展实践,需要的不仅仅是改革的诚意,更要有改革的动力以及由此而发展起来的能力。作为一个持续的改革过程,城镇化的改革走向,既需要有效表达国家意图,又需要有力促进地方发展;作为一个旨在改善公共供求关系的公共选择过程,城镇化的发展结果既要有经济的效率性、秩序的可控性,更要有社会的公平性。在大转型时代,对于城镇化的这种"新型"期许,它既反映出了国家发展的情势需求,又深切地表达出了民众的主体意志。

公共需求的新发展,对公共供给的目标排序、行动结构以及方式选择均提出了新的要求。作为现代化战略工具与实践载体的新型城镇化,代表着新的实践需求,呼唤国家治理的创新发展。我们认为,将城镇化定位为影响中国未来发展中一个最重要的中间变量,其对国家治理转型的深刻影响便能够得到清晰呈现。

循着"实践基础—发展逻辑—塑构作用"思路,以公共供求的均衡化为研究切入,着重探究如下问题:一是城镇化的发生依据与国家治理的现实基础。从现代化中期向现代化后期快速转型所孕生的深层次、多元化与整合性需求,反映了异于西方现代化的中国复杂现代性。为此,需要分析在此实践方位与总体特征中的城镇化对于国家治理的基础价值。二是城镇化的发展逻辑与国家治理的结构功能。城镇化涵盖着丰富的改革题域,分别形成双重逻辑。其静态逻辑的利益链、转型域与风险度如何影响国家治理结构以及动态逻辑的动力机制、推进模式与空间结构如何造就国家治理功能,需要着力。三是城镇化战略的塑构作用与国家治理的转型向度。探讨作为战略性变量的城镇化,将在何种程度上改变中国的社会结构与政治经济基础,并最终促成国家治理模式的转型。

(二)研究方法

有效的研究离不开科学的方法和可行的研究技术,本书拟采用以下的

① 渠敬东:《项目制:一种新的国家治理体制》,《中国社会科学》2012年第5期。

具体研究方法与研究手段。

1. 案例法

案例分析法可以起到汇集研究素材、呈现内在关系、找准问题症结、贡献研究思路等鲜活样本价值，在富有可分析性的同时也为对策建议的梳理和辨析提供了线索。本课题的研究，诸如在半城镇化、再城镇化、县域城镇化、城郊城镇化等各方面，涉及空间生产、产业发展、充分就业、城市融入、社会保障、公共服务以及特色发展等，都有着极为丰富的典型案例，这些案例为研究的深入和拓展创造了条件。案例选择中，既考虑到面上研究需要的宏观性，也兼顾到地区之间的显著差异性，试图以宏观、中观和微观结合、理论与实践结合的案例分析方法来更好地达成研究目标。

2. 田野调查

可以通过参与式观察、无结构访谈、问卷调查等方式方法，获取在一般文献层面难以获取的研究信息。譬如，对于城镇化过程中覆盖新市民社会保障和公共服务的财政支出职权行使及其效应，通过专项访谈并辅之以一定层面和数量的问卷，则可以获取更为"隐秘"的关键信息和重要素材，从而去探究深层约束究竟为何、程度如何、特征怎样、有何影响、如何干预和调整，这对进一步明晰城镇化战略推进策略和行动方向、引导理性思考和建构城镇化治理体系尤其是地方政府责任、形成政府、市场与社会协同助力发展的格局，不无裨益。

3. 比较法

通过纵向比较，城镇化战略推进多年的路径与动力、成就与问题等等，会有直接帮助。例如对于既有城镇化与未来充实人本内涵的城镇化之间的区别与联系；中国城镇化与国外城市化的异同；同一阶段城镇化在国内不同区域的差别，诸如市民化的模式，特别是市民化机制，城市融入成本、离土农户的土地权益、政府转移支付以及各县城城郊经济发展模式、基础设施优化、城市更新模式与机制、城乡公共服务均等化的异同等，纵向和横向甚至是领域细分内的多向比较，可以为改革实践供给经验教训，更为重要的是，对于厘定自身的状况和改革需求，有重要价值。

4. 结构—功能分析

在系统、过程和政策三个层次，该方法有助于探讨政治社会化和社会录用、利益表达、利益聚集、政治交流、规则制定、规则实施和规则裁决等活动和功能。这对于研究新型城镇化"以人为本"以及政府职责的确立、运行和优化研究，有很好的适配性。

五、研究框架与本书结构

（一）研究框架："关系—过程—效应"三维分析

作为一项综合性的国家战略议程，新型城镇化的本质在于消除我国目前经济社会结构中存在的问题。这一大规模的重大公共选择过程，将通过引致中国社会实践的结构性巨变并深刻塑造国家治理的未来。研究框架见图0-1。

目前我国新型城镇化正经历一场历时性题域的共时性呈现，表现为技术—经济的、社会—政治的、文化—生存的、生态—环境的和心理—体认的复杂状况，多域性与风险化并存，人本化价值预设与再平衡治理功能强调并重。作为中国未来发展中一个最重要的中间变量，新型城镇化对国家治理模式的转型有着双重价值：基于"利益链—转型域—风险度"的静态逻辑，它有助于建构现代性国家治理模式的结构选择；围绕"动力机制——推进模式——空间结构"的动态逻辑，它将助益于整合性国家治理能力的功能提升。扎根于乡土性制度底色向城市性增量循序转变这一根本事实，适时将生存性需求转化为发展性需求至关重要，这构成国家治理现代化的基本主线。现代国家认同是公民对人民主权治权化实现的方法性、过程性与结果性认同，它既是公民身份与现代国家交互的塑造机制，又是对国家治理合法性与有效性的体认结构，更是为公民提供本体性安全以及提升国家聚合力的实践能力。

扼要地讲，本书是以"关系—过程—效应"分析构架展开的。一方面，以人民为中心的发展，意指创造人民权利充分享有的各种意识、制度和保障条件，促进应然权利向实然权利的普遍实现。新型城镇化过程，就是人民权益的重要公共选择和公共政策过程，其间国家的公共理性以及治理现代化水平对于社会权益的普遍实现发挥着须臾不可或缺的作用。另一方面，以人民权益保障和发展为导向，国家迈向现代性的治理在结构选择与功能展现方面，就不应是随意的或任性的，应以国家（政府）、市场和社会的有机协同来展开经济社会生活。为此，国家治理结构的开放性与整合力极为重要，国家治理能力的服务性与平衡力尤需关注，在治理结构与治理能力都在民主法治轨道上运行的基础上，治理文化因普遍的参与与认同才能形成，现代国家认同才能构筑在普遍的治理有效性和治理合法性基础之上，进而更为深层次地塑造国民、形成信仰、凝聚共识，以此形成现代国家治理的牢固社

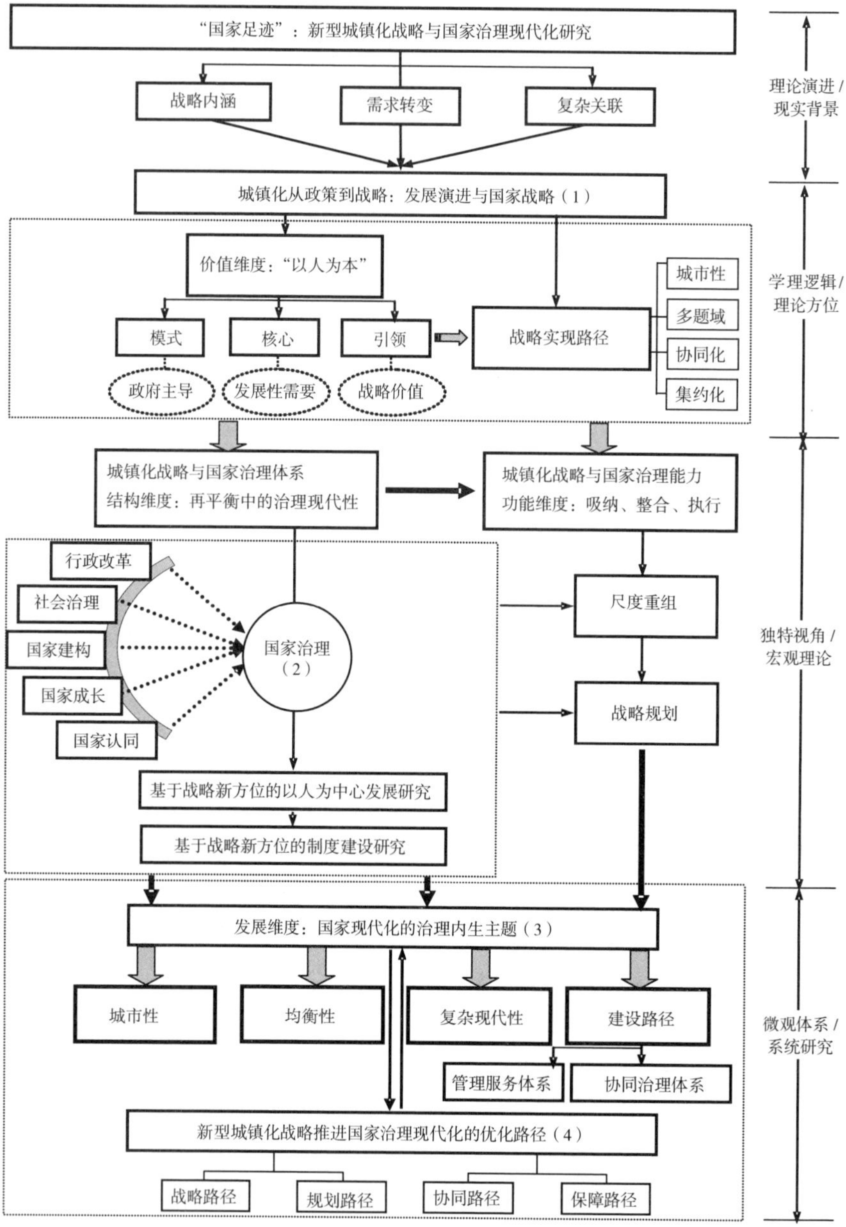

图 0-1 研究框架图

会基础和文化基础，民族国家的建设与民主国家的成长方能同向互嵌、互构和互塑，现代化的国家治理才能真正转变成为普遍持续的社会权利治理。简言之，从人民权益保障和发展的角度认识新型城镇化，并将其作为解释国家治理现代化的关键要素，核心就是将新型城镇作为人的全面发展的议程，从而为系统探究导向国家治理体系和治理能力现代化找到合理的路径。

（二）本书结构

本书着力探究新型城镇化战略与国家治理现代化的内在关系，采取如下结构安排：

导论，主要涉及理论基础与分析框架等内容。借助治理、城市化理论和马克思主义国家理论，构建"关系—过程—效应"分析构架，服务于从新型城镇化"发现"国家治理现代化。其中，关系，意指新型城镇化与国家治理现代化之间的内在关系；过程，关注新型城镇化如何展开以促进国家治理现代化；效应，则聚焦新型城镇化过程中国家治理体系、能力、认同等如何进行适应性回应及其效果。

第一章，"'深度互嵌'：新型城镇化战略与国家治理现代化之间的关系"。揭示新型城镇化战略与国家治理的体系、能力、认同之间的互嵌、互塑关系，基于新型城镇化战略实践与国家治理现代化的互嵌范式，提出作为国家战略命题的新型城镇与作为人之现代化的国家治理现代化命题的耦合性及其意义。

第二章，"'人的城镇化'：新型城镇化战略的内涵剖析"。主要在新中国城镇化从政策到战略发展演进的基础上，分析新型城镇化的战略涵义、核心、特征及价值，提出该战略是区别于资本逻辑的新思维、以人的需求为归宿的新治理、国家主导型的人本化谋划和国家治理。

第三章，"'国家足迹'：新型城镇化战略的题域与模式"。探讨新型城镇化战略的五维题域及关联、新型城镇化战略的七大模式及组合、新型城镇化战略的实践风险及化解，对历时性题域共时性呈现中的新型城镇化进行战略省思。

第四章，"'治理进阶'：新型城镇化战略中的人本议题"。分别从纾解"半城镇化"、精耕"再城镇化"、升级县域城镇化、夯实城郊城镇化、建设和谐城镇化等层面出发，研究农业转移人口市民化机制、功能优化的城市更新机制、产城与民生融合发展机制、城乡公共服务均等化机制和社会风险深度治理机制。

第五章，"'激活节点'：以县城为重要载体的城镇化建设"。县城是新时代城镇化格局中的重要节点。以县城为重要载体的城镇化，在建设领域、难点突破以及未来愿景等方面，值得深入探讨。

第六章,"'衔接互动':新型城镇化与乡村振兴的战略协同"。在反思单向度城镇化与直面乡村的空心化基础上,分析新型城镇化与乡村振兴协同的国家建构战略价值、战略协同面临的主要问题以及战略协同的实施路径。

第七章,"'结构与功能':以新型城镇化战略推进国家治理现代化"。分别涉及:"结构调适",以新型城镇化战略推进国家治理体系建设,包括所引发的政府行政系统改革和促进社会治理发展等内容,探究制度化治理的国家治理体系现代化之路;以及"功能重构",以新型城镇化战略升级国家治理能力构建。从乡村性走向城市性,研判新型城镇化进程中的国家能力需求,并分析新型城镇化与国家体制吸纳、资源整合、政策供给、综合治理等能力。并在上述结构与功能调谐的基础上,揭示和解释中国式城镇化道路中的国家治理图景。

第八章,"'文化生长':新型城镇化战略推进中的现代国家认同构筑"。面向"中国城市性",直面城镇化进程中的权利保障发展与国家认同。城镇化的发展阶段、实践逻辑、全球视野,会带来国家认同在价值—结构—秩序等维度上的新建构,这种新型城镇化进程有助于基于新国家认同引导均衡性的国家建设。

最后结论部分,"'结论与展望':中国式城镇化新道路与国家治理现代化的未来"。分析中国式城镇化新道路与国家治理现代化的未来。展开理论对话,涉及中国式城镇化新道路是什么、为什么与做什么,中国式城镇化新道路与国家治理现代化的前景,以及中国式城镇化新道路与中国自主知识体系构建。

六、本书创新与仍待进一步研究问题

(一)本书创新

1. 视角转换

以往城镇化、国家治理是两个相对独立的研究论域,独自以区域经济学、城市规划学和政治学、行政学为学科视野,多有成果,但区隔甚多。本书将在吸收这些成果基础上,尝试做整合性和关联性研究,以期获得新认识。

2. 题域深掘

中国国家治理需要有立足于中国实践的理论解读。本书的研究,以新型城镇化的展开及其对国家治理现代化的复杂影响为中心，侧重于探究中国战略实践活动中独具特色的政治经济逻辑，旨在揭示中国国家治理的运行机理和制度机制优化之道。在构建“关系—过程—效应”框架结构基础上，从“以人为本”价值、“战略再平衡”功能以及“进步的阶梯”效应等维度，探讨了新型城镇化战略本身、新型城镇化战略与国家治理结构和功能、城镇化的“中国道路”与国家治理现代化的未来等重要问题。(1)较系统地揭示了新中国成立以来城镇化从政策到战略演进的历程与逻辑，合理解释城镇化的“中国道路”的发展规律。(2)较细致地探究了新型城镇化战略的国家志向与行动框架，从“人本化”和“再平衡”角度给出了新的解读。(3)较谨严地解释了新型城镇化促进了国家治理，提出基于新的形势下展开面向人的全面发展与相应的制度建设这一重要理论观点。

3. 观点创新

(1)作为一项综合性的国家战略议程，新型城镇化的本质在于消除经济社会结构的对立性，实现以人为中心的发展。这一大规模、持续性的重大公共选择过程，将引致中国社会实践的结构性巨变而深刻塑造国家治理的未来。(2)依据于多重逻辑所展开的发生秩序、实践动力与目标指向，新型城镇化正经历一场历时性题域的共时性呈现，表现为技术—经济的、社会—政治的、文化—生存的、生态—环境的和心理—体认的复杂构成，多域性与风险性并存，人本化价值预设与再平衡治理功能并重，这正构成了城镇化发展的“中国道路”。(3)作为中国未来发展中一个最重要的中间变量，新型城镇化对国家治理模式的转型有着双重价值：基于“利益链—转型域—风险度”的静态逻辑，它有助于建构现代性国家治理模式的结构选择；围绕“动力机制—推进模式—空间结构”的动态逻辑，它将助益于整合性国家治理能力的功能提升。(4)大规模的新型城镇化建设及城市治理创新，需直面既有模式中存在的线性思维、碎片化结构、“问题倒逼”以及“虹吸效应”等问题，在认知模式、实践体系、创新领域、动力机制以及风险管控等方面实现内生性升级，从而深度型构国家的现代性。(5)扎根于乡土性制度底色向城市性增量循序转变这一根本事实，适时将生存性需求转化为发展性需求至关重要。这构成国家治理现代化的基本主线。

（二）仍待进一步研究的问题

新型城镇化与国家治理现代化，是一个复杂的关联性学术议题，极为复杂。如下问题在本书中尽管有所涉及，但仍未得到较好解决：(1)新中国城镇化发展的各阶段中，因城镇化而引发的国家治理的发展演进以及国家治理的调整对城镇化发展的作用机制，在本书中虽有涉及，但所涉不深，相关学理性分析仍处于待深化阶段。（2）新型城镇化的以人为本价值导向，是如何契入到国家治理的体系与能力建设系统之中去的，直接关联的治理现代化之制度安排与政策优化究竟体现在哪些方面以及其多重效应究竟如何认知和测度，依然存在诸多不足。（3）以人为本的新型城镇化带来了哪些“人的现代化”方面的重大跃迁，在制度安排与公共政策过程中是如何具体体现的，鉴于案例样本的有限性以及能力不及限制等因素，未能处理到应有的程度。（4）中国式城镇化新道路的重大理论意义与实践价值所涉未深，亟待后续进一步拓展和深化。

第一章　“深度互嵌”:新型城镇化战略与国家治理现代化之间的关系

小城镇,大问题。[①] 中国正在进行的城镇化是人类史诗般的迁徙现象和实践运动[②],构成中国国家现代化的重要内容。宏观上讲,作为现代化的驱动动力与实践载体,新中国的城镇化尤其是党的十八大以来的新型城镇化,是国家经济形态大规模工业化、人民生活形态大规模现代化。一方面,从历时进程看,新型城镇化意味着以乡村为主的生产生活向市镇场域的持续转变;另一方面,以共时成果论,城镇化在新的发展位阶上强化了“以人为本”的主体性发展趋势。那么,城镇化尤其是近 20 多年来的新型城镇化之于中国的国家治理,究竟产生了怎样的影响?有哪些深层次的经济社会后果和政治效应?从现代化的维度看国家治理,城镇化扮演了怎样的政治变迁角色?起到了怎样的改变功能?这些问题值得深究。

一、面向城市性的互嵌范式:新型城镇化与国家治理现代化

(一)既有城镇化研究文献中的问题发现

既有文献显示,学界对新中国成立以来的城镇化展开了富有成效的研究。所谓城镇化,是以人为中心、受多种因素影响的极其复杂多变的系统转化过程,即是一种从传统社会向现代社会变迁和全面转型的过程。实践中,中国的城镇化有多种推进模式,具有交叠样态的城镇化受到譬如行政区划调整、政府干预程度、人口流动等多种因素的影响,集强时空压缩性的城镇化面临诸如城乡矛盾的城市内化、城乡断裂、发展失衡以及行政错位等多重风险。针对于此,新型城镇化的“新型”,在本质上体现为

---

① 费孝通:《小城镇　大问题》,《瞭望》1984 年第 37 期;沈关宝:《〈小城镇　大问题〉与当前的城镇化发展》,《社会学研究》2014 年第 1 期。

② Tom Miller, *China's Urban Billion: The Story Behind The Biggest Migration In Human History*. Zed Book, 2012, pp. 5 – 12; United Nations, *World Urbanization Prospects: The 2018 Revision*, New York, 2019.

农民工市民化、市镇化[①]，是对既往“城市病”反思基础上所作出的调适性新战略[②]。为此，学界提出了城镇化的新思路：向度上，规避由乡到城的单向性，协同推进农村城市化和城市反哺农村，推进新型城镇化与乡村振兴的战略联动[③]；制度上，突破制度壁垒和利益阻隔，改革包括土地管理制度和户籍制度在内的制度体系[④]，以导向高效、包容、可持续的城镇化；评价上，矫正“摊大饼式”的“硬发展”，寻求产城、城乡、效率与公平融合的科学发展。在城镇化过程中，处理好政府与市场的关系是关键。

然而，跳脱于对“城镇化”的自证，其对于作为整体的国家而言，城镇化的效应究竟如何？现有研究的基本做法，多是借用“现代化”这一个概念范式来展开。我们知道，城市化是在工业化、现代化过程中全面制度创新的结果，是一个国家内部人口、资源与产业在市场机制作用下以城市为主导重新进行空间配置的过程[⑤]。譬如在宏观层面，有研究者提出，中国的城市化从国家的治理能力、国家对社会的控制范围以及国家治理的微观基础三方面提高国家效能[⑥]。再有，从“以代际分工为基础的半工半耕”模式出发，探讨渐进城镇化模式的特色和优势及其对国家稳定的影响[⑦]。在微观层面，既有探讨城镇化对农民政治意识的影响，又有探讨城镇化建设与基层治理体制转型等关联性论域的分析，等等。显然，上述研究在宏观分析与微观描述层面对城镇化做了较为充分的探讨，扩展了理论视野和分析进路。目前的探究，城市地理学、城市规划学、城市政治学、城市经济学、城市社会学、城市人类学、城市生态学等学科已然作出了各自学科领域的贡献。但是，城镇化如何影响国家治理的发生机理及其过程，则更加需要在中观领域将“城镇化”与“国家治理”二者衔接起来。这不仅是廓清城镇化自身发展规律的需要，也有利于从“城镇化的国家”与“国家的城镇化”之间的辩证关系中清晰

① 任远：《人的城镇化：新型城镇化的本质研究》，《复旦大学学报》（社会科学版）2014 年第 4 期。

② 仇保兴：《和谐与创新：快速城镇化进程中的问题、危机与对策》，中国建筑工业出版社 2008 年版，第 5 页。

③ 苏小庆、王颂吉、白永秀：《新型城镇化与乡村振兴联动：现实背景、理论逻辑与实现路径》，《天津社会科学》2020 年第 3 期。

④ 中国金融 40 人论坛课题组：《加快推进新型城镇化：对若干重大体制改革问题的认识与政策建议》，《中国社会科学》2013 年第 7 期；韩云、陈迪宇等：《改革开放 40 年城镇化的历程、经验与展望》，《宏观经济管理》2019 年第 2 期。

⑤ 赵新平、周一星：《改革以来中国城市化道路及城市化理论研究述评》，《中国社会科学》2002 年第 2 期。

⑥ 谢岳、葛阳：《城市化、基础权力与政治稳定》，《政治学研究》2017 年第 3 期。

⑦ 夏柱智、贺雪峰：《半工半耕与中国渐进城镇化模式》，《中国社会科学》2017 年第 12 期。

把握“国家建构”。

(二) 以“城市性”为统摄的融合式研究策略

正如习近平总书记所指出的那样:“当代中国的伟大社会变革,不是简单延续我国历史文化的母版,不是简单套用马克思主义经典作家设想的模板,不是其他国家社会主义实践的再版,也不是国外现代化发展的翻版。”① 这是一种历史唯物主义方法论的自觉,对于社会科学研究具有方法论指导意义。据此,本书尝试以“城市性”为统摄,导入融合式的研究策略,来展开探讨城镇化如何影响国家治理的发生机理及其过程:其一,“过程—事件分析”研究策略。即把社会现实当作一种动态的、流动的过程来加以看待,对社会现实作出更为适当的描述和理解。基本之点,就是要“力图将所要研究的对象由静态的结构转向由若干事件所构成的动态过程”②。“城镇化”不是一个单一的行动,它既是一项历经几十年甚至上百年或更长时间的演进过程;同时,在此过程中又有诸多的重要节点、标志性事件彼此关联和影响,表现为一系列建设的成果和效应,这些效应不仅仅包括为人们所高度强调的经济效应,还有更为复杂的社会效应、文化效应和政治后果。为此,分析多年城镇化实践所带来的城市性演进历程、主要成效、阶段特征与演进逻辑,能够为国家治理的研究提供进路。其二,“本体论—方法论分析”研究策略。受既有研究的启发③,本体论意义上的“城镇化研究”,将“城镇化”本身视为一个具有内在结构和功能的、具体的客观对象来研究;方法论意义上的“城镇化研究”,将“城镇化”看作一个多元主体互动博弈的特殊社会场域和理解其他理论问题的“透镜”。本体论意义上的研究,主要分析“城镇化”的“对象事实”,重在解释其“本体”是什么,包括其过程、动力和特征等主体性论域;方法论意义上的研究,对于重塑和重构国家与社会、政府与市场等基本关系,城镇化何种意义上成为国家战略、国家实践和国家成果,并最终以对国家治理体系、治理能力和国家认同的沉浸式、互嵌式影响,成为现代化的“中国故事”。

之所以提出这样的研究策略并展开探讨城镇化如何影响国家治理的发生机理及其过程,缘由有三:

---

① 《习近平谈治国理政》第二卷,外文出版社 2017 年版,第 344 页。

② 孙立平:《“过程—事件分析”与对当代中国农村社会生活的洞察》,载王汉生、杨善华主编:《农村基层政权运行与村民自治》,中国社会科学出版社 2001 年版,第 9 页。

③ 肖林:《“‘社区’研究”与“社区研究”——近年来我国城市社区研究述评》,《社会学研究》2011 年第 4 期。

第一,基于城镇化"中国道路"的独特性。中国的城镇化是实现从生存性需求向发展性需求转变、从历时性积累向共时性提升迈进的漫长历程,具有二元性、多维"社会—空间"性、内生性特点,它是作为一种实践战略进入到国家治理场域的,可以分为抑制型城镇化、补偿型城镇化、再平衡型城镇化①。不同于欧美自发性城镇化,政府主导推进是中国城镇化的重要特质,时空的压缩与任务的叠加,使得中国的城镇化更多地显现出与西方相对线性的城市化颇有差异的需求和特征。

第二,基于中国国家建构的复杂性。在中国语境中,国家治理需要直面深深植根于传统生产方式和文化思维中的"家国结构"。这也表明,不能单纯导入西方理论。为此,需要寻求符合中国基因的解释变量和框架。

第三,上述两个层面所决定的中国城市性,一定是复杂的城市性。城市性,即城市的属性或城市特有的生活方式,深刻体现了城市复杂的形态和特征。城镇化政策及新型城镇化战略的提出,均有着深刻的经济社会基础。基于时间、空间和内在结构上的特殊性、多样性和实现过程的阶段性,多重转型阶段中国复杂现代化的整体特征表现为"复杂现代性"。城市是多样异质文明的空间化聚集,城市文明的多样性与中国城市社会的复杂现代性叠加,中国的城市性便演化成为具有空间弹性、制度弹性、意义弹性的复杂体。在长期的城镇化过程中,中国城市性与乡村性、城市性与现代性、城市性与自主性以及城市性与国家性之间的关联,正在不断生成、演变和升华,集中表现为国家建构的复杂性。因此,研究中国城镇化及其国家治理效应,既需要有马克思主义方法论的自觉,更需要有对中国社会的深切理解,从而在"城镇化"的鲜活样本中"活化"道路自信和制度自信,以助力国家治理现代化的均衡建构和民生福祉的循序改善。

二、新型城镇化战略与国家治理体系现代化

(一)国家治理体系现代化

国家治理现代化的问题,本质上是一个现代国家建构的问题,核心是寻求国家的有效治理,实现国家富强和民生幸福。建构一个具有强大的现代化组织动员能力的主权国家,一个能够破解后发境遇下的民生问题并有效

① 黄建洪:《城镇化发展的"中国道路"与国家治理现代化——基于公共供求的视角》,《江汉论坛》2014 年第 8 期;李从军:《中国新城镇化战略》,新华出版社 2013 年版,第 55 页。

拓展社会组织动员能力的社会主义国家,一个能够实现传统大一统国家整体转型并推动民族伟大复兴的现代大国,是近现代中国在特定的历史进程中生成的现代国家建构三大历史课题,共同塑造出了中国现代国家建构百年探索历程的内在逻辑。① 在此过程之中,中国式现代国家形态获得了既显著区别于基于不平等设置的西方式现代国家,又接续了自身的历史连续性特征②,开掘了一种新型现代国家构建道路③。其中,面对国家与社会的重新组织客观上要求同时解决“民主问题”与“集中问题”的双重需要,党将民主集中制原则从政党拓展到国家,在重新组织国家与社会的过程中完成了国家形态的革故鼎新,真正主导了中国现代国家建设的历史进程。④ 中国新型现代国家构建,既是中国式现代化的核心组成部分,也是推进中国式现代化发展的关键因素,它使中国拥有了强大的领导力、组织力和行动力,能够引领现代化发展的正确方向,为现代化建设提供根本动力、思想原则和认识方法。⑤ 现代国家建构和国家治理的中国方案,深刻地体现了后发大国现代化建设对国家治理结构和治理方式建构提出的特殊要求,同时也反映了后发境遇下现代国家建构的诸多规律性现象⑥,影响深远。在社会实践“结构性巨变”的时代⑦,以战略方式进入治理场域的新型城镇化,在实践基础、发展逻辑及其塑构作用等方面对国家治理产生了深刻影响。在城市性生成与演进中,作为现代化主要依托和内在构成的城镇化,对国家治理转型有着促进现代性国家治理模式的结构选择和整合性国家治理能力的功能提升的双重价值⑧。

国家治理包括治理体系与治理能力两个层面:治理体系是国家运行的制度载体和机制保障,其现代化广泛涉及党领导下的政府治理、市场治理和社会治理三个重要次级体系;治理能力层面,是指运用国家制度管理社会各

① 何显明:《中国现代国家建构的内在逻辑》,《浙江学刊》2020 年第 6 期。

② 姚中秋:《中国式现代国家的形态特征及其理论意涵》,《人民论坛·学术前沿》2023 年第 10 期。

③ 周光辉、彭斌:《中国新型现代国家构建道路的合理性阐释》,《吉林大学社会科学学报》2023 年第 5 期。

④ 张树平:《政党与国家的相互塑造——中国现代国家建设与国家发展的一项政治学分析》,《政治学研究》2024 年第 2 期。

⑤ 彭斌、庞欣:《新型现代国家:推进中国式现代化发展的关键因素》,《社会科学战线》2024 年第 8 期。

⑥ 何显明:《现代国家建构的中国方案及其影响》,《浙江学刊》2021 年第 5 期。

⑦ Michaels, G, Rauch, F. & Redding, S. J. Urbanization And Structural Transformation, *Quarterly Journal of Economics*, 2012(2), pp.535-586.

⑧ 黄建洪:《复杂现代性视域中的国家治理模式转型——基于中国城镇化战略的分析》,《社会科学》2014 年第 6 期。

方面事务的能力，诸如改革发展稳定、内政外交国防、治党治国治军等各个方面的能力。国家治理现代化体现了现代国家建构的过程，国家治理的成败取决于国家治理的制度逻辑及其治理的有效性。在当代中国，国家治理现代化首要的是坚持党的领导，在实践中必须坚持以人民为中心、以公民权利确立治理根基、以宪法之治凝聚治理共识，以制度治理夯实现代国家治理有效性的基点以提升国家治理效能。[①] 这样的国家治理，实际上形成了以党的核心领导为根本前提，以"人民中心"为治理取向、以"一核多维"为治理框架、以"问题导向"为治理策略的社会主义国家主导治理的实践形态。[②]具体而言，党领导人民，立足中国国情自主地探索和建构形成的现代国家，以党中央集中统一领导的国家领导体制、民主集中制的国家治理准则、动员型社会的国家整合机制，以及集中力量办大事的举国体制等一整套创造性的制度选择，呈现出了强大的国家意志聚合与实现效能。这种兼顾形式合理性与实质合理性的国家治理体系，成功破解了近代中国以及许多发展中国家出现的国家无法治理的困局，为民族的伟大复兴提供了强有力的制度保障。[③]可见，中国式现代化是奠基在"新型理性"上的现代化发展道路和治理方案[④]，它清晰地表明：国家治理现代化的要义，就是要通过治理结构与功能的持续优化，循序解决国家治理有效性与合法性动态兼容，形成人民之治。

（二）新型城镇化的论域

其一，城镇化的利益链。新中国成立初期进行的城镇化呈现出国家利益、市场利益和社会利益的调整，从根本上讲属于"高积累低消费"、资源集聚服从和服务于城市工业和重工业的状况。在此阶段，国人以较低的生活和福利保障水准支撑起相对完善的国家工业体系建构任务，影响深远。进入改革时期，无论是有计划的商品经济阶段，还是明确社会主义市场经济建设取向的时期，资本逻辑从方方面面改变着人们进城的行为选择与利益衡量，当然这一切是在经济改革发展"从农村包围城市"的路径展开过程中逐步实现的。进入 21 世纪，通过合理成本分担与成果共享的方式实现新一轮

---

① 夏志强：《国家治理现代化的逻辑转换》，《中国社会科学》2020 年第 5 期。

② 赵中源、黄罡等：《国家治理现代化的内在理性、变革逻辑与实践形态》，《政治学研究》2022 年第 1 期。

③ 何显明：《中国现代国家制度的建构及其治理效能——基于国家意志聚合与实现的视角》，《中国社会科学》2022 年第 9 期。

④ 刘新刚：《国家治理中的"工具理性主义"谜题及其解答》，《中国社会科学》2023 年第 6 期。

的快速发展,成为“以人为本”城镇化的关键。正因为如此,对处于不断演化期中利益较明显的非均衡资源配比,尤其是对地方治理中以土地依赖为中心的粗放发展进行深度改造,便成为重中之重①。

其二,城镇化的转型域。新型城镇化是一个系统工程。首先,意味着一系列复杂的多域转型:一方面,它既是技术—经济型的城镇化,核心要解决城市作为发展“引擎”的作用问题②;另一方面,它又是社会—政治型的城镇化,现代城市“是人们积极的集聚行动发生的场所”。其次,一方面,它是文化—生存型的城镇化,以组织化为导向为生产提供物质手段的同时,城市作为允许和鼓励个性与创造性的社会结构赋予人们以想象力③;另一方面,还要建设生态—环境型的城镇化,让居民“看得见山、望得见水、记得住乡愁”④。这种“时空压缩”下任务的多重性,是由中国复杂的城市性所使然。在城镇化进程中,历时性的建设题域逐渐演变成为共时性的发展议程,全面嵌入到国家追赶型现代化的建设事业之中。

其三,城镇化的风险度。在带来便利、促进创新和繁荣的同时,城市风险与日俱增。这些风险包括以各种“城市病”而表现出来的过载风险、城乡矛盾内化于城市的固化风险、乡村社会快速解体而城市接纳力不足所导致的散逸风险、以区域立体扩散为特征的漂移风险以及因价值重建过程受阻而出现的认同风险,等等。这表明,在效率、秩序与公平等价值达成平衡的过程中⑤,风险无处不在。

(三)新型城镇化对国家治理结构的影响

纵观看来,多年的城镇化尤其是新型城镇化战略实践,对于国家治理结构的影响主要体现有四个方面:

一是执政党治理尺度的持续调整。中国共产党为历史所选择,是国家治理结构中的法定政治领导和组织化权威。这既是认知国家现代化发展的

---

① 余江、叶林:《中国新型城镇化发展水平的综合评价》,《武汉大学学报》(哲学社会科学版)2018 年第 3 期。

② 中国金融 40 人论坛课题组:《加快推进新型城镇化:对若干重大体制改革问题的认识与政策建议》,《中国社会科学》2013 年第 7 期。

③ [美]刘易斯·芒福德:《城市发展史》,宋俊岭、倪文彦译,中国建筑工业出版社 2013 年版,第 584 页。

④ 陈明星、叶超、陆大道等:《中国特色新型城镇化理论内涵的认知与建构》,《地理学报》2019 年第 4 期。

⑤ 罗知、万广华等:《兼顾效率与公平的城镇化:理论模型与中国实证》,《经济研究》2018 年第 7 期。

关键,更是理解城镇化成为嵌入和促进国家治理结构优化的钥匙。随着城乡人口对比以及产业结构出现一系列深刻变化,城镇化不仅仅改变着自身的空间结构和地理版图,而且也对共产党在国家治理中的角色扮演和尺度调整起到了重要作用。

二是国家与社会关系出现重大调整。网络社会的兴起、城镇化深入推进的今天,国家与社会之间的交互边界出现重大变化,进而导致国家与社会之间的交往方式也不断出现新的调适与调整。最为典型的是,无论是在城市还是乡村,在社区化、集中化生产和生活的发展态势下,网格化社会治理成为新趋势。在技术渗透为特征(或曰技术赋能)的信息集成和组织资源集中,形成社会结构持续变化情势下的社会治理新模式,正在依托互联网、大数据等信息技术手段对社会进行解码与编码,从而改变着国家与社会之间的层级关系和交互机制,影响极为深远。

三是中央与地方关系的调整变化。无论从管理层级还是管理幅度出发,抑或是从管理容量还是管理方式方法而论,经年的城镇化所促成的城市、乡村、城乡之间,其体量——无论是经济体量还是人口体量、空间体量的巨大变化,改变着中央与地方之间的关系,央地关系的解构与重构同时发生着,进而演化成为推动地方经济社会获得快速发展的持续动力。

四是政府与市场关系的持续调整。当计划配置方式在完成其资源配置、促进迅速实现经济现代化的功效之后,市场对于配置资源的基础性作用、决定性作用逐渐被接纳,并成为伴随改革进程及国家建构的发展驱动力量。政府持续调适其与市场之间的关系努力,促进了城镇化的政策定位、资源供给、治理工具乃至绩效评价的不断调整。

三、新型城镇化战略与国家治理能力现代化

(一)城镇化实践的国家治理能力关切

历史证明,成功的城镇化,既是市场调节、自然发展的过程,又是政府调控、规划引导的结果,在此过程中,城镇化的实践发展深切关系到国家治理能力的建构。①

其一,从动力机制看。在城镇化发展的演进中,其动力经历了一系列复

① 参见黄建洪:《中国城镇化七十年与国家治理现代化》,载钱振明主编:《中国城镇化研究》第一辑,中国社会科学出版社 2023 年版,第 106—128 页。

杂的转换。从新中国成立到改革开放前的城镇化，面对国家秩序建构与工业化发展这一强烈需求，追赶型、非均衡的国家现代化战略通过“五年计划”的方式实现国家治理资源的汲取，以权力驱动的城镇化模式满足了发展经济、社会稳定的国家能力建设需要。进入改革年代，以联产承包责任制、乡镇企业发展和城市国有企业改革以及全方位、多层次、宽领域的开放经济发展成为推进城镇化的基本动力。以日渐强化的市场机制配置资源促进了以城市为中心的经济社会发展，尤其通过分税制等一系列改革强化了国家的资源汲取和社会再分配能力。进入21世纪以来，通过高端规划、土地增减挂钩、完善落户及社会保障等加速市民化举措，提高城镇化“人本”内涵和发展质量。在此过程中，国家的社会整合和利益平衡等能力得到一定程度提升，这为抑制“土地财政”等病灶和化解城乡二元矛盾内化于城镇的风险创造了条件。

其二，以推进模式论。持续数十年且规模、能级在不断提高的城镇化，为国家治理现代化提出了新的结构预期与功能期待。表现为：一则城镇化以持续塑造未来支配性的城市社会结构而为政府职能转变设定依据。把乡村社会大规模整体性地转换成为城市社会，造成对中央与地方关系、城乡空间布局、资源配给以及实践模式的多重影响。二则城镇化通过撬动复杂的利益再分配而为改革再出发创造契机。城镇化的基础作用在于通过产业的集聚引发人口的集中和生活的结构化演进、增强城市性①，这本身便是一场复杂的权益再调整。三则城镇化通过探索多元的推进模式而优化治理工具的选择，有助于国家治理能力的持续强化。

其三，从空间结构讲。城镇化以导向新的空间格局而促进社会发展。要循序化解以往的固化态势，实现更有利于人民权益的保障和发展，就需要将新型城镇化创设为一项系统的“空间正义”进程。一是凸显物理载体空间的共同体属性，即面向生活的便利性、生产的集中性与管理的组织化，创造符合现代城市生产方式、生活方式和交往方式所需要的城市空间载体。二是强化社会权益空间的权益属性。城镇化过程中人口规模扩大与地域面积扩张是“表”，各种权利与利益关系的重新集结、分化与调整为“里”。这种表里的因应关系调整实则是以人民为中心、促进人的全面发展之进步历程，恰恰构成国家治理的内核。的确，城市权利“和客观需要联系在一起，而城市当以满足需要而建立起来”②。从确保市民城市权利尤其是知情权、

① ［美］贝利：《比较城市化》，顾朝林译，商务印书馆2012年版。

② ［美］唐·米切尔：《城市权：社会正义和为公共空间而战斗》，强乃社译，苏州大学出版社2018年版。

参与权、表达权和监督权有效履行入手，发展普惠性、一体化的社会保障和公共服务。三是发展心理感知空间的体验属性。这就需要培育和发展基于参与度的效能感、公平感与认同感。“事实上，不论哪一种经济状况，都不足以造就城市，只有城市人民的心态可以造就城市。”①良好的城市心理感知空间，可以涵养城市、发展文明。

（二）城镇化实践对国家治理能力的建构作用

概括起来，城镇化进程对国家治理能力现代化的建构作用体现为：

一是强化国家治理的资源汲取能力。城镇化进程中，涉及人口、土地、资金等各种基础要素以及围绕城市规划、建设、管理和运行的各个环节，都离不开国家政府的有效作用。在特定的发展阶段，与资源有限性紧密相关的是资源汲取、资源配置和资源使用的有效性，此外还有一个资源过程和结果的公正性问题。现代国家需要治理资源汲取能力的强化与优化，即需要逐步走出显著非均衡资源分配模式的窠臼，发展出国家与社会之间资源交换的动态均衡性。与此同时，在城市发展后的内部治理上，也还存在着治理管控与社会自主性之间的持续张力②。作为多向和多项回应，“以人为本”的城镇化从战略价值设置和实践强调等方面开启了国家治理进步和政府能力强化之路。经过多年的城镇化，中国正经历着从农业国向工业国、从计划经济向市场经济、从封闭社会向开放社会的全方位转型，经济基础、社会结构与文化意识之间出现新情况。面对不断涌现的新阶层、新力量，如何给予社会各阶层以制度化的接纳和整合，对国家治理体系是重大挑战。从实践看，城镇化进程带来的大规模利益分化和再配置，需要展开制度化和公平性的国家利益整合，这既是其获取源源不断治理能量的内在需要，又是其有效化解治理风险的基本手段。基于需求—回应的视角，国家治理的利益整合就需要着力解决权力过程的开放性、市场竞争的公平性以及社会保障的普惠性，形成“善治”。

二是厚植国家治理的利益平衡能力。马克思认为：“人们为之奋斗的一切，都同他们的利益有关。”③城镇化过程，是一个社会利益结构持续分化的进程，在此过程中如何相对均衡支付成本并公正得到利益回馈是极其复

① ［英］费尔南多-阿梅斯托：《文明的力量：人与自然的创意》，薛绚译，新世纪出版社 2013 年版，第 21 页。

② ［美］曼纽尔·卡斯特：《21 世纪的都市社会学》，刘益诚译，《国外城市规划》2006 年第 5 期。

③ 《马克思恩格斯全集》第 1 卷，人民出版社 1995 年版，第 187 页。

杂的问题。在此阶段,最容易陷入治理结构失衡与治理利益失衡,形成利益固化、两极化,进而危及社会稳定。为此,国家治理中需要对城乡之间、区域之间、群体之间等存在的过大差距进行调节,对发展中存在的问题进行矫正。社会平衡能力意味着,将社会利益分化及其效应控制在合理范围之内,确保既能够保护效率,又能够兜住底线公平,形成有公平的效率与有效率的公平之间的动态均衡。与此同时,特别需要注意的是,社会平衡能力还意味着社会的分层机制有效运行,社会上升通道通畅,社会既有活力又有秩序,既有共识传统的坚守更有创新发展的前行。

四、新型城镇化战略与现代国家认同

作为发展中一个最重要的中间变量,城镇化通过历时性题域共时性题解的方式塑铸了国家治理及其现代性。城镇化开启了系统消除经济社会结构的对立性之路,对于缓释和消解无论在城乡之间、区域之间抑或是阶层之间的区隔和落差,有着积极的助推作用。作为“历史变迁的工具”①的城镇化,嵌入到国家治理中,累积了促进国家治理结构的理性选择、强化国家治理能力的持续建设和带来开放性国家认同三种极为重大的国家成长效应(见图 1-1)。然而,有关城镇化进程在凝集共识与激发创造、优化向心力生产和再生产的国家认同建构功能,却未能得到足够的学理关注。

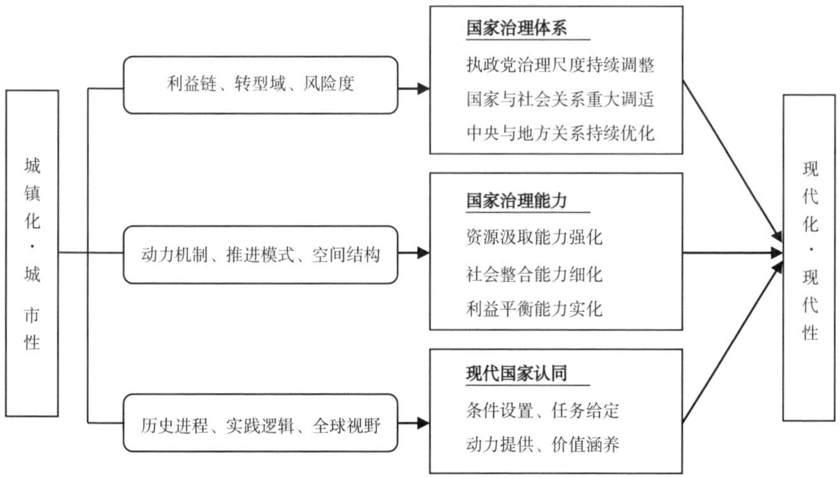

图 1-1 城镇化如何影响国家治理的发生机理及其过程

---

① Richard Sennett, *Class Essays on the Culture of Cities*, New York: Meredith Corporation, 1969.

（一）国 家 认 同

现代国家认同是公民对人民主权治权化实现的方法性、过程性与结果性的认同，既包括公民对于围绕自身权利义务设置的公民资格认同，又指国家以组织形态保障发展这种资格所提供的价值资源、组织构架和实践行为的能力认同，更涉及公民的归属感、信赖值与忠诚度表现出来的“心理—行为”认同。现代国家认同是公民身份与现代国家之间的双向互塑机制，是“人民同意”对国家治理的合法性与有效性的体认结构，也是国家为公民提供安全与实现社会整合的国家实践能力①。

（二）城镇化进程中的国家认同

城市既是提供解决共同生活问题的物质手段，又是形成文化承续的象征符号②。城镇化尤其是新型城镇化的实践进程，所带来的结构性变化，成为民众认识国家、建构国家的实现基础。新中国成立初期的国家认同的形成，倚重于城镇化进程中民众在权益享有、发展与保障基础上的主体性体验与自主性选择，这成为国家进步不可或缺的观念基础和心理条件。

从历史进程看，城镇化由政策到战略的探索，清晰地反映出国家对于保障民众权益以及国家自身建设的发展逻辑，其不同发展阶段对国家认同的塑造有着不同的作用。纵向而论，新中国成立后三个阶段的城镇化分别经历了从建立国家秩序、发展至上到以人为本的理念演进，也即国家价值偏好从“物化”向“人本”的重大转变。以人为本的价值规引着现代国家建构，不断塑造着“人民国家”的国家认同。与此相适应，国家的战略布局逐步由非均衡的现代化渐次转向均衡性和一体化的发展，这突出地体现在对新型城镇化在“新四化”深度融合中作用的强调和基于城乡格局调整的“乡村振兴”战略的协同实施上。城镇化的实践发展与战略推进，通过理念取向、战略布局、实践模式、动力机制与实践绩效等方面的持续改进，优化而改变了中国，并为新的国家认同提供了实践基础。

从实践上看，城镇化的发展带来了复杂的现代性和独特的城市性，对国家现代化治理中人民权益实现的感知与体认产生深刻影响。在新中国成立初期城乡差别的格局下，塑造了市民与村民之间悬殊化的身份认同和国家

① 黄建洪：《中国城镇化与现代国家认同的三维建构——基于公共供求的视角》，《天津社会科学》2016 年第 4 期。

② ［美］刘易斯·芒福德：《城市文化》，宋俊岭等译，中国建筑工业出版社 2009 年版；袁鸿：《当代中国城镇化下的民族认同建构》，《中央社会主义学院学报》2022 年第 3 期。

感知。及至改革开放后,侧重经济绩效的城镇化,激活了改革动力,给国家与人民之间的关系调整带来新的契机,快速城镇化与发展型国家相伴而生,社会观念的多元化与公共生活的平民化使得在利益主导秩序的阶段中,基于法定权益的身份建构和国家认同成为主流。进入21世纪,新型城镇化的发展表征着国家治理进入新的阶段。城市扩张使得“陌生人世界”逐渐成形,人本化城镇化取向下的公平价值、社会效益和生态效益得到高度强调,国家认同感转而聚焦于社会权益的均衡实现,国家职能重心朝着向权利本位方向调整转变。

城镇化从方针转变成为战略,赋予实现国家治理现代化的认同价值和塑造功能。城镇化进程构筑了国家认同建构的城市性基础,依据于此,国家认同出现一系列变化。首先,以人本主体性价值的社会实现为起点,联通宏观与微观展开权益性城镇化建构。其次,在城镇化进程中重视权力配置、运行、监督的动态匹配和协调,政府角色、职能、工具、绩效的一体化设计和制度化建设渐趋深入。再次,通过公共参与渠道的拓展与参与机制的有效运转,提升决策的民主化、法制化和科学化水平,让参与的在场感、体验感转变成为国家认同的归宿感与效能感。

五、新型城镇化战略与中国的发展

城市是一种“有序复杂性存在”①。沃斯认为,城市性是区别于乡村的一整套社会与文化特质的“生活方式”②,还有从居民特性、城市亚文化、流动性交往的社会关系、参与组织网络变迁等城市社会学角度,作为文化适应过程的人类学角度,全球性城市性角度等,进行的丰富探讨③。我们知道,“物质生活的生产方式制约着整个社会生活、政治生活和精神生活的过程”④。在马克思主义经典作家看来,城市的发展是一个不以人的意志为转移的自然历史过程。作为大工业生产社会化的空间地域,城市是资本积聚和技术积累在空间密集分布的结果,是推动生产力极大发展的社会交往形式,对阶级关系和社会关系的性质具有特殊的影响。因此,工业化以及与之

① [美]简·雅各布斯:《美国大城市的死与生》,金衡山译,译林出版社2006年版,第397页。

② Louis Wirth, Urbanism as a way of life. *American Journal of Sociology*, 1938(44): pp.1-24.

③ H.Gans, *Urbanism and Suburbanism as Way of Life: A Reevaluation of Definitions*, in *Reading in Urban Sociology*, edited by Re phalli, persimmon press, 1968; C.Fischer. “The Subcultural Theory of Urbanism: A Twentieth-year Assessment”, *American Journal of Sociology*, 1995(101).

④ 《马克思恩格斯选集》第2卷,人民出版社2012年版,第2页。

相伴的城镇化发展，必然带来城市社会结构的变化，进而引发城市文化模式与生活方式的深刻变革。而且，城镇化的过程不仅仅是人为造城的过程，城镇化也要有其他诉求，因为它应该有“人类属性”①，即城镇化所累积的城市性，要体现人类文明的积累与进化，“体现人之所求与人之理想”②，体现人的价值和服务于人们的美好生活。

（一）城镇化的推进与城市性的展开

中国的城镇化业已并将更加深刻地持续改变中国。数十年的城镇化尤其是近20多年的新型城镇化与国家建设发展的历程因应相随，其间经历复杂曲折的变化。③

一是抑制型城镇化（1949—1977年）。1949年新中国成立，开启了中国的新纪元，也意味着独立自主城镇化道路的展开④。这一时期，审慎的城镇化，“控”字当头，总体上是围绕工业发展需求来选取城市规模和人口政策的谨慎发展阶段，可细分为：1949—1957年的上升期，恢复工业建设，农业劳动力较大规模地进城，城镇化率从10.64%上升到15.39%；1958—1965年的波动期，经历了前三年的快速增长和后五年的持续下降，城镇化率一度达到19.75%的阶段高位，也曾一度因“严控大城市规模”方针、撤销城市而迅速降至17.98%；“文化大革命”期间的停滞期，1977年的城镇化率甚至负增长至17.55%⑤。

二是补偿型城镇化（1978—2000年）。改革开放意味着国家治理尺度和治理重心的重新调整。在此背景下，我国的城镇化迎来长时段的较快增长。这一时期主要经历了由农村体制改革和农村工业化推动（1979—1984年）、由城市体制改革和制造业快速发展推动（1985—1991年）以及由产业集聚发展和市场化改革推动（1992—2000年）三个阶段。乡镇企业、城市制造业、市场化条件下的城市各工业部门和服务业的劳动力需求，成为各时期驱动人口向城市汇聚的基本力量，经济发展的市场机制逐渐成为配置城市人口要素的主导。城镇化率由1978年、1992年的17.92%、27.46%，分别增长至

---

① ［美］帕克等：《城市社会学》，宋俊岭译，华夏出版社1987年版，第1页。

② ［美］芒福德：《城市发展史》，宋俊岭、倪文彦译，中国建筑工业出版社2004年版，第14页。

③ 黄建洪：《城镇化发展的“中国道路”与国家治理现代化——基于公共供求视角》，《江汉论坛》2014年第8期。

④ 赵文林、谢淑君编：《中国城市手册》，经济科学出版社1987年版。

⑤ 李强等：《多元城镇化与中国发展》，社会科学文献出版社2013年版，第6—8页。

1984 年、2000 年的 23. 01%、36. 22%①,形成了城市经济高速增长和大中小城市蓬勃发展的格局。缘于区位优势和政策利好等因素,长三角、珠三角等沿海开放区域大规模地吸引来自中西部的农业转移人口,城市群的建设发展呈现积极态势。这在一定程度上改变了中国的城市空间布局和成长模式②。

三是再平衡型城镇化(2001—2024 年)。进入 21 世纪,城镇化发展进入新阶段,其中标志性的重大发展表现在“十五规划”(2001—2005 年)至“十三五规划”(2016—2020 年)明确提出“实施城镇化战略”“把城市群作为推进城镇化的主体形态”。在党的十八大上,新型城镇化被定位为与新型工业化、信息化、农业现代化道路一道推进现代化发展的“新四化”之一,以助益国家的全面现代化。这一提法在党的十九大报告里被纳入到“坚持发展新理念”,成为习近平新时代中国特色社会主义思想中 14 项基本方略中的重要内容。从推进模式上看,在“多梯度结构的差异化社会”,这一阶段城镇化的突出特征是政府主导、整体推动③。目前看来,新型城镇化的代表性“推进模式”有建立开发区、建设新区和新城、城市扩展、旧城改造、建设中央商务区、乡镇产业化和村庄产业化等类型④,以细分产业为基础的特色小镇建设方兴未艾,逐步形成了城市建设发展的多元路径⑤,农业转移人口更大规模向城市转移,城镇化率于 2023 年底增长至 66. 16%。

中国的城镇化,成为促进国家经济社会发展和现代化事业深厚的驱动机制和进步动力。从城市规模上看,从新中国成立初仅有 136 座大中小城市及 2000 多县城和建制镇,发展到 2018 年全国地级及以上城市 297 个,城镇常住人口已达 8. 3 亿。与此紧密相关,国内生产总值构成,由新中国成立初 1952 年第一产业、第二产业、第三产业的 50. 5%、20. 9%和 28. 6%,转变成为 2023 年的 7. 1%、38. 3%和 54. 6%(国家统计局,1999;国家统计局,2024)。综合城市规模和产业结构变迁,可以清晰地知道,中国已进入城市社会或曰“城市中国”,正在从以农村、农业人口为主的国家,逐步转变为以城市和城市人口为主的国家,正在由一个农业国,逐步转变成为工业化、服务化乃至信息化的国家。这也表明,经由 70 年的城镇化建设实践,中国的

① 武力:《1978—2000 年中国城市化进程研究》,《中国经济史研究》2002 年第 3 期。

② 刘修岩:《城市空间结构与地区经济效率——兼论中国城镇化发展道路的模式选择》,《管理世界》2017 年第 1 期。

③ 李云新、杨磊:《中国城镇化“推进模式”的发展困境与转型路径》,《中国行政管理》2015 年第 6 期。

④ 李强、陈宇琳等:《中国城镇化“推进模式”研究》,《中国社会科学》2012 年第 7 期。

⑤ 张鸿雁:《中国新型城镇化理论与实践创新》,《社会学研究》2013 年第 3 期。

经济基础和社会构成正在出现重大位移。进入新时代,党和政府执政的经济基础、阶层构成、社会矛盾、发展需求、治理重难点和建设路径等诸多方面,业已走到了一个新的历史起点。城镇化给中国社会带来的,不仅仅是一串串关联国家治理的显赫数据,更为重要的是,它题中之义就包含了人民对美好生活的向往和追求。中国农村居民、城镇居民家庭纯收入,从 1949 年的 44 元、100 元,分别猛增至 2023 年人均可支配收入 21691 元、51821 元。以"半工半耕"为支撑的中国渐进城镇化模式,成功避免了大规模的城市贫困、失业,具有经济发展和政治稳定的双重功能①。尽管难以将上述变化尽数归入城镇化对城乡居民收入状况的正向影响,但是一个确切的信息还是呈现了出来,即伴随着城镇化的持续推进,数以亿计的国人进城、实现市民化,而且还同时实现了生产方式、生活方式和社会构成的重大变化,中国业已由现代化的初期转变到了迄今的现代化中期,完成了邓小平所倡导的"三步走战略"的第二步。在大规模城镇化进程中,中国实现了经济长期高速发展与社会保持和谐稳定的"两大奇迹"。无论从速度到规模、从经济到社会、从结构到功能、从国内到国外,中国的城镇化实践都是史无前例的。

(二）中国城市性的阶段特征

中国的城镇化,"城市"被赋予了许多"国家建设"的功能承载和"美好生活"的社会想象。也正是在这样一个集经济与社会功效为一体的发展历程中,其城市性的阶段性特征得到了鲜明呈现。

在新中国成立初期的抑制型城镇化阶段,其主导特征是"控制",即国家基于迅速巩固秩序、确立有效治理为主线,选取了适当限制或暂缓城镇化的思路。一则资源匮乏使然。新中国甫一成立,伴随着"城市工作重心"转移战略的确立和实施,恢复秩序与发展生产面临严重资源紧缺,乡村的资源贡献能力成为城市发展规模的设计依据,为此"控制大城市规模"的建设方针成为阶段性的实际主线。二则城市新功能设置使然。置换长期"消费性"的城市定位,以"生产性"来规划和发展城市,需要配套支撑城市生产体系的城乡格局。三则以区隔治理为导向的户籍制度使然。要满足城市人口控制,就需要严格限制农村向城市人口流动,实行差异化治理。本质上,户籍标识的背后是差别化的利益结构安排②。以工农产品"剪刀差"实现对乡

① 国务院发展研究中心和世界银行联合课题组:《中国:推进高效、包容、可持续的城镇化》,《管理世界》2014 年第 4 期。

② 李丹阳、汪勇:《新中国 70 年来户籍制度改革的演变历程、逻辑与趋向》,《中国人民公安大学学报》(社会科学版)2020 年第 3 期。

村资源的超常规汲取、将经济上“小体量”的城市转变成为支配秩序,就需要依托城乡分治的“二元体制”进行社会福利的差异化配置。这一阶段,实际上启动了现代化进程的国家积累以寻求快速推进从农业国向工业国的转变。值得注意的是,这一阶段所留置的城乡分治体系特别是户籍制度,对于后续城镇化的发展产生了极其深远的影响。

在改革开放后的补偿型城镇化阶段,其“发展”特征尤为鲜明。在改革开放初期,城镇化主要由党的十一届三中全会启幕的农村体制改革和后续的农村工业化所驱动。乡镇企业和小城镇的迅速发展,实际突破了对城乡的工业、农业功能定位,既有二元格局逐渐被城市工业化与农村工业化并重的新二元格局所取代,并产生复杂效应①。与联产承包责任制实施后所带来的生产力和劳动力同时解放同步,“控制大城市规模、合理发展中等城市、积极发展小城市”的基本方针成为城镇发展的新基调。20 世纪 80 年代中期至 90 年代初,城市体制改革和制造业快速发展成为城镇化发展的新动力。以城市为重点的经济体制改革过程中,“控大放小”的城镇化政策得以延续,通过“小城镇”撬动改革发展的“大战略”②,对城市的外围发展做城镇“增量”,吸引了大量农村剩余劳动力,城镇化水平快速攀升。进入 90 年代,市场机制所引导的产业集聚逐渐成为城市发展的重要动力。党的十四大明确了建立社会主义市场经济体制成为改革的目标,这加速了市场对包括大量农业转移人口在内的经济发展要素的城市配置和汇聚③,持续拓展的“打工经济”所引致的全国剩余劳动力的东南转移,沿海区域城镇化快速发展。

在 21 世纪以来的再平衡城镇化阶段,“协同”是其主要特征。表现有三:一是在更高层次上的城市与乡村、区域之间的协同。乡村振兴战略与新型城镇化战略交相辉映,力图解决既往单纯城市主义思路和单向度发展模式所遗留的“城市病”与“乡村病”,具有高位融合城乡一体化发展的价值努力④。二是发展动力上政府、市场与社会的协同。区别于抑制型城镇化的工业发展回应、补偿型城镇化的一定程度规划性与一定程度自发性

---

① 陈云松、张翼:《城镇化的不平等效应与社会融合》,《中国社会科学》2015 年第 6 期。

② 赵新平、周一星:《改革以来中国城市化道路及城市化理论研究述评》,《中国社会科学》2002 年第 2 期。

③ Henderson J V, The Urbanization Process And Economic Growth: The So-what Question, *Journal of Economic Growth*, 2003(1), pp.47-71.

④ 周飞舟、王绍琛:《农民上楼与资本下乡城镇化的社会学研究》,《中国社会科学》2015 年第 1 期;任杲、宋迎昌、张枭:《中国新型城镇化内涵特征、水平测度与推进路径》,《宁夏社会科学》2022 年第 5 期。

的结合①,这一阶段的城镇化更具前瞻性和协作性,在政府主导的格局下嵌入了更多社会参与。三是人口城镇化与人的城镇化的协同。旨在循序解决既往工业化长期快于城镇化以及新近土地的城镇化快于人的城镇化所潜伏下的种种矛盾和或然风险。目前,农业转移人口市民化进程严重滞后,城乡融合发展体制机制中一些关键环节尚未打通,城镇化推进的资源环境代价过大等,是中国城镇化面临的严峻挑战②。以《中共中央关于全面深化改革若干重大问题的决定》、中央城镇化工作会议精神为指导的《国家新型城镇化规划(2014—2020 年)》等决策规划,聚焦推进“以人为核心”的城镇化③,试图通过有序推进农业转移人口市民化,保障随迁子女平等享有受教育权利、扩大社会保障覆盖面、拓宽住房保障渠道、推进符合条件农业转移人口落户城镇等一系列举措,着力解决农民工身体进城了身份没进城、劳动进城了劳动保障没进城、土地进城了而土地的增值收益与刚刚离开这片土地的人没有关系的多重“尴尬”。

(三)中国城市性的演进逻辑

中国的城镇化,总体上是一种政府主导下的城镇化建设发展逻辑,其发展趋势是更加尊重国家发展规律。这一逻辑表明,现代化的“中国道路”有着自己相对独特的方式。一开始,新中国成立后政权着眼于恢复与巩固的需要,在政党、政府与社会高度一体化的“整全式”格局下,国家立场是根本,以鲜明政治动员的方式发展工业,从而形成以人口自然增长支撑“重工业发展”这一非均衡发展战略实践,并经历一定程度的起伏和停滞。改革开放初期,市场驱动成为城镇化快速发展的动力,城镇化发展所需要的人口、土地、资金等要素开始大规模的集聚,从农村工业向城市工业、从农业经济体制向城市综合体体制、从边缘性小城镇向中心城区等扩散,“打工”与“下海”汇聚成了城市经济快速发展的“交响曲”,城市空间布局与发展模式较之改革前为之一新。21 世纪以来,“协同”本身就意味着由规模追逐向质量侧重的强调,更为重要的是由“物本”向“人本”的城镇化转向和转型。为此,“城镇发展方针”升级为“城镇化战略”,城市群建设得到高度重视,具有

---

① 在发展类型和动力上有城市群结构带动型、中心城市带动型、交通节点拉动型、市场带动型、工业主导型、外资推动型和现代农业发展型等。参见张鸿雁等:《城市化理论重构与城市化战略研究》,经济科学出版社 2012 年版,第 186—192 页。

② 魏后凯、李玏、年猛:《“十四五”时期中国城镇化战略与政策》,《中共中央党校(国家行政学院)学报》2020 年第 4 期。

③ 李克强:《推进城镇化需要深入研究的重大问题》,《行政管理改革》2012 年第 11 期。

集经济与社会多种功能于一身的京津冀协同发展、长三角一体化以及粤港澳大湾区等国家战略的实施,证明一体化式协同发展的时代业已来临。从政治动员到市场驱动、再到多方协力,实际上呈现出一幅由政治逻辑主导向市场逻辑主轴、再向社会逻辑主体的嬗变图景。尽管这一勾勒是粗放的,且并未根本改变城镇化发展的“国家叙事”,但是它越来越多地考虑到市场机制对资源配置的决定性作用,越来越充分地纳入了社会参与的意愿和偏好,这原本就是对价值规律、社会自主性的有序接纳和逐步尊重,进而呈现出城镇化的社会建设性和发展友善度。由此可见,复杂现代性背景下的“城市性”正大规模地置换“乡村性”而成为国家治理的新主题,“城市中国”来临所造就的多重挑战与重大机遇为国家治理设置了新使命。

六、新型国家城镇化战略与国家治理现代化的关联

(一)新型城镇化的国家治理模式转型价值

我国城镇化指数从1978年的17%,发展到2000年的36%、2013年的52%、2022年的64%左右,这是一个历史性的进步,它带来了社会底色的重大变迁,即由“农村中国”逐步向“城市中国”转变。从先发国家的经验教训以及我国发展的实际需要来看,这一比例距离70%城市化率依然有重大差距。根据城市发展的“诺瑟姆曲线”,中国城镇化已由初级阶段转入中期的加速阶段,未来20年只要我们抓住世界城镇化的历史机遇期和利用好后发的比较优势,便能进入后期阶段,完成城镇化任务①。面对广阔的发展空间和强大的内在需求,作为战略性变量的城镇化具有三重值得高度关注的国家治理模式转型价值。

一是经济现代化视野中的发展性价值。新型城镇化的大规模推进可以成为我们赖以凭借的进步阶梯。一方面,它是经济发展的引擎,构成对现有发展模式中投资、出口与消费“三驾马车”的部分替代方案;另一方面,通过对小农过密化的系统性改造、对大量非正规经济的革除以及对原来粗放型发展方式的集约化转型,实现发展升级。这是因为,在发展语境中,经济现代化的要义在于塑造出自洽、规范且负责任的成熟市场经济。而市场是“由各种复杂的制度结构组成”的,其成长与运行均“需要嵌入既是支持性

---

① 张占斌:《新型城镇化的战略意义和改革难题》,《国家行政学院学报》2013年第1期。

又是限制性因素的文化规范中”①。而城镇化的发展性价值超越于“红利说”“动力说”等工具性阐释的逻辑在于,它是针对生存性需求即温饱问题基本解决、今后面临更高层次的发展性需求的战略回应与理念表达。因此,作为国家工程,从经济中心议程出发、但又期冀实现效应扩散的新型城镇化,首要的着眼点在于破解以往的经济问题,成为一项综合配套性改革和促进社会整体进步的制度安排。

二是现代国家建构视野中的再平衡价值。与工业化进程相伴的城镇化,是中国社会通往全面现代化的“直通车”。中国压缩式现代化模式注定了非均衡发展战略的阶段合理性与可持续限度,这也为以收缩与调试的再平衡方式实现政府职能优化规定了实践路径。一方面,要有效利用既有模式的优势;另一方面,在于政府职能的服务化、效能化与法治化转型。这种新型城镇化,将开启实现区域、城乡、群体之间权益结构均衡化的新历程。

三是人的价值的全面实现。以人为本的城镇化建设,通过突破发展的历史目的论而制度化地确立人本的主体地位。城镇化发展的物理、制度、文化等丰富维度以及立体性城市社会结构赋予人们自主性与创造力的城市性特质,都为人的现代化发展创造了便利条件。尤其需要强调的是,在城镇化业已进入“下半场”,通过“三农”的现代化升级,避免农村的凋敝、农业的衰败和农民的被边缘化是与农民工市民化同等重要的问题②,关系着城镇化的成败。

(二)新型城镇化对国家治理模式发展的影响

城镇化的多重任务决定了其促动功能的多面性,其中,经济性功能是基础,政治性功能是保障,而人本化功能则决定城镇化实践的价值高度。因此,从效率、秩序与公平一体联动的治理价值发展看,城镇化战略的实践影响都是国家性的。

现代化是一个机遇与挑战、抗拒与变迁并存的过程。中国的城镇化发展存在着对传统的“解构”与新旧因素固化“结构”的双重嬗变③。这种混杂着进步与桎梏的双重不适应状况表明,缺乏现代性的深度建构正是当今中国需要解决的问题的关键。然而,线性的国家治理模式转型观,并不能有

① [英]威廉·乌斯怀特、拉里·雷:《大转型的社会理论》,吕鹏等译,北京大学出版社2011年版,第230页。

② 陈锡文:《我国城镇化进程中的“三农”问题》,《国家行政学院学报》2012年第6期。

③ 张鸿雁:《中国城市化进程中的社会“解构”与“结构”》,《社会科学》2012年第10期。

效解释复杂现代性生成、发展与不断演进状况下的国家治理。当代中国的总体特征表明,国家治理有着自身特定的政治经济依据。在新的实践起点上,要求国家治理从两个重要维度渐次地转型:一方面,在治理模式的选择上,需要通过有限政府与有效政府的双重建构,实现服务型行政范式的深刻嬗变;另一方面,在关键题域的设计上,则需要在权能边界厘定、公共决策导向、治理工具选择、治理能力建设以及治理集约化等方面,循序迈向公共治理。城镇化是现代化的必由之路,以人为本的新型城镇化是中国式现代化建设的强大推动力量。① 新型城镇化正经历的历时性题域共时性呈现具有深刻的国家治理转型影响,作为改变中国未来发展中的一个最重要中间变量,它不仅会改变中国的经济结构,还会改变中国的社会结构和政治基础。这也表明,有序回应于公共需求的改革发展,必须根植于中国政治社会生态的内生性来进行系统性的制度安排与政策选择,从而开创由国家治理转型导向全面现代化的善治新境界。

① 周毅仁、李智:《更好发挥新型城镇化对中国式现代化的支撑作用》,《行政管理改革》2024年第4期。

第二章 “人的城镇化”:新型城镇化战略的内涵剖析

新型城镇化究竟新在哪里?有何特定的战略含义与实践价值?对于中国国家治理有何型构意义?这些问题,既是重要的理论问题,更是亟待厘清的重大实践问题。理论上讲,城镇、城市的发展是为了人,但是实际情况却因为发展的资源约束等因素,只能阶段性地达成部分目标,这便让之前的城镇化较多地彰显了“物本”而抑制了“人本”。新型城镇化的“新型”,其核心含义便是创造一切有利的制度条件、政策条件,实现既有或传统城镇化模式的转型,在城镇化发展的理念、目标、领域、内容、过程、资源、动力、参与、保障以及评价诸范畴上,全面关注人的生存和发展需要(参见表 2-1)①,形成新的发展模式和新的治理格局。

表 2-1 基于人的现代化来设置新型城镇化的内涵

人的现代化	新型城镇化的内涵
以人民为中心的发展理念	理念:健康可持续发展
全面促进人的生存和发展需要	目标:服务和服从于人的生存发展
五位一体发展下的人的全面发展	领域:经济、文化、社会、生态、空间
生产生活生态需要的全面满足	内容:再城镇化、县域城镇化、城市群
小康生活向美好生活的循序转变	过程:城市现代化、乡村现代化、城乡融合发展
更多人本主义取向的资源配置	资源:围绕产城人融合的新配置
复合动力下的社会结构和发展路径	动力:政府—市场—社会的三维协同
以民主法治的发生主体性参与	参与:分领域的合作治理
完备的人本化国家治理体系与能力	保障:融合化的制度安排与法律体系
服务于人的全面发展的国家治理	评价:绿色化与人本化的城镇化发展

---

① 参见以下成果整理而得:楚天骄:《以人为核心的新型城镇化》,中共中央党校出版社 2023 年版;何立峰、宁吉喆等:《推进以人为核心的新型城镇化》,中国市场出版社 2020 年版;蔡昉、都阳等:《新中国城镇化发展 70 年》,人民出版社 2019 年版;王晓丽:《中国人口城镇化质量研究:基于市民化角度》,经济科学出版社 2018 年版;李兰冰、高雪莲等:《“十四五”时期中国新型城镇化发展重大问题展望》,《管理世界》2020 年第 11 期;中共中央、国务院:《国家新型城镇化规划(2014—2020 年)》,2014 年 3 月。

一、从政策到战略:新中国城镇化的发展演进

中国的城镇化是分阶段的,并非一蹴而就。在新中国发展的70多年中,城镇化从政策到战略、从政策边缘到战略中心,经历了一系列复杂的变化,其中的动力、资源及其影响也各有不同。从城镇化这个视角看国家治理现代化,可以为理解“中国道路”提供新的视野。需要注意的是,这里所指的城镇化“政策”,主要是指对于城市发展的一般政策性规定,而不是一个比较系统的、作为具有明确主导性的大政方针;而城镇化“战略”,是指有明晰的政策系统布局甚至是战略规划、实施步骤以及保障方案等,具有国家级的政策集性质。通常而言,新中国成立初期的城镇化总体上是政策或办法,而新世纪以来,国家城镇化的布局总体上是战略性的。新中国的城镇化,可以分为三个阶段,即抑制型城镇化(1949—1977年)、补偿型城镇化(1978—2000年)和再平衡型城镇化(2001—2024年)。三个发展阶段前后相续,发展演进的轨迹清晰,构成了新中国城镇化发展的基本脉络。

(一) 抑制型城镇化(1949—1977年)

抑制型城镇化或逆城镇化。即自新中国成立至“文化大革命”结束,基于国家发展的现实需要,对于城市(镇)化采取极为谨慎的限制发展思路,城市建设总体上处于相对迟缓甚至是停滞且有阶段性起伏的状态。譬如,1949—1957年为显著的上升期,城镇化率从10.64%上升到15.39%;而1958—1965年间,则分别经历了前三年的快速增长和后五年的持续下降,城镇化率一度达到19.75%的阶段高位,也曾一度因撤销城市而迅速降至17.98%。及至“文化大革命”期间,城镇化进程基本停滞,1977年的城镇化率甚至负增长至17.55%。① 1949—1977年间,中国城乡人口也出现一定程度的变化(见表2-2)。此阶段的城镇化,受到三方面因素的重大影响:一是工作重心向城市转移过程中建设资源的匮乏。新中国成立初期,恢复秩序与发展生产面临严重资源紧缺,这对于选取乡村服从和服务于城市、以农村对城市的支撑能力为依据设计城市发展规模的思路影响深刻。二是城市“生产性功能”的新设置。新中国成立后无论是基于秩序可控的考量,还是出于迅速促进国家建设的需要,都亟需发展出生产性而非延续传统的消费性城市定位,以工农产品“剪刀差”实现对乡村资源的超常规汲取。从那时

① 李强等:《多元城镇化与中国发展》,社会科学文献出版社2013年版,第6—8页。

延续至今的城乡二元体制，实际上是国家对城市功能进行生产定位置换的实践后果。三是以满足城市人口控制、实现城乡区隔化治理的户籍制度。严格限制农村向城市人口流动的户籍制度，具有稳定社会秩序、确保资源供给和迅速形成国家统治力的强大功效。然而户籍的居住固着功能逐渐衍生出新的内涵，它逐渐成为城乡分治体系下大量社会福利差异化配置的“分配器”，这实际上以计划方式固化了城乡之间的权益格局。

表 2-2 1949—1977 年中国城乡人口变化表

年份	市镇人口		乡村人口	
	人口数（万人）	比重（%）	人口数（万人）	比重（%）
1949	5765	10.64	48402	89.36
1950	6169	11.18	49027	88.82
1955	8285	13.48	53180	86.52
1960	13073	19.75	53134	80.25
1965	13045	17.98	59493	82.02
1970	14424	17.38	68568	82.62
1975	16030	17.34	76390	82.66
1977	16669	17.55	78305	82.45

资料来源：《中国统计年鉴》，2021 年。

（二）补偿型城镇化（1978—2000 年）

自改革开放至 2000 年左右，城镇化主要经历了由农村体制改革和农村工业化推动（1979—1984 年）、由城市体制改革和制造业快速发展推动（1985—1991 年）以及由产业集聚发展和市场化改革推动（1992—2000 年）三个阶段。这一时期的实践特征有三：一是突破了“城市搞工业、农村搞农业”的既有格局。联产承包责任制实施后所带来的生产力和劳动力同时解放，为农村乡镇企业和小城镇迅速发展创造了契机。二是实现了改革格局由乡村向城市的快速转变。在以城市为重点的经济体制改革过程中，大体延续了 80 年代初以来严格控制大城市、适度发展中等城市的基本思路，以对城市的外围发展做小城镇“增量”为主。三是市场机制所引导的产业集聚逐渐成为城市发展的重要动力。譬如长三角地区、珠三角地区以及环渤海地区等区域的城镇化快速发展，尤其是“打工经济”所引致的全国剩余劳动力的东南转移，在一定程度上改变了全国的城市空间布局和发展模式。

补偿型城镇化的最大特点在于其一定程度规划性与一定程度自发性的结合。从城市主导格局看,大体上还是延续大城市严控思路,但对于中小城市和城镇的发展逐渐放松、放开。在此阶段,城镇化带来了人口由乡村向城市的逐步转移,城市和乡村的人口分别由 1978 年的 17.92%、82.08%演变成为 2000 年的 36.22%、63.78%,人口的城乡占比出现了一个根本性的重大调整(见表 2-3)。从农村到城市的市场化导向改革,实际上是以诱致性制度变迁触动强制性制度变迁的方式改变了中国,也改变了国家对于城镇化发展的基本认知,促进了城(市)镇化探索的不断加速。

表 2-3 1978—2000 年中国城镇化率与城乡人口变化表

年份	城镇人口		乡村人口	
	人口数(万人)	比重(%)	人口数(万人)	比重(%)
1978	17245	17.92	79014	82.08
1979	18495	18.96	79047	81.04
1980	19140	19.39	79565	80.61
1981	20171	20.16	79901	79.84
1982	21480	21.13	80174	78.87
1983	22274	21.62	80734	78.38
1984	24017	23.01	80340	76.99
1985	25094	23.71	80757	76.29
1986	26366	24.52	81141	75.48
1987	27674	25.32	81626	74.68
1988	28661	25.81	82365	74.19
1989	29540	26.21	83164	73.79
1990	30191	26.41	84142	73.59
1991	30543	26.37	85280	73.63
1992	32372	27.63	84799	72.37
1993	33351	28.14	85166	71.86
1994	34301	28.62	85549	71.38
1995	35174	29.04	85947	70.96
1996	35950	29.37	86439	70.63
1997	36989	29.92	86637	70.08
1998	37942	30.40	86868	69.60
1999	38892	30.89	87017	69.11
2000	45844	36.22	80739	63.78

资料来源:《中国统计年鉴》,2001 年。

（三）再平衡型城镇化(2001年至今)

自2001年至今,城镇化发展进入新阶段,其中标志性的重大发展表现在“十五规划”(2001—2005年)至“十二五规划”(2011—2015年)明确提出“实施城镇化战略”“把城市群作为推进城镇化的主体形态”。① 在党的十八大上,新型城镇化被定位为推进现代化发展的“新四化”之一,并力图实现“四化”之间的深度融合、良性互动而系统性地助益于国家的全面现代化。城镇化的再平衡阶段,其津要有三:一是明确将原有的“城镇发展方针”升级为“城镇化战略”。这与之前“控大放小”、谨慎做增量模式有明显区别,其发展推进力度是以往诸阶段所无法比拟的。二是城市群发展理念得到国家政策认可。在20世纪90年代末期提出“逐步形成合力的城镇体系”基础上,在更高层次和更大规模上展开城镇化建设,意味着既要克服以往小城镇发展中的“农村病”,更要试图医治城市成长过程中的“城市病”,在大力提高资源整合度的同时有效提升风险防控能力。市场改革下的中国城市,将呈现出一个前所未有的多样和异质水平。而把市场发展作为社会进步的驱动力,国家就有必要去管理新出现的社会复杂性、分工和流动等问题。② 三是将“人的城镇化”定义为城镇化的本质。③ 将经济发展、社会建设、环境生态与民生改善直接联系起来(譬如作为一项准自然实验的国家新型城镇化综合试点政策的实施,就显著地提升了空气质量)④,具有试图通过国家与社会、政府与市场关系的再调整,以促成更高层次的区域之间、城乡之间、群际之间发展平衡的鲜明特征。

党的十八大以来,国家深入推进以人为核心的新型城镇化战略。2013年12月,召开改革开放以来第一次中央城镇化工作会议。会议回应了人到哪去、钱从哪来、地怎么管社会三大关切,提出了解决好人的问题是推进新型城镇化的关键。为此,此次会议明确提出了推进农业转移人口市民化、提高城镇建设用地利用效率、建立多元可持续的资金保障机制、优化城镇化布局和形态、提高城镇建设水平和加强对城镇化的管理等明确任务。这次会议,做到了三方面的明确:一是城镇化与工业化一道,是现代化的两大引擎;

---

① 胡鞍钢:《中国特色城镇化新在何处》,《人民论坛》2012年第4期。

② [美]张庭伟、田莉主编:《城市读本》(中文版),中国建筑工业出版社2013年版,第615页。

③ 李克强:《推进城镇化需要深入研究的重大问题》,《行政管理改革》2012年第11期。

④ 袁春来、江泽茹等:《国家新型城镇化综合试点政策的绿色效应——基于双重目标约束的视角》,《城市问题》2024年第4期。

二是走中国特色、科学发展的新型城镇化道路,核心是以人为本;三是城镇化的关键是提升质量,与工业化、信息化、农业现代化同步推进。这为新时期的城镇化建设提供了方向。实践中,新型城镇化带来了海量的农业转移人口,既通过就业、居住等塑造了城市规模,更通过城市生活释放了居民消费潜力、扩大了内需,形成了强大的城市聚集效应,对经济社会产生了重大而复杂的影响。① 从城乡人口的变化看,乡村人口仍然延续前一时期的大规模城市转移态势,城乡人口由 2001 年的 37.66%、62.34%转变成为 2020 年的 63.89%、36.11%,几乎实现了一个对换(见表 2-4)。这是极其重大的社会构成变化,意味着社会结构的巨大跃迁,也意味着乡土中国在经年城镇化的推进下,业已快速向“城乡中国”以及未来的“城市中国”转变。②

表 2-4 2000—2023 年中国城镇化率与城乡人口变化表

年份	城镇人口		乡村人口	
	人口数(万人)	比重(%)	人口数(万人)	比重(%)
2001	48064	37.66	79563	62.34
2002	50212	39.09	78241	60.91
2003	52376	40.53	76851	59.47
2004	54283	41.76	75705	58.24
2005	56212	42.99	74544	57.01
2006	58288	44.34	73160	55.66
2007	60633	45.89	71496	54.11
2008	62403	46.99	70399	53.01
2009	64512	48.34	68938	51.66
2010	66978	49.95	67113	50.05
2011	69927	51.83	64989	48.17
2012	72175	53.10	63747	46.90

① 尤济红、梁浚强:《新型城镇化、城市规模与流动人口收入提升》,《南开经济研究》2023 年第 9 期;李敬、李军等:《新型城镇化试点政策对人口流动的影响》,《中国人口科学》2023 年第 3 期;靳小怡、刘诗奇等:《新型城镇化研究的关键问题:农业转移人口的家庭功能与可持续发展》,《西安交通大学学报》(社会科学版)2023 年第 4 期;于爱芝、汪洋:《新型城镇化对扩大内需的影响机制研究——中国 257 个地级以上城市的数据实证》,《城市发展研究》2024 年第 1 期;崔琳昊、冯烽:《新型城镇化建设对释放居民消费潜力的影响研究》,《西安交通大学学报》(社会科学版)2024 年第 2 期。

② 刘雪华、孙大鹏:《政策工具视角下我国城镇化政策文本量化研究——基于 2014—2020 年的国家政策文本》,《吉林大学社会科学学报》2022 年第 2 期。

续表

年份	城镇人口		乡村人口	
	人口数(万人)	比重(%)	人口数(万人)	比重(%)
2013	74502	54.49	62224	45.51
2014	76738	55.75	60908	44.25
2015	79302	57.33	59024	42.67
2016	81924	58.84	57308	41.16
2017	84343	60.24	55668	39.76
2018	86433	61.50	54108	38.50
2019	88426	62.71	52582	37.29
2020	90220	63.89	50992	36.11
2021	91425	64.72	49835	35.28
2022	92071	65.22	49104	34.78
2023	93267	66.16	47700	33.84

资料来源:历年《中国统计年鉴》及相关统计公报,2024年。

在中央城镇化工作会议精神的指引下,2014年党中央、国务院印发《国家新型城镇化规划(2014—2020年)》,对新型城镇进行系统规划。这是我国首次对城镇化战略给出详细的政策安排与行动部署,对提高城镇化建设和城市治理的可预见性、有效性发挥了重要促进作用。该规划八篇三十一章,主要围绕有序推进农业转移人口市民化、优化城镇化布局和形态、提高城市可持续发展能力、推动城乡发展一体化、改革完善城镇化发展体制机制和规划实施等内容作了详细规定,成为新时代精准高效推进新型城镇化建设的行动指南(见表2-5)。其中,强基础、补短板方面,提出了县城和重点镇基础设施提升工程。例如,在公共供水方面,加强供水设施建设,实现县城和重点镇公共供水普及率85%以上;在污水处理方面,因地制宜建设集中污水处理厂或分散型生态处理设施,使所有县城和重点镇具备污水处理能力,实现县城污水处理率达85%左右、重点镇达70%左右。在垃圾处理方面,实现县城具备垃圾无害化处理能力,按照以城带乡模式推进重点镇垃圾无害化处理,重点建设垃圾收集、转运设施,实现重点镇垃圾收集、转运全覆盖。在道路交通方面,统筹城乡交通一体化发展,县城基本实现高等级公路连通,重点镇积极发展公共交通。在燃气供热方面,加快城镇天然气(含煤层气等)管网、液化天然气(压缩天然气)站、集中供热等设施建设,因地制宜发展大中型沼气、生物质燃气和地热能,县城逐步推进燃气替代生活燃煤,北方地区县城和重点镇集中供热水平明显提高。在分布式能源方面,城镇建设和改造要优先采用分布式能源,资源丰富地区的城镇新能源和可再生能源消费比重显著提高。鼓励条件适宜地区大力促进可再生能源建筑应用。

表 2-5 国家新型城镇化规划(2014—2020 年)中的主要指标

指 标	2012 年	2020 年
城镇化水平		
常住人口城镇化率(%)	52.6	60 左右
户籍人口城镇化率(%)	35.3	45 左右
基本公共服务		
农民工随迁子女接受义务教育比例(%)		≥99
城镇失业人员、农民工、新成长劳动力免费接受基本职业技能培训覆盖率(%)		≥95
城镇常住人口基本养老保险覆盖率(%)	66.9	≥90
城镇常住人口基本医疗保险覆盖率(%)	95	98
城镇常住人口保障性住房覆盖率(%)	12.5	≥23
基础设施		
百万以上人口城市公共交通占机动化出行比例(%)	45*	60
城镇公共供水普及率(%)	81.7	90
城市污水处理率(%)	87.3	95
城市生活垃圾无害化处理率(%)	84.8	95
城市家庭宽带接入能力(Mbps)	4	≥50
城市社区综合服务设施覆盖率(%)	72.5	100
资源环境		
人均城市建设用地(平方米)		≤100
城镇可再生能源消费比重(%)	8.7	13
城镇绿色建筑占新建建筑比重(%)	2	50
城市建成区绿地率(%)	35.7	38.9
地级以上城市空气质量达到国家标准的比例(%)	40.9	60

注:①带 * 为 2011 年数据。

②城镇常住人口基本养老保险覆盖率指标中,常住人口不含 16 周岁以下人员和在校学生。

③城镇保障性住房:包括公租房(含廉租房)、政策性商品住房和棚户区改造安置住房等。

④人均城市建设用地:国家《城市用地分类与规划建设用地标准》规定,人均城市建设用地标准为 65.0—115.0 平方米,新建城市为 85.1—105.0 平方米。

⑤城市空气质量国家标准:在 1996 年标准基础上,增设了 PM2.5 浓度限值和臭氧 8 小时平均浓度限值,调整了 PM10、二氧化氮、铅等浓度限值。

为了更好地推进城镇化战略和发展规划,2015 年召开中央城市工作会议,部署了城市工作的要点,即尊重城市发展规律,城市规模要同资源环境承载能力相适应;统筹空间、规模、产业三大结构,提高城市工作全局性,在中西部地区培育发展一批城市群;统筹规划、建设、管理三大环节,提高城市工作的系统性,防止出现换一届领导改一次规划的现象;统筹改革、科技、文化三大动力,提高城市发展持续性,结合历史传承打造自己的城市精神;统筹生产、生活、生态三大布局,提高城市发展的宜居性,以自然为美,把好山好水好风光融入城市;统筹政府、社会、市民三大主体,提高各方推动城市发展的积极性,鼓励企业和市民参与城市建设、管理。在尊重城市发展规律基础上提出的五大统筹,分别涉及结构、环节、动力、布局和主体,体现了国家对城市建设和治理有了更为深切的认识和理解。

在此基础上,2016 年国务院印发《关于深入推进新型城镇化建设的若干意见》,就积极推进农业转移人口市民化、全面提升城市功能、加快培育中小城市和特色小城镇、辐射带动新农村建设、完善土地利用机制、创新投融资机制、完善城镇住房制度、加快推进新型城镇化综合试点和健全新型城镇化工作推进机制等一系列重要问题作出操作部署。

2019 年,中共中央、国务院印发《关于建立健全城乡融合发展体制机制和政策体系的意见》指出,为重塑新型城乡关系,走城乡融合发展之路,以协调推进乡村振兴战略和新型城镇化战略为抓手,以缩小城乡发展差距和居民生活水平差距为目标,以完善产权制度和要素市场化配置为重点,促进城乡要素自由流动、平等交换和公共资源合理配置,加快形成工农互促、城乡互补、全面融合、共同繁荣的新型工农城乡关系,加快推进农业农村现代化。

2020 年,《国家新型城镇化规划(2014—2020 年)》实现圆满收官;2021 年编制新一轮新型城镇规划。

总体来看,近年来的改革举措让国家城镇化规划确定的目标任务得以全面完成,累计了一系列宝贵经验,但同时也面临着城镇化质量有待进一步提高、推动基本实现新型城镇化仍需强化等大量工作①。总结《国家新型城镇化规划(2014—2020 年)》实施的典型做法,主要分布在提高农业转移人口市民化质量、完善城镇化空间布局、推进新型城市建设、健全城市

① 徐睿宁:《〈国家新型城镇化规划(2014—2020 年)〉实施效果与展望》,《城市》2023 年第 2 期。

治理体系和推进城乡融合等 5 个重点领域(见表 2-6、2-7、2-8、2-9 和 2-10)①。

表 2-6 提高农业转移人口市民化质量的典型做法(2014—2020 年)

探索领域	具体情况
1. 推进农业转移人口落户城市	山东省济南市深入推进户籍制度改革 云南省昆明市深入推进户籍制度改革 黑龙江省哈尔滨市深入推进户籍制度改革 重庆市深入推进户籍制度改革 广东省深圳市深入推进户籍制度改革 安徽省合肥市深入推进户籍制度改革 广东省广州市深入推进户籍制度改革 江苏省南京市深入推进户籍制度改革 广东省东莞市深入推进户籍制度改革 四川省成都市深入推进户籍制度改革 辽宁省鞍山市深入推进户籍制度改革 四川省泸州市为农业转移人口提供公共集体户口 福建省晋江市为农业转移人口提供公共集体户口 重庆市“人地挂钩”鼓励吸纳农业转移人口落户
2. 加快城镇基本公共服务均等化	广东省深圳市将大部分义务教育学位提供给随迁子女 浙江省义乌市向随迁子女扩大义务教育学位供给 黑龙江省哈尔滨市帮扶随迁子女接受义务教育 江苏省南通市海门区集团化办学促进义务教育均衡发展 湖北省武汉市随迁子女与户籍子女义务教育一视同仁 福建省晋江市向随迁子女免费提供普通高中教育 山东省诸城市优化城镇化医疗卫生服务 福建省上杭县以公建民营方式发展普惠养老 重庆市提供大规模公共租赁住房 黑龙江省哈尔滨市支持农业转移人口缴存住房公积金 安徽省芜湖市支持农业转移人口缴存住房公积金 四川省眉山市支持农业转移人口缴存住房公积金 贵州省向易地扶贫搬迁人口提供城镇基本公共服务 江苏省推行居住证在全省范围内“一证通用” 广东省佛山市南海区鼓励外来常住人口进入村(社区)两委 吉林省公主岭市范家屯镇设立社区公共服务中心
3. 提升农业专业人口城市融入能力	北京市延庆区结合重大赛事开展职业技能培训 河北省涉县在农民见门口开展职业技能培训 吉林省梅河口市校企联动开展职业技能培训 贵州省清镇市开展大规模职业教育 广西壮族自治区荔浦市加强农民工就业公共服务

① 表格内容,主要根据已有成果整理所得。主要参见何立峰主编:《国家新型城镇报告(2020—2021)》,人民出版社 2022 年版。

表 2-7　完善城镇化空间布局的典型做法（2014—2020 年）

探索领域	具体情况
1. 促进城市群一体化发展	成渝地区双城经济圈建设取得新进展 长江中游城市群建设取得新进展 北部湾城市群建设取得新进展 关中平原城市群建设取得新进展
2. 推动都市圈同城化发展	南京都市圈同城化蔚然成势 福州都市圈同城化步伐加快 成都都市圈同城化开局起势 杭州都市圈同城化携手共富 武汉都市圈同城化联手筑梦 西安都市圈同城化轮廓初现
3. 推进以县城为重要载体的城镇化建设	河北省固安县推进县城补短板强弱项 江苏省溧阳市推进县城补短板强弱项 浙江省乐清市推进县城补短板强弱项 福建省闽侯县推进县城补短板强弱项 山东省诸城市推进县城补短板强弱项 河南省兰考县推进县城补短板强弱项 湖北省阳新县推进县城补短板强弱项 湖南省浏阳市推进县城补短板强弱项 广东省博罗县推进县城补短板强弱项 四川省金堂县推进县城补短板强弱项

表 2-8　推进新型城市建设的典型做法（2014—2020 年）

探索领域	具体情况
1. 建设舒适便利的宜居城市	四川省江安县全面推进老旧小区改造 宁夏回族自治区银川市兴庆区创新推进老旧小区改造 四川省南江县群众参与老旧小区改造 江苏省南京市持续推进老旧厂区改造 北京市密云区提升公共服务能力 吉林省梅河口市教育医疗服务 重庆市潼南区加强公共健身服务 北京市大兴区利用农村集体建设用地建设保障性住房 北京市通州区利用农村集体建设用地建设保障性住房
2. 建设安全灵敏的韧性城市	广东省英德市增强公共卫生防控救治能力 四川省金堂县提高防洪排涝能力 四川省遂宁市推进海绵城市建设
3. 建设富有活力的创新城市	江苏省溧阳市与北京中关村科技园区共建高新区 浙江省海盐县建设中欧合作产业技术平台
4. 建设运行高效的智慧城市	湖北省老河口市推进城市智慧化运行 云南省腾冲市推进“智慧城管”建设 重庆市璧山区推进“城市生活网”建设 河南省新密市推进智慧停车平台建设

续表

探索领域	具体情况
5. 建设清洁低碳的绿色城市	北京市顺义区推动产业绿色低碳转型 江苏省镇江市推动产业绿色低碳转型 浙江省杭州市富阳区推动产业绿色低碳转型 河北省卢龙县积极推广绿色低碳建材 河南省鹤壁市新建建筑全面执行绿色建筑标准 江西省抚州市支持居民绿色低碳生活

表 2-9 健全城市治理体系的典型做法（2014—2020 年）

探索领域	具体情况
1. 提升行政管理效能	浙江省龙港市施行新型设市模式 黑龙江省伊春市推行市辖区优化整合 吉林省长春市施行“镇区一体”管理体制 上海市松江区推进涉企事项跨区域“一网通办” 四川省泸州市施行行政服务“一窗受理” 浙江省宁波市全面优化政务服务流程 贵州省贵安新区开展集中行政许可权改革 吉林省延吉市下放行政审批权限
2. 创新资金保障机制	江苏省江阴市设立中小企业转贷资金平台 山东省德州市组建政策性融资担保平台 湖北省宜城市搭建金融服务线下线上中心 贵州省都匀市建立企业挂牌上市孵化基地 江苏省苏州市引入保险资金参与城市建设 福建省永安市设立“园区贷”快速通道 浙江省义乌市将存量债务纳入财政预算管理 湖南省浏阳市为主导产业量身打造金融产品 河北省石家庄市建立小微企业贷款风险补偿机制 天津市蓟州区推动融资平台公司市场化转型

表 2-10 推进城乡融合发展的典型做法（2014—2020 年）

探索领域	具体情况
1. 促进城乡要素双向自由流动	重庆市潼南区推进柠檬技术研发转化 上海市金山区枫泾镇举办农创项目路演 河南省长葛市建设现代种业研发平台 山东省淄博市推出“数字农业贷” 河南省兰考县全面发展普惠金融 浙江省湖州市建立政策性农业保险制度 福建省仙游县创新乡村担保融资模式 河南省长葛市探索农村承包地经营权抵押融资 广东省广州市花都区推动生猪抵押融资 黑龙江省齐齐哈尔市拓宽乡村资产抵押担保范围 江苏省常州市武进区探索农村集体经营性建设用地入市

续表

探索领域	具体情况
1. 促进城乡要素双向自由流动	重庆市大足区探索农村集体经营性建设用地入市 江西省鹰潭市探索农村集体经营性建设用地入市 黑龙江省安达市探索农村集体经营性建设用地入市 贵州省湄潭县探索依法自愿有偿转让农村土地承包经营权 江苏省常州市武进区探索盘活农村闲置宅基地 安徽省金寨县探索优化农村宅基地布局 重庆市“地票”制度缓解城乡建设用地供需失衡 重庆市巴南区探索依法自愿有偿退出农户在农村权益 辽宁省海城市设立农村产权综合交易市场 陕西省西安市高陵区建立农村产权网络交易平台 四川省富顺县推进返乡人员就业创业 重庆市开展“三师一家”入乡服务行动 四川省成都市郫县区建立人才加入乡村制度 贵州省湄潭县金华村建立人才加入乡村制度
2. 促进城乡公共资源均衡配置	浙江省嘉善县建设县域医共体 江西省泸溪县推动优质医疗资源下沉重心 河南省登封市动优质医疗资源下沉重心 浙江省德清县加力促进城乡福利并轨 福建省漳州市长泰区推进城乡生活垃圾统一处理 湖南省湘潭市施行乡村垃圾处理付费 河北省涉县推进城乡客运一体化 四川省达州市建设城乡物流配送网络
3. 促进城乡产业协同发展	四川省成都市郫县区战旗村推进农村一二三产业融合发展 广西壮族自治区平果市创办农民工创业园 浙江省义乌市鼓励国有企业投资发展乡村旅游 浙江省德清县莫干山镇发展乡村民宿经济
4. 缩小城乡居民差距	吉林省吉林市大荒地村探索“村企共建” 安徽省天长市深化农村集体产权制度改革 金林生梨树县发展壮大新型农村集体经济 山东省威海市加强面向小农户的社会化服务

（四）“进步的阶梯”：城镇化从政策到战略的演进逻辑

中国的城镇化尤其是新型城镇化，对于国家现代化和国家治理现代化影响深远。这样的影响，是通过“国家谋划”即国家计划或规划的方式来实现的，而并非自生自发的自然演进而成。从国家第一个“五年计划”到第十四个“五年规划”①，其间城镇化从“政策”到“战略”的纵贯演进，

① 黄新华、黄英：《推进中国式现代化的规划治理：过程、特征与机理》，《厦门大学学报》（哲学社会科学版）2022 年第 5 期；钱坤、唐亚林：《规划治国：一种中国特色的国家治理范式》，《学术界》2023 年第 4 期。

可以清晰有力地证明这一点——城镇化是中国国家治理的“进步的阶梯”（见表 2-11）。

表 2-11 历次五年计划/规划时期的城镇化率变化

五年计划/规划	城镇化率变化（%）
一五计划（1953—1957 年）	+2.93
二五计划（1958—1962 年）	+1.94
三五计划（1966—1970 年）	-0.60
四五计划（1971—1975 年）	-0.04
五五计划（1976—1980 年）	+2.05
六五计划（1981—1985 年）	+4.32
七五计划（1986—1990 年）	+2.70
八五计划（1991—1995 年）	+2.63
九五计划（1996—2000 年）	+7.18
十五计划（2001—2005 年）	+6.77
十一五规划（2006—2010 年）	+4.51
十二五规划（2011—2015 年）	+8.60
十三五规划（2016—2020 年）	+4.50
十四五规划（2021—2025 年）	+4.42

资料来源：根据历次国家“五年计划”、“五年规划”等整理而得。

进入 21 世纪以来，中国城市发展取得显著进步，农业转移人口市民化成效显著，户籍制度改革取得历史性突破，1 亿农业转移人口和其他常住人口在城镇落户目标顺利实现，居住证制度全面实施，基本公共服务覆盖范围和均等化水平显著提高。城镇化空间格局持续优化，“两横三纵”城镇化战略格局基本形成，中心城市和城市群成为带动全国高质量发展的动力源，京津冀、长三角、珠三角等城市群国际竞争力显著增强，城市规模结构进一步优化，到 2020 年末，城市数量增至 685 个（见表 2-12）；城市、数量、规模和治理能力显著提升，极大地提高了国家的城市化水准和服务于民众生产生活可持续发展的需要。城市可持续发展能力持续增强，城市发展方式加快转变，基础设施和公共服务明显改善，生态环境质量不断提升，城镇棚户区住房改造开工超过 2300 万套，城市轨道交通运营里程超过 7000 公里，新型城市建设步伐加快。城乡融合发展体制机制和政策体系基本确立，城乡要素自由流动、平等交换和公共资源合理配置稳步推进，城乡居民收入比不断缩小,新型城镇化助力,共同富裕的效应正不断显现。①

表 2-12　新世纪以来中国城市数量与规模表(2000—2022 年)

(单位:个)

年份	总计	400 万以上	200—400 万	100—200 万	50—100 万	20—50 万	20 万以下
2000	663	—	13(200 万以上)	27	53	218	352
2001	662	8	17	141	279	180	37
2002	660	10	23	138	279	171	39
2003	660	11	22	141	274	172	40
2004	661	直辖市 4;副省级 15;地级市 268;县级市 374					
2005	286	13	25	75	108	61	4
2006	286	13	24	80	106	59	4
2007	287	13	26	79	111	55	3
2008	287	13	28	81	110	51	4
2009	287	14	28	82	110	51	2
2010	287	14	30	81	109	49	4
2011	288	14	31	82	108	49	4
2012	289	14	31	82	108	50	4
2013	290	14	33	86	103	52	2
2014	292	17	35	91	98	47	4
2015	295	15	38	94	92	49	7
2016	297	17	43	96	90	43	8
2017	298	19	42	100	82	46	9
2018	297	20	42	99	88	40	8
2019	297	20	44	98	88	39	8
2020	297	22	46	96	86	39	8
2021	297	22	48	97	85	37	8
2022	297	23	49	96	85	36	8

注:2000—2004 年,按城区非农业人口分组,其中 2000 年统计 200 万以上城市数,2004 年按照行政层级统计。2005 年起仅统计地级市以上城市,按城市市辖区总人口分组。

资料来源:根据历年《中国统计年鉴》整理。

① 李中华:《中国式新型城镇化助力共同富裕》,《技术经济与管理研究》2024 年第 3 期;欧阳金琼、张俊蕾等:《新型城镇化对共同富裕的影响研究》,《城市问题》2024 年第 3 期。

从空间布局看,“十四五规划”强调发展壮大城市群和都市圈,分类引导大中小城市发展方向和建设重点,形成疏密有致、分工协作、功能完善的城镇化空间格局(见图 2-1)。

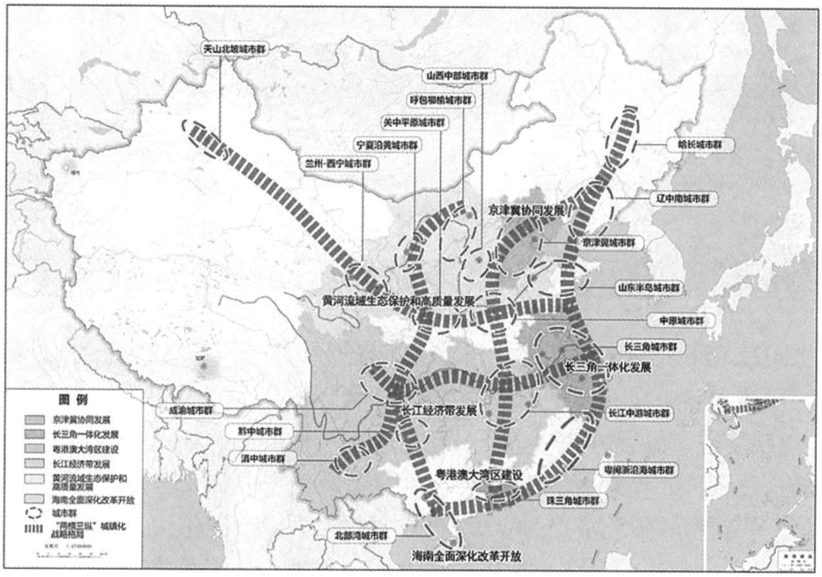

图 2-1 国家“十四五规划”设计的城镇化空间格局示意图

资料来源:《中华人民共和国国民经济和社会发展第十四个五年规划和二〇三五年远景目标纲要》。

从重点任务看,“十四五规划”基于发展需要,对多个领域作出了细分的建议,分别涉及都市圈建设、城市更新、城市防洪排涝、县城补短板、现代社区培育和城乡融合发展等(见表 2-13)。

表 2-13 国家“十四五规划”的新型城镇化建设工程

01 都市圈建设 在中心城市辐射带动作用强、与周边城市同城化程度高的地区,培育发展一批现代化都市圈,推进基础设施互联互通、公共服务互认共享
02 城市更新 完成 2000 年底前建成的 21.9 万个城镇老旧小区改造,基本完成大城市老旧厂区改造,改造一批大型老旧街区,因地制宜改造一批城中村
03 城市防洪排涝 以 31 个重点防洪城市和大江大河沿线城市为重点,提升改造城市蓄滞洪空间、堤防、护岸、河道、防洪工程、排水管网等防洪排涝设施,因地制宜建设海绵城市,全部消除城市严重易涝积水区段

续表

04 县城补短板 推进县城、县级市城区及特大镇补短板，完善综合医院、疾控中心、养老中心、幼儿园、市政管网、市政交通、停车场、充电桩、污水垃圾处理设施和产业平台配套设施。高质量完成 120 个县城补短板示范任务
05 现代社区培育 完善社区养老托育、医疗卫生、文化体育、物流配送、便民商超、嘉正物业等服务网络和线上平台，城市社区综合服务设施实现全覆盖。实施大学生社工计划，每万城镇常住人口拥有社区工作者 18 人
06 城乡融合发展 建设嘉兴湖州、福州东部、广州清远、南京无锡常州、济南青岛、成都西部、重庆西部、西安咸阳、长春吉林、许昌、鹰潭等国家城乡融合发展试验区，加强改革授权和政策集成

资料来源：国家“十四五规划”文本。

2022 年 6 月，国务院批复国家发改委《“十四五”新型城镇化实施方案》，明确了新一轮的新型城镇化建设，需要以推动城镇化高质量发展为主题，以转变城市发展方式为主线，以体制机制改革创新为根本动力，以满足人民日益增长的美好生活需要为根本目的，统筹发展和安全，深入推进以人为核心的新型城镇化战略，持续促进农业转移人口市民化，完善以城市群为主体形态、大中小城市和小城镇协调发展的城镇化格局①，推动城市健康宜居安全发展，推进城市治理体系和治理能力现代化，促进城乡融合发展，为全面建设社会主义现代化国家提供强劲动力和坚实支撑。具体的任务包括加快农业转移人口市民化、优化城镇化空间布局和形态等（见表 2-14），相较于“十三五”规划有新关注（见表 2-15）。

表 2-14 “十四五”新型城镇化实施方案所确立的具体任务

领域	任务描述
1. 加快农业转移人口市民化	（1）深化户籍制度改革；（2）完善城镇基本公共服务提供机制；（3）提高农业转移人口劳动技能素质；（4）强化随迁子女基本公共教育保障；（5）巩固提高社会保险统筹层次和参保覆盖率；（6）强化农民工劳动权益保障；（7）完善农业转移人口市民化配套政策
2. 优化城镇化空间布局和形态	（1）分类推动城市群发展；（2）有序培育现代化都市圈；（3）健全城市群和都市圈协同发展机制；（4）推动超大特大城市转变发展方式；（5）提升大中城市功能品质；（6）增强小城市发展活力；（7）推进以县城为重要载体的城镇化建设；（8）分类引导小城镇发展；（9）优化边境地区城镇布局；（10）强化综合交通运输网络支撑

① 吴瑞君、薛琪薪、罗志华：《我国人口迁移和城镇化格局的转折性变化：2000—2020 年》，《上海行政学院学报》2022 年第 1 期。

续表

领域	任务描述
3. 推进新型城市建设	(1)增加普惠便捷公共服务供给;(2)健全市政公用设施;(3)完善城市住房体系;(4)有序推进城市更新改造;(5)增强防灾减灾能力;(6)构建公共卫生防控救治体系;(7)加大内涝治理力度;(8)推进管网更新改造和地下管廊建设;(9)增强创新创业能力;(10)推进智慧化改造;(11)加强生态修复和环境保护;(12)推进生产生活低碳化;(13)推动历史文化传承和人文城市建设
4. 提升城市治理水平	(1)优化城市空间格局和建筑风貌;(2)提高建设用地利用效率;(3)提高街道社区治理服务水平;(4)健全社会矛盾综合治理机制;(5)优化行政资源配置和区划设置;(6)健全投融资机制
5. 推进城乡融合发展	(1)稳步推进农村土地制度改革;(2)开拓乡村建设多元化融资渠道;(3)引导城市人才入乡发展;(4)推进城乡一体规划设计;(5)推进城镇公共服务向乡村覆盖;(6)推进城镇基础设施向乡村延伸;(7)促进城乡产业协同发展;(8)多渠道增加农民收入

资料来源:国家发改委:《“十四五”新型城镇化实施方案》(发改规划〔2022〕960 号),2022 年 6 月 21 日。

表 2-15 国家“十三五规划”与“十四五规划”中的城镇化任务比较

比较项	“十三五规划”	“十四五规划”
规划中的题目	第八篇 推进新型城镇化	第八篇 完善新型城镇化战略 提升城镇化发展质量
总体方向	坚持以人的城镇化为核心、以城市群为主体形态、以城市综合承载能力为支撑、以体制机制创新为保障,加快新型城镇化步伐,提高社会主义新农村建设水平,努力缩小城乡发展差距,推进城乡发展一体化	坚持走中国特色新型城镇化道路,深入推进以人为核心的新型城镇化战略,以城市群、都市圈为依托促进大中小城市和小城镇协调联动、特色化发展,使更多人民群众享有更高品质的城市生活
重点任务	1. 加快农业转移人口市民化:深化户籍制度改革、实施居住证制度、健全促进农业转移人口市民化的机制 2. 优化城镇化布局和形态:加快城市群建设发展、增强中心城市辐射带动功能、加快发展中小城市和特色镇 3. 建设和谐宜居城市:加快新型城市建设、加强城市基础设施建设、加快城镇棚户区和危房改造和提升城市治理水平 4. 健全住房供应体系:完善购租并举的住房制度、促进房地产市场健康发展、提高住房保障水平 5. 推动城乡协调发展:发展特色县域经济、加快建设美丽宜居乡村、促进城乡公共资源均衡配置	1. 加快农业转移人口市民化:深化户籍制度改革、健全农业转移人口市民化机制 2. 完善城镇化空间布局:推动城市群一体化发展、建设现代化都市圈、优化提升超大特大城市中心城区功能、完善大中城市宜居宜业功能、推进以县城为重要载体的城镇化建设 3. 全面提升城市品质:转变城市发展方式、推进新型城市建设、提高城市治理水平、完善住房市场体系和住房保障体系

资料来源:根据国家“十三五规划”“十四五规划”相关内容整理而得。

党的十八大以来，国家推进实施新型城镇化战略，提出走以人为本、四化同步、优化布局、生态文明、文化传承的中国特色新型城镇化道路。近10年来，在各方的共同努力下，我国新型城镇化建设取得一系列重大历史性成就。1.3亿农业转移人口和其他常住人口在城镇落户，农业转移人口市民化成效显著，城镇化空间布局持续优化，“两横三纵”城镇化战略格局基本形成，城市可持续发展能力持续增强，城乡融合发展体制机制和政策体系基本确立。2023年末，全国常住人口城镇化率达到66.16%、户籍人口城镇化率提高到48.08%，城乡居民收入比降至2.39，城镇化水平和质量大幅提升，为全面建成小康社会、全面建设社会主义现代化国家提供了强大动力和坚实支撑。城镇化战略的形态演进，清晰地勾勒出了中国国家治理的前进足迹。这表明，从纯粹国家治理工具的实践载体，到社会普遍福祉重构与发展的战略平台，城镇化从政策边缘进入到了国家系统化治理的战略布局之中。这一从边缘到中心的变化，深刻地体现出了中国城镇化由自发到自觉的深刻转变。从国家决策的秩序立场到发展权重、再到民生强调转变看，城镇化作为治理场域中的公共供给，正在转向于回应一个越来越人本化和均衡化的发展需求。新形势下，再平衡型城镇化反映出了国家治理的新期望，同时也意味着场域中公共供求将出现导向“城市性”的新挑战。

根据国家发布的《“十四五”新型城镇化实施方案》，到2025年，全国常住人口城镇化率稳步提高，户籍人口城镇化率明显提高，户籍人口城镇化率与常住人口城镇化率差距明显缩小。农业转移人口市民化质量显著提升，城镇基本公共服务覆盖全部未落户常住人口。“两横三纵”城镇化战略格局全面形成，城市群承载人口和经济的能力明显增强，重点都市圈建设取得明显进展，轨道上的京津冀、长三角、粤港澳大湾区基本建成。超大特大城市中心城区非核心功能有序疏解，大中城市功能品质进一步提升，小城市发展活力不断增强，以县城为重要载体的城镇化建设取得重要进展。届时，系统完备、科学规范、运行有效的城市治理体系基本建立，治理能力明显增强。

（五）中国城镇化的政策战略演进与国家治理的现代化互动

从上述城镇化由政策向战略的纵向演进中，我们可以得到如下认识：

其一，国家的现代化模式深刻影响作为现代化组成部分之城镇化的理念选择与目标定位。基于基本国情与发展需要，中国的现代化模式着重考量两方面的问题，一是秩序可控，二是经济发展。无论是哪种阶段的城镇化，其基本的立足点还在于回应经济社会落后这一严重事实。在中国将长期处于社会主义初级阶段的实践方位这一基本状况未发生根本改变之前，对国家现代化现行模式的改进或优化总体上都只能是调适性的。在此背景下,城镇化的逆向形态以及追赶形态,大体上都限定在“抑制—补偿”的认知框架之内。在经由谨慎和渐进的“经济—政治”改革后,中国实际上正发展成为拥有“自己独特的态度和条件的混合体”①,或者“兼收并蓄型国家”②。当秩序稳定和经济发展上更具公平导向的民生诉求日趋高涨时,对城镇化建设“又好又快”的发展预期便需要得到严肃对待,“新型”的城镇化便灿然登场。

其二,国家的治理结构直接决定着城镇化的发展动力与推进形态。从城镇化发展的动力源角度看,从国家限制到边缘探索,再到国家规划,抑制型城镇化体现了国家计划资源从乡村向城市单向提取的急切需要,补偿型城镇化表现出了从乡村改革、城市改革和普遍市场化改革的层层递进,它们先后成为城市(镇)发展的基础动力,而再平衡的城镇化则是试图整合国家主导力、市场决定力与社会自主性的积极尝试。从严格限制到局部放开、再到顶层设计、协同推进,意味着政府、市场与社会在国家治理中发生了重要的力量配比变化。

其三,国家的治理能力塑造着城镇化的空间重构与社会结构。城镇化的演进性与建构性合一,是中国发展的特定政治社会生态所决定的。区域之间、城乡之间以及城乡内部的显著不平衡正在发生结构性的变化,尤其是在走出抑制型城镇化的补偿型城镇化,在地方治理层面有“逐级加速”的态势③,造就了突出的进步效应与问题遗存。2012 年,我国城镇化率业已到达 52%,城乡之间的结构对比正在发生历史性的变化,“乡村中国”正在逐步向“城市中国”转变,而再平衡城镇化的实施则正是加速引领这种变化的重大举措。

城镇化建设从新中国成立初期的国家决定、社会接受,到改革开放初期的国家主导、边缘拓展,再到近年的国家规划、社会参与,是一个宏观连续的递进过程。城镇化战略的形态演进,清晰地勾勒出了中国国家治理的前进足迹。这表明,从作为纯粹国家治理工具的实践载体,到演化成为社会普遍福祉重构与发展的战略平台,城镇化从政策边缘进入到了国家系统化治理

---

① [美]李侃如:《治理中国:从革命到改革》,胡国成等译,中国社会科学出版社 2010 年版,第 6 页。

② David Shambaugh, *China's Communist Party: Atrophy and Adaptation*. Washington: Woodrow Wilson Center Press, 2008, pp.179-181.

③ 参见新玉言主编:《新型城镇化:模式分析与实践路径》,国家行政学院出版社 2013 年版,第 1—4 页。

的战略布局之中。这一从边缘到中心的变化,深刻地体现出了中国城镇化由自发到自觉的深刻转变,尽管这种变化依然在行进之中,但其发展趋势却给我们展现出了喜人的改革利好。从国家决策的秩序立场到发展权重、再到民生强调转变看,城镇化作为治理场域中的公共供给,正在转向于回应一个越来越人本化和均衡化的发展需求,这之中既包含着对城镇化推进过程中成本分担的公正性期盼,又蕴含着对于城镇化成果的普惠性吁求。因此,新形势下的再平衡型城镇化,超越于既往的城镇化思路,它反映出了国家治理的新需求、新期望,同时也意味着场域中公共供求将出现导向"城市性"的新变化、新挑战。及时、准确地捕捉到这种场域内新的供求变化,从而适应中国经济社会发展的内在规律,正是我们展开国家治理改革的根本基础和实现创新发展的动力源泉。

从带来契机的重要性与改造面貌的显著度而言,中国的城镇化意味着国家发展站到了一个"新的政治周期和新的经济周期"的起点上①。然而,新一轮城镇化的"新型"究竟体现在哪里,对此需要有一个合理地把握。

从型构思路看,新型城镇化正发展出人本化的价值预设与再平衡的功能预期。

一方面,城镇化的价值目标呈现出从"物欲"转向"人本"的趋势。无论是计划时代的抑制型城镇化,还是改革初年至 20 世纪末期的补偿型城镇化,大体上都是基于秩序控制和经济发展的国家需求而展开的,均具有鲜明的工具主义色彩和国家主义立场。及至新世纪初年,尤其是在新一届中央政府对城镇化这个"大战略、大问题"的人本化描述中②,嵌入了对民众利益的高度重视,它或将通过效率与公平均衡导向的政策实施来渐次改变改革成本的非均衡支付。虽然政策表述具有了丰富的"以人为本"内容,但是无论从发展激励与行为约束的实际到位率看,城镇化的人本化发展转型才刚刚起步。很显然,价值期许不等于政策绩效,人本化的价值预期如何得到实践兑现,仍然需要更为系统化的改革布局来予以保障。

另一方面,城镇化的功能预设从"抑制—补偿"范式迈向了发展的再平衡。这种再平衡有两重含义:一是实现国家宏观发展结构的再调整。城镇化是针对于大国体量的非均衡性而提出的重要课题,它既包括区域平衡,又包括城乡平衡。多年以来,由于资源禀赋、地理区位、政策布局等方面的种

① 徐斌:《五千年未有之大变局——城镇化进程推动中国经济转型》,中国经济出版社 2013 年版,第 1—3 页。

② 《中央城镇化工作会议在北京举行》,《人民日报》2013 年 12 月 15 日。

种差异,我国区域之间存在着经济社会发展的较大差距。与此同时,由于城乡二元体制的现实约束和产业分工的实际格局,又导致出现“乡村社会”与“城市社会”并存的状况。这种显著的非均衡尽管并非完全是由过去的城镇化所导致的,但不可否认的是既往的城镇化模式对于改善上述状况业已乏力,因此需要有新思路、新布局。二是实现社会整体权益享有度的均等化。尽管我国在市场化道路上取得重大进步,但是城乡分治的基本态势并没有发生根本改变,整个社会的权益保障体系仍深受传统模式的影响,“身份政治”式的福利格局虽有松动,但距离现代普惠性保障体系的发展完善尚有相当距离。因此,在实现农民市民化的过程中,新型城镇化应该成为城乡居民之间、城市内群体之间权利与利益的再平衡过程。从促进发展机会均等、政策过程公开、社会成果共享等方面来看,新型城镇化实质上是一个“全面深刻的社会变革过程”①。

二、新型城镇化的战略涵义
——区别于资本逻辑的新思维

(一)从城镇化发展的内涵需求解析新型城镇化

我国城镇化指数从1978年的17%,发展到2000年的36%,及至2023年的66.16%左右,这是一个历史性的进步,它带来了社会底色的重大变迁,即由“农村中国”逐步向“城市中国”转变。从带来契机的重要性与改造面貌的显著度而言,意味着国家发展到了一个“新的政治周期和新的经济周期”的起点上。②

新型城镇化,正是在这个新的起点上发展出来的新战略。2010年,中国GDP达6.09万亿美元,首次超过日本成为世界第二大经济体;及至2023年底,中国GDP达到了17.6万亿美元。这意味着,国家的财富能力进一步强大,在现代化的道路上达到新阶段。

回溯改革开放以来的城镇化历程可知,城镇化大体上是伴随着工业化的再次大规模启动、发展和扩散而发展的。这样就带来了前文所述及补偿型城镇化。这一类的城镇化尽管发展速度较快,但却是依托于产业投资与

---

① 李铁:《城镇化是一次全面深刻的社会变革》,中国发展出版社2013年版,第12—23页。

② 徐斌:《五千年未有之大变局——城镇化进程推动中国经济转型》,中国经济出版社2013年版,第1—3页。

工业发展而得以发展的。其基本的运行逻辑是政府主导下的资本逻辑。即,政府工业化的经济政策放宽,带来大量的资本投资、人口流动和产业发展,与之相伴的经济特区、沿海开放城市、开放区域等率先得到发展,工业所在区域的城镇、城市也蓬勃兴起。在2010年以前,这一模式大体得到延续。对于城市而言,存在大量的打工经济;对于乡村而言,进城务工潮此起彼伏。在此过程中,尽管有数量可观的人口在城市安居入籍,但更多的还是成为在城市与乡村之间周期性往返的"两栖人",身体与身份分离、劳动与劳动保障分离、土地与土地增值权益分离。一方面,城市或城市群在持续扩大,越来越多的人口进入城市,成为全球蔚为壮观的进城景象;另一方面,两个显著的问题随即产生:一是城市中,许多流动人口或农业转移人口在城市中的居住、就业、子女教育、医疗卫生和社会保障等公共服务难以供给到位,呈现出一定程度的输入型"城市病",此番状况与城市原住民的公共管理和服务难以提档升级混杂在一起;二是乡村的空心化和边缘化日渐凸显。城市中心主义的城镇化,导致乡村的资源、人力等源源不断地输入城市,又会导致乡村发展的迟滞和乏力。这种单向度的城镇化,最后会导致一个极为不利的后果,即不论输入城市的人,还是在乡村发展的人,都未能得到应有的权益保障和关注。这种城镇化,显然会遗留大量的经济社会问题,在浅层表象上是"城市病"与"乡村空心化"等"半城镇化",在深层次上是对于人的需求、人的权益、人的发展尚未完全到位的粗放型发展,是人本的不到位或缺失。

(二)围绕"五性"理解新型城镇化的内涵

区别于"半城镇化",新型城镇化的战略涵义就是展开深层次的以人为核心治理的新思维(见图2-2)。其一,以人本逻辑来规训资本逻辑。新型城镇化正发展出人本化的价值预设与再平衡的功能预期。但是,要从既有的发展模式中转型出来,是需要从价值理念上作出深彻转变。这就要求政府在确保秩序稳定与经济发展的基础上,调整政策偏好,抑制对于经济发展的过度倚重,将发展重心转移到人的全面发展上来。新型城镇化战略的规划、实施以及一系列具体部署等,表明了国家立场的人本化转变与转型。其二,以人的全面发展带领经济的发展。新型城镇化的发展,需要大量的资金和资源,但不能走既往的单向度资源汲取和配置路径。这就需要理性地嵌入对包括土地权益在内的"权益束",同时以政府财政、税收、就业等多方式调控来管控城镇化建设过程,形成政府——市场——社会合作治理的城镇化模式,从而强化城镇化发展建设的公共治理。走出单纯的发展经济路径,形成混合式的合作治理,实际上就是要重新塑造城镇化的新模式。在这种模式中,需要以“更重视人、更合理成本分担、更务实行动”的方式来展开。实际上,新型城镇化的以人为核心,就是要解决过往发展中非均衡的成本支付、较低的收益覆盖率、对效率的过分强调、对公平的支撑不足等问题。这就提出了新型城镇的功能再平衡问题。这种再平衡,既包括对成本与收益、效率与公平的再平衡,还包括城乡之间、区域之间、群体之间在权益、机会以及保障等方面的再平衡。再平衡意味着新思路、新布局、新发展。这也就意味着服务型政府、建设性资本、自主性社会之间的融通与合作,调谐与发展,能够纳入到制度化、体系性的格局之中。①

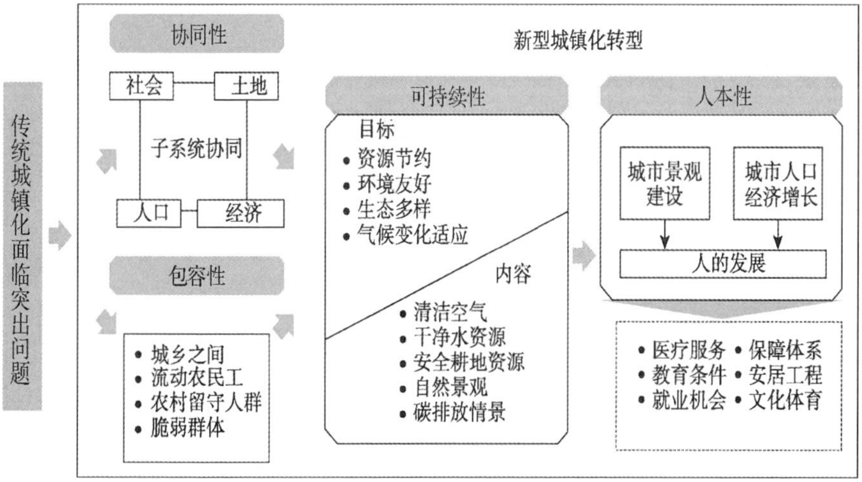

图 2-2 新型城镇化的理论内涵

资料来源:陈明星、叶超、陆大道等:《中国特色新型城镇化理论内涵的认知与建构》,《地理学报》2019 年第 4 期。

三、新型城镇化的战略核心
——以人的需求为归宿的新治理

(一)从发展规划解析人的需求的多样性

承续党的十八大战略原则,党的十九届六中全会明确提出推进以人为

① 李铁:《城镇化是一次全面深刻的社会变革》,中国发展出版社 2013 年版,第 12—23 页;刘伟:《中国式现代化视阈下城市化模式的“中国道路”——“资本逻辑”到“人本逻辑”空间重塑》,《新疆社会科学》2023 年第 6 期。

核心新型城镇化，服务于民众品质化城市生活的需要。基于这样的权威设置，新型城镇化的内涵需要在三个方面加以体现：其一，在治理价值层面，以人为本是新型城镇化的根本价值，即以科学发展、重在质量的城镇化建设为人民生产、生活的现代化创造条件，从而为人自由而全面的发展创造条件。其二，在治理功能层面，作为衔接现代化中期转向现代化后期的战略工具，城镇化需要在与其他新三化同步协调中予以整体推进。这既是对原有城镇化政策的重大调整，更是以战略方式赋予兼具过程性与目标性的城镇化以实现国家治理现代化的重大议程引领。其三，在治理操作层面，关键点在于土地利用和与户籍相关的社会保障改革，前者是实体性的生产资料即载体资源，后者则是属于利益再分配性的保障资源，这些关乎着城镇化的未来（见表 2-16）。

表 2-16　国家新型城镇化规划（2014—2020 年）的主要举措

重点领域	任务描述
有序推进农业转移人口市民化	1. 推进符合条件农业转移人口落户城镇：健全农业转移人口落户制度、实施差别化落户政策。 2. 推进农业转移人口享有城镇基本公共服务：保障随迁子女平等享有受教育权利、完善公共就业创业服务体系、扩大社会保障覆盖面、改善基本医疗卫生条件、拓宽住房保障渠道。 3. 建立健全农业转移人口市民化推进机制：建立成本分担机制、合理确定各级政府职责、完善农业转移人口社会参与机制
优化城镇化布局和形态	1. 优化提升东部地区城市群。 2. 培育发展中西部地区城市群。 3. 建立城市群发展协调机制。 4. 促进各类城市协调发展：增强中心城市辐射带动功能、加快发展中小城市、有重点地发展小城镇。 5. 强化综合交通运输网络支撑：完善城市群之间综合交通运输网络、构建城市群内部综合交通运输网络、建设城市综合交通枢纽、改善中小城市和小城镇交通条件
提高城市可持续发展能力	1. 强化城市产业就业支撑：优化城市产业结构、增强城市创新能力、营造良好就业创业环境。 2. 优化城市空间结构和管理格局：改造提升中心城区功能、严格规范新城新区建设、改善城乡结合部环境。 3. 提升城市基本公共服务水平：优先发展城市公共交通、加强市政公用设施建设、完善基本公共服务体系。 4. 提高城市规划建设水平：创新规划理念、完善规划程序、强化规划管控和严格建筑质量管理。 5. 推动新型城市建设：加快绿色城市建设、推进智慧城市建设、注重人文城市建设。 6. 加强和创新城市社会治理：完善城市治理结构、强化社区自治和服务功能、创新社会治安综合治理和健全防灾减灾救灾体制

续表

重点领域	任务描述
推动城乡发展一体化	1. 完善城乡发展一体化体制机制:推进城乡统一要素市场建设、推进城乡规划、基础设施和公共服务一体化。 2. 加快农业现代化进程:保障国家粮食安全和重要农产品有效供给、提升现代农业发展水平、完善农产品流通体系。 3. 建设社会主义新农村:提升乡镇村庄规划管理水平、加强农村基础设施和服务网络建设、加快农村社会事业发展
改革完善城镇化发展体制机制	1. 推进人口管理制度改革。 2. 深化土地管理制度改革。 3. 创新城镇化资金保障机制。 4. 健全城镇住房制度。 5. 强化生态环境保护制度

资料来源:根据国家新型城镇化规划(2014—2020 年)(2014)整理而得。

(二)以人为本的城镇化需要关注的三个基本问题

以人为核心,就是在城镇化建设中实现全过程、全要素和全方位的以人为本,这是对新型城镇化“新型”最本真含义的解释。如果把以人为本在价值、目标和内容上的要求转化成为制度安排和政策行动,最为务实的方案便是以人的需求为本。当然,人的需求是一个经济社会范畴,受具体的历史、文化、经济、政治行政生态环境乃至国际环境的影响,其范围是变动不居的。但从中国进入新时代、开启建设社会主义现代化强国新征程的政治和社会语境看,人的需求在一个特定的阶段内应该是一个可以进行较为客观公允描述的范畴。

探究以人为核心的新型城镇化,就需要特别关注三个基本问题:一是新型城镇化的人本化内涵与特征。这里隐含着两个关联性命题:与既有的或传统的中国城镇化有何不同,与西方式的城市化或城镇化有何差异。在此比较视野基础上,方可以较为清晰准确地定位新时代中国新型城镇化之“新型”的内涵,同时也在符合国情的基础上给出新型城镇化的特征。二是以人为核心城镇化的需求体系。既往对于以人为本的研究,较多集中于概念描述或宏观勾画,但是对于城镇化中的“人本化”,究竟包含哪些内容、哪些是基础性或兜底性的需求、哪些是发展性的需求、哪些是可以适当个性化的需求,从体系构建的角度讲,仍不够清晰准确。本书拟对此问题展开深度调研基础上的规范研究,从而从需求层次、需求领域的细分上,作出系统谋划。这是将“人民群众对美好生活的需要”转换成为城镇化进程中具体需要体系的重要步骤(近年代表性的公共服务政策供给,见表 2-17)。三是面对新的人本化需求体系既有治理的制度缺口。基于前述基础性探究,明确城镇化内涵与特征、以人为本的需求体系，比照性地探究既有城镇化中围绕人本的制度供给涉及哪些范围、方式和机制等，同时清晰地给出目前这些制度供给对于新时代人民群众对美好生活需求的制度不足，将其具象化与抽象化，前者解决现象层面的问题或急难愁盼，后者解决制度供给的方向、目标以及制度供给原则等问题，以便为后续研究和实践发展提供依据。

表 2-17　2017—2023 年公共服务代表性政策梳理

政策文件	发布日期	核心举措
《“十三五”推进基本公共服务均等化规划》	2017 年 3 月 1 日	首次推出国家基本公共服务清单
《基本公共服务领域中央与地方共同财政事权和支出责任划分改革方案》	2018 年 2 月 8 日	1. 为部分基本公共服务事项保障制定了“国标”； 2. 为后续分领域财政事权和支出责任划分改革提供引领和支撑
《加大力度推动社会领域公共服务补短板强弱项提质量促进形成强大国内市场的行动方案》	2019 年 1 月 23 日	1. 补齐基本公共服务短板； 2. 补强非基本公共服务弱项； 3. 提升公共服务质量水平
《关于进一步推动进城农村贫困人口优先享有基本公共服务并有序实现市民化的实施意见》	2019 年 2 月 13 日	1. 推动进城农村贫困人口优先享有基本公共服务； 2. 促进有能力在城镇稳定就业和生活的农村贫困人口有序实现市民化
人力资源社会保障部关于建立全国统一的社会保险公共服务平台的指导意见	2019 年 9 月 24 日	建设由国家社会保险公共服务平台和地方社会保险公共服务平台组成的全国统一的社会保险公共服务平台
市场监管总局 国家发展改革委 财政部关于下达国家基本公共服务标准化试点项目的通知	2020 年 3 月 31 日	各试点承担单位形成的年度总结为“十四五”国家基本公共服务体系建设提供借鉴指导
《国家基本公共服务标准（2021 年版）》	2021 年 2 月 18 日	设立 9 大类 22 项内容标准，明确了服务对象、服务内容、服务标准、支出责任和牵头负责单位
《“十四五”公共服务规划》	2021 年 11 月 30 日	以政府在基本和非基本公共服务供给上的不同权责对整个公共服务体系进行系统谋划
《国家基本公共服务标准》（2023 年版）	2023 年 7 月 30 日	设立 9 大类 22 项内容标准，分项明确标准建设实施要求
《基本公共服务标准体系建设工程工作方案》	2023 年 12 月 26 日	18 部门联合制定，为《国家基本公共服务标准》的滚动落实提供技术支撑

资料来源：根据国务院政策文件整理而得。

从思路上看,新型城镇的以人为本即以人的需求为出发点,需要探究现有城镇化实践存在哪些显著的制度缺失,为后续的以人为核心城镇化的供给侧结构性改革提供出发点。大规模快速的城镇化,改变了中国的社会实践结构,同时也不断改变着民众的利益结构和需求结构。较之既往工业化快于城镇化、土地城镇化快于人的城镇化的粗放模式,以人为核心的城镇化需要深度地围绕人、围绕人的需求展开,弄清楚究竟有哪些需求,就能够更好地为后续的城镇化实践定向与定性。在此基础上,比照性地去探究、关注和反思既有城镇化过程中成功的经验、存在的不足,尤其是制度供给方面存在的不足,对于系统化、制度化地解决城镇化推进过程中存在疏离、区隔、排斥等问题,从而有助于将“物”的城镇化逐步转变到“人”的城镇化上面来。城镇化的需求维度,为新型城镇发展的供给侧结构性改革提供理论基础、目标基础和制度基础。

四、新型城镇化的战略特征
——国家主导型的人本化谋划

(一)一场人本化的国家谋划

新型城镇化是一场人本化的“国家战略”。譬如,党的二十届三中全会提出,城乡融合发展是中国式现代化的必然要求。为此,必须统筹新型工业化、新型城镇化和乡村全面振兴,全面提高城乡规划、建设、治理融合水平,促进城乡要素平等交换、双向流动,缩小城乡差别,促进城乡共同繁荣发展。为此,需要健全推进新型城镇化体制机制,构建产业升级、人口集聚、城镇发展良性互动机制,以及坚持人民城市人民建、人民城市为人民两方面,展开系统规划建设(见表2-18)。

表2-18 党的二十届三中全会提出的推进新型城镇化改革任务

改革领域	具体描述
健全推进新型城镇化体制机制	1. 构建产业升级、人口集聚、城镇发展良性互动机制。 2. 推行由常住地登记户口提供基本公共服务制度,推动符合条件的农业转移人口社会保险、住房保障、随迁子女义务教育等享有同迁入地户籍人口同等权利,加快农业转移人口市民化。 3. 保障进城落户农民合法土地权益,依法维护进城落户农民的土地承包权、宅基地使用权、集体收益分配权,探索建立自愿有偿退出的办法

续表

改革领域	具体描述
坚持人民城市人民建、人民城市为人民	1. 健全城市规划体系,引导大中小城市和小城镇协调发展、集约紧凑布局。 2. 深化城市建设、运营、治理体制改革,加快转变城市发展方式。 3. 推动形成超大特大城市智慧高效治理新体系,建立都市圈同城化发展体制机制。 4. 深化赋予特大镇同人口和经济规模相适应的经济社会管理权改革。 5. 建立可持续的城市更新模式和政策法规,加强地下综合管廊建设和老旧管线改造升级,深化城市安全韧性提升行动

资料来源:《中共中央关于进一步全面深化改革 推进中国式现代化的决定》,2024 年 7 月 21 日。

(二)人本化国家谋划的深厚基础

所谓国家战略,是指这绝非是单纯的个别性的或区域性的随意行为,而是国家基于现代化发展需要和国家的长治久安需要所发展出来的宏观安排和长期行动。这样的判断是基于如下认识:

一是城镇化的历史基础。经历了新中国成立 70 多年的发展,中国的城镇化先后呈现出抑制型、补偿型的发展,既积累了宝贵的经验,又遗留下了一些教训。从新中国成立初期 10%左右的城镇化率,到今天 66.16%的城镇化率,这种发展是巨大的,但并非没有问题。总体看来,这样的历史进程是历史进步。所以,在总结经验教训基础上,新型城镇化具有扬长避短、接续发展的历史基础和历史经验。

二是城镇化的现实基础。城镇化或城市化是现代化的构成内容,也是实践依托。以国家行动的方式,对区域、城乡、群体等进行发展整合,城镇化具有独特的优势。与此同时,已具备从更高层次、更大规模和更深程度来规划城镇化的基础、实力和能力,这既是国家治理现代化的需要,也是中国式城镇化持续健康发展的需要,因而也就是国家实现全面现代化的需要。

三是城镇化的制度基础。中国特色社会主义,是国家战略性地推进城镇化的强大制度基础。众所周知,1949 年新中国的成立为中国的现代化奠定了可靠的制度基础。之后,选择了追赶型的现代化模式、非均衡的发展战略,这既是新中国成立几十年间中国城镇化发展奠定的制度基础,也是其持续发展的制度优势。进入 21 世纪,尤其是进入新时代,中国的城镇化无论从内在需求,还是外在挑战,都表现出深层次发展转型的需要。新型城镇化既是一场面向万千群众所展开的制度实践、制度普遍化过程,更是一场更好地服从于和服务于人之需要的制度创新、制度发展的再结构化过程。这一过程,显然与演进性的西式城镇化或城市化存在着根本的区别。

四是城镇化的人本基础。在城镇化过程中,通过“三农”的现代化升级,避免农村的凋敝、农业的衰败和农民的被边缘化是与农民工市民化同等重要的问题,①关系着城镇化的成败。正是基于法律权利、政治权利、社会权利和参与权利的发展序列,②以人为本的城镇化通过促进物态城镇化向人本城镇化的不断转变,将成为大规模的发展的历程。而这一建设过程,恰恰是国家治理现代化所最终指向的中心任务。

五是城镇化的比较视野。中国的城镇化,尤其是21世纪以来的新型城镇化,的的确确是在更为建构性的基础上发展起来的。这是发展型政府、积极有效政府作用下取得的重大成就。从持续推进的角度讲,政府这只“看得见的手”依然要在城镇化的中后期发挥至关重要的作用,但其作用的范围和方式应逐渐有所调适和转变,即从支持市场发挥资源配置的基础性作用、自身发挥应有作用,逐步转变到支持市场发挥资源配置的决定性作用、自身发挥合适而积极的作用。这个过程,实际上便是政府自我改革与政府治理社会改革的叠加过程,同时也是政府建构市场机制、规范市场与政府自身不断完善的过程。要妥善而谨慎地处理好政府作为城镇化的直接动力所存在着的改革主体与改革对象这一“主客同体”的悖论或困局,这是建构型城镇化发展模式需要特别注意的地方。显然,这与比较视野下的西方先发国家的现代化模式、城镇化模式极为不同。身处一个需要以非均衡现代化战略逐步转向均衡性的现代化战略的后发国家,中国的城镇化秩序不可能是“自生自发”的,它内蕴着经济现代化、社会现代化等诸多中国式复杂现代性的内在要求,其展开的方式自然就不是“序列进阶式”,而是“压缩饼干式”,即需要在压缩的时空之内完成多样的目标任务,也正因为如此新型城镇作为国家谋划,以战略方式展开,既目标多元、任务叠加,又极为复杂、压力重重。在发展出以人为核心的理念和愿景之后,新型城镇化的发展思路和方向就越发清晰有力,同时也对国家的治理体系和治理能力提出了更高的要求。与之相应,在治理回应的复杂议程设置和展开、推进过程之中,国家治理的现代化也就越发“中国化”了。

---

① 陈锡文:《我国城镇化进程中的“三农”问题》,《国家行政学院学报》2012年第6期。

② [美]托马斯·雅诺斯基:《公民与文明社会》,柯雄译,辽宁教育出版社2000年版,第40页。

五、新型城镇化的战略价值

——以人民为中心塑造国家治理

（一）面向发展性需求和共时性提升

作为一项综合性的战略议程，新型城镇化的本质在于实现从生存性需求向发展性需求转变、从历时性积累向共时性提升迈进。这意味着，新型城镇化需作为国家战略行动，要以保障和发展权利为导向，以城镇化建设的过程和城市融入的方式，促进人的全面发展。

第一，生存性需求向发展性需求转变，人的需求升级为新型城镇化以及国家治理提供方向。所谓生存性需求，是指民众最基本的温饱需求，即满足衣食住行最基本的生存需要，这是民众最为直接的关切。城镇化对于大众而言，就是要进城获得更好的就业机会、更高的工资收入、更实际的福利保障，也就是通常而言的基础性的生存需求。这样的问题，在城镇化的补偿型阶段就大体完成。及至 2021 年左右，随着小康社会全面建成、社会绝对贫困完全消灭，稳固的生存性需求得到满足的情势下，发展性需求日渐高涨。所谓发展性需求，就是不仅在能够获得更为普遍和更高质量的保障基础上，有更多具有针对性的、精准化的甚至个性化的公共管理和公共服务，社会为公民提供的发展机会、保障能力得到不断提升，超越于前一阶段的“留下来”的状况，不仅要生存，而且要生活，要高质量的生存发展，就需要“能发展”“发展好”。新型城镇化，无论是面对福利保障不足的“半城镇化”，还是业已城镇化区域质量不高、难以满足居民更丰富需要的“再城市化”，都需要发展出更为充分的以人为本的内涵。在此条件下，国家治理需要深切面对的，不仅仅是 GDP 的发展规模和速度问题，更为主要的是人均 GDP、绿色 GDP 的可获得性和普惠性问题；就需要国家的制度安排与政策设计有更多的人文关怀，有更多的公平考虑，有更多的保障要求。因而，新型城镇要推进的治理，实质上就会转变成为国家治理的人本化、绿色化和公平性，这对于国家治理体系和治理能力建设给出了新的发展方向。

第二，从历时性积累向共时性提升迈进，以人为核心的新型城镇化需要国家治理创造一揽子的条件和生态来塑造国家治理的系统，实现以权利规约权力、以责任建构发展。城镇化的国家规划和实践，要落到实处，根本上讲还是要为了人民、依靠人民，最终服务于人民。经历了 70 多年的城镇化，尤其是近 20 年来较为迅速的城镇化，城乡格局和城市格局已然发生了巨大变化。历史性积累的多目标、多领域、多内容式样之城镇化,需要得到人本化的矫正和权利维度的引导。共识性的提升,意味着我们大体上走过了城镇化的粗放阶段,但仍然还处于由城镇化初期向中后期转变的关键阶段。在此历史阶段,以民众需要的发展性维度来思考,就需要以充分的人本需要来构筑公共政策,以服务型政府的构建来夯实发展过程中的职责到位,在总体兼顾和平衡中达成有利于人的全面发展、人的权益均衡保障的良性格局。以此为视角,党和国家机构改革便是这种共时性提升阶段中的积极调适,也是更好地着力于人民群众对美好生活新期待的革新促进之举。

第三,以人为核心的新型城镇化,将为实现国家治理的权利主导模式创造积极条件,为国家治理现代化奠定基础。作为现代化重要组成部分的新型城镇化,表面上集聚的是物态现代化,然而实质上最应该解决的问题则是权力与权利关系的现代化,即在国家价值层面、治理结构层面和治理能力层面的现代化。在体制转型与发展转型重叠的双重转型关口,①国家政府的作用至关重要。一方面,真实地推进市场化、法治化的改革,建立包容性的经济体制和政治体制,从而实现发展模式的转型,尤为关键。② 历史证明,成功的城镇化既是市场调节、自然发展的过程,又是政府调控、规划引导的结果。③ 在此过程中,城镇化会改变传统的经济社会基础,给现有治理模式带来冲击与挑战,从而倒逼各级政府尤其是地方政府进行职能转型与治理创新。是故,从新型城镇化的高端定位与风险规避的角度审视国家治理现代化,实则就是基于国家建构角度的认知,致力于以现代性的国家治理体系来实现国家的整体现代化问题。另一方面,新型城镇化内在地富有促进社会公平、提升国家认同的国家建设涵义。这是因为,国家是"'政治上'有组织的社会",④它"本质上是存在于它国民的内心和思想中"的。⑤ 在现代国家建设这一系统工程中,国家认同建构举足轻重。因此,新型城镇化战略,只要其作为经济增长内生动力的工具理性得不到人之全面发展这一至上价值理性的制度引导与能力规训,以城市空间固化"身份政治"的危险便始终存在。当国家之目的——民众福祉正在由"基础生存"逐步转变成为"全面

① 厉以宁:《中国经济双重转型之路》,中国人民大学出版社 2013 年版,"前言"。

② 吴敬琏、马国川:《重启改革议程》,生活·读书·新知三联书店 2013 年版,"第二十讲 重启改革议程"。

③ 张占斌等主编:《城镇化进程中行政体制改革研究》,河北人民出版社 2013 年版,第 11 页。

④ [奥]凯尔森:《法与国家的一般理论》,沈宗灵译,中国大百科全书出版 1996 年版,第 213 页。

⑤ [美]约瑟夫·R.斯特雷耶:《现代国家的起源》,华佳等译,格致出版社、上海人民出版社 2011 年版,第 2 页。

发展”的时候,城镇化建设就应当率先助力经济社会在更高程度上的共建与共享,以着力化解国家治理中的权力与权利张力,从而实现人民主体性的发展。

（二）新型城镇化战略推进中要注意的几对关系

城市是生态、经济和文化三种基本过程的综合产物,城市化便是形成这种“有机体”的“一种心理物理过程”。[①] 显然,复杂现代性背景下的中国城市性,对于传统乡村性并非是一种线性的替代,而是其间存在着传统、现代与后现代之间的错置、拒斥、交融。正因为如此,新型城镇化战略进程的推进,特别需要在宏观上妥善处理好如下几对关系:

一是城市与乡村的关系。这是一个至关重要的命题。中国的城镇化不是简单地去乡村化,而是升级和转型传统乡村为现代乡村,发展现代农业,培育现代农民,以“三农”的现代化来共同促进整合国家社会的现代化。这就需要在更高层次上深切理解和把握新型城镇战略与乡村振兴战略的协同推进问题,为实现城乡和区域平衡、巩固和发展国家长治久安的基层社会根基奠定基础。这也是以人为本城镇化首先需要处理好的一对关系。

二是半城镇化与再城镇化的关系。半城镇化是指未完成的城镇化,特别是大量农业转移人口进城务工生活,但其公共服务和社会保障却相对滞后,遗留下来大量经济社会问题[②]。这既反映出现有城镇化速度虽快、规模虽大,但其质量内涵还亟待提高。再城镇化是指在已经城镇化的老城区、老社区、老厂房区域,城市的服务功能和生活品质差,不能很好地满足不断增长的日常需求,城市无论从空间结构、管理模式和治理能力等方面,都处于亟待升级优化的状态。与此同时,需要协同处理好半城镇化与再城镇化的关系问题,既要有序解决城市融入难问题,避免形成城市、乡村、农民工的三元结构,又要对既有城区的老破旧脏乱差等问题要有足够重视,避免城市成为“贫民窟”“问题窟”。协同推进对这两方面问题的处理,需要顶层设计、系统规划、务实推进,才能取得预期的效果。

三是大城市与中小城市、城镇的关系。城市规模的确定,既存在预期效益、成本与收益问题,又存在人的生产、生活与生态可持续和不断优化的问题。与传统相关,大城市集聚了大量优质城市资源,因而吸附力强,人口输

① [美]R.E.帕克等:《城市社会学》,宋俊岭等译,商务印书馆2012年版,第4—5页。

② 靳小怡、刘诗奇、杜海峰等:《新型城镇化研究的关键问题:农业转移人口的家庭功能与可持续发展》,《西安交通大学学报》(社会科学版)2023年第3期。

入能力大,但是其城市病也愈发突出。与此同时,在中西部和广泛的乡村,传统单向度城镇化遗留的主要问题之一便是乡村空心化且小城镇人口吸引力不足、产城难以融合,甚至出现“鬼城”等现象。实际上,城市并非越大越好,大小规模与地理区位、文化传统、经济基础、产业发展、资源禀赋、文化交通等诸多因素紧密相连。过大的城市规模,城市难以承载;过小的城市规模,也会出现效益低下等问题,其规模效益难以展现。妥善处理大城市与中小城市、城镇的关系,就是要形成城市发展的合理梯度与差序格局,形成经济发展与人口融入、社会事业等相匹配的良性、动态发展格局,从而真正呈现出“城市让生活更美好”的发展功能、创造功能、文化功能甚至是审美功能。

四是县域城镇化与特色小镇发展之间的关系。一个不争的事实是,尽管大城市、特大城市让人们心向往之,但绝大多数国人未来仍然将在中小城市生活。故此,县城和小城镇在相当长的时间之内,都将是吸纳就业、提供居住和生活的现实载体。为此,既要着力发展、升级和优化县城城镇化,通过不断提升基础设施建设,促进产业布局与就业发展、社会保障等有机融合,形成更高质量的县域城镇化;又要因地制宜,发展特色小镇,从产业小镇、文化小镇、创意小镇、经济小镇等角度认知和理解城镇化,呈现出个性和优势,城镇化的发展态势未来会精彩纷呈。但同时,需要处理好县域城镇化与特色小镇发展之间的关系①,避免彼此掣肘、简单复制、高度雷同或恶性竞争等,形成有机竞合的绿色循环发展态势,从而更好地服务于人。

五是政府、市场与社会的关系。将政府的规划、市场的驱动以及社会的参与协同起来,是未来新型城镇化要着力探讨形成新的动力系统的问题。为此,需要避免单纯的权力冲动或资本逻辑,需要有更多的公共理性,将政府的科学规划、市场的有序助力、社会的自主选择和参与融合起来,形成城镇化的新动力、新格局。这也就意味着,既要发挥政府“看得见的手”的引擎作用,又要真正尊重并有效规制市场的“看不见的手”,同时还要尊重社会自主性,让城镇化过程中尊重规律性与发挥主观能动性有机结合,从而使得城镇化的发展温和、有序、高效、优质。

六是传统与现代的关系。如前所述,深切处理好中国城镇化发展进程之中的乡村性与城市性,是中国特色城镇化新道路的重大命题。既尊重传统,又迎接现代,是现代城市发展的必然要求。但是,需要警惕“一刀切”的

---

① 唐永、李小建、娄帆等:《快速城镇化背景下中国小城镇时空演变及影响因素》,《经济地理》2022年第3期。

“造城运动”等盲动和粗放，因此需要有更为审慎的尊重传统、尊重习俗、敬畏自然、顺势而为的科学城市观，不一味求大、求快、求新，甚至是奇形怪状或丑陋建筑等变异的“标新立异”。从民众的生产、生活和生态出发，从速度、质量和效益的协同出发，革新城市规建体制，科学规划、精心建设，形成“规划—建设—管理—服务—运行”一整套城市治理大格局、大视野和大思路，更好地福泽民生。当然，这之中，还包括需要真切地将“看得见山、望得见水、记得住乡愁”融入到城镇化的诸环节和全过程，让城市性真正展现其本质的人性光辉。

六、新型城镇化战略推进以人为本的国家治理现代化

（一）战 略 步 伐

进入 21 世纪，城镇化发展进入新阶段，其中标志性的重大发展表现在“十五规划”（2001—2005 年）至“十三五规划”（2016—2020 年）明确提出“实施城镇化战略”“把城市群作为推进城镇化的主体形态”。在党的十八大上，新型城镇化被定位为与新型工业化、信息化、农业现代化道路一道推进现代化发展的“新四化”之一，以助益国家的全面现代化，这一提法在党的十九大报告里被纳入到“坚持发展新理念”、成为习近平新时代中国特色社会主义思想中 14 项基本方略中的重要内容。从推进模式上看，在“多梯度结构的差异化社会”，这一阶段城镇化的突出特征是政府主导、整体推动①。目前看来，城镇化的代表性“推进模式”有建立开发区、建设新区和新城、城市扩展、旧城改造、建设中央商务区、乡镇产业化和村庄产业化等类型②，以细分产业为基础的特色小镇建设方兴未艾，逐步形成了城市建设发展的多元路径③，农业转移人口更大规模向城市转移，城镇化率于 2023 年底增长至 66.16%。党的二十届三中全会从城乡融合发展是中国式现代化的必然要求战略高度，提出统筹新型工业化、新型城镇化和乡村全面振兴三大战略，健全推进新型城镇化体制机制改革，以助推国家治理现代化。

城镇化给中国社会带来的，是人们对美好生活的向往和追求。中国农

① 李云新、杨磊：《中国城镇化“推进模式”的发展困境与转型路径》，《中国行政管理》2015 年第 6 期。

② 李强、陈宇琳等：《中国城镇化“推进模式”研究》，《中国社会科学》2012 年第 7 期。

③ 张鸿雁：《中国新型城镇化理论与实践创新》，《社会学研究》2013 年第 3 期。

村居民、城镇居民家庭纯收入，从1949年至2023年人均可支配收入分别增长了493、518倍。以“半工半耕”为支撑的中国渐进城镇化模式，成功避免了大规模的城市贫困、失业，具有经济发展和政治稳定的双重功能①。尽管难以将上述变化尽数归入城镇化对城乡居民收入状况的正向影响，但是一个确切的信息还是呈现了出来，即伴随着城镇化的持续推进，数以亿计的国人进城、实现市民化，而且还同时实现了生产方式、生活方式和社会构成的重大变化，中国业已由现代化的初期转变到了迄今的现代化中期，完成了邓小平所倡导“三步走战略”的第二步。因此，无论从速度到规模、从经济到社会、从结构到功能、从国内到国外，中国城镇化的70余年都是史无前例的。

（二）以治理现代化促高质量发展

在实施新型城镇化战略进程中，如何通过治理现代化实现以人民为中心的高质量发展，如何努力、为何保障，至关重要。② 一方面，需要解决区隔化治理的问题，以实现城乡群众享有均等的法律权益和保障。这方面，近些年最大的努力便是将新型城镇化与乡村振兴战略融合起来予以组织实施，试图解决城市与乡村之间、区域之间落差过大的问题。另一方面，需要解决区域内部不同群体之间实际存在的群体权益发展和保障差异水平参差不齐的问题。这个问题，在新型城镇化建设之前，国家和政府虽也有关注，但总体上说来，行动尚未上升到一个系统化的状态，总体比较碎片，也在实际遭遇各种重要治理任务的调适过程之中，政策布局未能较为有效到位。这之中，既受制于资源的约束问题，也与认识尚未完全到位有莫大的关系。新型城镇化带来了治理现代化的新契机，也为更为充分有效地直面城乡权益发展均等化、法治化和有效性议题创造了契机。譬如，更具前瞻性和协作性的城镇化，就有助于增强城镇化发展的治理协同，同时对于各类人群对于城镇化的成本分担和权益享有设置了更为开放的条件和创造了广泛参与表达的大门。又如，党和政府高度重视人口城镇化与人的城镇化的协同发展，塑造

① 国务院发展研究中心和世界银行联合课题组：《中国：推进高效、包容、可持续的城镇化》，《管理世界》2014年第4期。

② 俞振宁、郑红玉：《长三角区域新型城镇化高质量发展的目标体系构建与路径选择》，《苏州大学学报》（哲学社会科学版）2023年第6期；徐雪：《新型城镇化高质量发展的多维测度、空间差异及动态演进》，《统计与决策》2024年第10期；张东超、焦方义等：《新型城镇化的经济高质量发展效应研究——理论机制与模型构建》，《技术经济与管理研究》2023年第6期；向书坚、徐应超等：《我国新型城镇化发展质量统计评价研究》，《统计研究》2024年第3期。

更为充分的就业和公共服务保障，对于循序解决人户分离、职住分离等复杂问题创造了有利条件，也为更广泛意义上创造城市融入、减少城区区隔，实现较大规模的有质量的城市融入带来了方便。聚焦推进“以人为核心”的城镇化，试图通过有序推进农业转移人口市民化，保障随迁子女平等享有受教育权利、扩大社会保障覆盖面、拓宽住房保障渠道、推进符合条件农业转移人口落户城镇等一系列举措，不仅仅是需要有更多的市民和现代化的新型职业农民，更为重要的是他们知情权、发言权、参与权、监督权等权益的持续保障和发展，这就为人的现代化以及以此进一步促进经济社会的全面、深度现代化创造了条件。国家治理的现代化，从正相关关系的角度促进了人的全面发展，使国家进步成为服务和保障于人的现代化的长足进步历程。

第三章 "国家足迹":新型城镇化战略的题域与模式

当今中国正在进行的城镇化,本身就有将对传统社会的结构与对现代社会的建构聚于一身的多重性。异于西方历时数百年的城市(镇)化,中国的城镇化将各个阶段任务整合到了一起,历时性的建设题域遂演变成为共时性的发展议程。① 共时性的城镇化因其将原本"串联"的延续性任务被转变成为"并联"的叠加性使命而展现出独特的面相,表现为丰富的实践类型。

一、新型城镇化战略的策略转化解析

新型城镇化战略的提出,有着深刻的经济社会基础。基于时间、空间和内在结构上的特殊性、多样性和实现过程的阶段性,我们可以将多重转型阶段复杂现代化的整体特征概括为"复杂现代性"②。即,规范协调性和内在结构自洽性方面的复杂性,实现条件和实现方式上的复杂性,以规范、结构的生成性和开放性方式表现出来的发展性③。

(一)新型城镇化战略的策略呈现

正是在这样的社会发展挑战下,城镇化战略的内容便被赋予了国家治理模式转型的重大公共价值。一方面,从历史变迁和社会进步的角度看,城镇化的合理定义必须要"有助于解释农村到城市移民如何反复成为城市发展历史的关键性因素,而且至今仍然是关键性因素";另一方面,在"城市化作为一种生活方式"的背景下,大规模市镇要素集聚所引发的"社会结构—主体意识—社会行为"之间因果关系路径的确立及其复杂性,④内生性地成

---

① Chang Kyung-Sup, The Second Modern Condition? Compressed Modernity as Internalized Reflexive Cosmopolitization. *The British Journal of Sociology*, Vol.61, no.3, 2010, pp.444-464.

② 冯平、汪行福:《"复杂现代性"框架下的核心价值建构》,《中国社会科学》2013 年第 7 期。

③ [美]张庭伟、田莉:《城市读本》(中文版),中国建筑工业出版社 2013 年版,第 13 页。

④ [美]布赖恩·贝利:《比较城市化——20 世纪的不同道路》,顾朝林等译,商务印书馆 2012 年版,第 16—18 页。

为思考中国国家治理的新契机。党的十八大将城镇化与新型工业化、信息化、农业现代化一道纳入到“新四化”的战略布局之中,以期在彼此深度融合、良性互动中开辟现代化发展的新格局。基于这样的权威设置,新型城镇化的内涵需要在三个方面加以体现:一是在治理价值层面,以人为本是新型城镇化的根本价值,[①]即以科学发展、重在质量的城镇化建设为人民生产、生活的现代化创造条件,从而为人自由而全面的发展创造条件。二是在治理功能层面,作为衔接现代化中期转向现代化后期的战略工具,新型城镇化需要在与其他“新三化”同步协调中予以整体推进。这既是对原有城镇化政策的重大调整,更是以战略方式赋予兼具过程性与目标性的城镇化以实现国家治理现代化的重大议程引领。三是在治理操作层面,其关键点在于土地利用和与户籍相关的社会保障改革,前者是实体性的生产资料即载体资源,后者则是属于利益再分配性的保障资源,它们关乎着城镇化的未来。

（二）新型城镇化战略的实践结构要素

城市(镇)化明显地是一种多维的现象,它被多重的、相互依赖的要素和过程所驱使,这引致“城市同时是经济、社会、政治变化的产物和塑造者”。[②] 新型城镇化需要回应中国现代化进程中产业转移、空间转型与治理转向:前者意味着从以农业向工业、现代服务业的转移,中者意味着从广袤乡村的治理向城镇集聚空间的治理转变,后者则意味着将各种存量的与增量的社会资源纳入到制度化的治理体系之中以形成新的秩序。从实践结构的要素看,城镇化战略推进中有着独特的利益形态、转型领域以及风险分布,且彼此因应影响,值得关注。

第一,城镇化进程中的利益链。城镇化是一个复杂的利益博弈过程,这之中既包括中央对于社会稳定与整体发展的考量,也有出自地方的财税收益与地方进步的考虑,还包括以主动或被动方式介入到城镇化进程中的企业、民众对于自身利益的衡量。作为一项综合改革进程,城镇化的表征是物理空间的集聚与人口的城市流入等城市要素的扩张,而实质上则在于民众权利的社会化和国家政府治理的集约化,前者以权利在一定空间的社会化

① 李克强:《推进城镇化需要深入研究的重大问题》,《行政管理改革》2012 年第 11 期。
② [美]保罗·斯诺克、琳达·迈克卡西:《城市化》,顾朝林等译,科学出版社 2011 年版,第 20 页。

重构与社会的空间化重建中展开，[①]是一种“双重建构”的以人为本的发展历程；后者则意味着以相对较低代价实现治理的经济、社会以及生态等效益的最大化，既摆脱资源约束、环境瓶颈，更在于能够以发展绩效累积治理合法性，[②]实现秩序可控的可持续发展。城镇化的“新型”得以实现的关键，在于实现有效率的权益改革，核心是确保效率基础上的公平建设，通过合理成本分担与成果共享的方式实现新一轮的快速发展。这既涉及到中央与地方之间的利益再调整，又关系到政府与民众之间的权益再分配，还涉及区域之间、城乡之间以及城镇内部不同人群之间的利益再平衡。为此，必须对当下利益链中显著的非均衡资源配比尤其是对地方治理中以严重土地依赖为中心的粗放发展进行深度改造，从而塑造均衡发展的新格局。

第二，城镇化进程中的转型域。新型城镇化是一个系统工程。从推进思路看，应以产业发展为基础、以市场驱动为主动力、以市民化保障为支撑，塑造一个现代的治理格局。这就需要尽快改变“征地拆迁——房地产开发——农民上楼和划地建园区——政府投资七通一平——招商”这类后遗症颇多的旧模式，[③]变外延式发展为内源式发展，其中，实现主体功能区规划、国土规划与城市规划的有机整合，并制定总体性国土空间战略规划体系尤为重要。[④] 从重点领域和关键环节看，三方面的体制机制需要突破：统筹推进户籍制度改革，这涉及新形势下户籍制度的功能定位与实现机制问题，要走出对户籍的秩序控制和资源整合之功能设置，剥离附着其上的诸多不合理福利分配，使其回归到为居住者提供普惠性公共管理和服务的预期上来；深化土地管理制度改革，核心在于着力探索土地使用权流转的新形式和土地增值价值的分权改革，目标是抑制地方政府的土地使用权定价垄断、扩大公众参与，提高土地增值的民众受益度；以及着力财税金融体制改革，坚持在财权、事权一致原则下调整中地关系，优化税制结构，实现融资渠道多样化、融资机制的市场化以及融资监管的法治化。[⑤]

---

① 胡潇：《空间的社会逻辑——关于马克思恩格斯空间理论的思考》，《中国社会科学》2013年第1期。

② 林尚立：《在有效性中积累合法性：中国政治发展的路径选择》，《复旦学报》（社会科学版）2009年第2期。

③ 吴季松：《顶层设计、路线图、时间表：百国城镇化路径借鉴》，《人民论坛》2013年4月下。

④ 李强等：《多元城镇化与中国发展》，社会科学文献出版社2013年版，第23页。

⑤ 吴敬琏：《我国城市化面临的效率问题和政策选择》，《新金融》2012年第11期。

第三,城镇化进程中的风险度。城镇化广泛涉及经济、行政、文化、社会、生态等众多领域,嵌入到国家治理现代化进程的方方面面。就其风险对现代性国家建构的核心影响而言,主要集中在两个方面:一是对治理权威的挑战。作为改革开放的重要环节,城镇化实践依然将在“围绕经济性放权并逐渐扩散的制度变迁”①中展开,如若城镇化推进继续沿用政策性放权而非法律化制度建构的既往路径,就仍然不能真正破解长期以来困扰国家治理的“中央管辖权与地方治理权间的紧张和不兼容”难题。② 二是对快速转型中的治理秩序形成挑战。未来城镇化所催生的城镇社会,很可能是市场化带来的“一统”与传统社会秩序持续解体所带来的“分散”的耦合体,碎裂的社会结构面临重新整合,其内在的结构性紧张可能会制造出具有跨域渗透性、层叠集群性和虹吸传感性的社会风险,为国家与社会边界的调整带来困难。而新的合作机制要在不断试错中重新建立,这既需要时间,又需要成本。

(三)新型城镇化战略的国家治理嵌入

新型的城镇化需要以新的国家治理结构和治理能力予以回应和保障。作为将持续影响和塑造中国经济基础、社会结构乃至政治结构的大规模建设实践,城镇化战略的推进将有助于提升国家建构的均衡化水平。需要在新的治理形势下不断刷新国家价值系统,提高国家治理结构与政策安排之间的匹配度,实现国家治理在有效性与合法性上的双重建构。

在后发现代化语境下,作为综合性战略平台而面世的新型城镇化,其推进的每一步都涉及深化国家建构的重大题域。一是发展以增强对现代化进程的主导力与推进度为重点的公共治理体系。不论是中央与地方关系在治理事权、财权以及共享权方面的持续优化,还是国家与社会关系的调适,诸如自主性日渐成长的社会力量如何有序获得制度化的公共政策参与地位、国家对于合法私有财产的产权性确立及其对社会知识产权、劳动权益的权威性保护,最终都需要在政府与市场这一对核心关系中得到检验。而这之中,遵循经济社会发展的规律,发挥好政府的引导性作用与市场的决定性作用至关重要。二是突破阶段性的利益固化而实现社会整

① Pierre F.Landry, *Decentralized Authoritarianism in China: The Communist Party's Control of Local Elites in Post-Mao Era*. Cambridge: Cambridge University Press, 2008.

② 周雪光:《权威体制与有效治理:当代中国国家治理的制度逻辑》,《开放时代》2011 年第 10 期。

体利益的最大化。作为一种“虚幻的共同体”，①国家的自主性要求其治理不为个别利益所支配和绑架，需要具有制度安排的整合性与治理的能动性。三是对社会转型中诸多结构性风险的体系性防范和应对。大规模城镇化推进的同时，亦是风险增大的过程。面对一个多元化、异质性的未来城市社会结构，国家治理必须能够最大限度地消弭和平抑来自各类城市综合体快速汇集所集中的种种矛盾和冲突，对之进行制度化的治理吸纳和引导规约。

以此观之，城镇化既是一个治理试错过程，更是一个基于治理绩效反馈的治理结构优化历程。但是，它在多大程度上能够实现治理功能的提升，则直接依赖于城镇化的动态逻辑嵌入国家治理过程的作用方式及其塑造程度。

二、新型城镇化战略的五维题域及关联

（一）五 维 题 域

细分新型城镇的构成，有助于更为清晰准确地把握新型城镇建设的多重任务。这些任务，分别对应经济、政治、文化、社会、生态以及空间等权益。

第一，技术—经济型的城镇化。技术进步与经济发展，是城镇化有序发展的基础。以物质基础为核心关注的城镇化，是快速现代化进程中的主体形态。这是与经济发展作为国家最高议程的基础设置密不可分的。然而，经济至上的城镇化，不仅遭遇了发展资源从乡村向城市的单向流动，而且还存在城镇化严重滞后于工业化的现实困境。② 因此，新型城镇化势必要在“新四化”的深度协同互动中创造新机制、形成新格局。在此过程中，确保技术的可靠性与发展的高效能，不仅需要城建规划的改进和建设匹配性的提高，更意味着减少刚性发展的破坏性后果，造就一种更为温和、更具内涵、更可持续的发展。

第二，社会—政治型的城镇化。城镇化是以一种复杂的改造方式将物理空间权利化重构的空间生产历程，而这种空间社会化与社会空间化的双重建构，具有显著的社会政治性。③ 国家治理现代化不仅是一个时间进程，

① 《马克思恩格斯全集》第3卷，人民出版社1972年版，第37—38页。

② 中国金融40人论坛课题组：《加快推进新型城镇化：对若干重大体制改革问题的认识与政策建议》，《中国社会科学》2013年第7期。

③ 胡潇：《空间的社会逻辑——关于马克思恩格斯空间理论的思考》，《中国社会科学》2013年第1期。

也是一场空间变革，是对不断衍生变化的各类空间的有效治理。在这个意义上，在城镇化进程中，国家治理现代化就是各类空间秩序的调整和理顺，以构建出良好的空间秩序。城镇化要对城市与乡村的空间格局以及空间内事务范畴及其治理予以持续调整。从社会与政治权利实现资源的再配置、权利实现机制的再调整、权利实现绩效的再审视角度看，该过程是一个持续的公共选择过程。

第三，文化—生存型的城镇化。城市不仅是机会与财富的集合体，以组织化为导向，为解决人们生产问题提供物质手段；同时，更是一种知识传承、文化传习、文明传递之所在，以公共化为指向，成为允许和鼓励个性和创造性的社会结构，以及汇聚和整合民众生活方式一致性的象征符号。作为区别于乡村社会结构和生产方式的城市性获取过程，城镇化的文化—生存向度强调发展的传承性与想象力的统一、同质化与差异性的互渗、有序性与活跃度的共融。在导向城市社会的“有序复杂性存在”①过程中，城镇化在创造社会的机动性与经济的灵活性的同时，“城市森林”正不断为人们生存提供价值说明和意义支撑。

第四，生态—环境型的城镇化。根据城市发展的阶段序列与实践经验，生态环境权益越来越成为一种不可或缺的基本需要。严重的环境污染、生态破坏、资源约束以及生存环境的日益恶化，不仅影响着人们的生活品质，更为揪心的是，它业已呈现出威胁人类物种生存的“自反”社会状态。城镇化建设的生态之维，需要真切回应治理与工业化同步的“环境恶瘤”的紧迫需要。城镇化的新发展，融合了东方社会独有的传统性、现代性与舶来的某些后现代性，但其根本还在于实现基于环境承载的可持续发展。让居民“看得见山、望得见水、记得住乡愁”的城镇化，需要对进步主义和技术制胜观念作出重大矫正，让城镇化的政策过程“浸染”绿意，实现绿色循环低碳发展。

第五，心理—体认型的城镇化。塑造生产生活方式、人际关系乃至价值理念显著异于乡村的城市社会，城镇化进程还必须是一个调适心理、接续情绪、安顿灵魂的认同塑造过程。新型的城镇化，无论在创造情感图景与塑铸生存体验方面，均需要展现出心理认同空间的连续性与公共性。这种连续性意味着不忘记、不背叛，能够扬弃过往、面对未来；而公共性，则在于无论从共同信仰的培育还是公共信任的发展，都要能超越既往区隔化城市空间治理和固化不平等权益状况的窠臼，把城市建成“幸福之乡”。只有不断减少转变中的机会不平等和待遇歧视，不断提高参与的效能感与体认度，真正

① ［加］简·雅各布斯：《美国大城市的死与生》，金衡山译，译林出版社 2006 年版，第 397 页。

的城市发展认同才能有序确立。

(二) 题 域 关 联

上述城镇化类型的划分,在实践中并非地位均等的也非独立非它的,而是一种阶梯式序列的并有着强烈的共时性发展需求。一方面,阶梯性反映的是城镇化建设的历时性、发展性。它体现出了城市(镇)发展围绕经济、社会政治、文化生活、生态环境等城市权利的深化方向和总体趋势,同时又表现出对于心理认同的引导性发展。这表明,作为一项系统的人民权益保障和发展历程,城镇化发展的深层规律实质上就是人的解放和发展规律。另一方面,共融性则反映出压缩式现代化在将“串联”变“并联”之后城镇化重大题域的立体状态与实践需要。这既是基于国家治理的客观需要,又是回应民众权益发展的实践要求。因此,如果说技术—经济型的城镇化呼唤理性城市、富足城市的建设,社会—政治型的城镇化期冀权利城市、自治城市的发展,那么,文化—生存型的城镇化则倡导智慧城市、人文城市,生态—环境型的城镇化渴求田园城市、生态城市,最终由心理—体认型的城镇化循序导向温暖城市、幸福城市,它们共同构成了城镇化发展的“中国道路”。

三、新型城镇化战略的七大模式及组合

实际上,在国家新型城镇化战略的实践中,在各地存在着依据实际情况发展出来的不同实践模式。这些模式有着怎样的理论逻辑、空间构成和动力机制?如何来认识这种基于政府主导的诸多模式及其优势、缺陷?如何寻求优化改进?这些问题在本节中集中探讨。

(一) 新型城镇化实践中的七大模式

归纳起来,我国实践中的新型城镇化,主要有七种模式:建立开发区、建设新区和新城、城市扩展、旧城改造、建设中央商务区(CBD)、乡镇产业化方式以及村庄产业化。其概要情况如下(见表3-1)①:

建立开发区。该模式主要由国务院、省市级政府主导,通过政府主导、市场运作、企业参与的方式展开,土地供给由中央划拨、大规模征用农地等

① 李强等:《多元城镇化与中国发展:战略及推进模式研究》,社会科学文献出版社2013年版,第71页。

方式实现，是一种自上而下的城镇化模式。

建设新区和新城。这种模式的主导力量是国务院、市级政府，以政府主导、企业参与为运作方式，通过大规模征用农地方式来满足土地需要，属于自上而下的城镇化模式。

城市扩展。主导力量是市级政府，通过政府主导、市场运作、企业参与的方式展开，通过征用农村土地方式供给土地，是自上而下与自下而上相结合的城镇化模式。

旧城改造。由市、区政府发动，以政府主导、企业参与形式展开，是通过征用土地、自上而下的推进模式。

建设中央商务区（CBD）。由市级政府发动，政府主导、市场运作、企业参与的方式展开，通过城市用地、征用土地方式满足土地需求，属于自上而下的推进模式。

乡镇产业化方式。由市、县、乡政府发动，由政府指导、企业参与方式运作，使用农村集体土地，是自上而下与自下而上相结合的城镇化模式。

村庄产业化。由村委会与村庄精英合一来主导，该模式实行村干部带动、村集体经济发展、政府推动、村民参与的运作方式，使用农村集体用地，实践中存在着自上而下与自下而上两种细分方式。

当然，上述概括是高度理论化的概括。实践中，存在着以下代表性的城镇化推进样态。

第一，集体经济主导的苏南模式。苏南模式起源于长江三角洲，地区通过自筹资金发展以乡镇企业为主体的非农业生产活动，特点是以集体所有制经济为主体，以乡村工业为主导，以中心城市为依托，以市场经济为资源配置的主要方式，以县乡两级政权为直接领导。该地区依靠社区政府强有力的领导参与，首先实现农村人口职业转化，进而通过发展小城镇实现农村地域城镇化的一种“自下”和“自内”的模式，是“离土不离乡”就地城镇化的典型代表。对于“苏南模式”而言，费孝通认为苏南乡镇企业的产生既有内在的直接动因，即人多地少矛盾的“逼迫”和农民的创造精神，又有其外部条件的促进，即得天独厚的区位条件。内因和外因凝聚成一股合力，从而催生了“苏南模式”。苏南地域优势明显，以特大城市上海为中心逐步向外扩散，结合已有的较好工商业基础，乡镇企业得以迅速发展，有力地推动了农村社区的发展。市场机制的作用诱发农业剩余劳动力向非农产业转移，成为推动城镇化进程的主要力量，加上区域经济的形成和面广量大的中小企业，产生良好的规模效应和人口空间聚集效应，有效地促进了农村城镇化的发展。

表 3-1 中国多元城镇化推进模式比较①

比较项		建立开发区	建设新区新城	城市扩展	旧城改造	建设 CBD	乡镇产业化	村庄产业化
动力机制	主导力量	国务院、省市级政府	国务院、市级政府	市级政府	市、区级政府	市级政府	市级、县级乡级政府	村委会与村庄精英合一
	运作方式	政府主导 市场运作 企业参与	政府主导 企业参与	政府主导 市场运作 企业参与	政府主导 企业参与	政府主导 市场运作 企业参与	政府指导 企业参与	村干部带动村集体经济发展,政府推动、村民参与
	土地供给	中央划拨、大规模征用农地等	大规模征用农村土地	征用农村土地	城市用地	城市用地、征用农地	农村集体土地	农村集体土地
	推进方式	自上而下	自上而下	自上而下与自下而上相结合	自上而下	自上而下	自上而下与自下而上相结合	自上而下与自下而上两种
空间模式	发生区位	城市近郊、远郊	城市近郊、远郊	城市内部	城市内部	城市内部 新区新城 开发区内部	乡镇、村	村
	增长方式	跳跃发展 连续发展	跳跃发展 连续发展	连续发展	内部重组	内部重组 跳跃发展 连续发展	就地发展	就地发展
	规模特征	整体	整体	整体、碎片	整体	整体	整体、碎片	整体、碎片

第二,个体经济推动城市化的温州模式。温州模式是发展家庭经济的典型。温州地区因农村集体经济薄弱,受传统体制束缚少,因而通过将农业实行家庭联产承包责任制的基本经验推广到农村工业和其他产业,调动广大农民积极性,采用合伙制组织形式,以亲朋好友、邻里乡亲为原始资本,以血缘关系为纽带,以家庭为单位进行经营,以市场为导向,以小城镇为依托,以农村能人为骨干的新型家庭经济和市场体系相结合为主要特征的农村社会经济发展的模式,也被称为“老百姓经济”,一种“民办、民营、民有、民享”的民本经济。这种依托农村工业化推进城镇化的发展模式,需要地域空间集聚而形成具有比较优势、能带动当地经济和社会发展的特色产业及其组织形式,因而决定了温州地区以“小镇经济”为特色的区域块状城镇化模式发展。②

① 李强、陈宇琳、刘精明:《中国城镇化“推进模式”研究》,《中国社会科学》2012 年第 7 期。

② 于猛、宋家宁:《我国城镇化模式研究综述——基于规模选择和典型模式推广的分析讨论》,《中国土地》2013 年第 3 期。

第三，外向型经济集聚的珠江模式。珠江模式是依靠毗邻港澳的地缘条件以及追求变革的地方精神，外来资金的注入和中央政府给予的先行一步的开放政策实现城镇化的一种“自外”和“自上”的模式。珠江三角洲是以经济国际化为目标，积极发展内外开放的双向型经济，通过特区城市的成长和城市群的形成，自下而上的农村发展，对外开放政策促使大量外资尤其是港资的注入，为地区的发展提供了原始动力，加快了城镇化步伐，推动了其他地区农业剩余劳动力的异地城镇化，使珠江三角洲地区迅速成长为全国市镇数目多、密度大、城镇化水平高的地区之一。①

第四，都市圈带动郊区发展的成渝模式。成渝模式具体来说包括成都模式与重庆“一圈两翼”两种形式。一是成都模式，即成都地区的城镇化模式。成都模式以产业发展为核心、以土地和农民集中为主线、以城乡整体规划为指导，是典型的大城市带大郊区模式。其特点是以县城或区域中心为规划载体，进行一系列优化布局。再通过市场引导在区域中心形成资源要素的集聚效应，从而促进区域中心的产业发展，以推动周边郊区的城镇化发展。二是重庆的一圈两翼模式，即以“一圈”带动“两翼”。该模式围绕以主城为核心、以大约一小时通勤距离为半径范围的城市经济区，建设以万州为中心的三峡库区城镇群和以黔江为中心的渝东南城镇群。与成都模式相近，一圈两翼的核心思想即是发挥主城经济辐射效应，由主城及周边城镇群落的产业化发展来带动偏远农村的城镇化发展。无论是成都模式还是重庆的一圈两翼模式都致力于优先形成都市圈、城镇圈，再借由核心区域的辐射效应带动周边农村的城镇化发展。因此是一种都市圈带动型的城镇化模式。②

第五，宅基地换房集中居住的天津模式。所谓“宅基地换房”就是在国家现行政策框架内，坚持承包责任制不变、可耕种土地不减、尊重农民自愿的原则，高水平规划建设生态宜居的城镇化。农民按照规定的置换标准，以其宅基地换取小城镇内一套住宅，迁入小城镇居住。原村庄建设用地进行复耕，节约下来的土地整合后再“招”“拍”“挂”出售，所得土地收益用于弥补小城镇建设资金缺口。全新的生产方式造就了人与自然全新的融合空间，现代工业把人从乡村驱赶到城市，相应地，也就造成了人类居住方式的变迁：乡村的散居让位于市镇的聚居。宅基地换房有利于实现三个“集

① 刘潇：《苏南模式、温州模式和珠江模式的比较——基于费孝通的“模式”研究》，《学理论》2013年第14期。

② 顾兴树：《成都市新型城镇化“梯级模式”研究》，《中国市场》2014年第46期。

中”:即工业向园区集中,居住向镇区集中,农地向种田大户集中或农场集中。宅基地换房,使得农村变城镇,农民变市民,为中国的城市化提供一个新的途径。但是,宅基地换房又不仅仅是城镇化建设的系统工程,它也从根本上对于我国解决“三农”问题提出了新的方案,主要涵盖了耕地占补平衡、土地复垦、平衡资金、就业安置、社会保障等一系列的配套政策。①

(二)新型城镇化的动力机制

以鼓励个性和创新为特性的城市,既是提供解决共同生活问题的物质手段,又是形成文化承续的象征符号。② 作为一系列重大的公共政策集,城镇化同时承载着经济、政治、社会、文化和生态建设的多重任务,加之国家政策执行的地方场域性,就需要寻求充沛的动力,通过层级性治理和多属性治理来实现政策目标。③ 实践中由“政府主导、整体推动”的城镇化,④实质上是以行政主导为基本手段,围绕土地的使用权城市化与集中化,力图促进产业集聚、人口扩张和空间拓展的效益扩散过程。以行政权力为主导的城镇化,虽有其场域合理性与实践有效性,但是其内在限度也是显而易见的。在地方政府既是改革动力又是改革对象的主客同体格局中,若继续沿用动力源单一、权益分配单边支配的既往模式,诸如产城失调、就业困难、资源破坏、生态失衡、交通拥堵、住房困难等“城市病”乱象有可能重复上演。为此,未来的城镇化首要的问题是处理好政府与市场的边界,核心是充分尊重市场规律,以需求和市场导向推进城镇化。同时,更加注重发挥好社会自主性对城镇化的参与和支撑作用。以“政府—市场—社会”有机互动的新机制,将有助于克服以往的“土地财政”“造城运动”病灶,也有助于为抑制和化解城乡二元矛盾内化于城镇的风险提供制度条件。

(三)新型城镇化的空间模式

城镇化是一个各种权利利益关系调整和社会结构重构的过程。在演进

① 李峰:《城乡协调下的我国城镇化模式研究——以天津市城镇化路径探索为例》,《中共天津市委党校学报》2015 年第 4 期。

② [美]刘易斯·芒福德:《城市文化》,宋俊岭等译,中国建筑工业出版社 2009 年版,第 4 页。

③ 贺东航、孔繁斌:《公共政策执行的中国经验》,《中国社会科学》2011 年第 5 期;李晓燕、苏智、刘志慧:《共享发展:马克思主义理论视角下的新型城镇化动力研究》,《农村经济》2022 年第 10 期;段禄峰、岳路:《城镇化高质量发展指数测度及动力机制研究》,《城市》2022 年第 6 期。

④ 李强、陈宇琳、刘精明:《中国城镇化“推进模式”研究》,《中国社会科学》2012 年第 7 期。

中,势必会形成三重空间:一是物理载体空间。城镇空间具有生活的便利性、生产的集中性与管理的组织化特点,意味着人们的生产生活方式升级和交往方式的动态转变,即城市性的获得。① 城镇化所形成的载体空间,首先必须是应满足于人们宜居、宜业、宜养的基本需求,成为有效率的共同体,因此就不能滥造空城、“鬼城”。二是社会权益空间。权益结构是否随着从乡村向城市转变而得到“市民化”的发展和保障,是决定城镇化是否真正完成的关键。除却社区空间、居住空间、市政公共空间的合理性与有效性外,公共产品与服务的普惠性享有与均等化权益保障尤为重要。② 这就涉及“土地进城”“身体进城”同时“权利进城”的同步性与协调性问题,否则,城镇化就失去了“城市让生活更美好”的发展初衷。三是心理感知空间。作为新的认知载体和生活共同体,需要有相当的社会分层,但又需要将这种分层的差异性与流动性限定在一定合理的范围之内。市场经济取向的改革,引发了经济与政治、私域与公域、私权与公权之间相对的领域分离和结构转型,社会呈现出“混合结构”。③ 在生活方式、价值理念、人际关系和社会心理遭遇外部环境大变化的背景下,基于参与度的效能感、公平感与认同感至关重要,否则,就极易诱发和强化疏离感、相对剥夺感,从而最终消解城镇化所内蕴的正向发展价值。

四、新型城镇化战略的纵深发展

(一)“四化”融合

党的十八大以来,是中国新型城镇化战略推进重要时期。截至 2024 年党的二十届三中全会,新型城镇化战略正不断持续深入推进和向纵向发展(见表 3-2)。扼要地讲,党的十八大,新型城镇化战略是与中国特色新型工业化、信息化和农业现代化道路并列提出的,以“四化”融合协同,是主张以“四化”发展来加快完善社会主义市场经济体制和加快转变经济发展方式进行定位和论述的。党的十八届三中全会,强调推进以人为核心的城镇化,要推动大中小城市和小城镇协调发展、产业和城镇融合发展,促进城镇

① Louis Wirth, Urbanism as a Way of Life. *American Journal of Sociology*, 1989(49).

② 陈忠:《城市权利:全球视野与中国问题》,《中国社会科学》2014 年第 1 期。

③ 韩庆祥、张健:《中国特色社会主义建设实践的内在逻辑与发展趋向》,《中国社会科学》2012 年第 3 期;赵美风、翟云利、汪德根:《中国中西部地区就近城镇化空间演变及类型分异》,《人文地理》2023 年第 1 期;陆兵哲:《社会空间的继替与共存——一个郊区村庄城镇化的社会学研究》,《社会学研究》2023 年第 2 期。

化和新农村建设协调推进，不断完善城镇化健康发展体制机制。党的十九大，则重申在“四化”同步发展之中，不断壮大我国经济实力和综合国力，是从贯彻落实坚持新发展理念的层面来设计新型城镇化战略的。党的二十大上，新型城镇化的战略被放置在促进区域协调发展的重要位置来设计规划，提出了三方面尤其值得关注的信息，即一是推进以人为核心的新型城镇化，重中之重是加快农业转移人口市民化；二是明确了以城市群、都市圈为依托构建大中小城市协调发展格局，强调推进以县城为重要载体的城镇化建设；三是强调提高城市规划、建设、治理水平，对超大特大城市、城市更新和城市基础设施建设等分类分领域推进，打造宜居、韧性、智慧城市。

表 3-2 党的十八大以来新型城镇化战略的发展轨迹

重要会议	报告或决定中的位置	具体表述
十八大	加快完善社会主义市场经济体制和加快转变经济发展方式	坚持走中国特色新型工业化、信息化、城镇化、农业现代化道路，推动信息化和工业化深度融合、工业化和城镇化良性互动、城镇化和农业现代化相互协调，促进工业化、信息化、城镇化、农业现代化同步发展
十八届三中全会	完善城镇化健康发展体制机制	坚持走中国特色新型城镇化道路，推进以人为核心的城镇化，推动大中小城市和小城镇协调发展、产业和城镇融合发展，促进城镇化和新农村建设协调推进。优化城市空间结构和管理格局，增强城市综合承载能力
十九大	坚持新发展理念	发展是解决我国一切问题的基础和关键，发展必须是科学发展，必须坚定不移贯彻创新、协调、绿色、开放、共享的发展理念，推动新型工业化、信息化、城镇化、农业现代化同步发展，不断壮大我国经济实力和综合国力
二十大	促进区域协调发展	推进以人为核心的新型城镇化，加快农业转移人口市民化。以城市群、都市圈为依托构建大中小城市协调发展格局，推进以县城为重要载体的城镇化建设。坚持人民城市人民建、人民城市为人民，提高城市规划、建设、治理水平，加快转变超大特大城市发展方式，实施城市更新行动，加强城市基础设施建设，打造宜居、韧性、智慧城市
二十届三中全会	完善城乡融合发展体制机制	城乡融合发展是中国式现代化的必然要求。必须统筹新型工业化、新型城镇化和乡村全面振兴，全面提高城乡规划、建设、治理融合水平，促进城乡要素平等交换、双向流动，缩小城乡差别，促进城乡共同繁荣发展

资料来源：根据历次相关党代会报告和全会决定整理而得。

（二）党的二十届三中全会的新部署

党的二十届三中全会，是一次进一步全面深化改革、持续推进中国式现代化建设的里程碑式会议。全会《决定》中指出，要从中国式现代化发展的必然要求高度来认知和规划城乡融合发展，并明确提出，“必须统筹新型工业化、新型城镇化和乡村全面振兴，全面提高城乡规划、建设、治理融合水平，促进城乡要素平等交换、双向流动，缩小城乡差别，促进城乡共同繁荣发展。”①根据决定，改革主线是健全推进新型城镇化体制机制。这样的改革，涉及两大领域7个方面的重要改革任务：一是构建产业升级、人口集聚、城镇发展良性互动机制。(1)推行由常住地登记户口提供基本公共服务制度，推动符合条件的农业转移人口社会保险、住房保障、随迁子女义务教育等享有同迁入地户籍人口同等权利，加快农业转移人口市民化；(2)保障进城落户农民合法土地权益，依法维护进城落户农民的土地承包权、宅基地使用权、集体收益分配权，探索建立自愿有偿退出的办法。二是坚持人民城市人民建、人民城市为人民。(3)健全城市规划体系，引导大中小城市和小城镇协调发展、集约紧凑布局；(4)深化城市建设、运营、治理体制改革，加快转变城市发展方式；(5)推动形成超大特大城市智慧高效治理新体系，建立都市圈同城化发展体制机制；(6)深化赋予特大镇同人口和经济规模相适应的经济社会管理权改革；(7)建立可持续的城市更新模式和政策法规，加强地下综合管廊建设和老旧管线改造升级，深化城市安全韧性提升行动。

（三）新的五年行动计划

在二十届三中全会精神的指引下，2024年7月20日国务院印发《深入实施以人为本的新型城镇化战略五年行动计划》（以下简称《行动计划》），对未来五年推进新型城镇化建设的总体要求、重点任务、政策措施作出部署（见表3-3）。《行动计划》指出，城镇化是现代化的必由之路，是解决农业、农村、农民问题的重要途径，是推动区域协调发展的有力支撑，是扩大内需和促进产业升级的重要抓手，经过努力力争计划结束时常住人口城镇化率提升至接近70%，以更好支撑经济社会高质量发展。在此基础上，《行动计划》提出4项重大行动、19项重点任务及有关政策措施，并明确组织实施要求，即要坚持加强党的全面领导，完善实施推进机制，按照中央指导、省负总责、市县抓落实的总体要求，加强多部门协同，统筹推进任务落实。

---

① 《中共中央关于进一步全面深化改革　推进中国式现代化的决定》，2024年7月21日。

表 3-3 《深入实施以人为本的新型城镇化战略五年行动计划》的部署

内容	描 述
指导思想	以满足人民日益增长的美好生活需要为根本目的，以体制机制改革为动力，因势利导、顺势而为，因地制宜、分类施策，稳步提高城镇化质量和水平，充分释放新型城镇化蕴藏的巨大内需潜力，持续推动经济实现质的有效提升和量的合理增长，为中国式现代化提供强劲动力和坚实支撑。
原则目标	坚持以人为本、遵循规律、分类施策、集约高效的工作原则。经过5年的努力，农业转移人口落户城市渠道进一步畅通，常住地提供基本公共服务制度进一步健全，协调推进潜力地区新型工业化城镇化明显加快，培育形成一批辐射带动力强的现代化都市圈，城市安全韧性短板得到有效补齐，常住人口城镇化率提升至接近70%，更好支撑经济社会高质量发展。
任务举措	一是实施新一轮农业转移人口市民化行动，涉及6项任务和2类政策支持。 二是实施潜力地区城镇化水平提升行动，涉及4项任务3方面政策措施。 三是实施现代化都市圈培育行动，涉及4项任务和1类政策措施。 四是实施城市更新和安全韧性提升行动，涉及5项任务和1类政策措施。

资料来源：《国务院关于印发〈深入实施以人为本的新型城镇化战略五年行动计划〉的通知》（国发〔2024〕17号），2024年7月28日。

从《行动计划》看，“稳步提高城镇化质量和水平”是新阶段实施新型城镇化战略的行动主线。在未来五年内，新型城镇化的四大行动包括①：

一是实施新一轮农业转移人口市民化行动。围绕进一步深化户籍制度改革、健全常住地提供基本公共服务制度、促进农业转移人口在城镇稳定就业、保障随迁子女在流入地受教育权利、完善农业转移人口多元化住房保障体系、扩大农业转移人口社会保障覆盖面6项任务，以及出台完善农业转移人口市民化激励政策、健全进城落户农民农村权益维护政策。

二是实施潜力地区城镇化水平提升行动。包括培育特色优势产业集群、促进产业园区提级扩能、强化产业发展人才支撑、增强城镇综合承载能力4项任务，以及进一步健全产业跨区域新布局激励机制、强化土地节约集约利用、加强资金多元投入保障等政策措施。

三是实施现代化都市圈培育行动。实施提升城际通勤效率、强化产业分工协作、加快市场一体化建设、推进公共服务共建共享4项任务，供给支持都市圈建设的政策措施。

四是实施城市更新和安全韧性提升行动。包括持续推进城镇老旧小区改造、加快推进保障性住房等“三大工程”建设、加强城市洪涝治理、实施城市生命线安全工程、推进绿色智慧城市建设5项任务，并实施支持城市更新

① 《国务院关于印发〈深入实施以人为本的新型城镇化战略五年行动计划〉的通知》（国发〔2024〕17号），2024年7月28日。

的政策措施。

面向70%的常住人口城镇化率、4项重大行动、19项重点任务及有关政策措施的这一规划，将引领新型城镇化向着更加人本化和高质量的方向发展，因此也可以合理地预期，持续向纵深方向挺进的新型城镇化，将更加深度地塑造国家治理、进而推进国家治理的不断现代化。

五、历时性题域共时性呈现中的新型城镇化战略省思

（一）快速城镇化背景下的城市治理问题

作为国家治理的活性载体与实践平台，在复杂现代性背景中的新型城镇化建设及城市治理创新，就亟需直面既有模式中存在的诸多问题。这些问题的存在总体上是人口快速涌入、工业化快于城镇化背景下，城市治理资源有限、管理运行体制机制和方式方法相对滞后，难以有效满足与城市发展所提出的内在要求、与广大市民日益增长的物质文化需求不匹配之间的矛盾体现。发展的不均衡不充分，抑制了人们对城市美好生活的追求。具体表现为：

其一，城市治理理念上尚难以迅速转变到位。尽管目前各地方在建设运营城市方面不断探索，但总体上仍与中央的要求、与民众的期盼存在一定差距。城市治理运行的人本思想、科学意识与法治观念初步形成，但尚未成长为一种整体浸润性的文化自觉和内化观念，因而对于城市治理的导控作用仍比较有限。孕生并发展在工业经济时代的城市管理观念，总体上落定在大城市格局的管理实践之中，其核心理念是“命令—服从”的意识和行动格局，服务意识根植性弱，对于城市体量快速扩大、治理复杂性几何级增长所衍生的新形势、新问题、新矛盾，无法很好匹配适应，更难以起到前瞻性的引领作用。

其二，体制上传统的组织管理体系弊端有所延续。当下城市治理与运行体系，总体上是匹配于工业化时代金字塔形科层制的部门管理体制。虽然曾发挥过重要作用，但是随着城市体量的扩大和城市复杂性程度的显著提高，尤其是在进城务工的大流动格局中，这种科层制组织管理体制在职能条线切割、机械度高、隔离性强、流程繁复、协同难度大、效率偏低等方面的问题逐渐显露，难以满足信息化时代对城市治理运行的智能化与精细化要求。在面对跨领域、跨界面、跨流域等需要有协同治理的情形时，既有体制的弊端就逐渐显现并有所延续，缺乏综合统筹与合作协同成为主要桎梏。

其三,机制上主体分散与参与不足等问题同时并存。对照城市发展规律的品质要求与可持续性需要,当下城市治理运行机制存有三方面欠缺:一是职能部门联动机制尚不够健全通畅。涉及多部门、长链条管理服务部门的领域,在治理中的联动频率、互动方式、管控有效性有缺失;二是多元主体协商机制搭建不够完善,诸如在涉民决策中如何更加有效地提高公众的参与热情和参与质量、提高参与有效性,已然成为提高城市治理运行的重要问题;三是普惠民生共享机制需大力创新完善。如何实现城乡发展的一体化、公共服务资源的均等化、广覆盖和普惠性,成为中国城市发展中的重大民生问题。

其四,方式方法上仍在相当程度上受制于既有的路径依赖。治理方式方法和手段的相对滞后、单一,直接约束了城市的人本化、智慧化发展。譬如,城市管理信息采集的渠道单向,信息平台的共享度低,集约化匹配性不足,难以实现治理服务工作一体化的运行和监督反馈的立体化。城市运行总体上处于碎片化和后置性的“刺激—反应”格局之中,相当部分工作仍在利益驱动、问题倒逼的轨道上运行。整合度低与创新性弱是突出的两个方面。前者是指各领域、条线上的职能式方式方法日渐丰富,但总体仍处于零散状态;后者是指在流动人口管理、城乡一体化、公共服务均等化具有原创性、实效性与可推广复制的举措仍比较有限。

其五,保障体系建构总体仍难以匹配城市规范高效运转的要求。一是城市服务保障体系建构虽有显著进步,但尚不能满足新形势、新需求,特别是城市非户籍人口的普惠性公共服务亟需大力拓展。二是城市的安全保障体系建构尚不健全,包括食品药品安全的监管、轨道交通立体化和综合化趋势下的安全维护以及网络信息安全保障等问题。三是城市生态保障体系的建构仍较薄弱,目前对于水体、土壤、空气等生态治理问题,尤为迫切。生产生活的深度“着绿”亟待拓展解决。

(二)快速城镇化背景下城市治理问题的成因

快速城镇化进程中城市治理存在的问题,其原因是复杂多样的:

一是认知模式上的线性思维影响仍根深蒂固。思维滞后于现实,是城市治理中存在的最显著问题。在“城市中国”成为一种常态的时候,作为系统工程的城市治理便尤其需要发展出科学化与前瞻性的思维。然而现实是,奠基于传统的线性认知和管控思维仍发挥着主导作用。认为人口的增加,也就是治理需求的相应倍数增加的认识时有存在;认为城市管理就是问题管理、结果导向,“摆平就是水平、搞定就是稳定、没事就是本事”的偏颇认识在部分政务部门和工作人员身上时有显现;认为城市管理在新形势下,就是要大干快上、人多好办事、效能效率就一定高的不当研判也还时有流露。

二是实践体系上的碎片化结构造成持续约束。目前,城市规划、建设、管理等诸环节存在“断链”或“区隔”,城市治理在一定程度上仍是一种碎片化的行动结构。譬如,城市规划与管理、建设与运行之间的存在衔接阻滞,在规划衔接、项目立项、资金安排、土地供应、基础设施、重大产业、公共服务和环境保护等方面相互牵扯、链条式关系,遭遇的问题也具有内在的共生性。实践中,政府层级间的纵向协调与政府部门之间的横向协调,以及政府与企业、与社会组织团体之间的协调合作,仍然深陷于部门行政、行政区行政的习惯模式之中,大部门制的应有效应难以发挥,某些“部门利益化、利益部门化”的倾向仍有显现。

三是创新动力上的“问题倒逼”导向格局锁定。城市治理运行跟着问题走,对于解决紧迫的实际问题多有帮助,但是这种浅表性的运动型治理或压力回应型治理,其行动持续性、资源的节约度和效果的常态化等方面在快速城市发展的节奏中,越发面临挑战。这些问题的解决都离不开创新,既包括规划建设理念的创新,也包括治理运行体制机制的创新,更包括社会参与、公众监督的创新。这就需要突破被动应景,有预见性地去创设城市治理的基础性和结构性议题,突出治理的超越性和引导力,逐步向城市规划建设和管理运行的品牌与价值方向转变。

四是资源配置上的“虹吸效应”致使效能散溢。城市治理中的“虹吸效应”,即是指在一定的载体或区域格局下,为治理人口急速增长、交通拥堵、环境承载力下降而普惠性的公共产品供给和公共服务提供又面临结构性的供给不足等各种“城市病”,继而出现大规模地吸纳资源。这种资源配置模式的形成事出有因,也可收获一定的短期之效,但是从长远来看,这对于城市治理体制的优化、机制的创新、方式手段的进步以及治理长效性的巩固和发展而言作用甚微,治理效能处于一种不断散溢或治理收益边际递减的状况。因此,突破“问题孤岛”、形成体系化的治理资源配置和运行尤为重要。

（三）题域叠加中的新型城镇化战略反思

区别于自生自发的城市化,中国的城镇化孕生于“小农经济的汪洋大海”的政治社会生态之中,因此,城镇化实践依然离不开政府的强力助推。但基于对发展的新期许,未来城镇化宜采用责任引导模式,以走出“滞后—

补偿”式城镇化,[①]实现多元化的发展。这里的责任,既包括经济发展责任,又包括社会、文化、生态等多领域可持续发展责任;既包括主政者任内责任,又包括任后关联责任;而引导,则是指政府引导、培育、规范市场,市场机制在资源配置中发挥决定性作用。新型城镇化进程,即以人为核心的城镇化,所涉及的中心问题是权利建构问题。但是,中国的城镇化是国家主导的过程,国家与市场、社会交往与互动的过程中,权力、资本与权利之间会出现不可忽视的张力。如何来克服这种张力、持续地减少或消解城镇化进程中的各种阻力,让城镇化真正成为缩减或抑制中国经济社会的结构性紧张或对立过程,成为以人为本的社会进步过程,让人的权益保护和发展成为引导问题解决的主线和主轴,就必须要深刻反思城镇化历程和新型城镇化。要克服有“逐级加速”态势的地方“项目制”城镇化,从乡村向城市流动的“单向度”城镇化,新的责任引导模式要解决好两个关键问题:一是城镇化主导的利益内卷问题,即政府本位性决策与逐利,导致政策偏好的私化,甚至形成“有组织的不负责任”,从而遗留城镇空心化甚至烂尾化的格局。二是城镇化的应然主体边缘化问题,特别是农民对于土地权益增值的决策参与度和成果享有度低下的状况,必须慎重对待。要有序回应上述问题,以“新四化”循序解决农村农业与乡镇企业二元结构、城镇地区正规就业和非正规就业二元结构是关键。[②] 为此,需要以产业为核心支撑、城市群发展为方向、以新农村建设助力“三农”现代化为侧重,开辟城镇化推进的多元化路径。面向未来,由城镇化转向新型城市化,推动城镇城市化,是进入现代化新征程后需要关注的重要问题。城市成为现代化的策源地,城市化的新内容成为发展的新动能。[③]

① 李强等:《多元城镇化与中国发展》,社会科学文献出版社 2013 年版,第 2—3、79 页。

② 胡鞍钢:《中国特色城镇化新在何处——“四化”同步破解“四元”结构》,《人民论坛》2012 年 2 月上期。

③ 洪银兴、陈雯:《由城镇化转向新型城镇化:中国式现代化征程中的探索》,《经济研究》2023 年第 6 期。

第四章 “治理进阶”:新型城镇化战略中的人本议题

以人为核心的新型城镇化战略,实质就是要围绕“人”的城镇化而非“物”的城镇化,再造城镇化的目标、流程、机制、动力、资源、参与和保障等公共治理体系,实现城镇化的健康可持续发展。新时代深化以人为核心的新型城镇化,关键要解决好真切以人为本的治理供给侧结构性改革,其中,需要关注“以需导供”“成长阶段”和“承载界面”治理关系链的合理构建与调适问题(见图4-1),高质量的人本化城市品质是中心。为此,关注全生命周期的人之发展需求、农业转移人口市民化、城市功能人本化、产城融合发展以及城乡公共服务均等化诸难题是思路主轴,围绕人之需求的半城镇化、再城镇化、县域城镇化与城郊城镇化是治理的主要形态。

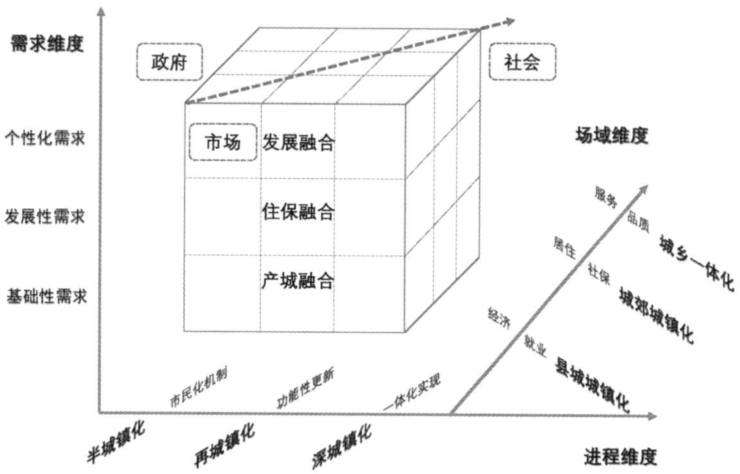

图4-1 本章逻辑关系图

新时代以人为核心的新型城镇化的制度路径研究,主要围绕做好六个“点”:(1)立足点:在于清理盘点既有城镇化实践中以人为本的积极政策与经验探索,找准从哪里出发;(2)着眼点:在于清晰准确梳理面向美好生活新型城镇的人本化需求体系所包含的范围、层级和具体事项,弄清楚出发去哪里;(3)引领点:在于找准为回应民众对品质城市生产生活和生态需要所面临的制度缺口,搞清楚从哪里发力切入;(4)重难点:在于为半城镇化、再城镇化等城镇化进程中的农业转移人口市民化、已城镇化区域的城市更新找到突破口,研究清楚城镇化的人本化质量如何提升;(5)聚焦点:在于面对县域城镇化、城郊城镇化场域的产城融合、特色小镇发展与城乡公共服务均等化等治理的热点、痛点和堵点,明细经济发展、充分就业、公共服务与社会保障等如何落定到“人的全面发展”上来;(6)归宿点:在于为经济社会高质量发展和人民美好生活的实现提供负责任的行政权能支撑和公共治理保障,优化设计以需确权、以责赋职、职责相容、规范高效的政府职责体系。

一、纾解“半城镇化”:农业转移人口市民化机制

(一)“半城镇化”与市民化

城市化率的迅速提高导致世界各地的都市区不断溢出其原有边界进入外围环境,半城市化或半城镇化地区多年来成为城市和区域研究的热点。研究表明,早期半城市化地区的研究对象多为城市用地扩张与房地产开发,随着时间的推移,逐渐转向农林业发展与生态保护等方面。土地利用与景观格局等空间要素的变化是半城市化地区演变研究的重点;而人口流动与社会经济转型相关研究主题词较为分散、研究方法各异,则应受到更多的重视。[①] “半城市化”是一种介于回归农村与彻底城市化之间的状态,它表现为各系统之间的不衔接、社会生活和行动层面的不融合,以及在社会认同上的“内卷化”。由于系统、社会生活和行动、社会心理三个层面的相互强化,农村流动人口的“半城市化”出现长期化的变迁趋向,这是对中国社会发展提出的一个严峻挑战[②],同时需要高度关注内嵌于本地社会网络中的个体社会资本和城市身份认同对于农村流动人口城市融入具有更强的作用。[③]

以人为核心的新型城镇化,其重要问题之一便是循序纾解“半城镇化”,尤其要着力解决农业转移人口的市民化问题,通过合理分担城市融入成本、构建离乡退转机制、保障土地权益、增进公共服务覆盖等,提高城市人本化接纳和发展品质。消解半城镇化现象,核心在于系统化地解决好庞大

① 詹子歆、戴林琳:《近 20 年全球半城市化地区识别与演变的研究热点与趋势——基于 CiteSpace 的国外数据库文献计量分析》,《上海城市规划》2023 年第 3 期。

② 王春光:《农村流动人口的“半城市化”问题研究》,《社会学研究》2006 年第 5 期。

③ 郭晓欣、钟世虎等:《农村流动人口城市化的影响机制——基于社会网络视角的发现》,《中国人口科学》2023 年第 4 期。

农业转移人口的市民化问题。这之中，既有城市融入成本分担不合理的问题，又有财政转移支付不准确不到位的问题，还有离土人群土地等权益转移制度缺乏问题，同时还存在城市公共服务和社会保障难以到位的一系列问题。市民化问题根本上讲是一个以人为本的城市权益保障和发展问题。

从过程动态的角度看，“半城镇化”的人本化问题实质是如何切实围绕人的需要、人的发展而发展出既有效率又有公平的健康城镇化道路来。这主要涉及农业转移人口的市民化问题。伴随着数以亿计的农业转移人口进城工作、生活，这带来了中国社会的重大变迁。然而，第七次全国人口普查数据所显示，常住人口 63.89%与户籍人口 45.4%之间存在显著落差。这种“半城镇化”概念的提出，实际上是揭示了城镇化质量不够高、城镇化发展对“人”的维度考虑及实现程度也还处于亟待提高的状态。研究表明，全国 80%以上的地级以上城市存在不同程度的半城镇化现象，且高常住人口城镇化往往伴随高半城镇化和低户籍人口城镇化①。我国现阶段的高城镇化率背后是显著的半城镇化现象：本地农民和外来农民工两个城镇化主体在郊区农村低成本居住空间短期供需“均衡”及两个主体不完全转型的发展悖论，非均衡的制度变迁及产业、空间方面的系列倾向性政策造就了郊区城镇化的诸多结构性矛盾，本地农民家庭和外来农民工家庭基于资产最优配置原则作出的“约束性选择”更深化了这一矛盾②。有研究指出，过度土地城镇化以及人地要素失调引致了我国的半城镇化困局，人地要素失调率的增长将带来半城镇化的加速③；我国半城镇化困局呈现为一个累积过程，由于政策约束，半城镇化人口从自身群体脱离需要漫长的过程④。与此同时，研究者指出，房价上涨过快不利于农村转移人口市民化，而土地供给错配是造成房价上涨的重要根源。土地供给减少导致房价上涨，进而推升了人口半城镇化率，抑制了农村转移人口市民化；为了促进农村转移人口市民化，有必要调整限制大城市而鼓励中小城镇发展的政策⑤。此外，还有从人

① 李爱民：《中国半城镇化研究》，《人口研究》2013 年第 4 期。

② 朱金：《特大城市郊区“半城镇化”的悖论解释及应对策略——对上海市郊的初步研究》，《城市规划学》2014 年第 6 期。

③ 许刚、郑沐辰、王亚星等：《中国人口与土地城镇化：演化趋势、区域和规模差异及测度方法比较》，《中国土地科学》2022 年第 5 期。

④ 杜书云、牛文涛：《中国“半城镇化”困局的成因及破解机制——基于 1981 年至 2012 年城镇化数据的实证研究》，《吉林大学社会科学学报》2015 年第 3 期。

⑤ 文乐、彭代彦：《土地供给错配、房价上涨与半城镇化研究》，《中国土地科学》2016 年第 12 期；文乐、彭代彦等：《土地供给、房价与中国人口半城镇化》，《中国人口·资源与环境》2017 年第 4 期。

口半城镇化与产业非农化的时空耦合关系[①]、我国人口半城镇化空间差异的多尺度分析[②]、中国人口半城镇化率时空分异特征及影响因素[③]、产业空间演化视角下乡村型半城镇化地区的转型[④]等等研究。也有研究明确指出，中国的城镇化发展存在两个典型事实：城市建设的规模偏向、农村人口的永久性迁移与制度性迁移分化，均明确指向现行的土地制度安排。当前关于土地制度与半城镇化关系及改革方向有三类分歧：土地制度优势论认为半城镇化是制度运行的理想结果，土地制度扭曲论认为要重构土地私权，稳健的改革论认为关键是提防城镇化中的土地私有化陷阱与重构利益分配机制。在现行土地制度框架内，“半城镇化”问题是农村人口微观行动策略与地方政府宏观政策选择的合意均衡。突破“城市融入”的惯常认识，从“农村退出”视角，探讨农地制度与半城镇化的关系，并试图破解劳动力意义上的“人地分离”与保障意义上的“人地依附”这一矛盾。改革的理想状态是，地方政府与非属地进城农民建立起激励相容机制，以走出地方政府增长选择与农民损失厌恶的博弈困局，实现半城镇化到完全城镇化的转型。[⑤]

（二）矫正“半城镇化”需要聚焦的问题

究竟哪些制度、机制或政策问题限制了农业转移人口的市民化？其抑制点位在哪里或哪些地方？“梗阻”形态如何表现、实质何在、肇因何在？这些复杂缠绕的问题，需要深入探究。为此，对于“半城镇化”的人本化矫正，就需要着重研究如下问题：

第一，“半城镇化”具体表现的类型学研究。城镇化是长周期的实践活动，包含经济、社会、文化、空间和生态等多个方面，彼此进度不一，其中最为主要的是土地城镇化，而人、人的身份和权益保障却还在乡村[⑥]。这给城市

---

① 苑韶峰、朱从谋等：《人口半城镇化与产业非农化的时空耦合分析——以浙江省 67 县市为例》，《经济地理》2017 年第 3 期。

② 单良、韩放等：《我国人口半城镇化空间差异的多尺度分析》，《中国软科学》2017 年第 5 期。

③ 韩增林、温秀丽：《中国人口半城镇化率时空分异特征及影响因素》，《经济地理》2017 年第 11 期。

④ 丁伟丰、罗小龙：《产业空间演化视角下乡村型半城镇化地区的转型》，《经济地理》2020 年第 12 期。

⑤ 朱要龙：《土地制度安排与半城镇化问题研究：分野、论争及引申》，《中国人口·资源与环境》2018 年第 11 期；朱要龙、刘培培：《农地制度、土地依附效应与半城镇化问题研究——基于人口农村退出视角》2020 年第 2 期。

⑥ 王继威：《新型城镇化视角下土地城镇化与人口城镇化协调发展分析》，《农业经济》2023 年第 6 期。

治理留下大量隐性和显性问题,对于进城务工者或农业转移人口而言,其生存、发展和保障受到严重抑制。[①] 为此需要研究,究竟有哪些问题是半城镇化导致的,如何归类,这为后续问题的认识和解决提供基础。

第二,“半城镇化”实质研究。半城镇化究竟属于何种性质的问题,有何影响或危害,原因何在,这需要系统化地去予以厘清。数以亿计的农业转移人口进城工作、生活,是中国社会的重大变迁,一个“城市中国”的样态正逐步呈现,但是,这一过程并非均速的、等质的。不同区域、不同领域的城镇化水平参差不齐,处于过渡状态的人群的基础权益和发展权益究竟如何保障,按照怎样的价值排序循序解决等,仍需深入探究。

第三,“半城镇化”进程中农业转移人口市民化的城市融入成本研究。目前,制度性的梗阻究竟在哪里,其中一个至关重要的原因与农业转移人口的城市融入成本紧密相关,这背后是一系列的制度机制叠加,需要深入剖析。要对城市融入成本进行合理分担,但究竟如何分担,涉及的成本费用从何而出,如何保障可靠来源,如何既有效率更有公平,尤其值得关注。

第四,“半城镇化”进程中农业转移人口市民化机制研究。需要探寻构建怎样的机制或机制群,方可缓释现有的困局。这方面理论界和实务界均有一定探索,仍需深化。诸如财政转移支付的精准性,离土人群的权益保障和转换,“三权分置”的实现机制,如何有序接纳庞大农业转移人口,制度化地供给社会保障和公共服务。

从思路上看,以人为核心的新型城镇化的推进,实质上是资源配置系统的转型变革,在治理的目标、治理的资源、治理的动力以及治理的参与和保障等方面,都需要进行系统化的优化调整。城镇化的一个重要现象是大量人口非农化,即农业转移人口如何实现市民化。人户分离已然大规模呈现,户籍制度背后的相关权益附着虽有松动,但并未实质性改变[②]。农业转移人口向城市生产生活的转移,其市民化的主要制度约束究竟何在、市民化的融入成本如何计算、如何分担、如何保障;市民化进程中的社会保障与公共服务如何覆盖和提供,离土离乡的家庭和人群,他们的土地权益如何转化、国家财政转移支付如何优化等,均需深入探讨。

---

① 根据研究,土地财政与城市化质量之间存在倒U型关系,随着地方政府对土地财政依赖程度的加深,土地财政对城市化质量的影响由促进转向抑制,且这种倒U型关系存在地理区位和城市等级的异质性。参见李慧:《土地财政、创新驱动与城市化质量》,《江海学刊》2022年第6期。

② 刘涛、卓云霞、彭荣熙等:《基于城乡人口变动视角的中国城镇化地域类型时空演变》,《地理学报》2022年第12期。

二、精耕“再城镇化”：功能优化的城市更新机制

精耕“再城镇化”，要解决的根本问题是对业已建成区域进行功能优化与拓展，以城市更新方式实现城镇化发展的以人为本。在这之中，城市更新的战略、策略、重心、资源、动力、参与以及保障等议题，均需要从新型城镇化供给侧结构性改革的角度出发，协同改革，整体推进。

（一）作为再城镇化的城市更新

再城镇化以城市更新方式来提升业已城镇化区域的空间布局、城市功能和发展能力，使之从生产、生活和生态上都能够满足现代城市社会人之发展的全面需要①。城市更新本质上是一场持续的围绕人的权益保障和促进全面发展所展开的新治理。新形势下的城市更新，是一种对城镇地区那些已不适应现代城市生活的物质空间和人文生态作必要的、有计划的改造或重建活动，是实现以人为核心的新型城镇化之关键路径和重要内容②。目前既有的城市更新的研究，较多地关注城市基础设置和城市空间的演进与优化③，对于在此基础上更为值得关注的全面面向人的就业、保障与服务等方面的研究，虽有所涉及，但总体还处于待深入阶段。

首先，再城镇化的性质研究。提升城市的生产、生活以及生态品质，实现再城镇化过程中城市功能的人本化优化升级，需要深入关注。迈上新发展阶段，新型城镇化的重点不在于人口由乡村向城镇的空间转移，而是进城人口和“城里人”的城镇化，是对早先已“城镇化”的地区进行再城镇化，旨在着力增强城市宜居性，让人民群众共建高品质城市空间、共享高品质城市生活。

其次，再城镇化过程中城市更新的战略选择问题。城市更新是中国新型城镇化走向高质量的关键路径，其关键在于城市功能的更新与发展，尤其要注意在此过程中平衡各种利益。基于实践案例调研，探究有哪些既有的成功探索、面临哪些重大问题、如何有序推进、尤其是在“规划—建设—管理—运行—服务”的过程中，如何围绕人之需要做好服务民生福祉的安居乐业等事宜。

---

① 葛天任：《都市权力结构与土地利益分配——快速城镇化时期北京城市更新的空间政治经济学》，《广西师范大学学报》（哲学社会科学版）2022 年第 4 期。

② 钱振明：《“新型城镇化”亟需城市更新战略优化》，《新华日报》2021 年 12 月 17 日。

③ 陈晟：《中国城市更新理论与实践》，中国建筑工业出版社 2021 年版。

最后，再城镇化过程中城市更新的重点难点问题。城市更新既是空间更新，又是管理更新、机制更新；既是发展更新，又是权益更新、保障更新。为此，特别需要关注半城镇化与再城镇化的有机融合问题。半城镇化与再城镇化的问题是交织的，既有新融入市民的融入难、发展难、保障难等困扰，也有原住民的更新难、拓展难和优化难等障碍以及共同面临城市就业、社保、交通、教育、医疗卫生、生态环保、发展机会等共性问题，需要统筹思考、顶层设计，一体推进，以求在寻得“最大公约数”的基础上得以渐进一体化的制度解决。

再城镇化需要关注既有城镇化存在的“存量”问题，还需要对照新的发展阶段、新的发展需求和新的发展理念，系统实施城市更新。为此，从研究思路上，主要包括再城镇化究竟面临哪些问题、以城市更新方式来展开再城镇化是否解决问题，城市更新选择怎样的策略、已有的各地探索有何有价值的经验或模式，城市更新要更新的内容、范围、层次、程度如何确定，社会如何参与，怎样达成城市更新的功能更新升级与服务拓展，从而服务于已城镇化区域的各类人群能够享有公平的城市机会、优质的城市管理服务和完备的城市保障，为再城镇化的人本化功能升级迭代和实践发展提供指导性建议。

（二）实现城市有机更新需要处理好的十大关系①

城市既是生存之所、发展之所，又是机会之所、财富之所，更是创造之所、创新之所。城市更新就是要这些“所”得其所。城市更新，是通过对城市既有结构与功能进行优化升级、不断提升城市品质，以更好满足民众的城市期待和经济社会生活需要的城市发展活动。进入新时代，社会实践结构的城市性日益加深，进入由大规模增量建设转为存量提质改造和增量结构调整并重阶段，回应新时代市民对美好生活的新期待，城市有机更新需要着力处理好以下十大关系，以推进在创新融合中实现城市有机更新。

第一，人本化战略与务实性策略。城市更新的基础问题是实现城市发展的深度人本化。以人为本的城市更新，将让城市更美好。新时代的城市更新，需要直面国家发展的新方位、城市发展的新阶段和市民生活的新需求。城市更新战略的人本化，需要超越于既往围绕土地开发为核心的拆建模式，将城市更新建置在对城市以人为核心发展的主线上来，实现由注重规模容量的城市增长主义逐步向侧重内涵品质的城市高质量发展转型。而策略上的务实性，则要求妥善处理生产、生活、生态的关系，通过构建目标的多

① 黄建洪:《城市更新需要处理好几对关系》,《群众》2022 年第 8 期。

维性、政策的系统性、资源的整合性、过程的参与性、机制的协同性、评价的开放性来达成目标。城市更新的表征是心中有“城”，核心价值依归是心中有“人”。务实性的城市更新策略，就是要解决城市更新目标的模糊性、内容的空泛性、过程的封闭性、参与的低效性以及效果的短期性，杜绝象征性治理或选择性治理，以“人民城市”的本真涵义来构筑城市更新的新样态。这样，城市更新就能够在调动城市各方积极性、协调保护和促进各方利益的基础上，促进根植性、提升共生性以达成共享性。

第二，近期目标与远期愿景。城市更新不可能一蹴而就，当然也需摒弃浅表随意修补，需要谨慎处理好城市更新的近期可欲目标与远期美好憧憬。近期而言，可以通过试点探索和示范引领，探索城市更新的政策机制、标准体系、方式方法，循序提升城市的安全指数、宜居指数、低碳指数和活力指数，促进城市有机生长。长期来看，则需要构筑较为完备的城市更新体制机制、落定“五位一体”协同治理、建成宜居、宜业、宜创、宜游的城市发展新典范。这二者关系的妥善处理，有助于从整体上抑制和规避急速“造城”或任由“塌陷”等不健康城市现象的发生。远近目标关系的处理，实际上就是把顶层设计的前瞻性、规划发展的科学性、具体行动的协同性以及运营维护的持续性结合起来，实现有机更新、和谐发展。

第三，持续性内涵与可依托抓手。城市是一个复杂的生命有机体，有其发展的承载力和规律性。城市更新的可持续内涵，要义在于构筑人与自然和谐共处的天人关系以及人与社会、人与城市彼此接纳的社会关系。为此，城市更新需要充分体现其经济内涵、空间内涵、文化内涵、社会内涵、生态内涵的整合，把多元复合性的目标融入到阶段性的实际建设行动，尤其是城市生态空间修复中去（如充分考虑碳达峰碳中和的城市行动），形成实践行动力。既要充分考虑原住民的生产生活发展，又要为不断加入城市的新市民提供足够的空间、机会与保障，让人们“来得了、留得下、发展好”。既要有安全可靠的城市秩序以及城市更新过程中的安定有序，又要确保城市拥有足够的活力，让市民城市生活内涵充盈、活动精彩。从这个意义上讲，城市更新首要的是民生保障更新和民生发展更新。城市更新的抓手可以依托于此围绕百姓“急难愁盼”的重难点领域循序推进。

第四，结构更新与功能升级。深度地看，城市更新绝非简单的修修补补，而是旨在通过对城市基础设施结构、人与城的交互结构的更新迭代，实现城市功能的升级。这种升级，既包括城市便捷交通、消费、休闲、文体等日常生产生活的功能提升（尤其是居住空间与品质小区打造上，诸如“十五分钟”生活圈完整社区、“一老一小”全龄社区建设，以及加强生态空间的有机串联以及与城市公共生活的有机融合等)，还包括基于社交距离紧密化条件下对以城市安全为核心的城市韧性的系统性强化。譬如，对既有建筑安全隐患消除、市政基础设施补短板、老旧住区宜居改善、低效产业用地活力提升等，属于显性更新领域。与此同时，对于应对重大突发公共卫生、安全生产、自然灾害等事故事件领域，夹糅着大量传统与非传统安全因素，需要在更新中提升韧性规划建设来予以实现。将“补短板”“强弱项”与“长优势”结合，这样的城市更新，则将合理预期有助于给城市居民带来获得感、幸福感和安全感的循序提升。

第五，产城融合与能级提升。城市让生活更美好的基础是充分就业。城市更新中，规划或升级特色产业园区、街区或小镇，需要充分考虑产城融合，既注重既有基础的传承和创新，更注重集约和集群的发展，做好“退二优二”“退二进三”，促进新业态发展，为城市繁荣发展做好“打底”工作。需要密切关注设施共享、空间联动、功能融合与职住平衡，杜绝将城市更新简单粗暴地置换为房地产开发。在此过程中，以城市更新促创意、促创造、促创新至关重要。做到城市更新中实现经济高质量发展与社会和谐进步，如果说产城融合是创造物质财富、形成充足人口集聚的基础，那么形成促进“独角兽”企业、“瞪羚企业”、总部经济、枢纽经济发展的创新生态，构筑既有高原、更有高峰的创新集群、创新品牌和创新核心竞争力，则是城市更新的深度价值之一。围绕创新与创造而形成的城市想象力、城市发展力，是城市能级的核心。

第六，载体更新与文化发展。既要有、又要超越于改善基础设施、实施旧城改造的格局，城市有机更新需要整合文化叠加性目标，即城市文化的发展。城市文化通过城市文化思维、城市文化载体、城市文化产品、城市文化服务力等诸多方面展现出来，是塑造城市记忆、提升城市形象、凝聚城市气质的基础。形成包容性的、发展性的现代城市文化，既需要关注对历史街区、老旧厂区、古旧村落等城市景观、城市风貌的保护利用，更为重要的是在活化保护中实现发展，实现传续城市文脉、赓续优秀传统基础的法治文化、创业文化以及兼收并蓄的文化融合发展。尊重城市肌理，不搞简单切割或离奇古怪的新造运动，创新古城保护的体制机制，深度挖掘城市文化传统，做足文化内涵，兼顾地方特点与实际需要，构筑古今交融、品质优良的城市成长新版图。

第七，共识议题与个性特色。城市更新需要统筹处理大量物质性老化、结构性脆弱、功能性衰退，更需要积极对待城市拓展和扩容过程中的生存与发展、共享度与个性化等复杂议题。以综合推进振兴经济、改善居住、整治环境和民生改善等多重发展目标，在更广泛的社会与经济复兴意义上实现城市再生、城市发展与城市繁荣。尊重规律、敬畏历史、遵循民意,在广泛合意的基础上推进城市更新。与此同时,要规避千城一面、千城一样。城市的个性发展,是基于对城市历史传统、所处区位、资源禀赋、既有基础以及发展所需等所作出的特色化发展,这对于鼎定城市地位、形成城市优势、塑铸城市品质具有积极意义。这实际上也就提出了城市更新需要更加深切地贯彻因地制宜、精准施策、科学发展原则。譬如,老城新城“双面绣”的城市发展,需要在深度和厚度方面继续打磨,使之成为更为亮丽的城市名片。但具体到各个不同板块场域,其具体的更新建设“靶向”应该是有所选择的,需要科学论证、慎重作为。

第八,空间重构与代际正义。毫无疑问,城市更新需要妥善处理城市的历史与现在以及与未来的关系。在对旧城改造与新城建设的统筹中,需要从更优的城市功能、更切合市民对美好生活需求的角度,进行国土空间规划,以多规合一的方式来展开微更新或连片更新,注意应保尽保、以用促保、活化利用,做到存量的激活与增量的适度,打造“主客共享”的品质场所和文化空间。更新中,将空间的立体性、平面协调性、风貌整体性与文脉延续性,系统谋划、科学推进。这样的行动,实际上是对城市的情感纽带、文化纽带与利益纽带进行维护、修葺与重构。尊重传统而又有所扬弃和创新,关注当下而又有所约束和敬畏,放眼未来又留下足够的资源和空间,构筑城市健康生长的“历史—现实—未来”时空大格局。这样的过程,既是空间正义的过程,又是代际正义的过程,更是能够达成人与自然和谐相处的环境正义过程,让城市生活看得见山,望得见水,记得住乡愁。

第九,规建一体与管服优化。以“大”城市发展的格局构建引领城市更新,实现城市更新的有机化,就需要树立“策划—规划—设计—建设—运营—管理—服务”的系统城市治理观。突破碎片化与应景性,严守负面清单事项规定,矫正发展失衡,治理“城市病”,意味着城市治理的空间尺度与时间尺度的合理化调整。这就需要着力解决城市建设过程中诸如城市生存与生活、增长与发展、地上与地下、载体与功能、城市与乡村、效率与效益、创新与能级、品牌与品质等复杂问题,构建起城市新的交互网络和安居乐业共同体。譬如,住区街区一体化联动改造,就需要科学谋划、因势利导,也需要政府、居民、市场成本共担、利益共享,形成合作治理。这之中,以党建引领下的安为本、居有序、乐有益、业为根的认知和实践,以体系化、项目化和载体化的方式推进,有助于将城市更新安置在美丽宜居这一最朴素的初衷之上,善作善成,久久为功。

第十,智慧有为与协同治理。充分利用大数据、互联网、物联网等信息化技术，将数字治理、数据治理迭代升级为智能治理、智慧治理，打造智慧城市、智慧社会。一方面，高度重视新技术的导入与新场景的打造，以新平台促进新发展、重构新服务。结合城市更新适度超前布局基于数字化、智慧化的新型基础设施建设，推进市政公用设施、公共服务设施、环境基础设施智能化升级和物联网应用，以及改造交通、水电气热等终端系统，建设智能停车设施、智能电杆等，为5G的综合运用提供支撑，推动智慧城市与智能网联汽车协同发展，加大智慧楼宇、智慧社区、智慧街区、智慧商圈建设。另一方面，需要结合城市运营中心或“城市大脑”的建设，实现线上线下、管理服务的深度整合，在城市更新中实现一网通办、一网统管、一网通用和一网共享的可靠承载与有效运转。同时，城市更新过程中，应坚持“人民城市人民爱、人民城市人民建”的理念，更为开放地展开意见吸纳和利益整合。积极探索符合城市实际的建设、土地、规划、财政、审批等政策集成创新，同时引导金融资本、社会力量参与城市更新，构建城市更新治理的共同体和智慧化的协同治理体系、长效治理机制，统筹好安全与发展，以促进城市更新行动成为共建共治共享美好家园的生动实践。

面向美好生活需求的新时代城市更新，需要发展出有机统一的、关联主义的、良性互动的城市成长机制，实现生活政治时代城市的有机更新与适切性可持续成长。有充分的理由相信，笃定坚持城市更新的人民城市逻辑与权利原则，围绕市民需求的全生命周期开展城市更新行动，持续深度构建更高质量满足人民群众对美好生活向往的宜居、绿色、韧性、智慧、人文的城市治理体系，就一定能够在持续推进中国式现代化的新征程中，走出具有中国特色、呈现时代特征和彰显人本特点的城市更新道路来。

三、升级县域城镇化：产城与民生融合发展机制

（一）升级县域城镇化何以重要

着力强化县域城镇化，尤其关注县域城镇化的质量内涵，是构筑城市群和都市圈健康发展、实现以人为本城镇化的重要路径。县域城镇化需要围绕人的需求，从基础设置升级、产业集群化发展、产城融合发展、提高社会保障和公共服务水平等方面系统推进①。作为拱卫城市群和都市圈的县域城

① 左停、赵泽宇：《共同富裕视域下县城新型城镇化：叙事逻辑、主要挑战与推进理路》，《新疆师范大学学报》（哲学社会科学版）2022年第6期。

镇化,在区域经济、充分就业、公共服务与社会保障等方面实现深度的产城融合,是以人为核心的城镇化的重要内容与可行途径。至关重要的问题在于,为地方政府与市场、社会的协同找寻到既控制成本、又体现发展性和包容性的城乡互嵌模式与利益平衡机制。

加快城市群和都市圈的基础在于以县城为载体场域的卫星城市建设。县域城镇化和县城城镇化,大有可为①。绝大多数农业转移人口的城市化或城镇化方式,应该考虑在城市圈或都市圈里的县城、卫星城或小城镇进行转移融入。一方面,并非所有的国人都进入北上广深等一线城市工作和生活;另一方面,经验事实和理论发展都证明,绝大多数农业转移人口的城市化或城镇化方式,应该考虑在城市圈或都市圈周围的县域完成。这是因为,过度大城市化,会造成严重的城市病,同时也不是人口大国治理有效性可以保障的模式选择。升级县域城镇化,通过产城与民生融合发展来推进以人为核心的城镇化,是未来的可选路径。

研究指出,农民在县域城镇化与基层社会互动中存在三种关系模式,即“工薪式”城镇化类型、“两栖式”城镇化类型、“突围式”城镇化类型,这些实践差异由区域性市场辐射强度、县域工业资源、县域农业资源条件三方面形塑而成②。青年群体的县域城镇化存在主动选择、被动中主动选择以及被动选择三种形式,其本质是个体空间实践与想象不符所面临的向上流动受阻后的自我应对。不同个体的相同选择背后呈现各异的心路历程和复杂的因素交织,相关研究可以为推进我国城镇化下半场的高质量发展

① 刘丽娟:《县域城镇化的区域差异及高质量发展路径》,《北京工业大学学报》(社会科学版)2023 年第 3 期;姚毓春、夏宇:《县域城镇化推动中国式现代化建设的内在机理与实现路径》,《农业经济问题》2023 年第 3 期;刘建娥、凌巍:《中国县域城镇化再抉择——社会性流动的重大转向与系统性构建》,《社会学研究》2023 年第 3 期;白美妃、孙国嫄:《城乡两居与合一:县域城镇化进程中的代际关系与养老安排》,《中国农业大学学报》(社会科学版)2023 年第 1 期;陆铭、李鹏飞:《区位与分工:论统一大市场建设下的县域城镇化》,《农业经济问题》2023 年第 1 期;刘彦随、杨忍、林元城:《中国县域城镇化格局演化与优化路径》,《地理学报》2022 年第 12 期;张勇:《公众参与县域城镇化建设:困境、定位与路向》,《华北理工大学学报》(社会科学版)2022 年第 6 期;刘海龙、张丽萍、王炜桥等:《中国省际边界区县域城镇化空间格局及影响因素》,《地理学报》2023 年第 6 期;袁梦、杨华:《农民县域城镇化的实践逻辑与社会风险》,《城市问题》2022 年第 7 期;贺雪峰:《大城市的“脚”还是乡村的“脑”?——中西部县域经济与县域城镇化的逻辑》,《社会科学辑刊》2022 年第 5 期;朱华雄、王文:《经济视角下的县域城镇化:内在逻辑、难点及进路》,《新疆师范大学学报》(哲学社会科学版)2022 年第 5 期;高妍蕊:《新型城镇化要因地制宜推进县域城镇化建设》,《中国发展观察》2022 年第 5 期。

② 朱云:《县域城镇化实践的差异化类型及其形塑机制》,《城市问题》2021 年第 12 期。

提供参证①。也有研究指出,人口流动的空间集聚具有明显的"节点"特征,人口自分散的区县向大城市为中心的城市市辖区的集聚过程十分明显;人口流入和流出的双向集散过程对城镇化有不同的空间非平稳影响;城镇化效应具有显著的空间梯度性;人口负担反映的劳动力不足是制约县域城镇化的重要机制渠道②。脱离工业支撑和农业生产的县城具有"非工非农"特点。县域城镇化在农民可自主进城与自由返乡的城乡之间,塑造了县域这一第三空间,我国基层社会从城乡二元变成城乡三元结构。推进新型城镇化尤其要重点关注农民就业问题,避免地方政府在土地财政的激励下,片面追求人口城镇化③。当前,我国工商业主导型地区的县域城镇化呈现出"离土不离乡"的区县空间跨度、非农化的劳动力资源配置、外溢型的城乡资源流动方式等特征,农业主导型地区的县域城镇化呈现出人口"两栖式"空间流动、"半耕半工"的家庭劳动力配置、吸纳型的城乡资源流动方式等特征。其逻辑根源为农民家庭的经济伦理转型及其由此展开的行为策略构成了县域城镇化的拉力,政府主导的城镇化发展模式及推动策略构成了县域城镇化的推力④。县域是乡村振兴、城镇化和城乡融合发展的前沿阵地。当前,县域城镇化主要表现出县城人口密度较低、县城流动人口落户意愿较低、县域经济发展水平不高、公共服务有待优化、县城建设水平快速提高等特征。未来全面提高县域发展质量、构建县域新型工农城乡关系,尤须着力⑤。

(二) 县域城镇化的着力点

第一,既有县域城镇化的水准、问题及需求研究。"郡县治,天下安。"从治理单元的可靠性讲,于国家和社会的稳定而言,县治的重要性不言而喻。同时,更为值得关注的是,城镇化背后实质上是人的城镇化。目前我国的县域城镇化究竟是何水准、存在哪些问题、对照新的发展存在哪些短板,要缓解的问题以及实现人本化的引导发展,需求何在,等等问题仍待深化。故此,未来城镇化需要大力发展县域城镇化,但是基础如何、困扰何在、症结何在等等问题,需要有清晰的认识。

---

① 操小晋、朱喜钢:《生命历程理论视角下青年群体的县域城镇化与地方认同——基于Y县的个案研究》,《城市发展研究》2021年第12期。

② 李玉文、侯新烁:《人口双向集散对县域城镇化的影响及其空间梯度》,《经济地理》2021年第9期。

③ 桂华:《城乡三元结构视角下的县域城镇化问题研究》,《人民论坛》2021年第14期。

④ 韩鹏云:《县域城镇化的区域差异与发展之道》,《中州学刊》2021年第7期。

⑤ 苏红键:《中国县域城镇化的基础、趋势与推进思路》,《经济学家》2021年第5期。

第二,县域城镇化中的经济发展问题。当前城郊经济正在从分化走向协调发展,现代城郊经济具有高度融合、高度一体化等特点,但是如何能够更加持续健康发展、为县域城镇化提供优良的产业基础(即增强产业支撑能力,建立各具特色、符合主体功能定位的现代产业体系)以及相应的就业支撑,对不同区位和资源禀赋的县域实施分类的城镇化推进策略,至关重要。城郊经济在不断地分化,因地制宜与因时制宜的结合,产业兴城与发展富城的融合,都表明地方政府应采取有效措施促进城郊经济协调发展,以实现在大都市圈内的共同繁荣。

第三,县域城镇化发展的其他重点领域问题。要加快推进县城的发展,可进一步聚焦研究:如何实行差别化战略,如何按照现代小城市的标准来推进县城的建设;如何强化县城的中心功能,尤其是加强基础设施建设,提高公共服务水平和质量、缩小公共服务差距,增强县城的中心功能和综合服务能力,辐射带动小城镇和乡村发展;如何赋予县城更多的资源整合使用的自主权,同时防止资源过度地集中以及产生“虹吸”效应,还需要警惕对县城资源的过度投放而抑制其他建制镇、中心镇的协同发展;以及如何扎实提高县城的人口吸纳能力和吸引力,处理好户籍、身份、保障等相关问题,围绕人之需要和发展来规划、供给与提升,对于县域城镇化的人本化发展,意义重大。

县城可以作为构建城市群和都市圈的支撑点,大有可为。要解决县域城镇化实践中产业、就业与民生发展的“脱嵌”问题,经济发展、民生就业、公共服务、社会保障以及县城基础设施升级与各乡镇之间的协调互动等议题,都需要在以人为核心这一新尺度的衡量下重新认识和重新建构。如何有效地提高产城与民生的融合发展问题、在制度机制上如何拓展,尤需关注。

四、夯实城郊城镇化:城乡公共服务均等化机制

(一)特色小镇建设

城郊城镇化的有效载体是特色小镇建设。以人为核心的特色小城镇模式,就是要将产业发展、充分就业、民生保障等做一体化的协同推进,着力在城乡公共服务均等化方面构筑起基础性需求与发展性需求循序实现的公共治理体系,实现人本化的制度之治。城郊城镇化的特色小镇之路,对于发展经济、促进就业和实现个性化、差别化发展具有积极意义。这是衔接城乡、促进城乡一体的重要“枢纽”,在此场域探索和推进城乡公共服务均等化对

于让民众共享城市发展红利、享有品质城市生活意义重大。

有别于传统的行政镇、工业园区和开发区，特色小镇是一种新的发展主体、新的产业平台、新的品质空间和新的制度探索①。特色小镇作为产业的新型空间组织形式，可有效推动新型城镇化、助力乡村振兴，促进生产、生活、生态“三生融合”。基于自然资源根植性和社会资本根植性两个视角，结合国民经济分类，将全国特色小镇分为 4 个主类、8 个亚类和 15 个基本类型（见图 4-2）②。特色小镇在降低空间交易费用等方面较传统的城镇化发展模式有着显著的效果，提高了资源配置效率。特色小镇这种发展模式为我国城乡一体化的发展迈出了重要的一步③。与此同时，通过对国外特色小镇案例的分析，发现特色小镇在空间选址、产业体系、功能构成、景观风貌及经营运作等 5 个方面存在不同于一般小城镇、产业平台的特征，国内实践中出现了能人的返乡创业、家族/传统的延续、名人/文化的催生、大事件的把握、企业总部的引领和新型产业契机的迎合等 6 种特色小镇发展路径。但从长远健康发展来看，需要处理好长期与短期、政府与市场、个性与普适、数量与特色、动力与平台等方面关系④，形成发展新态势。

特色小镇的类型化与差异化发展模式问题、城乡公共服务均等化障碍问题以及前述两个问题实现的政府、市场和社会协同模式问题。要有效解决城郊城镇化实践中特色小镇不特、城乡公共服务难以覆盖和均等化问题，就需要有顶层设计，有人本化需求维度，有充分的城郊经济发展思路和基础设施、公共服务、社会治理、社会保障等一系列领域的相互匹配和互为支撑。构建新型城镇的落地模式，最重要的就是要在基层、城郊县城构筑起融合生产、生活和生态的公共治理体系，引导城镇化的健康可持续发展。⑤

（二）特色小镇发展问题探索

其一，城郊城镇化的发展既有态势、主要成就、存在问题及未来需求研究。城郊城镇化是未来优化城市布局、拱卫城市群和都市圈的基础。以特

① 王海飞：《供给侧视阈下促进特色小镇高质量发展的思考——基于对浙江省特色小镇建设的调查》，《兰州大学学报》（社会科学版）2019 年第 4 期。

② 陆佩、章锦河：《中国特色小镇的类型划分与空间分布特征》，《经济地理》2020 年第 3 期。

③ 李鹏举、崔大树：《空间交易费用、产权配置与特色小镇空间组织模式构建——基于浙江特色小镇的案例分析》，《城市发展研究》2017 年第 6 期。

④ 张银银、丁元：《国外特色小镇对浙江特色小镇建设的借鉴》，《小城镇建设》2016 年第 11 期。

⑤ 邓毛颖、韦晓莉等：《中国新型城镇化与绿色发展协调演进关系研究》，《自然资源学报》2024 年第 7 期。

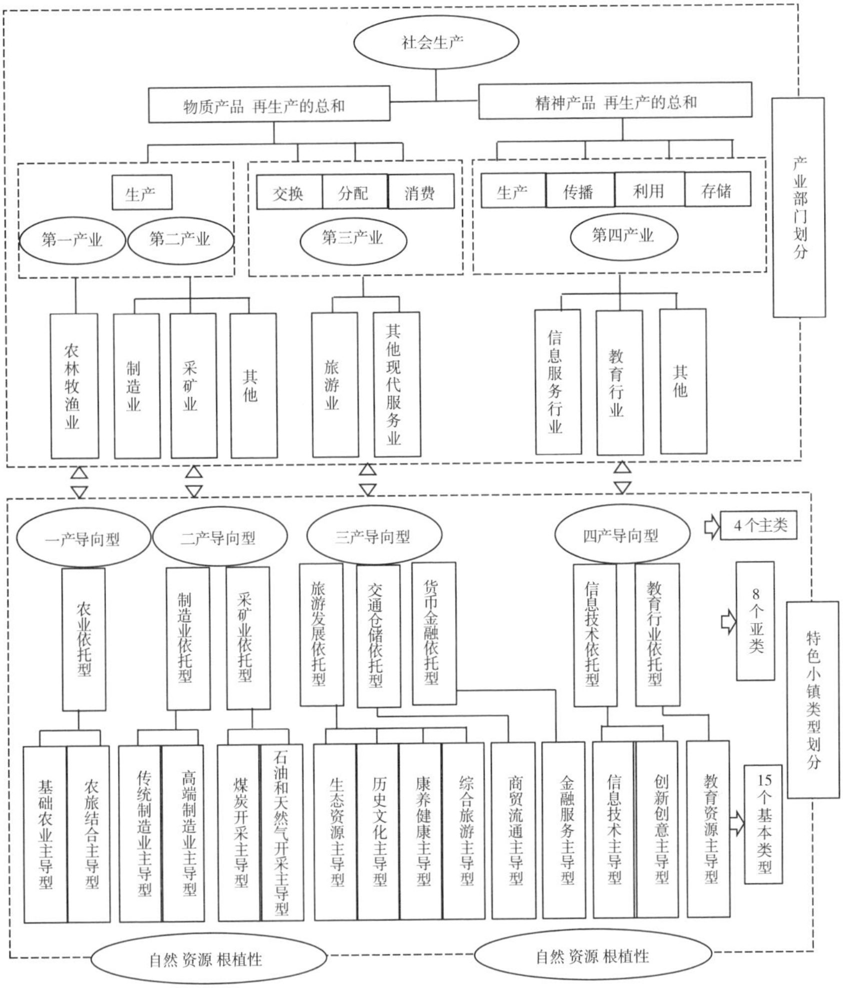

图 4-2 特色小镇类型体系图

资料来源:陆佩、章锦河:《中国特色小镇的类型划分与空间分布特征》,《经济地理》2020 年第 3 期。

色小镇为载体抓手,展开对丰富多彩的各地探索案例研究,解决特色小镇既遵循城镇化的一般规律,同时又因地制宜、充分展现地域特点、特色化发展以及个性化需求。准确呈现城郊城镇化的发展既有态势、主要成就、存在问题以及需求,是有效探究城郊城镇化质量提升议题的基础。

其二,特色小镇的性质及特征研究。城郊城镇化的方向选择——特色小镇建设。特色小镇既是生产小镇,又是生活小镇,更是生态小镇。有何总体特征、区域特征、产业特征等,需要仔细探究。尤其要注意,区分一般的大城市与中等城市的建设思路，准确理解和深入把握特色小镇的再平衡功能与人本化发展方向，对于城镇化的内涵与质量提升至关重要。

其三，特色小镇建设模式以及涉及的重难点问题研究。譬如如何做好产业的选择、发挥能人效应，做好政府的规划引导和扶持，以及构建多层次、多领域、多形式的发展共同体，都是值得深入探讨的。尤其是有关产业的特色集聚与可持续发展，如何最后反哺到当地居民的增收致富和生活水平提高、生活品质提升上来，仍然需要建置在对物本强势路径依赖的突破，寻求效率、秩序与公平动态均衡的发展模式上来。

其四，城郊城镇化过程中特色小镇建设面临的城乡基本公共服务均等化。这涉及公共服务的供给模式与成本分担调整问题。研究发现，特色小镇是辐射带动新农村的重要载体，是从根源上提高农村公共服务效率的一项举措，主要体现在四个方面：一是特色小镇扩展了农村公共服务的资金来源渠道；二是特色小镇建设有助于进一步推进公共服务多元供给制度的建立；三是特色小镇建设在数量和质量上进一步缩小城乡公共服务供给的差距；四是特色小镇聚集了农村人气，使农民有意识地参与到农村公共服务决策中。特色小镇建设为农村公共服务的发展带来新的动力，是实现农村公共服务供给现代化的有力抓手①。既要探究如何围绕基本需求的兜底保障做足底线文章，更要研究围绕对美好生活的进阶解码做好发展性、提升性、前瞻性的文章。同时，需要对地方政府的职能定位、治理工具选择以及制度供给重难点等问题给予深入探讨。

在思路方面，需要展开对丰富多彩的各地探索案例研究，解决特色小镇既遵循城镇化的一般规律，同时又因地制宜、充分展现地域特点、特色化发展以及个性化需求。如何做好产业的选择、发挥能人效应，做好政府的规划引导和扶持，以及构建多层次、多领域、多形式的发展共同体，产业的特色集聚与可持续发展。

五、新型城镇化战略中人本议题的整合

概括地讲，深化以人为核心的新型城镇化，构建以人为核心的新型城镇化的公共治理体系，是面向发展改革的“牛鼻子”，是发展中亟需理论回应和学理引导的社会重大理论与实践问题。通过系统深入的研究，对中国城

① 谈佳洁、刘新静：《以农村公共服务为取向的特色小镇建设研究》，《中国名城》2018 年第 10 期。

镇化进程道路和中国式城镇化新道路的深刻揭示，发现其中规律性的东西，为改革理念革新、权能配置优化、重点难点领域厘定、政策工具选择等重大问题作出理性研判和科学的思考，从而为确确实实解决新型城镇化以人为核心的制度设计与政策安排诸问题助力。为此，主要要解决好“供需”“过程”与“场域”三个维度上的“职权—责任”关系链的合理构建与动态调适问题。其中，“确权”是关键，“配责”是中心任务，共同指向以人为核心的新型城镇化的公共治理体系的构建和治理效能提升。

（一）以人为核心的城镇化的五个重要问题

基于上述分项讨论，以人为核心的城镇化需要着力解决的五个主要问题为：

第一，以人为核心的新型城镇化有着怎样的需求体系及既有模式中存在哪些制度缺口。既要关注以人为核心的新型城镇化的内涵与特征，与既有的或传统的中国城镇化有何不同、与西方式的城市化或城镇化有何差异，又要深究新时代以人为核心究竟要怎样体现“人本化”这个核心，以此为新时代中国新型城镇化之“新型”定位与定向。在此基础上，梳理出新型城镇建设以人为核心的需求体系，其中包括需求的基本内容、层次以及性质，给予体系的清晰勾勒。与发展需求相比较，制度供给的缺口便会呈现出来，故而需要比照性地给出制度供给涉及的范围、方式和机制，以系统化的制度设计和政策供给解决城镇化的人的各种需求。

第二，纾解“半城镇化”状态中的农业转移人口市民化制度建构。需要关注半城镇化究竟有哪些表现、类型、成因以及影响；在此基础上，设计纾解半城镇化的战略以及具体路径。一方面，关注半城镇化进程中农业转移人口市民化的城市融入成本与户籍改革。探究制度性的梗阻诸如户籍制度、融入成本过高且个体承担过多以及背后复杂的一系列制度机制叠加，分析可行的分担机制和制度保障。另一方面，关注半城镇化进程中农业转移人口市民化机制，特别是从完善财政转移支付与农业转移人口市民化挂钩相关政策，建立财政性建设资金对吸纳落户较多城市的基础设施投资补助机制和加大中央预算内投资支持力度，调整城镇建设用地年度指标分配依据、建立同吸纳农业转移人口落户数量和提供保障性住房规模挂钩机制等方面入手，并完善发展依法保障进城落户农民农村土地承包权、宅基地使用权、集体收益分配权，建立农村产权流转市场体系，健全农户“三权”市场化退出机制和配套政策。

第三，精耕“再城镇化”实践中功能优化的城市更新制度。“城里人”的城镇化是再城镇化要关注的重点，主要关注：一则再城镇化的性质，即再城镇化究竟要做什么、是什么性质。从主题上看，是对早先已“城镇化”的地区进行再城镇化，旨在着力增强城市宜居性，使人民群众共建高品质城市空间、共享高品质城市生活。二则再城镇化过程中城市更新的战略选择，究竟面临哪些重大问题、如何有序推进，尤其是在“规划—建设—管理—运行—服务”的过程中，如何围绕人之需要做好服务民生福祉的安居乐业等事宜。三则再城镇化过程中城市更新的重点难点，广泛涉及空间更新、管理更新、机制更新、发展更新、权益更新、保障更新相关的城市就业、社保、交通、教育、医疗卫生、生态环保、发展机会等复杂问题，需要统筹思考、顶层设计，一体推进。

第四，升级县域城镇化实践中的产城与民生融合发展制度。城市圈或都市圈里的县城、卫星城或小城镇进行转移融入，是加快城市群和现代化都市圈的基础。升级县域城镇化，通过产城与民生融合发展来推进以人为核心的城镇化，是未来的可选路径。为此，需要关注既有县域城镇化的水准、问题及需求。在此基础上，聚焦县域城镇化中的经济发展问题。增强产业支撑能力，建立各具特色、符合主体功能定位的现代产业体系以及相应的就业支撑，对不同区位和资源禀赋的县域实施分类的城镇化推进策略，至关重要。县域城镇化发展，其他重点领域包括如何实行差别化战略、按照现代小城市的标准来推进县城的建设；如何强化县城的中心功能，尤其是加强基础设施建设，提高公共服务水平和质量，增强县城的中心功能和综合服务能力，辐射带动小城镇和乡村发展；如何赋予县城更多的资源整合使用的自主权，同时防止资源过度地集中以及产生“虹吸”效应，还需要警惕对县城资源的过度投放而抑制其他乡镇的协同发展，以及如何扎实提高县城的人口吸纳能力和吸引力等。

第五，夯实城郊城镇化中的城乡公共服务均等化制度。城郊城镇化是未来优化城市布局、拱卫城市群和都市圈的基础。以特色小镇为载体抓手，展开对丰富多彩的各地案例探索，解决特色小镇既遵循城镇化的一般规律、同时又因地制宜、充分展现地域特点、特色化发展以及个性化需求。着重关注城郊城镇化的发展既有态势、主要成就、存在问题及未来需求，特色小镇的性质及特征，特色小镇建设模式以及涉及的重难点问题，城郊城镇化过程中特色小镇建设面临的城乡基本公共服务均等化，包括公共服务的供给模式与成本分担调整问题，为围绕对美好生活的进阶解码做好发展性、提升性、前瞻性基础，同时对地方政府的职能定位、治理工具选择以及制度供给重难点等问题进行对策设计。

（二）以人为核心的城镇化的议题整合

推进以人为核心的新型城镇化，可以概括为“一条主线、三大目标、五个领域、十项举措”的基本思路：

首先，紧紧抓住“制度需求—制度供给”这条主线。全面了解和评估现行城镇化实践中围绕人之需求和发展的制度供给、实施过程和实施绩效，梳理现行制度，进而全面分析已有职责背后的制度供给与潜在制度需求之间的差距，并提出面向人的需求体系的制度设计和政策建议。“制度需求—制度供给”这条主线既贯穿于城镇化战略推进过程的始终，又渗透于各具体领域的实践之中。

其次，全面评估既有城镇化建设的绩效，紧紧围绕三个目标进行拓展性和深化式实践。围绕市民化、均等化和品质化城镇化建设三大目标，反思和改进政府公共政策与制度安排，进而探寻展开进一步优化的聚焦点和突破路径。

再次，面向构建以人为核心、实现品质发展的城镇化治理体系。以人为核心的新型城镇化战略的落地生根，需要系统而深入地回答五个关键性问题：以人为核心的新型城镇化的需求体系究竟是怎样的、既有的制度缺口何在？半城镇化进程中农业转移人口市民化梗阻何在、究竟怎么做？再城镇化进程中服务于人本化功能升级的城市更新困难何在、怎样系统推进？县域城镇化的产城与民生融合面临哪些障碍、如何做更优？城郊城镇化进程中的特色小镇与城乡公共服务均等化问题何在、如何改进？第一个问题是总体发展需求与既有不足的检视。从可治理性的角度讲，就需要从宏观与中观结合，即面向美好生活的需要，在城镇化进程中需要具体呈现为怎样的状况、制度供给存在哪些不足，在此过程中需要政府如何与市场、社会之间良性互动，政府究竟应扮演何种角色、政府职能如何配置、政府责任如何合理设定并动态调整？实质上，这是要着力反思和回应的核心问题。每个细分的领域都需要围绕制度需求与制度供给主线展开，在制度需求与供给差距分析的基础上探索出制度供给的新方向。第二个问题，在于为半城镇化进程中的农业转移人口市民化，探索清楚城镇化的人本化质量如何提升。第三个问题，在于为再城镇化等城镇化进程中已城镇化区域的城市更新找到突破口，探索清楚城镇化的人本化质量如何提升。第四个问题，在于面对县域城镇化、城郊城镇化场域的产城融合、特色小镇发展与城乡公共服务均等化等治理的热点、痛点和堵点，明细经济发展、充分就业、公共服务与社会保障等如何落定到“人的全面发展”上来。最后一个问题，在于为经济社会高质量发展和人民美好生活的实现提供负责任的政府权能支撑和公共治理保障,优化设计以需确权、以责赋职、职责相容、规范高效的政府职责体系。

复次,在上述五个方面或领域实践中,需要穿插探索“十项举措”。即半城镇化中户籍制度改革的多维路径、半城镇化中农户“三权”(进城落户农民农村土地承包权、宅基地使用权、集体收益分配权)市场化退出机制和配套政策优化、半城镇化中财政转移支付与农业转移人口市民化挂钩政策;再城镇化的空间优化、再城镇化的功能再造、再城镇化的城乡一体升级;县城城镇化的经济发展与基础设施建设发展、县城城镇化的产业发展与充分就业融合发展、县城城镇化与建制镇的协调发展;特色小镇的特色化路径与城乡公共服务均等化的落地。在此基础上设计政府权力清单、政府负面清单、政府责任清单等,以政府精准化运行助力新型城镇建设。

最后,以“一条主线、三大目标”为统领,重点聚焦五个领域。即,领域一——“以人为核心城镇化:需求体系及制度缺口”;领域二——“纾解‘半城镇化’:农业转移人口市民化制度”;领域三——“精耕‘再城镇化’:功能优化的城市更新制度”;领域四——“升级县域城镇化:产城与民生融合发展制度”;以及领域五——“夯实城郊城镇化:城乡公共服务均等化制度”。从这些领域出发,系统化、可持续地推进以人为核心的新型城镇化。

构建政府、市场与社会协同的城镇化公共治理体系,核心是遵循城镇化发展规律、循序解决政府、市场与社会的职能确定与工具优化问题,突破局部理性,建立服务型政府,实现合作治理。一则,探索的重点,在于以深切的以人为本需求为政府与市场、社会关系在交往界面和交互方式深刻变化态势下的新型城镇化战略推进供给科学合理的协同方式。二则,探索的难点,在于面对治理的热点、痛点和堵点如何为下一步人本化城镇化治理能力和城市品质提升,提供以需确权、以责赋职、职责相容、规范高效的制度供给改革优化行动方案。三则,探索的创新点,在于提出诸如新型城镇化过程中,以人为核心的需求体系需要“三手”对握、“三事”平衡的阐释和对策框架。即,促进政府“有形之手”与市场“无形之手”、社会“自主之手”对握的新型城镇治理体系的优化路径,以及构筑政府“束手做事”与“放手做事”“巧手成事”的高阶平衡,以效能化和法治化方式实现面向美好城镇或城市生活需要的制度供给与制度之治。

第五章　“激活节点”:以县城为重要载体的城镇化建设

“郡县治,天下安。”自古至今,县城对于国家治理和社会秩序的重要性不言而喻。2022 年 4 月,中共中央办公厅、国务院办公厅印发的《关于推进以县城为重要载体的城镇化建设的意见》(以下简称《意见》)指出,县城是我国城镇体系的重要组成部分,是城乡融合发展的关键支撑,对促进新型城镇化建设、构建新型工农城乡关系具有重要意义。

一、新时代城镇化格局中的重要节点

(一)县城独特而重要

城镇化是现代化的标志,城镇化是一种生活方式、一个社会过程。作为城之末、镇之始,县城独特而重要。据统计数据显示,2023 年末全国常住人口城镇化率达 66. 16%,中国城镇常住人口为 9. 3 亿人,其中,1299 个县、117 个自治县和 397 个县级市的城区常住人口约为 2. 65 亿人左右,县城及县级市城区人口占全国城镇常住人口的 28. 5%,县及县级市数量占县级行政区划数量的约 64%。这从一个侧面回答了为什么要推进以县城为重要载体的城镇化。《意见》是对当下重大发展节点阶段的政策回应和制度安排,是对为什么要发展县城、要发展什么样的县城、要怎样去发展县城的一次集中寻解。《意见》以县城为重要载体,围绕科学把握功能定位、分类引导县城发展方向,培育发展特色优势产业、稳定扩大县城就业岗位,完善市政设施体系、夯实县城运行基础支撑,强化公共服务供给、增进县城民生福祉,加强历史文化和生态保护、提升县城人居环境质量,提高县城辐射带动乡村能力、促进县乡村功能衔接互补,以及深化体制机制创新、为县城建设提供政策保障等方面,勾勒出了城镇化建设的新图景。

值得注意的是,对此建设图景的认识,不应局限在县“城”建设的维度,还要有关联性的“乡”以及“城乡融合”的视野。县城是我国城镇体系的重要组成部分,是城乡融合发展的关键支撑,对促进新型城镇化建设、构建新型工农城乡关系具有重要意义。这背后有一个深刻的大局观和全局意识,即以城乡融合为观照的全面现代化。这对于在面对实现中华民族伟大复兴的战略全局和世界百年未有之大变局这“两个大局”的情势下，以中国式现代化道路尤其是中国式城镇化新道路来建设“强大国家”与“美好社会”，是战略节点式的支撑布局，具有重要的战略贯通意义。

（二）对县城城镇化的新期待

作为一个基本行政单元和空间单元，县城不是孤立的存在，它上承大中城市，下接广袤乡村，是国家治理纵深中的关键节点和战略载体依托①。根据第七次全国人口普查数据，到2020年，全国规模达到500万人口的城市有91个，吸纳了全国接近7.9亿人口，而几千个县城和乡镇覆盖的人口则很少，乡村占了另一个大头。一方面，“大城大村”是一个长期存在的现实；另一方面，通过城市化带动乡村发展，是现代化转型的基本经验。截至2023年末，中国农业GDP占比约7%，而农业人口占比仍然高达近34%。产城不融合，尤其是产业对乡村、城镇的支撑度低、职住比例不合理，成为制约乡村现代化也是制约城市现代化的另一个现实。与此相伴的，是大量农民工常年往返于县城和农村之间，“工农兼业”与“城乡双栖”较为普遍，但非充分就业下兼业获得、出行交通、阶段性居住等成本较高、效率较低。对这些问题，基于县城以及扩散至县域来思考和设计城镇化，贯通城市群、大中城市以及乡村发展，形成动态均衡的城乡空间格局、产业格局、人口格局和管理服务格局，以县城为重要载体的城镇化具有独特的优势和价值。在一定意义上，高质量推进以县城为重要载体的新型城镇化，也是对破解中国城镇化规模增长两极化倾向（超大特大城市快速膨胀、小城市小城镇出现萎缩）的有效方法。②

党的十八大以来，随着对城镇化规律认识的加深，在更高位阶上来调适城乡关系、建构国家现代化的底层基础，旨在推进城乡融合的一系列政策方案不断推出。《中华人民共和国国民经济和社会发展第十四个五年规划和二〇三五年远景目标纲要》提出了推进以县城为重要载体的城镇化建设和县城建设的任务举措。与此同时，通过了一系列将城镇化战略与乡村振兴战略融合推进的布局，诸如中央一号文件、城镇化专项规划、乡村振兴专项规划以及特色小镇发展规划等，也随之跟进。这深刻地表明，国家建设已然走到了直面大中城市“城市病”与大量中小城镇低质量问题并存的新阶段，

① 王立胜、朱鹏华：《以县城为重要载体的城镇化建设的内涵、挑战与路径》，《中央财经大学学报》2023年第6期。

② 魏后凯：《高质量推进以县城为重要载体的新型城镇化》，《城市问题》2024年第5期。

县域城镇化需要通过合理规划县城类型、分类施策和兜底发展、持续升级的方式来实现发展转型①。其中,以围绕市民化为中心解决“半城镇化”的遗留问题,以结构功能改进的城市更新来实施再城市化、提升城市品质的优化问题,从本质上讲,都是在进一步拓展和丰富物的城镇化、物的现代化(如基础设施和服务载体等)基础上,向以人的城镇化和人的现代化的过渡、升级和发展。这将带来面向城乡融合发展的城镇化建设之新愿景与新路径。

二、以县城为重要载体的城镇化:建设领域

(一) 清晰的时间表和路线图

研究表明,以县城为重要载体的城镇化对于县域经济社会发展具有多方面的重要推动价值,尤其在实施产业带动、提高农业转移人口就业质量、提升市域新型城镇化水平和促进区域共同富裕等方面,作用显著(见图 5-1)。②

阶段性地看,面向城乡融合发展,如何推进以县城为重要载体的城镇化建设,国家给出了清晰的时间表和路线图。从问题导向上看,以县城为重要载体的城镇化建设需要致力于五个“提”:即促进县城产业配套设施“提质增效”、市政公用设施“提档升级”、公共服务设施“提标扩面”、环境基础设施“提级扩能”以及增强县城综合承载能力、提升县城发展质量。显然,这需要在坚持以人为核心推进新型城镇化,尊重县城发展规律,统筹县城生产、生活、生态、安全需要的基础上来循序展开,基本的路径是因地制宜、补齐县城短板弱项④。从目标上看,近期到 2025 年,以县城为重要载体的城镇化建设取得重要进展,更好满足农民到县城就业安家需求和县城居民生产生活需要。更长期的目标,则是在全国范围内基本建成各具特色、富有活力、宜居宜业的现代化县城,与邻近大中城市的发展差距显著缩小,促进城镇体系完善、支撑城乡融合发展作用进一步彰显。

---

① 李燕凌、温馨:《推进以县城为重要载体的城镇化建设:新发展格局中的战略选择》,《中国行政管理》2022 年第 5 期。

② 巫强、陈宇超:《县城载体地位提升对市域新型城镇化的影响研究》,《城市问题》2023 年第 7 期;杨胜利、王金科等:《县域新型城镇化对共同富裕的影响及作用机制研究》,《云南财经大学学报》2023 年第 5 期;周闯、郑旭刚等:《县域新型城镇化建设与农业转移人口就业质量》,《世界经济》2024 年第 4 期。

③ 常吉然:《县域主导产业带动新型城镇化发展研究》,《科学学研究》2024 年第 6 期。

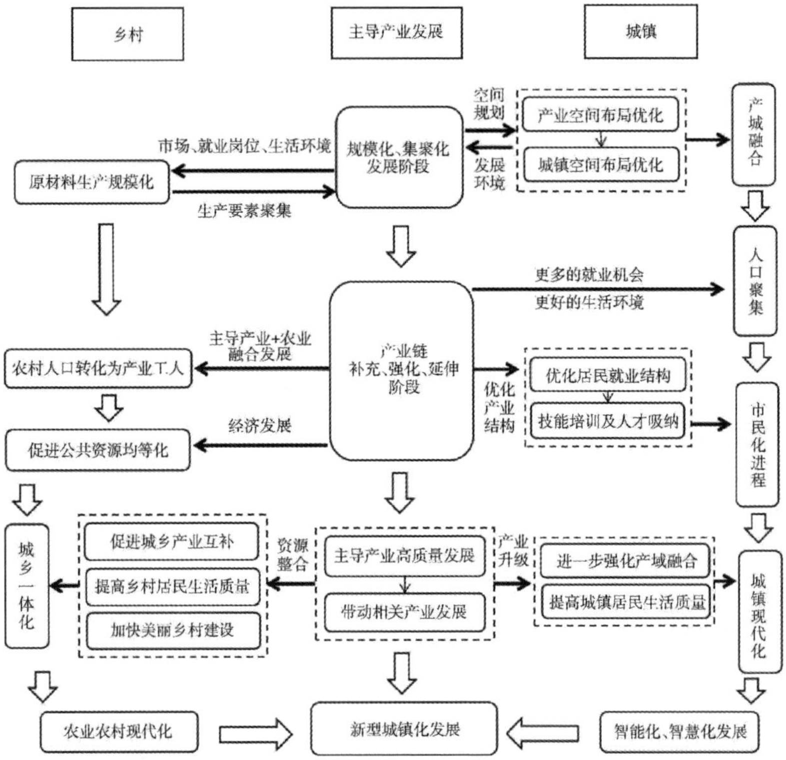

图 5-1　县域主导产业带动新型城镇化发展模型①

（二）关注至关重要的三个问题

面向城乡融合发展，推进以县城为重要载体的城镇化建设，需要关注三个至关重要的问题：②

一是分类治理。合理分类、以类施策，是政策规划科学性提升和有效性提高的基础。新近的中央政策具有显著的前瞻性，基于对城镇化新发展阶段的新判断，顺应县城人口流动变化趋势，立足资源环境承载能力、区位条件、产业基础、功能定位，在统筹发展和安全的基础上，合理确定不同类型县城的发展路径，意义重大。这不仅意味着对以县城为重要载体的城镇化发展提供了更清晰的思路，同时对于县域城镇化也有了更深刻的认识。对大

① 高强、程长明、曾恒源：《以县城为载体推进新型城镇化建设：逻辑理路与发展进路》，《新疆师范大学学报》（哲学社会科学版）2022 年第 6 期。

② 黄建洪：《科学推进以县城为重要载体的城镇化　促进城乡融合发展》，中国社会科学网，2022 年 5 月 25 日。

城市周边县城、专业功能县城、农产品主产区县城、重点生态功能区县城和人口流失县城的五大类划分(见表5-1),能够更为精准地定位其发展。“加快发展”“积极培育”“合理发展”“有序发展”和“引导转型发展”等表述,代表着对以县城为重要载体的城镇化类型的新认知和实践政策的新布局。无论从与城市群和都市圈的融入而言,还是从发展出先进制造、商贸流通、文化旅游等专业功能而论,或是从有效服务“三农”、保障粮食安全提供支撑来看,抑或是为保护修复生态环境、筑牢生态安全屏障提供支撑而论,甚或是促进人口和公共服务资源适度集中、加强民生保障和救助扶助来讲,县城不是千城一面的,以县城为重要载体的城镇化的发展愿景不应也不可能是相同的。面对大中城市、面对各种功能性和节点性自主运转县城,存在着人口的集聚或疏散问题,其流入流出的方向不同,决定了其城镇化的方式也应各不相同。除了面对强大都市“虹吸力”的卫星城模式具有较为显著的域外人口流入以外,专业功能、农产品主产区、重点生态功能区三类县城在很大程度上都是县域内人口向县城集聚,是域内流动状态,人口流失县城则有可能为前四类县城提供农业转移人口。这就说明,未来以县城为重要载体的城镇化过程中,县域层次的城乡发展将会面对至少三类融合模式,即围绕都市发展的卫星城模式、围绕域内流动的县乡模式以及围绕持续流出的中心县镇模式:前者更多的是市场化的产品发展和人口集聚,城乡融合发展的市场化机制居主导作用;中者是政府规划引导、市场循序强化的混合式作用机理;后者则是在极大程度上需要政府托底和保障的规模收缩、结构优化和功能升级的行政模式①。当然,这仅仅是从政府与市场关系的角度出发,从以县城为重要载体的城镇化过程中的配置资源方式及其程度而言的,并非绝对,但是这较大可能代表着以县城为重要载体的城镇化的成长谱系。这样的认识,对于国土空间规划的推进以及以补短板、强弱项为基本思路的县城发展,提供了深化认识和优化实践的一种进路。

表5-1 以县城为重要载体的城镇化:分类治理

县城类型	发展策略	产业功能定位	治理模式
大城市周边县城	加快发展	与城市群和都市圈	围绕都市发展的卫星城模式:市场化的产品发展和人口集聚,城乡融合发展的市场化机制居主导作用

① 王鑫哲、肖振红、章昌平:《领导力、主动作为与收缩型城市治理——县域政府推进“人的城镇化”的启示》,《公共管理学报》2022年第4期。

续表

县城类型	发展策略	产业功能定位	治理模式
专业功能县城	积极培育	发展出先进制造、商贸流通、文化旅游等专业功能	围绕域内流动的县乡模式:政府规划引导、市场循序强化的混合式作用机理
农产品主产区县城	合理发展	有效服务“三农”、保障粮食安全提供支撑	
重点生态功能区县城	有序发展	为保护修复生态环境、筑牢生态安全屏障提供支撑	
人口流失县城	转型发展	促进人口和公共服务资源适度集中、加强民生保障和救助扶助	围绕持续流出的中心县镇模式:需要政府托底和保障的规模收缩、结构优化和功能升级的行政模式

资料来源:中共中央办公厅、国务院办公厅:《关于推进以县城为重要载体的城镇化建设的意见》(2022年5月)。

二是精准新基建。新基建是包括新的基础产业、基础设施、基础服务等在内的基本条件和基础环境建设。这是以县城为重要载体的城镇化得以健康可持续发展的基础。在引导县城分类发展的基础上,需要关注如下领域问题(见表5-2):其一,产城融合的新基建。产业是县城建设发展的根基。解决产业平台功能薄弱、配套设施不健全的问题,有助于降低企业生产成本和交易成本、更充分发挥县城劳动力和土地相对低成本优势,从而减少产业集聚过程中的人力筛选、提升企业市场黏性和促进更充分就业。通过增强产业支撑能力、提升产业平台功能、健全商贸流通网络、完善消费基础设施和强化职业技能培训等途径,以“粮头食尾”“农头工尾”为抓手,县城产业发展与较高质量就业相融合的产城融合,是以县城为重要载体的城镇化走向成功的关键环节。其二,设施支撑的新基建。一些县城管网陈旧老化、路网容量不足、老旧小区配套较差、停车场建设滞后、客运站设施落后等状况,在很大程度上降低了县城对人口的承载力与吸引力。需要通过完善市政交通设施、畅通对外连接通道、健全防洪排涝设施、增强防灾减灾能力、加强老化管网改造以及推进数字化改造等,来夯实城市运行的基础条件。其三,服务民生的新基建。不少县城的公共服务供给总量不足、质量不高,义务教育、医疗卫生、托育养老和文化体育等公共服务供给参差不齐,面向“一老一小”方面的服务更是不敷为用。为此,可以通过完善医疗卫生体系、扩大教育资源供给、发展养老托育服务、优化文化体育设施等方式,来持续不断强化公共服务供给、增进县城民生福祉。其四,人居环境的新基建。污水收集管网覆盖不足、垃圾焚烧设施缺乏、黑臭水体尚未消除、蓝绿生态空间有限等环境基础设施缺口较大的问题,形成了县城发展约束。这就需要通过加强历史文化保护传承、打造蓝绿生态空间、推进低碳生产生活方式和完善垃圾收集处理体系等文化与生态举措,提升县城人居环境质量。其五,县乡衔接的新基建。进入以工补农、以城带乡的新阶段,应推进县城供水、供气、供热管网等基础设施向乡村延伸,促进县城公共服务,如医疗、卫生、教育、养老等服务向乡村覆盖;推进巩固拓展脱贫攻坚成果同乡村振兴有效衔接等,促进县乡村功能的衔接互补。当然,需要指出的是,精准新基建绝不意味着资本野蛮生长式的“狂欢”与放任,更不意味着对基层民众形成某种程度的剥夺。精准新基建的提出,内含着对以县城为重要载体的城镇化开放建设方式的优化及其对资本逻辑的规训,以便发展成为参与机会公平、成本风险共担和发展红利共享的合作治理和共同富裕过程①。

表 5-2 以县城为重要载体的城镇化:精准新基建

领域	问题	思路
产城融合新基建	产业是县城建设发展的根基。解决产业平台功能薄弱、配套设施不健全的问题	通过增强产业支撑能力、提升产业平台功能、健全商贸流通网络、完善消费基础设施和强化职业技能培训等途径,以“粮头食尾”“农头工尾”为抓手,县城产业发展与较高质量就业相融合的产城融合,是城镇化走向成功的关键环节
设施支撑新基建	一些县城管网陈旧老化、路网容量不足、老旧小区配套较差、停车场建设滞后、客运站设施落后等状况	通过完善市政交通设施、畅通对外连接通道、健全防洪排涝设施、增强防灾减灾能力、加强老化管网改造以及推进数字化改造等,来夯实城市运行的基础条件
服务民生新基建	不少县城的公共服务供给总量不足、质量不高,义务教育、医疗卫生、托育养老和文化体育等公共服务供给参差不齐、面向“一老一小”方面的服务严重不足	通过完善医疗卫生体系、扩大教育资源供给、发展养老托育服务、优化文化体育设施等方式,来持续不断强化公共服务供给、增进县城民生福祉
人居环境新基建	污水收集管网覆盖不足、垃圾焚烧设施缺乏、黑臭水体尚未消除、蓝绿生态空间有限等环境基础设施缺口较大的问题	通过加强历史文化保护传承、打造蓝绿生态空间、推进低碳生产生活方式和完善垃圾收集处理体系等文化与生态举措,提升县城人居环境质量

① 张琦、李顺强:《共同富裕目标下的新型城镇化战略》,《西安交通大学学报》(社会科学版)2023 年第 3 期;万广华、江葳蕤、赵梦雪:《城镇化的共同富裕效应》,《中国农村经济》2022 年第 4 期。

续表

领域	问题	思路
县乡衔接新基建	县城与乡村之间在供水、供气、供热管网等基础设施、公共服务和社会保障等诸多领域内不衔接、向乡村延伸的阻隔多、覆盖率低	推进县城供水、供气、供热管网等基础设施向乡村延伸，促进县城公共服务，如医疗、卫生、教育、养老等服务向乡村覆盖；推进巩固拓展脱贫攻坚成果同乡村振兴有效衔接等，促进县乡村功能的衔接互补

资料来源：黄建洪：《科学推进以县城为重要载体的城镇化　促进城乡融合发展》，中国社会科学网，2022 年 5 月 25 日。

三是注重认同建设。对于以县城为重要载体的城镇化而言，既需要推进迈向现代化发展的物质基础与法治条件，也需要形成融合传统、尊重共识、符合常理的社会信任和社会认同。以法治为基础内容的城镇化认同建构，实际上是对基于新空间、新实践和新交往基础上的市民化心理文化秩序的建构和发展过程。这就需要降低城镇化过程中空间再生产、身份再生产、社会结构再生产与文化再生产的过程性紧张、冲突甚至是撕裂，减少社会转型发展阵痛。将城镇化的物质现代化与人的现代化，尤其是人的精神文化的共同富裕做一个大体匹配性的安顿。这对于以县城为重要载体的城镇化是否建成、是否有内涵质量至关重要。为此，载体上的“看得见山、望得见水和记得住乡愁”与心理文化上的信仰、信任、法治、理性、合作和宽容等价值建设需要一体推进，以提高城镇化建设的厚度和深度。从面向城乡融合发展而言，对于广袤的乡村在认同建设上则更需审慎有度、渐进而为。乡村有着自身的内在结构和运行逻辑，在观念与行为上均表现出颇为不同的经济、社会和文化秩序。县域城镇化的过程中，乡村面临着一系列的解构与重构，空心化与再聚集时时刻刻都在发生。但是，这些变化并非是完全同步的，甚至也有可能是不同向的。这就意味着，乡村振兴需要对城镇化进行有机战略衔接，但要合理区分它们之间的逻辑差异。不能完全以市场化为主导的工业化和城镇化逻辑来看待乡村；当然以线性的乡村视角来设置县城、城市的发展思路，也会陷入歧途。在一个总体呈现熟人社会的乡村内部，血缘、亲缘和地缘纽带浓密，空间单元因地方性网络的密织而表现出较强的封闭性和一定的开放性杂糅。围绕生产体系、经营体系和服务体系的农业结构性重塑，与发展中的自治为基、法安天下、德润人心的治理结构和秩序的变迁，正处于彼此不断调适和互嵌的过程之中。乡村的文化建设与认同发展，存在着一个赓续传统与面向未来的整合、融合与再塑造过程，既需要从传统中汲取合理的养分，又面向市场化牵引、产业化发展等引发的治理结构性再造，来形成法治化的新乡土治理。这是一项长期而重要的基层建设任务。乡村不应是城市、城镇单向度的资源供给者,而应是与城市互动共通、共进、共融的合作者、协同者。以城乡网络的思路来思考县域城镇化过程中城与乡的彼此融合、互相支撑又相对独立关系,其建设的文化进路、发展方式和认同机制,需要得到更为审慎而积极的对待。

三、以县城为重要载体的城镇化:难点突破

(一)如何突破

尽管历经沧海桑田,县治而国安的逻辑至今仍坚如磐石。在新时代,这样的逻辑需要得到时代的接纳并嵌入到新的治理发展主线之中,方能得到扎根并释放其应有的活力。面向城乡融合发展的县城现代化,有何关键难题?又该如何突破?这需要有更多的关注。[①]

城镇化是一个自然历史过程,有其发展的客观规律,也需要有遵循规律基础上的能动努力。鉴于我国县城以及县级市、或类似于县级建制的区域众多,以县城为重要载体的城镇化所涉及的广度、深度、速度和力度等都将是巨大的。但问题随之而来,在如此大规模、长时段和广范围的城镇化进程中,如何获得充分要素并得以合理配置,极其重要[②]。当下的讨论,不是以县城为重要载体的城镇化要不要发展的问题,而是一个要如何发展、如何发展得更好的问题。我们认为,其中最基本的难题依旧是人口、土地、资金等基础要素问题。

任何发展都需要成本付出,但是,不同发展的成本付出具有不同的利益函数,也面临着不同的风险。从最一般的意义上讲,新形势下,以县城为重要载体的城镇化对于构筑合理的城镇体系、扩大内需具有直接而重要的意义,同时有利于促进城乡融合发展,更好地满足县域人民对美好生活的需要。以人为核心的城镇化,在此论域内自然转变成为以人为本的城镇化,在基本价值内涵上不会有根本分歧,但在具体操作层面上,还是需要直面人从哪里来到哪里去、土地从哪里来用到哪些领域上以及钱从哪里出花到哪里去的问题。这些都是最基本也是最值得深究的问题。“人、地、钱”三要素在城乡间的转移是城镇体系协同发展的保障,但是如何配置,却存在着生成

---

① 黄建洪:《科学推进以县城为重要载体的城镇化　促进城乡融合发展》,中国社会科学网,2022年5月25日。

② 文丰安:《新型城镇化建设中的问题与实现路径》,《北京社会科学》2022年第6期。

与做成、演进与建构的分殊。生成、演进的路数代表的是市场化模式，做成、建构的方式意味着基于人为设计的行政主导模式。实际上，经济社会发展到今天，可能很难想象城镇化这类多议题叠加型的经济社会发展是由单一的市场政策或行政规划带来且持续的。不仅如此，还需要考虑到社会力量的承载力与行动力对城镇化的复杂影响。在发挥市场对资源配置的决定性作用以及政府更好地发挥其应有作用的条件下，形成政府、市场与社会的多方合力，以此来解决县城落户吸引力不足、城镇建设用地指标紧张与农村建设用地大量闲置并存以及资金普遍匮乏等状况。从前述对县城分类设置发展方向的角度讲，对于不同类型城镇化的人、地、钱问题，应该有不同的思路。

（二）深化改革

出路在于深化体制机制创新，为县城建设提供政策保障①。一则，健全农业转移人口市民化机制。就近就地城镇化是以县城为重要载体的城镇化的主要人口流动形态。对县城而言，这是一个“来得了、留得下、发展好”的问题，包括原住民和新市民的融合化发展。对于乡村而言，则是一个“出得去、回得来、能选择”的问题。这两个层面不贯通，以县城为重要载体的城镇化始终会被“卡脖子”。目前，一定程度上存在的“留不下的城市、回不去的乡村”在大中城市的流动人口身上比较凸显，在县城一类的城镇也程度不同地存在着，过高的不合理城市融入成本是其中的关键制约因素。这就需要通过全面落实取消县城落户限制政策，确保新落户人口与县城居民享有同等公共服务，建立健全省以下财政转移支付与农业转移人口市民化挂钩机制、省以下城镇建设用地增加规模与吸纳农业转移人口落户数量挂钩机制等方式，来解决在许多大中城市所遗留的“半城镇化”问题，即农业转移人口难以市民化的问题。其中，依法保障进城落户农民的农村土地承包权、宅基地使用权、集体收益分配权，支持其依法自愿有偿转让上述权益，极为重要。二则，建立多元可持续的投融资机制。资金匮乏是突出瓶颈之一。对公益性项目加强地方财政资金投入，其中符合条件的项目可通过中央预算内投资和地方政府专项债券予以支持；对准公益性项目和经营性项目，鼓励增加中长期贷款投放，支持符合条件企业发行县城新型城镇化建设专项企业债券。三则，建立集约高效的建设用地利用机制。加强存量低效建设

① 李燕凌、代蜜：《我国县城城镇化政策的适配性研究——基于政策文本分析的视角》，《公共管理与政策评论》2022 年第 2 期。

用地再开发,合理安排新增建设用地计划指标,推广节地型、紧凑式高效开发模式,合理安排新增建设用地计划指标和用地准入门槛,保障县城建设正常用地需求。从持续发展的角度看,需要在进一步加快创新农村“三块地”改革(农村土地征收、集体经营性建设用地入市、宅基地制度改革)的基础上,探索建立城乡统一的经营性建设用地市场,构建贯通城乡的多层次住房体系。促进人口、土地和资金在城乡之间的“双向奔赴”,将自上而下的政策布局与自下而上的实践促进结合起来,是以县城为重要载体的城镇化得以稳健发展的基本思路。尽管如此,还是需要清醒地认识到,实践中资源配置的等级性惯序机制具有强劲的影响力,稀缺的要素性发展资源是否能够如愿配置到县城以及中心城镇,既减少按照行政等级配置资源所形成的扭曲,又确保跨期跨空配置效率与市场活力,仍需要行政的调节和助力。尤其对于已然蓬勃发展的特色小镇等一类的产业小镇,如何与县城形成开放互动的共生体系、有更多社会资本的建设性参与,则需要在遵循市场规律基础上予以政策支撑和发展保障。当然,更多地借助市场力量激活微观经济主体的创新活力,增强县域经济的循环造血功能,是实现县域经济可持续高质量发展的基础,同时也是以县城为重要载体的城镇化得以健康发展的有力保障。

城镇化是一个复杂的空间均衡和经济社会发展过程。把以县城为重要载体的城镇化做长时段观察,对应良性互动共生的城乡融合式城镇化发展需求,需要关注可能存在的五大风险:一是耕地红线风险,以土地为发展中心模式的地方容易突破红线,造成对农地资源的不断侵占,出现缺乏合理规划下的城市用地紧张与“摊大饼”式浅表开发、乡村部分土地撂荒并存状况。二是地方债务问题,避免过度举债进行大规模基建开发、“人为造城”因缺乏产业支撑和产城融合而形成“鬼城”,致使债务高企、难以为继。尤其要抑制不切实际的“县城首位度”倡导所形成的潜在和长期风险,纠正和消除人为扭曲的过度大城市化现象。三是同质化发展风险,跟风式建设、低端重复建设和无序竞争,引发无特色、无后劲、无前景的弥散状态。四是盲目浪费问题,诸如忽视产业集聚、人口流动、区位特点以及资源支撑等因素,做“大水漫灌”式基础设施建设和公共服务覆盖,造成资源错配和大量闲置。五是脱离人的需求风险,大拆大建、贪大求洋,忽视地下空间开发与管网建设,无法回应信息化和智能化的新发展趋势等。这些问题,需要在以县城为重要载体的城镇化的规划、建设、运营、管理和服务的过程中,形成系统思路和整理性治理格局,以此来解决碎片、应景和被动的状况。在以县城为重要载体的城镇化快速推进的过程中,把县城的城市安全和韧性建设纳入到与乡村社会韧性的关联建设之中，需要理性审视城乡融合发展态势下的新乡土中国如何得以联动性的发展和互动性的升级。简单地切割之，国家和社会的安全感与归宿感则会长期处于极大的不确定性风险之中。

四、以县城为重要载体的城镇化：风险治理

（一）新型城镇化战略实践的一般风险

城镇化快速推进，会带来哪些风险？它们可控吗？是技术风险还是管理风险？如何矫正？应对这些风险对于国家治理而言有何价值？本节拟在大转型的背景下，聚焦新型城镇化的“城市风险化”及其求解。

第一，城镇化战略推进中的累积风险：类型及关系。

从类型上看，转型期大规模推进城镇化或将出现如下风险。

一是过载风险。基于题域的建构性，城镇化的“补偿”形态有可能在新一轮各地方的发展竞争中被进一步放大。这极易造成人口过速集中、产业跟随滞后、就业持续乏力、社会保障供给力不足、环境承载力不堪、资源约束一再被突破等困顿状况。[①] 这些都是正处于“泛城市化发展阶段”所引致的城市容纳力羸弱、非均衡发展的关联风险。这些以过度承载为主要特征的“城市病”蕴含着大量不确定因素，成为制约城镇化乃至中国现代化健康发展的风险点，值得高度关注。

二是固化风险。城镇化进程是一个社会综合发展过程，在此过程中，既面临着传统风险（如自然灾害）和现代风险（如技术滥用），又遭遇着内源性风险（如权力腐败）和外源性风险（如跨境犯罪），同时还面对着过程风险（如缘于责任推卸的过度举债）和结构性风险（如权力与权利结构失衡）。这是由历时性题域共时性呈现的城镇化特殊性所决定的。这些风险中最大的风险在于城乡矛盾内化，即将非均衡的权益结构固化，把既有的不合理二元结构内化成为城市内部的常态。[②] 它将与区域二元、隐约成型的层级流动排斥性体制等各种不利状况一道，加速了矛盾集聚的可能，成为城镇化可持续发展的桎梏。

三是散逸风险。城镇化是一种文化集聚性的整合与调整过程，它通过

---

① 仇保兴：《和谐与创新——快速城镇化进程中的问题、危机与对策》，中国建筑工业出版社2008年版，第5—8页。

② 韩康：《中国城镇化最大风险：城乡矛盾内化》，《人民论坛》2013年第15期。

提高生活便捷性、舒适度而擢升人们的生存品质与城市存续价值。然而,这一过程也很可能是旧有的村民文化的城镇移植,而城市社会所亟需的公民文化生长缓慢。当乡村社会在工业化进程中迅速解体、而集聚的城镇却不能够以一种持续更新和整合的方式“补缺”城市社会结构的孱弱,城市就只不过是一个集中各种新旧风险的地方,进而致使社会呈现出种种风险。

四是漂移风险。城镇化在汇聚或然风险的同时,其风险的运动却并非只是限定在其疆域之内。一方面,风险伴随市镇的扩大而不断累积扩大,这个过程与城市成长共生;另一方面,在市镇成型而成为“风险集散器”的同时,各种环境、生态风险也持续地向四周扩散,形成漂移风险。譬如,傍水而建的市镇,其生产生活用水对自然水体的污染,具有向下游和周边灌注的自然倾向甚至是人为转嫁;因工业发展而出现的尾气排放、粉尘排泄甚至是固体废弃物处置等,均有跨域、跨界弥散的趋势。如果仍旧坚持“画地为牢”的行政区治理和利益驱动的话,城镇化推动所集聚的漂移风险更加难以得到有效掌控。

五是认同风险。城镇化同时也是一个价值重建过程。但是,目前正不断表现出诸如传统与现代的颉颃、城市与乡村的对峙、积极与消极的共存等鲜明的边际化特征。[①] 如若城镇化进程中出现有失公平的分配结构和利益格局,便不能够较好地引导社会成员在心理、情感上发展出合作性的认同聚焦,从而加剧社会碎裂,威胁到社会合作关系的建立和公共秩序的稳定。[②]

第二,多域套叠式的城镇化风险:质态与特征。

城镇化是以空间的对象化承载为表征和以权利的普及化发展为内核的进步过程,而其伴生风险直指现代化发展的效率、秩序与公平。风险是社会转型中“结构紧张”的或然后果。城镇化进程中,社会结构的分化速度快于制度规范的整合速度,致使形成结构要素之间的紧张与脱节,这种与社会变革同步的共生性失衡状态将引发风险,其显著特征表现为:

其一,跨域渗透性。城镇化的多任务、多面相内在地决定了其引致的风险将是多元的,是囊括经济、社会、文化、生态与心理的综合性风险,彼此渗透、相互影响。

其二,交叉复杂性。城镇化进程中的风险是多结构的,它集传统与现代、过程性与结构性、内源性与外源性等诸风险于一身,正是转型社会的异

---

① 周晓虹:《中国经验与中国体验:理解社会变迁的双重视角》,《天津社会科学》2011 年第 6 期。

② 周光辉、刘向东:《全球化时代发展中国家的国家认同危机及治理》,《中国社会科学》2013 年第 9 期。

质性造就了这些风险的复杂性。

其三，层叠集群性。城镇化的风险不是一个风险、一种风险或一类风险，而是以城镇为载体的自然、技术、管理、人文乃至心理等诸类型风险的交叠，它通过人口流、信息流、资源流、技术流甚至是情感流而形成复杂的城市新网络和实践新景观，将各种潜在的、显在的风险汇集其中，将各种承接的、转移的风险咸集一身，将各种生成的、做成的风险集聚左右。

其四，虹吸传感性。与资源“虹吸效应”一道，风险的“虹吸效应”已然存在且有不断强化之势，同时还通过城镇的“类结构”而进行传导与扩散。正是这种“吸引汇聚—传递扩散”风险模式，反映出了同质化城市建设取向的内在局限性。

其五，伴生涡轮性。原生与衍生的风险伴随城镇化的每一进程，不断以吸附、侵蚀、耗占、掠夺发展资源的方式制约着城镇的健康发展，这种类似于涡轮效应的风险集结，形成了经济学意义上的“沉淀成本”，它可能使城镇发展的经济社会代价和环境生态耗损远远超越预期。

（二）根植性理论视域中的城镇化风险纾解

鉴于城镇化进程中社会风险的复杂状况，我们认为，要克服风险管控的浅表性与应景化，就需要导入以旨在深切理解政策场域特性的根植性理论，以寻求尊重内生规定性的制度安排与彼此协同的政策行为，从而规避改革碎片化。

首先，以人本理念导引城镇化的顶层设计。让人本理念运转起来，至关重要。新型城镇化推进过程中面临着人口规模巨大、区域间发展水平差距较大、群体间收入水平差异较大、农村精神文明建设相对滞后、生态文明建设存在短板等现实困境。① 这些问题以及可能演化出的风险，说到底还是人本化程度不够的风险。

其次，注重发挥政府—市场—社会的协同力。未来的城镇化，核心是充分尊重市场规律，以需求和市场导向推进城镇化，与此同时在培育与发育社会自主性的基础上拓展社会参与。

再次，深化政府职能改革以优化常态治理。要防止“制度空转”、跳出“问题循环”的改革困局，政府职能的服务化转型是关键。以市场机制的成熟程度与社会自治的承载程度为限，进行职能的强化、弱化、转化抑或优化，

① 洪晗、肖金成等：《中国式现代化背景下的新型城镇化：概念辨析、现实困境和突破路径》，《区域经济评论》2024 年第 2 期。

形成法治化与服务型的现代效能政府,从而为市场规律的发挥和民间社会的发育提供便利条件。尤其是在城市群发展成为趋势的背景下,城市地区社会风险的生成与演化更加复杂,可以导入风险防范的“PIETINC”模型(即人口、产业、环境、技术、制度、规范、观念的一体化),①以制度、规范和观念三要素为核心,强化政府的风险源头治理职能和风险抗御、管控能力。

复次,科学组合推进城镇化建设的政策工具。基于对风险生成与演化机理的认识,需要科学组合市场化、工商化和社会化工具,形成新的、法治化的治理合力。尤其需要提升城镇化政策的务实导向与预见性,完善重大决策的风险评估,提高政策的连续性,降低执行的随意性和政策冲突。譬如,实现主体功能区规划、国土规划与城市规划的有机整合,并制定总体性国土空间战略规划体系,以抑制各种短期行为;以分类、适度规模的政策安排,遏制攀比性、过度高端化城市定位所造成的筛选淘汰与融入排斥,以阻止统计指数上的形式城镇化。

最后,革新治理评价体系以引导风险防控的常态化。城镇化推进中,在治理属地化与职务任期制的情况下,摒弃既往以单纯经济增长代替发展绩效的政绩评价体系至关重要。② 对于城镇化过程中蓄意的房地产化牟利、不顾实情的肆意负债以及政商勾结下的放任污染等行为,需要有切实的治理办法,以求循序根除易于造成“烂尾城镇化”等流弊。要有效防止治理责任的分散、推卸、转嫁等政策机会主义,杜绝片面的“无事”评价和一味的“本事”评判等好人主义、能人主义倾向,就必须以综合绩效考评来替代“唯GDP论”,导入法治GDP、绿色GDP抑或是可持续发展的公众满意度评价,从而助力干部用人导向的公共部门人力资源化转向和城镇化发展的集约化转型。

城镇化转型是一个系统过程,在此过程中社会风险随影而至。县城城镇化是中国现代化的重要推动力量,它在推动社会发展进步的同时,可能增加了社会各类致灾因子和风险因素,从而影响县城乃至国家的社会和谐稳定。对县城城镇化社会风险深度治理的制度体系需求、生存性和发展性风险治理案例、秩序性和价值性风险治理案例、县城城镇化社会风险集群的生产过程及其机理以及县城城镇化社会风险深度治理的制度体系供给等内容展开研究,极为必要。

---

① 李强等:《多元城镇化与中国发展:战略及推进模式研究》,社会科学文献出版社2013年版,第466页。

② 樊佩佩、曾盛红:《动员视域下的“内生性权责困境”》,《社会学研究》2014年第1期。

大规模的县城城镇化是时空和社会结构的非均衡变迁，本身就是一个多源头、多领域和多层次社会风险的生产和再生产过程。县城城镇化的社会风险大致分为生存性、发展性、价值性和秩序性几类，其生产过程具有共性，其再生产机理以及传递升级均存在着显著的“结构性紧张—冲突行为”内在逻辑①。将目前以应急管理为主体的浅表机制升级为公共危机和风险管理的“连续统”，核心在于围绕人的发展需求，形成县城城镇化全生命周期的社会风险公共治理体系，展开深度治理。把以县城为重要载体的城镇化作长时段观察，对应良性互动共生的城乡融合式城镇化发展需求，需要关注可能存在的五大风险，即耕地红线风险②、地方债务问题、同质化发展风险、盲目浪费问题以及脱离人的需求风险。这些问题，需要在县城城镇化的规划、建设、运营、管理和服务的过程中，形成系统思路和整理性治理格局③，以此来解决碎片、应景和被动的状况。县城城镇化社会风险深度治理的制度体系构建，实质在于供给能够匹配、规范和引领新社会结构与利益结构的制度规范，形成县城城镇化建设的社会结构再生产和社会利益再平衡新格局④。

一是县城城镇化社会风险的制度治理需求。以县城为重要载体的城镇化究竟面临哪些风险、哪些是制度化治理不足所导致的，回应到以人为本县城城镇化健康发展的需要，就需要紧紧抓住“制度需求——制度供给”主线，全面了解和评估县城城镇化实践中社会风险的制度治理需求。这样的思考，目的是围绕人之需求和发展的制度供给、实施过程和实施绩效，梳理现行制度，进而全面分析已有职责背后的制度供给与潜在制度需求之间的差距，并提出面向人的需求体系的制度设计和政策建议。

二是县城城镇化的生存性和发展性风险。（1）县城城镇化的生存性社会风险。所谓生存性社会风险，是指保障县城城镇化中居民基本生活所需要的条件中存在的风险，主要有就业、住房、养老、医疗服务和食品安全五个方面的风险。县城城镇化过程中可能的产城分离导致就业不畅、失业率偏高⑤，

---

① 以下关于四类风险的概念界定参照此文。参见龚维斌、曲天词：《中国城市化进程中的社会风险及其特点》，《特区理论与实践》2017 年第 2 期。

② 蔡翼飞：《城镇化进程中的城市人口扩张与土地扩张：特征事实与协调机制》，《中国软科学》2023 年第 1 期。

③ 桂华：《城乡“第三极”与县域城镇化风险应对——基于中西部地区与东部地区比较的视野》，《中州学刊》2022 年第 2 期。

④ 黄建洪：《新形势下县域城镇化的风险治理》，《中国社会科学报》2022 年 11 月 23 日。

⑤ 赵晓峰、曹聪敏、张丽：《双重经营：县城城镇化中的政府行为与农民抉择——基于陕西省合县的案例分析》，《农业经济问题》2023 年第 3 期。

进而引发一系列复杂后果,危及社会稳定。其状况究竟如何,需深入探究。(2)县城城镇化的发展性社会风险。发展性社会风险是指个人、家庭以及群体在县城城镇化发展过程中由于原来的结构和环境平衡被打破引发的社会利益冲突、人身财产受到伤害等社会风险,主要有征地拆迁、安全生产、环境保护、发展动力转换与市场波动等四个方面的社会风险。其中,问题较为突出的征地拆迁、环境保护(如邻避项目)等风险尤其值得关注,这些领域涉及利益型社会风险、认知型社会风险等多种风险,且有叠加交叉状况,较为复杂。

三是县城城镇化的秩序性和价值性风险。一则县城城镇化的价值性社会风险。价值性社会风险是指引发社会风险的原因是社会规范和价值观方面的因素,主要包括社会认同危机、公平正义缺失、道德失范和社会焦虑等。尤其对于新的时空变迁和社会结构转换所引发的认同危机,要给予更多关注。这涉及从熟人社会向陌生人社会转变、从乡土文化向城市文化转变,以及由此引发的社会交互网络和信任支持系统的深刻变革。乡村性的长期遗存与城市性的缓慢增长且相互缠绕,认同建构亟待发展。二则县城城镇化的秩序性社会风险。秩序性社会风险是指社会生产生活和运行状态受到威胁和破坏,社会秩序出现紊乱,人们无法正常地工作和生活,人际关系受到冲击和破坏,社会缺少信任,社会交往交流困难。主要涉及基础设施运营中断、社会阶层冲突和治理能力不足三种情况。这些问题都关涉到由村民转市民过程中治理参与的程序、机制和有效性问题。

四是县城城镇化社会风险生产过程及转化机理。风险过程在既往的研究中常常被点位性爆发问题所遮蔽。县城城镇化的空间过程及其衍生的生产、生活以及思维等方式出现变化,引发社会结构性紧张。而实践发展未能对这些变化作出有效的制度性回应,从而引发各类风险。与此同时,风险的前端纾解,以及中端传递、后端升级成为危机等过程及其内在机理,特别需要有更为深入的关注。社会风险是一个从应急管理、公共危机管理到风险管理的“连续统”,对社会风险生产与再生产及其传递升级过程的原理进行探究,将有助于在学理上进而在实践中更好地解决这些问题。

五是县城城镇化社会风险深度治理的制度体系。县城城镇化的社会风险具有人为性、复杂性、关联性、扩散性、放大性和严重性,这些特点很大程度上也体现了当代中国现代化进程中社会风险的特点。不能把社会风险的治理仅仅停留在应急管理的层面,否则深层次的问题依然无法得到一个较为合理的解决。要有从应急管理、公共危机管理到风险管理的宏观视野和系统思维,将农业转移人口市民化、产城融合、权益保护等问题与征地拆迁、邻避冲突、认同困难以及参与乏力等问题结合起来，寻求把“半城镇化”“再城镇化”“城市更新”和城市发展的有机融合，构建县城城镇化健康可持续发展的经济社会生态，从而形成对社会风险的深度治理和长效机制。构筑起一个能够动态长效促进县城城镇化健康发展的社会风险治理体系，对于形成中国城镇化新格局、更好地促进民生福祉和进一步推进县城经济社会高质量发展意义深远。

五、以县城为重要载体的城镇化：未来何在

（一）整体性跃迁

城镇化是一个由物到人、由载体到文化、由结构到功能、由管理到治理的整体性跃迁过程。以人为中心的新型城镇化，落实到县城场域，需要有深切面向城乡融合发展的思维和视野。以现代化观之，作为中国现代化重要节点的县城现代化，其发生、发展的可靠载体与现实场域是县域，是包括广袤乡村在内的基层社会①。县域的现代化，在依托于以县城为重要载体的城镇化推进的同时，从其根植的土壤、建设的内容、发展的基础和未来的愿景而言，实质就是一体推进城乡的融合化发展，面向城乡融合来规划和实现城乡融合发展，这是中国式现代化题中应有之义。很难想象，没有现代化的乡村和城镇，县城能够“独善其身”地获得长久的发展与繁荣，从中国全面现代化的内涵期待中，这自然也将会是一种显著的遗憾。正如有研究所指出的那样，中国现代化之所以可以保持稳定的一个关键原因是中国农民仍然保留了传统纽带，农村成为中国现代化的稳定器。因此需要警惕，当前城镇化进入新的阶段，国家积极城市化战略容易被地方演变成为激进城市化实践，如果包括农民和农村在内的所有要素都被深度卷入到城市化和市场体系，则有导致原本存在的社会结构弹性丧失的风险。为此，在全国越来越深度市场化的情况下，需要保留农村部分非市场要素，与城市化、市场化形成对冲、对抗和平衡，这是中国现代化得以顺利演进的基本条件。② 与此同时，还需高度关注的是，县域治理结构因为治理事务由单中心工作向多中心工作的转变、治理方式从结果管理向过程管理的转变，发生了从分散治理结

① 黄家敏、莫赟：《以县城为重要载体推进城镇化建设的三重逻辑》，《当代县域经济》2023 年第 6 期。

② 贺雪峰：《县域城市化与农民的处境》，《中南民族大学学报》（人文社会科学版）2024 年第 2 期。

构向集中治理结构的深刻变革。[1] 这种治理结构变革内在逻辑的变化,具有复杂的影响。与此相因应,乡镇政府“经营创新”行为批量出现,在推动乡镇工作、激发基层治理活力的同时,也带来了较严重的形式主义[2],影响着基层治理效能。这也提醒我们,新型城镇化战略来到以县城为主要载体的城镇化实践场域,需要高度关注战略的策略实现问题,高度关注县域城镇化的组织管理,高度关注县域治理行动的有效性问题。

(二) 深度现代化

国家社会的深度现代化,需要结构功能优化升级的农业农村现代化,而这样的现代化在其现实性上,最具合理性和可能性的是在县域基层场域中以共生性的新型工业化、新型城镇化与乡村全面振兴融合发展方式来予以达成。既往那种单向度的城市化或城市中心主义,抑或是过度强调乡村本位的自然主义,对于城镇化的健康发展是不利的,对于乡村的现代化建设亦会带来伤害。在城乡关系出现重大变迁以及经济社会出现结构性巨变的当下,重新动态性地思考和系统性地审视诸如城市与乡村的新互动、新平衡和新发展,极为重要。“各美其美、美人之美、美美与共,天下大同。”从城乡发展的辩证法中,当下最为需要的,是在结构与功能逐步迭代升级基础上建立起对城乡关系适切的主体间性认识,这既是未来县域城镇化可以合理安置的基础,也是理性思考中国由深厚的乡土性向现代城市性转变过程中,在深切尊重传统性基础上,国家治理获得现代性转化和创造的条件。这就需要我们在新发展阶段,更加自觉地贯彻新发展理念,构建新发展格局,以实现面向城乡融合发展的城镇化高质量发展。要更为深度地将新型工业化、新型城镇化和乡村振兴战略衔接起来,以政府、市场与社会协力治理的方式来突破城镇化的深层约束,以新型城镇化治理结构、投资模式、开发方式、成本机制、参与方法来促进以县城为重要载体的城镇化的共建共治共享。以此出发,让面向城乡融合发展的县域城镇化在创造中国式城镇化新体系、实现中国式城镇化新道路的发展上持续发力,同时有益于将这种建设循序转变成为实现人民共同建设安居乐业美好家园、达成共同富裕、共享发展成果的发展之旅与人民之治[3]。

---

① 杨华:《多中心工作与过程管理:县域治理结构变革的内在逻辑》,《政治学研究》2022 年第 6 期。

② 杨华、张丹丹:《“经营创新”: 县乡关系转型中的乡镇政府行为研究》,《政治学研究》2024 年第 1 期。

③ 文丰安:《基于共同富裕的新型城镇化之路:重要性、障碍及实现路径》,《山东大学学报》(哲学社会科学版)2022 年第 6 期。

第六章 “衔接互动”:新型城镇化与乡村振兴的战略协同

在社会实践“结构性巨变”的时代,以战略方式进入治理场域的新型城镇化,是中国未来发展的一个最重要的中间变量。作为中国现代化的有效载体和主要标尺,新型城镇化要实现“化乡”与“化城”、“化业”与“化城”、“化物”与“化人”的有机综合。党的十九大报告提出的“乡村振兴”战略是统筹解决以往的三农问题、建立健全城乡融合发展的体制机制和政策体系、减少并最终弥合城乡差距的根本性举措。从党的十八大到党的十九大,“新型城镇化”与“乡村振兴”这两个战略虽然各有侧重,但本质上辩证统一,互相配合。本章着重将关注“城镇化进程中的乡村振兴”“乡村振兴中的城镇化”以及两者之间战略融通的体制、机制、策略、资源与路径,为统筹“新四化”发展、缩小城乡差距、可持续地促进地方经济社会深入现代化提供理论依据与智识支撑①。新型城镇化与乡村振兴的战略协同研究具有重要意义,理论上,中国的治理体系现代化需要有立足于中国实践的理论解读。本章将致力于探讨现代化进程中“新型城镇化”与“乡村振兴”之间的战略互嵌、互塑、互构,从理论上解码总体性与现代性动态平衡之中的国家治理现代化。实践上,城镇化快速发展但其社会保障与公共服务并不充分不平衡,快速流动背景下的乡村快速解构与重构同时发生但又并不相向共振。高质量的城镇化与高质量的乡村建设,都需要更具兼容性、融合化和一体化的制度设计和政策供给。为此,还需要落实到党的二十届三中全会所倡导的统筹新型工业化、新型城镇化和乡村全面振兴战略,完善城乡融合发展的体制机制改革上来。

---

① 徐雪、王永瑜:《城乡融合的逻辑机理、多维测度及区域协调发展研究——基于新型城镇化与乡村振兴协调推进视角》,《农业经济问题》2023 年第 3 期;邱婷:《从“城乡失衡”到“城乡均衡”:乡村振兴背景下的农业产业化与就地城镇化实践》,《华中农业大学学报》(社会科学版)2022 年第 4 期;任远:《城乡整体发展和实现共同富裕:论中国城镇化发展的道路》,《苏州大学学报》(哲学社会科学版)2022 年第 4 期;李俊蓉、林荣日:《乡村振兴与新型城镇化耦合协调度的测度与影响因素研究》,《浙江农业学报》2023 年第 10 期;陈柳钦:《乡村振兴与新型城镇化战略耦合协同发展研究》,《贵州师范大学学报》(社会科学版)2024 年第 1 期;郭冬梅、吴雨恒:《新型城镇化与乡村全面振兴有机结合:内在机理与改革展望》,《中州学刊》2024 年第 2 期;袁红英:《论统筹新型城镇化和乡村全面振兴》,《中共中央党校(国家行政学院)学报》2024 年第 1 期。

一、反思单向度城镇化与直面乡村的空心化

(一) 单向度与空心化

中国的人口流动在最近十年更趋活跃,据有关研究表明,2010—2020年间流动人口规模大幅增长69.7%,从2010年的2.21亿人增至2020年的3.76亿人,占总人口的比例高达26.6%。[①] 在空间上,流动人口正在由农村向城市集中,由小城市向大城市集中,由城市外围向中心城区集中,并且这一趋势将长期延续。[②] 值得注意的是,目前大量人口仍然滞留在小城镇,人口城镇化质量与经济发展的东西差异和南北差异高度一致,东南沿海与中部沿江发达地区以“城化”为主导,而华北地区、东北地区以及西部地区以“镇化”为主导,且“镇化”的“广延维度”(城镇数量)远快于“集约维度”(城镇规模),从2001年到2020年,2000人以下的微型聚落数量从54880座迅速增长到179376座,累计增幅200%以上。[③]

新型城镇取得重大成就的同时,也遗留下一些现实问题。比如,在人力资源上,大量青壮人员进入城市,乡村人员构成中比较多的是留守妇女、留守儿童、留守老人。这对于乡村的经济社会发展产生重要影响,在一定程度上制约了乡村的健康可持续发展。又如,与人流密切相关的是,大量的物资、资本等源源不断地向城市集中,这极大地促进了城镇、城市的发展,但是这种流动总体而言是比较单向度的。这种对乡村而言经济建设和社会发展要素单向输出型的流动方式,尽管在一定程度上具有某种对乡村建设的促进作用,但在总体上具有较为广泛的不利影响。

对于城市而言,在制度化的接纳体系未能及时跟进的情况下,大量农业转业人口的输入,在带来大量劳动力的同时,也留下了住房紧张、交通拥堵、就业困难、保障乏力、服务难以有效覆盖、某些治安问题突出以及生态环境改善困难等诸多问题,夹杂城镇、城市原住民更好发展所需要的更多资源、更多机会、更好公平发展等需求而言,“城市病”不断凸显,甚至在一些城市

① 陆铭、楼帅舟等:《大国的城乡融合:城市化和相关改革的进展与问题》,《中央财经大学学报》2023年第12期。

② 参见陆铭:《向心城市:迈向未来的活力、宜居与和谐》,上海人民出版社2022年版,第12—51页。

③ 引自陆铭、楼帅舟等:《大国的城乡融合:城市化和相关改革的进展与问题》,《中央财经大学学报》2023年第12期。

或区域还相当严峻。诸如农业转移人口子女的入学、入医、入保等问题，就颇为突出。尽管各地因地制宜、因势利导采取了许多举措，但相关问题仍处于亟待深化拓展解决的阶段。这样，就产生了人们经常提到的“半城镇化”问题和“再城镇化”问题的叠加，对未来城镇化提出了更为重要、也更加复杂的质量提升任务，以更充分地、更效率地、更公平地满足人的需求、人的发展，提升以人为本的发展内涵。

对于乡村而言，大量有效劳动力、乡村精英不断流失，与此相伴的是各种有效投资难以落地，农业生产体系、经营体系与服务体系的构建也不同程度遭遇困难，农业的产业升级、农村的有效治理等问题的解决受到约束。青壮年劳动力大量进城，造成农村人荒问题；优质资源被汲取，农村产业落后；优秀传统文化衰落，农村现代文化无从建立，农村生态环境恶化，村落环境不够宜居等①。

一方面，显著的空心化有所增加。所谓空心化，就是乡村村落在人口、经济与管理服务等方面，因难以接续发展而遭遇的持续减缩，出现生产、生活、生态的低迷，既缺乏发展的活力、建设的动力，也因种种发展要素的阙如而缺少足够的“烟火气”。与人力物力的“空心化”相伴的是，一些地区村级集体经济难以较好发展，基础设施的更新困难，管理服务也随之出现孱弱状态，乡村党组织出现一定程度“虚化、弱化、边缘化”态势。另一方面，较突出的乡村老龄化。这与乡村老年人城市融入能力弱、融入成本高、城市所能提供的制度接纳力不足等紧密相关。这样，乡村的许多建设和管理事务之可持续发展，都会因此而受到掣肘。对于老年人群的更高需求，诸如老有所医、老有所养、老有所乐以及老有所为，乡村保障能力有限，而原生家庭的“空心化”导致这些问题无法较好地在原有家庭养老体系基础上得到较好解决。乡村快速老龄化的另一个方面，就是乡村治理的动力与活力无法满足更高的要求和更好的发展。诸如特色田园建设、田园共同体建设、新型经营服务体系建设、乡村公共文化服务体系建设、乡村“一村一品”建设、乡村环境整治、乡村公共空间建设与维护、乡村基础设施建设与发展等等，都会因此而受到较为深刻的影响。

（二）反思病灶

在城镇化推进过程中，城镇、城市与乡村都在出现社会结构的重大变

---

① 刘歆立、黄真真：《乡村振兴战略背景下的我国城镇化发展路径探析》，《现代化农业》2019年第1期。

迁。城市的显著变化包括经济上许多区域服务业超过工业发展、二三产移位，城市生产生活人口在全国面上占比超过66%，无论从经济结构还是社会构成来看，一个越来越城市化的中国，或曰“城市中国”日渐成型。城市和城市群的快速发展，既造就了产业集聚的契机和经济发展，又形成了城市社会的现代图景，由钢筋水泥快速构筑起来的“城市森林”之城市秩序与城市文化，蔚为壮观。与此同时，乡村的经济建设与人员构成也处于一个快速变迁之中。乡村的现代要素不断增加的同时，经济基础出现一些重要变化；人口构成的变化，也说明乡村已然与传统的乡村有了较大的不同，乡村的解构与重构正在不断深化之中。但是，这种分解与集聚、脱嵌与嵌入并不是同步的，突出地变现为经济结构与文化伦理的彼此不适或难以调适，叠加性的传统性与现代性，甚至某些后现代性因素，使得乡村场域极为异质，乡村空间的变迁与乡村文化的演进仍然尚未“投榫”，彼此的适洽性颇为不足，乡村治理秩序的生产与再生产时有“梗阻”，节点性或阵发性冲突甚至群体性事件时有发生。城乡都在快速地变化着。

然而，城市与乡村发展之间的紧密相融性，却未必展现出正相关关系。[①] 单向度的城镇化与部分地区乡村的空心化一体呈现，说明了城镇、城市与乡村出现社会结构的重大变迁，面临着不同的成本—收益，有着不同的损益度。城乡关系在经济社会结构上，尽管较之新中国初有许许多多的发展和进步，但是客观地讲，仍然存在着较为显著的对立性和不兼容性。这种对立性和不兼容性，既表现为城乡经济社会发展要素不能顺畅流动之上，又体现在对这些要素的实际权益获得与保障的差异上，还体现在因作为“利益分配器”之户籍制度对公民权益的分隔式配置及其背后的城乡居民发展机会、发展成果享有方面存在的实际悬殊。这对于切实保障城乡居民的更好发展、更高质量生活而言，存在不小差距。在一个相对静态的社会格局之中，这些问题会被限定在人们对于既定的制度安排之中，城市与乡村虽然差别与差距均颇为显著，但基于身份的相关政策安排为人们所接受和认肯。但是，在一个快速流动和更趋开放发展态势下，人户分离、职住分离、劳动与

---

① 有研究表明，工业化以来西欧的“乡村城市化”表达了这种非均衡关系。如何认识这样的关系，学者提出应当按照马克思相关论述从三个维度予以认识：其一是马克思所强调的乡村从属于城市、城市实现对乡村的支配；其二是马克思曾亲历的乡村地区城镇化、乡村人口日益城市化，包括乡村人口向城市大规模集中和转移的现象；其三是乡村城市化也蕴含乡村生活方式和经济社会关系等“类”城市化、城乡平等融合并一体化发展的走向。无疑，这样的分析是富有启发意义的。参见刘景华：《工业化以来西欧的“乡村城市化”》，《中国社会科学》2023年第11期。

劳动保障分离越发成为整个社会都高度关注并热切希望得到制度化解决的当下,城乡关系在经济社会结构的上述对立性和不兼容性,就有了在城镇化战略与乡村振兴战略的战略协同中得以缓释和循序解决的可能性。重大的契机由此出现。在新的发展阶段、新的历史时期,面对新的社会需求,新的国家治理需要在更高层次上,来深切认知、准确把握这一城乡关系的政策含义,这之中既有对国家快速发展的重大机遇,同时也蕴藏着对国家治理的重大复杂挑战。这需要引发高度重视。

二、新型城镇化与乡村振兴协同的国家建构战略价值

(一)协同的历史维度

城镇化与乡村发展之间的良性协同,对于城镇化、对于乡村建设具有重要意义,不只如此,对于现代化国家的建构也具有不可低估的战略价值。

历史地看,根据实际情况妥善处理好城乡关系、促进城乡协调发展,对国家现代化进程具有重要的推动作用。城乡关系的重要性,自新中国成立以来便得到高度重视,妥善处理城乡关系在毛泽东著名的《论十大关系》中便引发国人的关注。受历史条件的限制和国家资源的约束,政府选取了城乡分治的策略,把乡村发展要素流入城市形成治理资源,从而支撑非均衡的现代化模式和赶超型的、工业发展为主轴的现代化策略。改革开放以来,以放权让利为主线的市场化改革,给城市和乡村的发展注入了活力。不断壮大的市场对资源配置发挥基础性作用以及决定性作用,让城市在获得大量发展要素的同时,得以飞速成长。市场对资源配置的效率机制,总体上解决了城市发展所需要的人口、资本土地以及产业支撑,与之配套的管理服务也随之调整。这种以效率为中轴的发展,不仅仅构筑了中国的经济面貌,也在根本上改变了中国的城镇、城市状况,与此同时中国乡村得以较快发展,城乡居民都在分享着改革与发展的红利。然而,这并没有自动改变上述论及城乡经济社会结构的对立性和不兼容性问题,但是为循序解决这些问题创造了政策窗口期和有利条件(见附录六)。

恰当地处理好城乡关系是中国现代国家建设的重要一环。多年来,我国城乡关系经历了城乡一统、二元壁垒、冲破壁垒、走向融合四个阶段的演变。这种演变不仅呈现出城市扩张与乡村保护双向运动的轨迹,而且呈现

一种城市扩张占主导地位的非对称态势。① 进入 21 世纪以来,尤其是自 2002 年党的十六大提出统筹城乡发展以来,城乡融合发展的思路和举措日渐深化和细化(见图 6-1)。及至 2024 年 7 月党的二十届三中全会《中共中央关于进一步全面深化改革、推进中国式现代化的决定》部署完善城乡融合发展体制机制、统筹新型工业化、新型城镇化和乡村全面振兴改革,新型城镇化与乡村振兴融合发展的战略协同被推到了全新的高度。

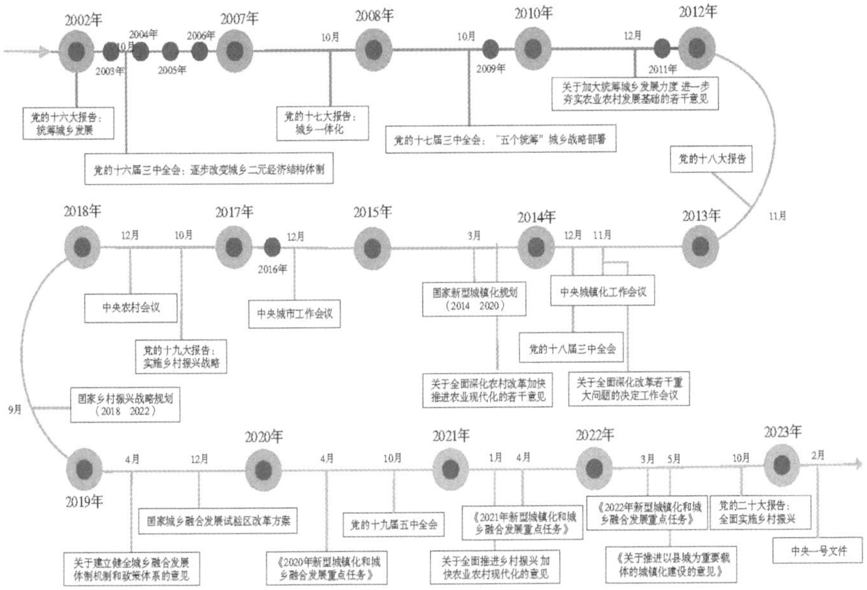

图 6-1 我国城乡融合发展政策演变历程②

历史地看,随着农业生产部门对于国家税收直接贡献率的下降以及工业、服务业的不断兴盛,国家于 2006 年 1 月 1 日起废止农业税条例,全面取消对一切从事农业生产、有农业收入的单位和个人征收的“公粮”即农业税,在我国沿袭两千年之久的传统“皇粮国税”终结。作为政府解决“三农”问题的重要举措,停止征收农业税,不仅减少了农民的负担,增加了农民的公民权利,体现了现代税收中的公平原则,同时还符合“工业反哺农业”的趋势。这是贯彻 2005 年党的十六届五中全会“建设社会主义新农村”战略倡导的具体体现。社会主义新农村建设,意指在完成工业化初始阶段即农

① 颜昌武:《中国现代国家建设中的城乡关系——一个非对称双向运动的分析视角》,《南京社会科学》2020 年第 1 期。

② 尹君锋、宋长青等:《乡村振兴与新型城镇化良性耦合——中国式城乡现代化发展科学内涵与时代选择》,《经济地理》2023 年第 11 期。

业支持工业、为工业提供积累，在工业化达到相当程度以后，实施工业反哺农业、城市支持农村，在实现工业与农业、城市与农村协调发展的基础上推进社会主义农村综合变革。建设社会主义新农村是我国现代化进程中的重大历史任务，按照生产发展、生活富裕、乡风文明、村容整洁、管理民主的要求得以稳步推进。2007 年 10 月，党的十七大报告进一步强调要“统筹城乡发展，推进社会主义新农村建设”。2008 年 10 月，党的十七届三中全会通过的《中共中央关于推进农村改革发展若干重大问题的决定》，进一步明确了当前和今后一个时期推进我国农村改革发展的总体思路，提出了一系列建设社会主义新农村的新思路、新举措。建设社会主义新农村，坚持把“三农”问题作为全党工作的重中之重，统筹城乡发展；大力推进改革创新，加强农村制度建设；积极发展现代农业，提高农业综合生产能力；加快发展农村公共事业，促进农村社会全面进步。尤其是要充分发挥城市对农村的带动作用，打破城乡二元格局，大力推进城乡一体化进程，形成以工促农、以城带乡、城乡互动、协调发展的体制和机制，建立起城市和农村互补互促、共同进步的经济社会发展新格局，使城乡居民共享改革发展的成果。这对于缓解城乡经济社会结构的对立性和不兼容性，发挥了积极的建设作用。党的十八大指出，解决好农业农村农民问题是全党工作重中之重，城乡发展一体化是解决“三农”问题的根本途径。为此，要加大统筹城乡发展力度，增强农村发展活力，逐步缩小城乡差距，促进城乡共同繁荣；坚持工业反哺农业、城市支持农村和多予少取放活方针，加大强农惠农富农政策力度，让广大农民平等参与现代化进程、共同分享现代化成果。这就需要加快发展现代农业、着力促进农民增收、坚持和完善农村基本经营制度、构建新型农业经营体系、改革征地制度、加快完善城乡发展一体化体制机制、促进城乡要素平等交换和公共资源均衡配置，从而形成以工促农、以城带乡、工农互惠、城乡一体的新型工农、城乡关系。

2017 年 10 月，党的十九大提出了乡村振兴战略，再次明确解决好农业、农村和农民“三农”问题是新时期全党工作的重中之重。随后，每年的中央一号文件（如 2019 年中央一号文件《中共中央国务院关于坚持农业农村优先发展做好“三农”工作的若干意见》，2020 年中央一号文件《中共中央国务院关于抓好“三农”领域重点工作确保如期实现全面小康的意见》、2021 年中央一号文件《中共中央国务院关于全面推进乡村振兴加快农业农村现代化的意见》，2022 年中央一号文件《中共中央国务院关于做好 2022 年全面推进乡村振兴重点工作的意见》，2023 年中央一号文件《中共中央国务院关于做好 2023 年全面推进乡村振兴重点工作的意见》和 2024 年中央一号文件《中共中央国务院关于学习运用“千村示范、万村整治”工程经验有力有效推进乡村全面振兴的意见》等）以及中央政府工作报告，尤其是中共中央、国务院2018年9月印发的《乡村振兴战略规则（2018—2022年）》以及2021年3月公布的国家“十四五”规划纲要等，对乡村振兴战略的实施推进，作出了较为全面的政策指引和制度安排，极大地改变了农业、农村和农民的面貌，乡村建设取得重大成就。

（二）协同的理论维度

理论地讲，新型城镇化与乡村振兴协同具有重要的现代化国家建构战略价值。现代化是一个国家从传统走向现代的系统过程，是在经济、行政、社会、文化、生态、空间等领域持续变迁的过程。从范围而言，现代化既是国家形态的现代化，更为重要的是，是人的现代化，即以服务和促进人的全面发展为目的的现代化。一般而言，城镇化或城市化，是现代化的重要内容，也是现代化的当然载体或依托。西方早发城市化国家，其城镇化是伴随着工业化而展开的，工业的发展与人口集聚、社会福利保障的跟进大体相继发生。因而，许多的研究，就把城市化的进程、规模和质量等作为检测一国现代化的重要指标。与此相应的是，乡村的巨大变化，乡村产业现代化，成为西方乡村现代化的重要基础，这一基础的形成是与土地集中经营、大规模人口进入城市成为产业工人，乡村基础设施建设提升以及与农村生产生活相匹配的管理服务日渐成型相关联的。换言之，在现代化进程中，城市作为财富和机会集聚的中心，汇集了大量的人口、土地、资本等经济社会发展要素，乡村在此过程中也随之出现了结构性的变化。一个城市或城市群主导、产业和管理服务现代化的乡村共存的城市社会，成为了西方国家社会的主要形态。尽管中西方国家之间存在重大的时空差异，但西方国家的现代化历程可以给我们启发，即作为一个自然历史过程，现代化重大的经济社会结构变迁一定是伴随着城市与乡村合理结构的成型以及现代功能的塑造而逐步形成的。摒弃对城市中心主义或乡村传统主义的固守，在一种相对动态、开放、调谐和互嵌互塑的结构关系中，来发展城市化或城镇化，来推进乡村现代化建设，是现代化绕不开的基本话题。对于中国而言，这具有极其重大的理论意义和现实意义。中国的现代化，当然要经历以工业化为主导的发展历程，这对于置身于小农经济汪洋大海的新中国而言至关重要。与工业化相应的城镇化、城市化，实际上走的是城乡相对非均衡发展之路。及至21世纪，尤其是伴随着中国成为世界第二大经济体、农业税的全面取消，以战略再平衡方式出现的新型城镇化，首要的就是要解决单向度城镇化所遗留的问题,在新的起点上重建城市与乡村的关系、重塑城乡发展的协同格局。在此过程中,乡村的发展也到了一个至关重要的阶段,农业、农村与农民的现代化成为国家现代化进程中至关重要的一环。我们所建设的社会主义现代化国家,当然需要大量的城市、城市群,大量的现代工业和现代服务,但同时也需要有合理结构的农业、农村和农民,需要有乡村的现代化与城市现代化一道,来承载和实现国家的全面现代化。因此,现代化绝非意味着简单从数量、规模上缩减甚至消灭农业、农村和农民,而是要使之进行现代化的升级优化,有现代化的产业、现代化设施、现代化的农业从业人员以及现代化的管理和公共服务。一个没有乡村现代化的现代化,其现代化的内涵与质量都是让人存疑的。必须走出传统城镇化、乡村现代化的错误认知或似是而非的理解,从形成国家战略再平衡城市与乡村关系、构筑国家治理长治久安的高度来认识新型城镇的"新型"以及乡村振兴战略的"战略"含义,就会给我们带来新的视野、新的思路和新的向度。

(三)协同的实践维度

实践而论,新型城镇化与乡村振兴的战略协同可以在两个层面促进现代化①。一是战略协同推进,促进国家现代化。尽管我国城镇化率已经达到66%以上,但是相较国际社会主要国家的75%—80%以上的城市化率而言,仍有较大的空间。在此阶段,也就是通常所讲的城镇化的"后半程",在未来的30年间左右,城镇化依然是我国现代化的主要动力和主体领域。现在的问题是,如何既能够保持一定的发展速度,又确保较高的质量,协同解决好原有"半城镇化"遗留下的大量农业转移人口未能充分市民化问题以及部分老旧城区功能提升的"再城镇化"问题,同时还需要面对乡村转移人口在城市安居的问题。在此过程中,乡村就不应当是一个静态的,等待不断输出、不断被"掏空"的对象,它也有一个范围的调整、结构的重构以及功能的重塑问题,有一个如何在更高位阶上全面建设乡村现代化的问题。乡村的现代化,不仅仅是乡村的事宜,更是城镇化的事务。在中国,任何脱离乡村谈论城镇化的发展,要么是不彻底的,要么是不负责任的,这都会戕害它们各自的健康发展。的的确确,城市与乡村无论在形态、范畴、内涵以及需求等方面,都有着颇为不同,它们之间的差异也决定着彼此有着分治的历史

① 杨佩卿:《新型城镇化和乡村振兴协同推进路径探析——基于陕西实践探索的案例》,《西北农林科技大学学报》(社会科学版)2022年第1期;苏运勋:《县域城镇化与城乡关系再造:类型与比较——兼论乡村振兴战略的实施重点》,《河南社会科学》2023年第4期。

合理性和现实操作性。但是，转换一个角度，即现代化进程中人的发展、人的权益保障的角度看，城乡的融合也好，一体化也好，战略协同也罢，都具有可以深入衔接的地方。减少区隔甚至是人为的藩篱设置，国家现代化事业才能得到更为全面、更为充分和更为有质量的发展。二是战略协同推进，促进国家治理现代化。如前所述，进一步的城镇化需要充分尊重城市与乡村的差异性，充分尊重城市发展的规律性，充分尊重人民城市的内在规定性，这就对城市治理的现代化提出了更高的要求。同样，通过促进乡村建设的优化发展，乡村治理现代化的转型要求也为各界所认同。需要明确的是，无论就乡村建设还是城市发展而言，都不能是割裂的存在，从国家治理的角度，需要有一个统筹与协调，需要国家在治理体系方面发展出能够回应城乡协同发展的治理结构，在治理能力方面发展出能够回应人民群众对美好生活新需求的治理能力。实际上，这种能力，对于国家而言，就包括顶层设计能力、制度安排能力、资源汲取与整合能力、发展与平衡能力，以及风险化解防范、制度化保障等能力，将城乡协同治理打造成为制度之治、人民之治，这也是国家治理现代化的当然含义。

三、新型城镇化与乡村振兴战略协同面临的主要问题

（一）代表性的问题

中国的新型城市化具有经济增长、效率提升、成果分享等多重功能。伴随着社会主要矛盾、战略目标和发展条件的转变，新时代中国的城镇化逻辑需要转变，这种转变的内涵是以增长导向型城镇化转向质量导向型城镇化为主线，推动城镇化从城市偏向转向城乡融合，从政府驱动转向市场驱动，从单一方式转向多元协同。① 乡村振兴与新型城镇化的战略协同，近年广受学界和实务界关注。目前，比较具有代表性的问题有：

一是新型城镇化与乡村振兴内在关联的理论探讨。新型城镇化与乡村振兴，是全面建成小康社会和推进现代化建设事业的两项重大战略举措。城市是国家的“发展极”，乡村则是国家现代化的“稳定极”，前者带动经济社会发展，后者消化社会风险，共同构建起我国城乡发展相互促进的辩证关系②，

① 高帆：《中国城市化的逻辑转换：含义及意义》，《社会科学》2022 年第 8 期。

② 桂华：《论新型城镇化与乡村振兴战略的衔接》，《贵州社会科学》2020 年第 9 期。

二者具有部分和整体维度、时间和空间维度以及功能和价值维度的统一性[①]。在新型城镇化与乡村振兴的双轮战略推进中，乡村振兴离不开新型城镇化带来的技术、投资与信息对称，新型城镇化进程也依赖于乡村振兴提供的粮食、能源、原料以及生态补偿[②]。实践中的战略耦合，有助于破解“城市病”与“乡村病”问题，解决当前主要社会矛盾、推进现代化建设进程[③]。

二是新型城镇化与乡村振兴战略耦合的实现路径。当前城乡战略融合的实现路径在于中小城市的发展，中小城市具有农民市民化身份转变的天然优势[④]；乡村振兴与新型城镇化融合存在发展理念滞后、城乡要素流通受阻、城乡产业发展脱节等制约因素[⑤]；只有城乡要素充分流动，立足于乡村振兴战略，实现产业、生态、社会一体的高质量城镇化，才能真正构建乡村振兴与新型城镇化的协调驱动，实现城乡融合发展[⑥]。当前，新型城镇化与乡村振兴协调发展已成为形成和畅通国内大循环体系的重要基础，人口、资源、环境、经济与社会五要素是促进新型城镇化与乡村振兴协调发展的驱动力[⑦]。此外，有研究提出用“区域支柱产业转型和再造、乡村生产生活空间重构”两大主轴将脱贫攻坚、乡村振兴和新型城镇化“三大战略”协同实施[⑧]，或新型工业化与乡村振兴、新型城镇化融合推进等，这将对国家的现代化和治理现代化产生影响深远。

三是新型城镇化与乡村振兴战略耦合的定量测度。譬如，采用面板格兰杰因果关系检验实证分析，解释在短期内两大战略存在单向因果关系、长

① 张明皓：《乡村振兴与新型城镇化的战略耦合及协同推进路径》，《华中农业大学学报》（社会科学版）2022 年第 1 期。

② 陈丽莎：《论新型城镇化战略对实现乡村振兴战略的带动作用》，《云南社会科学》2018 年第 6 期；李梦娜：《新型城镇化与乡村振兴的战略耦合机制研究》，《当代经济管理》2019 年第 5 期。

③ 刘彦随：《中国新时代城乡融合与乡村振兴》，《地理学报》2018 年第 4 期。

④ 辛宝英：《城乡融合的新型城镇化战略：实现路径与推进策略》，《山东社会科学》2020 年第 5 期。

⑤ 谢天成：《乡村振兴与新型城镇化融合发展机理及对策》，《当代经济管理》2020 年第 3 期。

⑥ 文丰安：《乡村振兴战略与新型城镇化建设融合发展：经验、梗阻及新时代方案》，《东岳论丛》2020 年第 5 期；孙杰、于明辰、甄峰等：《新型城镇化与乡村振兴协调发展评估——浙江省案例》，《经济地理》2023 年第 2 期；聂桢海、包学雄：《中国新型城镇化与乡村振兴战略融合：历史演变、挑战与实现路径》，《湖北农业科学》2023 年第 2 期。

⑦ 吕萍、余思琪：《我国新型城镇化与乡村振兴协调发展趋势研究》，《经济纵横》2021 年第 11 期。

⑧ 章艳涛、王景新：《”脱贫攻坚、乡村振兴和新型城镇化衔接的策略、经验与问题》，《农村经济》2020 年第 8 期。

期存在双向因果关系，且两大战略之间的耦合协调度呈收敛性的增长特征①。通过耦合协调度模型等分析发现，双轮战略耦合协调度呈“东高西低”的分布格局，耦合协调的溢出效应存在区域不对称性②；在 3 年或更短的时期内，乡村振兴与新型城镇化之间存在从乡村振兴到新型城镇化的单向因果关系，在 4 年及更长的时期，乡村振兴与新型城镇化之间存在相互影响的双向因果关系③。使用面板格兰杰因果关系检验与面板 VAR 模型，在分区域视角下尚未实现双轮战略的融合发展④。利用熵值法和融合度模型对我国 30 个省区市 2007—2017 年的城乡融合水平的测度，并采用双向固定效应探讨财政分权、农村金融服务对城乡融合水平的影响⑤；类似的方法也用于测算西部地区两大战略发展存在空间差异⑥。此外，基于耦合协调的视角对 1996—2018 年我国新型工业化、新型城镇化与乡村振兴水平协调发展进行研究⑦；运用耦合协调度模型对 2011—2018 年中国 31 省区市新型城镇化——乡村振兴——经济增长质量三系统综合发展水平及耦合协调度进行量化，并结合面板 Tobit 模型对耦合协调度的影响因素进行研究⑧；基于耦合理论的实证分析，有学者对浙江新型城镇化与乡村振兴的协同发展进行了探讨⑨。此外，城市群带内或之间的两大战略耦合机制、质量比较等议题，也广受关注。⑩

① 雷娜、郑传芳：《乡村振兴与新型城镇化关系的实证分析》，《统计与决策》2020 年第 11 期。

② 徐维祥、李露等：《乡村振兴与新型城镇化耦合协调的动态演进及其驱动机制》，《自然资源学报》2020 年第 9 期。

③ 雷娜、郑传芳：《乡村振兴与新型城镇化关系的实证分析》，《统计与决策》2020 年第 11 期。

④ 马瑞祺、马成文等：《我国乡村振兴与新型城镇化耦合协调发展及动态演进研究》，《合肥工业大学学报》（社会科学版）2021 年第 6 期。

⑤ 孙群力、周镖：《财政分权、农村金融服务与城乡融合水平——基于城镇化与乡村振兴视角》，《农村经济》2021 年第 3 期。

⑥ 马长发、朱晓旭：《西部地区新型城镇化和乡村振兴互动关系研究》，《生态经济》2021 年第 5 期；谭鑫、杨怡、韩镇宇等：《欠发达地区新型城镇化与乡村振兴战略协同水平的测度及影响因素——基于政府效率和互联网发展视角》，《经济问题探索》2022 年第 11 期。

⑦ 丁翠翠、杨凤娟等：《新型工业化、新型城镇化与乡村振兴水平耦合协调发展研究》，《统计与决策》2020 年第 2 期；陈国生、丁翠翠等：《基于熵值赋权法的新型工业化、新型城镇化与乡村振兴水平关系实证研究》，《湖南社会科学》2018 年第 6 期。

⑧ 徐雪、王永瑜：《中国省域新型城镇化、乡村振兴与经济增长质量耦合协调发展及影响因素分析》，《经济问题探索》2021 年第 10 期。

⑨ 俞云峰、张鹰：《浙江新型城镇化与乡村振兴的协同发展——基于耦合理论的实证分析》，《治理研究》2020 年第 4 期。

⑩ 乔家君、肖杰：《黄河中下游乡村振兴与新型城镇化耦合协调机制研究》，《地理科学进展》2024 年第 3 期；薄文广、钱镱等：《新型城镇化与乡村振兴耦合协调及交互影响研究：基于 156 个地级市面板数据的实证分析》，《中国软科学》2023 年第 9 期。

（二）深层次的问题

新型城镇化和乡村振兴是新时代我国加快现代化建设的重要举措。城镇和乡村是一个对立统一的矛盾有机体和命运共同体，新型城镇化旨在培育壮大城镇，乡村振兴目标是发展和建设农业农村，两者既有异质性，又具有天然耦合性和内在相通性，在现代化实践中能够协同共进①。然而，这两大战略在实践中，却面临着一些深层次的问题：

一是城乡体制的二元性。这既是乡村振兴与新型城镇化两大战略推进实施过程中的最根本体制性障碍（亦即前文所提到的城乡经济社会结构的对立性与不兼容性），也是战略协同遭遇梗阻、效能受到影响的主要因素。进入新时代，社会矛盾由原有的人民群众日益增长的物质文化需要与落后的生产力之间的矛盾，逐步转变成为人民日益增长的美好生活需要和不平衡不充分的发展之间的矛盾。这种不平衡不充分，最大的不平衡是城乡发展不平衡，最大的不充分是农村发展不充分，这已成为经济社会发展的最大制约和突出短板②。从战略内部看，乡村振兴要解决乡村存在的衰败、空心化等问题，是从根本上实现农业农村农民的现代化发展转型问题，绝非仅仅是简单的发展规模和速度问题，尽管这些问题也非常重要；新型城镇化要解决的问题是继续深化城镇化、提高城镇化质量的问题，核心是解决好已转移进入城市的人口和即将转移进入城市人口的发展与保障问题，提高城市品质，实现城市的共建共治共享。而在战略之间，由于时空的差异、社会结构的差异、发展需求的差异、资源条件的差异以及政策支持的差异等等复杂因素，战略实施的耦合度、衔接度与有效性与预期还存在较大差距。尽管城乡二元体制已然发生许多松动，但其源于秩序管控和治理安全所需要而发展出来的主导骨架并没有根本改变。在人口大流动的情况下，还易于形成城市与乡村二元基础之上的农民工问题（本质上是二元体制在时空移位情势下的问题延伸③），形成一定程度的城市、乡村、农民工的“三元体制”，会更加的复杂，解决的难度更大，但急迫性更高。

二是规划建设的分割性。与既有城乡体制相关，也与政府治理的条线

① 杨佩卿：《新型城镇化和乡村振兴协同推进路径探析》，《西北农林科技大学学报》（社会科学版）2022年第1期。

② 丁静：《新时代乡村振兴与新型城镇化的战略融合及协调推进》，《社会主义研究》2019年第5期。

③ 李汝资、黄晓玲、刘耀彬：《2010—2020年中国城镇化的时空分异及影响因素》，《地理学报》2023年第4期。

式职能设置相连,尽管两大战略都属于国家重大战略,但是无论是惯性思维,还是惯性行为,都存在显著的“路径依赖”。即,都认可两大战略的重要性,甚至就是基于各自战略的重要性,在相关的政策制定、政策执行上,形成了相对比较闭合的政策周期,从而在实践中加剧了战略协同的难度和实践可操作性。这里面,存在三个问题:其一,对于战略的经济功能过于强调,或用经济功能置换多元的战略功能。毫无疑问,在新时代社会主义现代化强国建设的新征程中,发展经济依然是极为重要的,这是由国家现代化和国家治理现代化的内在需要所决定的。但是,这并不等于除经济建设之外的政治、社会、文化、生态乃至空间等不重要。国家提出“五位一体”的总体布局、“四个全面”的战略布局是国家大局,就清晰地表明了复合治理的国家战略需求。因而,这里存在着单功能与多功能、单目标与多目标的显著不同。其二,对于战略落地的政策决策,容易形成选择性决策或置换性决策。基于不到位的战略认知,会形成不恰当的政策制定模式和政策制定周期。这样,可能就会产生简单的拷贝复制、机械地照抄文件等方式,进而出现战略的政策化过程被简单化为习惯拿手的经济事务,而忘却了新型城镇化与乡村振兴都是复杂的、系统性要求极高的社会工程,具有重大的经济社会发展和建设功能,而非单一的招商引资和房地产开发。这样,原本就协同性和前瞻性不足的再决策,就更难以达成战略协同的初衷了。其三,战略实践中的政策执行,出现选择性或象征性行为。无论是出于对“行政发包制”的理解,还是对于“晋升竞标赛制”的认识,协同执行在未能解决战略协同认知到位、战略协同政策决策到位的情况下,是难以真正形成有序高效的执行合力的。乡村振兴与新型城镇化战略耦合的实践误区体现在政策制定中的偏向化和分散化、政策执行中的非连续性和强制性以及政策目标设置中的非均衡性和人本性缺失。故而,从战略协同认识、战略协同决策、战略协同执行等方面看,两大战略的衔接仍然面临诸多问题,体现在规划建设上的本位性、碎片化甚至是彼此冲突,还难以达成城乡融合发展所需要的大规划、大建设、大管理、大运营、大服务、大监管,因而其效能也就难以达到预期。

三是要素流动的单一性。我国城镇化依然面临着土地资源利用不合理、资源环境约束与城市承载力不足等问题,这些问题严重制约了新型城镇化的发展;而农村村域内资源要素短缺与利用不足、城乡之间的体制机制壁垒,阻碍了乡村振兴战略的实施①。有研究指出,大量农村剩余劳动力和资本等随着要素单向流动的城镇化而不断向城镇转移,使农村发展失去生产

① 李梦娜:《新型城镇化与乡村振兴的战略耦合机制研究》,《当代经济管理》2019年第5期。

要素的有力支撑，乡村衰落已成为中国现代化进程中面临的重大挑战。实施乡村振兴战略应将乡村与城市确立为并行发展的两个主体，实现乡村与城市有差异化的发展，使城乡要素在市场主导和政府引导下双向流动、优化配置。现阶段在旧的制度障碍尚未完全消除、新的制度供给还不充足的背景下，囿于资本等要素的逐利性，完全依靠市场实现生产要素的双向流动会对农村发展和农民福祉产生何种影响尚难下定论，需要在“乡村振兴战略”这一顶层设计下探索城乡共建共享循环系统等要素双向配置互动发展机制①。具体而言，涉及如下方面发展要素的单向流动：一则人员持续向城市城镇流动。目前，大中城市中农业转移人口的吸引力较强，转移人口的数量大，对城市而言具有一定程度“超载”的状况，引发连锁问题；而小城市和城镇则吸引力较弱。但总体而言，乡村人口向城市流动的总体态势是明确的。问题随之产生，城镇化发展要求农村劳动力继续向城市转移，而乡村振兴则强调城市人才下乡参与农村发展，二者之间存在一定的矛盾，解决这一矛盾的关键与农村土地产权制度安排相关。在农村土地“两权分离”背景下，承包经营权的成员权和用益物权的双重属性限制了城乡人口的双向流动，而农村土地“三权分置”改革则为城乡人口的双向流动开启了契机。② 二则除劳动力要素之外，资本、土地、技术等要素也较长期地向城市集中。从我国城镇化战略的实践来看，劳动力等资源要素由乡村向城市集聚，推动城市发展的同时，也存在城市扩张过快、农村衰退的后遗症；从农村发展战略的实践来看，农村发展需要资本、土地、技术、劳动力等要素不断从城市向农村扩散与辐射。然而，梳理我国城镇化与乡村建设时空演进看，城市功能疏解缺乏有效渠道与农村发展缺乏内生动力并存，是现阶段新型城镇化与乡村振兴协同发展的实践困境③，其中与城乡发展的要素稀缺性、流动单向性等问题关系莫大。受城乡发展理念滞后、要素流动不畅、产业发展脱节、公共资源配置不合理等因素制约，乡村振兴和新型城镇化融合发展水平不高④。

四是产业发展的非均衡性。这里的非均衡性，主要是指城市乡村在产业链条的衔接上显著不平衡，乡村被局限在原始生产资料和生活资料的提

---

① 蔡秀玲、陈贵珍：《乡村振兴与城镇化进程中城乡要素双向配置》，《社会科学研究》2018 年第 6 期。

② 谢地、李梓旗：《城镇化与乡村振兴并行背景下的城乡人口流动：理论、矛盾与出路》，《经济体制改革》2020 年第 3 期。

③ 夏金梅：《新型城镇化与乡村振兴协同发展的时空观察》，《西南民族大学学报》（人文社会科学版）2021 年第 5 期。

④ 谢天成：《乡村振兴与新型城镇化融合发展机理及对策》，《当代经济管理》2021 年第 3 期。

供上,而涉农相关的一二三产业融合发展艰难,现代农业生产体系、经济体系和服务体系尚未完全成型,农村的产业发展在相当大程度上仍然是围绕城市需要而设计和运转的。涉及几个问题:其一,“资源虹吸”基础上的“产业虹吸”“发展虹吸”如何破解。目前,城乡发展面临城镇化速度快但整体质量不高,城乡二元结构刚性仍然较高,大城市集聚效应明显、农村吸引力不强等困境。改变既有的单向度“虹吸效应”,对于城乡融合发展至关重要,但是这绝非仅仅单靠城市或乡村,或某一单项政策可以解决的。其二,围绕乡村发展乏力的相对贫困治理以及城市低收入群体问题,如何以更为优化的产业链条或产业集群方式来解决充分就业和生活兜底保障之后的发展保障问题。城镇化虹吸脱贫攻坚的“有生力量”、区域农业发展与工业化进程失衡以及农村土地开发利用的微梗阻等城市化进程与减贫实践间的张力,是目前精准扶贫工作亟待破解的问题。这些问题的解决,产业扶贫是长久之计,是输血型的方案。这应该成为城乡产业融合发展过程中的重要考量,即在一定经济效益基础上的社会效益考虑,需要得到政策各方的高度重视和实践接纳。

五是服务保障的区隔性。在许多的研判中,都会提及地区间公共服务水平不均衡,城乡差距大[①]。这是实情。城镇化与乡村建设原本是矛盾的双方,长期以来由于城乡二元机制的存在,时至今日农村一直在补贴城市,农村发展的内在活力并未激发出来,与此同时伴随着廉价劳动力和生态环境可承受能力趋紧极限,城镇化建设亟待转型发展。在此过程中,城乡分治走向一体、融合的重大障碍,是城乡公共服务和社会保障的区隔性。发展资源和实践模式所累的治理后果之一,就是乡村公共服务和社会保障较为滞后。尽管近些年在新农保、新农合等一系列举措之下这一局面有了显著改观,但并非从根本上解决既有分治体制遗留下的公共服务不足、社会保障乏力等重要问题。因而,新型城镇化建设与乡村振兴两大战略在具体的实施过程中,如何避免“建设性”破坏以及统筹城乡互动发展是无法回避的话题[②]。

四、新型城镇化与乡村振兴战略协同的实施路径

《中共中央关于党的百年奋斗重大成就和历史经验的决议》指出,全面

① 冯丹萌、孙鸣凤:《国际视角下协调推进新型城镇化与乡村振兴的思考》,《城市发展研究》2020 年第 8 期。

② 王韬钦:《新型城镇化与乡村振兴战略协同关系探究》,《广东行政学院学报》2019 年第 6 期。

深化改革，需“加强顶层设计和整体谋划，增强改革的系统性、整体性、协同性”，做到改革的“系统集成、协同高效”。新型城镇化与乡村振兴的战略协同，是一项重大的国家系统改革工程，需要多方面的助力，系统化集成，整体化推进，形成整体性的公共治理。

（一）贯彻新发展理念

超越城、乡分体式发展，需要有新的理念系统。① 创新、协调、绿色、开放与共享，是进入新时代后党和国家倡导的新发展理念。这一理念系统的整体更新，意味着国家发展和国家治理进入到了新的阶段，即构建新发展格局、实现高质量发展阶段。这就需要反思既有城镇化、乡村建设以及两大战略实施进程中存在的薄弱和不足。一方面，要改变单向度的城镇化。如果一味延续具有强大虹吸效应的单向度城镇化，城乡融合发展的格局是没办法有机成型的，这既会加剧城市的“城市病”和“半拉子”城镇化病灶，也会让乡村发展难以转型推进，同时还会持续扭曲城乡互动关系，让良性互动与互塑机制难以建立。另一方面，要革新政府对乡村建设的治理思维和政策系统。农业农村发展滞后是中国发展不平衡不充分最突出的表现，城市偏向政策是造成中国农业农村发展滞后的主要原因，新型城镇化与乡村振兴战略联动是加快农业农村发展的内在要求②。在经常提及的城乡不协调、失衡的发展状况中，认为农村剩余劳动力大量流失、乡村“空心”问题严重，城镇化发展片面追求经济增长、土地利用与生态建设成难题，乡村文化不断削弱流失、文化建设缺失，农村资源要素短缺、城乡体制壁垒严重等等现象③，虽有复杂的历史和现实因素，但很重要的是对上述两个方面战略的理解不够、执行片面所导致的，进而在战略协同方面的碎片化、本位性甚至于矛盾化，因而导致复杂的不利后果。贯彻新发展理念，就是要从战略价值和宏观目标上达成战略协同的共识，牢固树立乡村振兴与新型城镇化二者是互利共生的命运共同体观念，从战略全局和国家现代化事业发展的高度来深切理解深度融合是构建新型工农关系的题中应有之义这一重大命题，从而形成推进新型城镇化与乡村振兴战略协同的自觉性。

---

① 田鹏：《超越城乡的新型城镇化——理论框架、多重逻辑与实现路径》，《人口与经济》2023年第4期。

② 苏小庆、王颂吉等：《新型城镇化与乡村振兴联动：现实背景、理论逻辑与实现路径》，《天津社会科学》2020年第3期。

③ 颜家瑶：《新型城镇化和乡村振兴双轮驱动背景下的城乡融合发展路径探析》，《经济观察》2019年第1期。

（二）注重顶层设计

从乡村振兴与新型城镇化二者是互利共生命运共同体的观念出发，展开科学、系统、套叠的政策系统设计，从体制、机制等方面进行制度安排和行为引导，形成两大战略融合推进的公共治理体系（见表6-1）。针对目前乡村振兴与新型城镇化耦合协调发展中存在的问题——城乡要素配置失衡、城乡产业发展不平衡、城乡经济发展差距较大，城乡基本公共服务不均等、乡村基础设施不完善，土地利用效率较低、城乡空间布局不合理等①，要有整体的城乡公共治理思考。其一，可以考虑进行城乡两大战略的融合规划。在既有新型城镇化战略、乡村振兴战略基础上，设计融合发展规划，落实到国家的五年规划以及专门规划之中。换言之，以后在各战略的单项规划基础上，要为如何顺利推进战略融合和协同实施出台专门规划，减少人们常常诟病的协而不同、各自为政和各自为战。其二，将城乡融合发展灌注到对政府工作的年度考核之中。实际的情况是，人们只会做要考核的、要检查的工作，没有清晰的责任倒逼，没有明确的检查和奖惩闭环环节管理，许多事情都会被虚化或弱化。以明细的干部考核方式与干部绩效晋升关联起来，相关工作就会更加有抓手、更有推进力度和效度。其三，建立高规格的城乡融合发展协调机构或常设机构。形成明确工作职责和工作机制，常态化地来统筹、规划、管理、协调和监督相关事宜的推进落实情况。其四，设计专门的城乡融合发展财力支持系统。从金融、财政、税收以及产业政策、公共服务和社会保障等方面协同支撑度强化构建出发，来形成解决问题的财力基础和发展保障。

表6-1 国家对新型城镇和乡村振兴的战略设计

比较项	新型城镇化战略	乡村振兴战略
设计时间	2012年11月（十八大）	2017年10月（十九大）
战略核心	以人为核心，转变城镇化发展方式，全面提高城镇化质量	推动乡村产业、人才、文化、生态与组织振兴，补齐农村短板
总体要求	以人为本、四化同步、优化布局、生态文明、文化传承	产业兴旺、生态宜居、乡风文明、治理有效、生活富裕

① 张合林、申政永：《乡村振兴与新型城镇化耦合协调发展研究》，《区域经济评论》2021年第4期；陈景帅、张东玲：《城乡融合中的耦合协调：新型城镇化与乡村振兴》，《中国农业资源与区划》2022年第10期。

续表

比较项	新型城镇化战略	乡村振兴战略
发展目标	2020年,城镇化水平与质量稳步提升,城镇化格局更加优化,城市发展模式科学合理,城镇化机制不断完善	2020年,乡村振兴取得重要进展,制度框架和政策体系基本形成;2035年,乡村振兴取得决定性进展,农业农村现代化基本实现
战略举措	有序推进农业转移人口市民化、优化城镇化布局与形态、提高城市可持续发展能力、推动城乡发展一体化	构建乡村振兴新格局、加快农业现代化步伐、建设生态宜居美丽乡村、健全现代乡村治理体系、完善城乡融合发展政策体系
专项规划	《国家新型城镇化规划(2014—2020年)》(2014年)《国家新型城镇化规划(2021—2035年)》(2022年规划中)	《国家乡村振兴战略规划(2018—2022年)》(2018年)
十四五规划	专篇:完善新型城镇化战略 提升城镇化发展质量。包括加快农业转移人口市民化、完善城镇化空间布局和全面提升城市品质	专篇:坚持农业农村优先发展 全面推进乡村振兴。涉及提高农业质量效益和竞争力、实施乡村建设行动、健全城乡融合发展体制机制、实现巩固拓展脱贫攻坚成果同乡村振兴有效衔接

资料来源:根据相关文件资料整理所得。

(三)找准战略协同的重点领域和行动支点

新型城镇化是重塑城乡关系的动力引擎,在空间、经济、社会和生态等方面对推动城乡融合发展意义重大。① 从应然层面来看,新型城镇化与乡村振兴战略之间的关系,不是非此即彼,而是互建互促,理论上应该将其看作一个整体②。然而,在具体的体制机制和政策体系上,两大战略之间又存在着内在张力。这种内在张力表现为,在政策实施过程中,普遍存在政策梗阻困境。在新型城镇化与乡村振兴战略具体实施过程中,由历史上形成的城乡二元结构在时间维度、空间维度以及时空双重维度上所产生和遗留的普遍的政策梗阻现象,不仅加剧了城乡融合的实施难度,而且加大了其实践的复杂性③。

---

① 甘天琦、姚天航等:《城乡融合发展的动力与机制——基于新型城镇化试点的证据》,《统计观察》2024年第1期。

② 韩俊:《乡村振兴与城镇化不是非此即彼的关系》,《环境经济》2018年第5期。

③ 杨嵘均:《论新型城镇化与乡村振兴战略的内在张力、政策梗阻及其规避》,《南京农业大学学报》(社会科学版)2019年第5期;孟立慧:《乡村振兴与新型城镇化协同发展的现实挑战与路径选择——基于国际经验视角》,《西南金融》2023年第4期;薛海波、吴文良、王劼等:《多元理论视域下乡村振兴与新型城镇化协同发展探究》,《电子科技大学学报》(社科版)2023年第2期。

为此,统筹性地设计战略协同的重点领域包括:一是对城市与乡村发展的共性、关联性政策问题进行宏观的贯通设计。乡村振兴和新型城镇化的协同发展体现在产业兴旺与产业城市化、生态宜居与生态城镇化、乡风文明与社会城镇化、治理有效与空间城市化、生活富裕与经济城镇化五个层面。围绕着这五对关系,梳理出其中举足轻重的关键问题,有助于明确协同方向、形成治理合力。二是调节城乡之间人口流动并提供保障。一方面,要全面实施乡村振兴战略,必须积极推进以人为本的新型城镇化,当务之急是加快 2.8 亿农民工的市民化,并争取在 2050 年全面现代化实现之时,使真实城市化率达到 80%以上。只有把农村大量剩余劳动力转移到非农产业就业并完成农村居民向城市居民的转变,才能大幅度提高农村户均土地规模经营水平,把振兴乡村的战略落到实处,为农业现代化逐步创造条件①。另一方面,在乡村人口相对甚至绝对减少情况下,需要以新的人口政策并辅之以较为充分和完备的社会保障方式,来为城乡尤其是为乡村供给足够的劳动力,以促进实现乡村现代发展。新型城镇化的发展离不开乡村振兴,乡村振兴为新型城镇化挖掘了新的人口红利、土地红利和资本红利②。乡村振兴也离不开新型城镇化的发展,当前农村劳动力素质整体不高、土地资源存在错配状况以及农村资金净流出且存量不足,亟需注入优质城市要素以激发乡村活力;与此同时,乡村也需要引导这些城市要素,做足成为内涵充盈的公共服务,从而促进以人为本的城镇化和以人为本的乡村振兴。三是设计好城乡融合的产业发展。包括适宜城乡融合的产业方向、产业政策、产业结构和产业集群,形成产业引领发展、产业解决就业、消费和保障的开放发展态势。两大国家战略有机结合并进行城乡共治是实现城乡融合的关键。新型城镇化与乡村振兴战略结合应聚焦两大战略的共生效应,科学评价城乡耦合程度,明确城乡融合的时空格局,提炼两大战略的耦合机制,从空间、经济、社会三方面入手,创新中国城乡共治的模式③,以解决经济发展质量和兼容性、连续性、衔接性为基础,优化生产空间、生活空间、生态空间,形成新的社会交互网络和人际关系,构筑新的社会治理构架和体制机制,营造和合发展、长治久安的良性格局。

---

① 蔡继明:《乡村振兴战略应与新型城镇化同步推进》,《前沿》2018 年 5 月下。

② 张琛、孔祥智:《乡村振兴与新型城镇化的深度融合思考》,《理论探索》2021 年第 1 期。

③ 叶超、于洁:《迈向城乡融合:新型城镇化与乡村振兴结合研究的关键与趋势》,《地理科学》2020 年第 4 期。

（四）围绕以人为核心推进战略协同

新时代的不平衡不充分，体现在多个层次，既包括城乡发展之间的不平衡不充分，也体现在城市内部、乡村内部发展之间的不平衡不充分以及区域之间、群体之间发展的不平衡不充分。发展为了人民群众、发展依靠人民群众、发展成果人民共享。城乡关系重塑以“城乡统筹——城乡发展一体化——城乡融合”的逻辑主线进入新时代①（见表6-2），以人为核心是治理发展的根本价值依归。一方面，就业至关重要。无论对于新型城镇化，还是乡村发展，都需要有较为充分的就业，政府在促进就业方面需要有融合性的思路，对产业链和就业政策进行更为融合的设计，提高就业匹配的精准性和有效性，这是人们能够安居乐业的基础。另一方面，构筑城乡一体的公共服务体系。推进以人为核心的新型城镇化，必须全面深化户籍制度改革，进一步放宽落户限制，不断扩大居住证享受的基本公共服务范围，推进基本公共服务向常住人口全覆盖，加快建立农业转移人口市民化长效机制，尽快缩小户籍人口城镇化率与常住人口城镇化率的差距，最终实现“两率”并轨，使农业转移人口能够同等享受城镇公共服务。在统一规划建设不断满足更高生产生活生态要求水平的基础设施建设条件下，对于城乡教育、医疗、卫生、文化、体育等领域，展开一体化、均等化、法制化的供给，创造城乡发展过程中的机会公平、参与公开以及结果公正。同时，要按照依规自愿有偿的原则，加快建立进城落户农民农村承包地经营权、宅基地使用权和集体收益分配权等市场化退出机制，为农业劳动力转移和规模化经营创造有利条件②。就业与公共服务可以作为新型城镇化与乡村振兴战略协同中关注人的需求的重要内容，真正凸显发展的人本维度。更为深层次的，要妥善处理好城市与乡村、政府与市场之间的互动关系，用权利逻辑、公共利益价值来调整好权力逻辑和市场逻辑，形成城乡战略协同发展的政府—市场—社会的合作治理体系。在此过程中，减少粗放增长对于民众权益保护与发展的乏力甚至扭曲，深层次地解决好人的安顿问题，包括基础性权益、发展性权益以及生态、空间、心理、文化等权益的持续发展问题。尤其要减少和遏制将权力经济等同于发展、将资本俘获等同人民利益的现象，在思维方式、生产方式和生活方式方面循序实现人本化的转型和实践，从而助推两大战略的协同落地。

---

① 卓玛草：《新时代乡村振兴与新型城镇化融合发展的理论依据与实现路径》，《经济学家》2019年第1期。

② 魏后凯：《扎实推进以城带乡 以新型城镇化引领乡村振兴》，《农村工作通讯》2021年第21期。

表 6-2 城乡关系不同阶段及其特点

阶段	发展方式	前提	特点
工业、城市优先发展(工业化、城镇化起始阶段)	依托式发展	经济发展缓慢、运行困难,生产关系难以满足生产力发展,需要优先发展城市和工业	双方优势有强弱之分,某一方的发展需要依托另一方的平台、资源优势,并能满足对方的需求
工业反哺农业、城市反哺农村(工业化、城镇化发展到中后期阶段)	反哺式发展	长期的农业哺育工业,农村支援城市,使农业农村发展落后,城乡二元结构明显,工业、城市发展到一定阶段	城市反哺农村,主要是提供生产要素,改善农村环境,完善基础设施建设,增加农村公共产品的供给,提升乡村文明程度,促进乡村发展
工农融合发展、城乡融合发展(工业化、城镇化高阶段)	互惠式发展	城乡各自发展到一定程度,需要实现均衡发展	城乡有着各自的优势,如区位优势、资源优势、产业优势等,基于双向合作进行资源互换,优势互补,满足各自需求互促共进

资料来源:刘双双、段进军:《协调推进乡村振兴与新型城镇化:内在机理、驱动机制和实践路径》,《南京社会科学》2021 年第 11 期。

(五)实施面向“三生”的城乡共生行动

构筑“生态、经济、安全、社会”四维系统,以改善城乡生态环境、提供经济高质量发展动力、提高社会进步水平、统筹城乡发展与安全为路径,加快构建国内“城镇—乡村”大循环通道,为全面建设社会主义现代化国家奠定基础①。协调推进乡村振兴与新型城镇化本身具有内在驱动因素,即城乡资源禀赋差异的依托机制、城乡溢出效应的反哺机制和城乡融合发展的互惠机制,这些均为乡村与城市发展带来新的发展活力②。构建乡村振兴与新型城镇化耦合协调发展的实现机制,需要重视诸如城乡要素资源双向流动机制、城乡产业融合发展机制、城乡公共服务均衡配置机制、城乡空间融合发展机制和城乡生态环境协同治理机制等③。从城乡发展在空间上的关

① 吕萍、余思琪:《我国新型城镇化与乡村振兴协调发展趋势研究》,《经济纵横》2021 年第 11 期。

② 刘双双、段进军:《协调推进乡村振兴与新型城镇化:内在机理、驱动机制和实践路径》,《南京社会科学》2021 年第 11 期。

③ 张合林、申政永:《乡村振兴与新型城镇化耦合协调发展研究》,《区域经济评论》2021 年第 4 期。

联性、时间上的相继性以及主体对象向的人本性上讲，中国的城镇化与乡村建设，都共享着经由发展主义的路径、以产业兴盛带动区域发展、将发展的红利逐步反哺到区域内的人群、再扩散到区域之间的人群的大体逻辑。为此，需要在仔细辨析和审慎处理两大战略的侧重基础上，明晰围绕人之生存和发展需求而展开的生产、生活、生态协同，做更为细致深入的策略组合和行动推进。回应到城乡融合发展的生产方式需要、生产方式优化、生产方式整合以及生产方式衔接，我们对于城乡的产业发展需要有更为深切的实践面向，让人们在城市、在乡村、在城乡，都来得了、留得下、发展好、来去相对自由。在生活上，在更为完备的现代化基础设施建设和普惠性的公共服务覆盖基础上，营造满足现代生活需要、展现现代生活品质的城市、乡村社会生活。在生产过程、生活过程，尤其是政策过程、产业过程、管理服务过程全面、深度“绿色化”基础上，保障人们的环境权益、生态权益，夯实国家民族的永续发展基础①。“三生”城乡共生行动，就是需要有适切性、根植性，能够与相应的经济社会环境相匹配，与城乡所提供的物质条件、文化资源和发展要素等要匹配，与人们生产生活的社会生态彼此共生，构筑持续开放和谐的人与自然、人与社会关系。

（六）注重战略协同过程中的社会建设和风险治理

当下的中国，正在由一个乡土中国逐步转变成为一个“城乡中国”甚至“城市中国”。一方面，城镇化的快速发展，城市生产生活秩序逐步形成，但仍处在快速集聚和分化调整的阶段；另一方面，乡村的解体与重建，也在快速推进之中，其演化的方向是在传统乡土性、传统性的基础上大量嵌入现代城市生活的种种方式和元素，呈现某种程度的杂糅状态。这是我们在协同推进新型城镇化战略与乡村振兴战略、构建城乡融合发展时所要面临的基本态势。要在城乡社会结构快速变化的年代，一边推进传统社会结构的现代转型和发展，一边要展开社会治理、社会建设。快速发展的社会，利益不断分化，对于分化的利益诉求就需要进行制度化的整合、接纳和消弭，从而确保社会系统乃至政治系统的稳定发展。因此，绝不能把城镇化、乡村建设简单理解为各自场域内的经济事务，或单目标的发展任务，毋宁说，两大战略实质上都共同指向现代化的城市、现代化的乡村、现代化的城乡交互。这就意味着，在更高层次上展开城市乡村的互嵌、互促和互构，是中国社会进

① 韩秀丽、胡烨君、马志云：《乡村振兴、新型城镇化与生态环境的耦合协调发展——基于黄河流域的实证》，《统计与决策》2023年第11期。

行现代化建设的必由之路、必经环节。在此过程中，以战略协同的方式推进城市社会建设、乡村社会建设和城乡融合式的社会建设，至关重要。为此，就需要对城乡社会建设的框架、体制、机制、参与以及保障等，有更为深切的认识和系统化思路，从而防范风险、化解矛盾、促进和谐、推进发展，让民众更好地共享发展成果。与此同时，需要对城镇化、乡村建设过程中的诸多风险和问题有所警惕，建设平安乡村、平安城市，以社会建设和社会治理的方式来达成社会共识、形成社会治理共同体，提升乡村和城市的发展韧性，从而全面提升民众的获得感、幸福感和安全感。

（七）加强制度建设和法治保障

无论乡村建设，还是城镇化建设，战略推进的过程，实际上也就是达成治理现代化的过程。治理现代化的最为重要方面之一便是制度化治理。实现乡村振兴与新型城镇化的战略耦合的“最优解”，必须从政策制定协同、执行协同和目标协同三个层面联合发力，以系统化的协同路径推进新发展阶段城乡融合发展①。这之中，最为迫切需要的是制度化的决策制度服务于战略融合实践。其一，在战略协同推进的场域选择上，需要有制度设计。譬如，推动新型城镇化与乡村振兴协同发展，在空间战略上，可将特色小镇建设作为载体，把以城市群为主体、大城市为中心、周边中小城市和小城镇为支点的城镇化空间形态，与乡村连接，形成优化协同发展的空间格局②。小城镇毗邻乡村、贴近农民、连接城乡、亦城亦乡，且进入门槛低、各种束缚少，既是城乡之间资源要素双向流动的重要依托，又是农民深度融入城镇的重要场所，因而是吸纳农业转移人口、推进以人为核心的新型城镇化的重要载体，是推动城乡融合发展的重要枢纽和依托。围绕小城镇建设，尤其是特色小镇建设，其制度保障就应逐步跟上，尤其在产业发展的政策支持和相应管理服务方面，加速完成相关的制度配套，以促进可预期的良性发展。鼓励和引导小城镇因地制宜发展，尤其应着重考虑在特色发展基础上，把城镇建设与提高进城农民素质有机结合起来，使小城镇成为城乡融合发展的典范、农民感受城镇文明和现代文明的窗口、提高农民综合素质的平台③。其二，在战略协同推进的资源供给上，需要有制度革新。城镇化质量不高，农业现

---

① 张明皓：《乡村振兴与新型城镇化的战略耦合及协同推进路径》，《华中农业大学学报》（社会科学版）2022 年第 1 期。

② 夏金梅：《新型城镇化与乡村振兴协同发展的时空观察》，《西南民族大学学报》（人文社会科学版）2021 年第 5 期。

③ 范恒山：《以城带乡促进乡村振兴》，《人民日报》2019 年 6 月 11 日。

代化水平不高，城乡要素双向流动不足、对接不畅，服务保障机制不均衡，治理体系不健全等，是制约二者协同发展的主要因素①，其中，特别关键的一环，便是构建城乡要素平等交换双向流动机制，这既是构建城乡、区域协调发展新格局的需要，也是构建城乡多层次多领域多类型城乡发展共同体、形成有利于城乡融合发展政策体系的需要②。这对于管控过大的城乡收入差距、确保农民增收、致富和城乡居民有更殷实的生活来源也具有积极意义③。在全国层面，政府能力、交通基础设施水平、金融发展水平、产业结构、人口增长及劳动力质量对乡村发展、城镇化与经济增长三系统耦合协调度具有显著的正向促进作用，而城乡收入差距过大则不利于三系统的协调发展④。其三，在战略协同推进的内容和方式上，需要有更完备的制度支撑和法治保障。一方面，对新型城镇化与乡村振兴战略联动的内容有更清晰深切的梳理和制度安排。新型城镇化与乡村振兴的战略协同联动，需要统筹推进城乡经济、政治、文化、社会和生态文明建设，在实现路径上：以现代产业发展联动对接"高效城镇化"和"乡村产业兴旺"，以生态文明建设联动对接"绿色城镇化"和"乡村生态宜居"，以先进文化传承联动对接"人文城镇化"和"乡风文明"，以良性社会治理联动对接"善治城镇化"和"乡村治理有效"，以公共服务供给联动对接"包容城镇化"和"乡村生活富裕"⑤。另一方面，结合不同类型的战略耦合模式，从不同角度得出依托式发展、吸收式发展、反哺式发展以及互惠式发展路径，为全国范围内乡村振兴与新型城镇化战略耦合的实施提供理论参考（见表6-3）⑥。围绕不同类型的战略协同模式，提供基础性的制度指引和兜底性的法治规范，包括在江浙一带对逆城镇化在完善城镇化进程和带动乡村振兴中的双重共振效应方面的引导⑦。

---

① 刘依杭：《新时代乡村振兴和新型城镇化协同发展研究》，《区域经济评论》2021年第3期。

② 王金华、谢琼：《新型城镇化与乡村振兴协同发展的路径选择与地方检验》，《中国农村经济》2021年第12期。

③ 邹新阳、姚清霞：《数字普惠金融、新型城镇化与农民增收——基于2011—2020年30个省域面板数据》，《农村金融研究》2023年第1期。

④ 徐雪、王永瑜：《中国省域新型城镇化、乡村振兴与经济增长质量耦合协调发展及影响因素分析》，《经济问题探索》2021年第10期。

⑤ 苏小庆、王颂吉等：《新型城镇化与乡村振兴联动：现实背景、理论逻辑与实现路径》，《天津社会科学》2020年第3期。

⑥ 徐维祥、李露等：《乡村振兴与新型城镇化的战略耦合——机理阐释及实现路径研究》，《浙江工业大学学报》（社会科学版）2019年第1期。

⑦ 段龙龙：《新型城镇化与乡村振兴协同发展路径：逆城镇化视角》，《现代经济探讨》2021年第5期。

表 6-3 乡村振兴与新型城镇化的战略耦合实现路径

发展路径	模式	典型地区	特点	做法与经验
依托式发展路径	以城促乡	日韩以及中国珠三角地区	多适用于经济欠发达地区的农村或大城市辐射不到的农村地区，这类地区内生发展动力不足，需要依靠城市政府帮扶，推动城市要素下乡，促进农村建设发展	日韩国家依托政府和城市的资源建立专业、特色的农产品生产基地，政府开设农业培训班进行辅导。珠三角地区依托城镇良好的交通、信息、能源条件对周边地区尤其是农村地区产生巨大的辐射作用
吸收式发展路径	自主协同	英国以及中国浙江安吉	多适用于具有地方特色的农村地区，有自身的比较优势。政府只要进行适度的引导性资金投入，就可以吸引社会资本更多地参与到该地区建设发展特色产业	英国注重立法先行，建设充满活力和特色的乡村社区模式。浙江安吉立足本地生态环境资源优势，将当地特色产业与其他新兴产业结合发展生态乡村休闲旅游业
反哺式发展路径	城乡融合	法国以及中国江苏苏州	适应地区多为城中村和城边村，这类地区农业就业非农化程度很高，农用地很多转化为非农建设用地。这类地区的土地蕴藏着巨大的升值潜力，可以通过商业化运作等方式促进城乡融合	法国“发展一体化农业”，将农业与同农业相关的工业、商业、运输等结合组成利益共同体。江苏苏州的乡镇企业发展成熟，不仅可以通过以工建农，以工补农的方式实现城市反哺农村，还作为城乡耦合的枢纽为城市提供后勤保障
互惠式发展路径	城乡互动	美国以及中国浙江杭州	适应地区多为经济发达地区的农村或者大城市可以辐射到的郊区，这类地区的农民非农化程度较高，具备实现城乡地位平等、城乡要素双向流动的条件，可以通过互利互惠的方式推进城乡融合发展	美国以农村完善的公共服务体系和发达的城乡交通条件为基础，全面提升城乡一体化水平。杭州中心镇具有特殊的区位优势，位于城乡中间地带，可以作为城市和农村资源交换的载体，发挥其主体能动性推进城乡耦合的进程

资料来源：徐维祥、李露等：《乡村振兴与新型城镇化的战略耦合——机理阐释及实现路径研究》，《浙江工业大学学报》（社会科学版）2019 年第 1 期。

五、统筹三大战略的城乡融合发展

（一）以战略统筹促融合发展

在以中国式现代化全面推进强国建设、民族复兴伟业的关键时期，党的二十届三中全会通过的《中共中央关于进一步全面深化改革、推动中国式现代化的决定》指出：城乡融合发展是中国式现代化的必然要求。必须统筹新型工业化、新型城镇化和乡村全面振兴，全面提高城乡规划、建设、治理融合水平，促进城乡要素平等交换、双向流动，缩小城乡差别，促进城乡共同繁荣发展。这意味着，中国的城镇化进入到了统筹新型工业化、新型城镇化和乡村全面振兴三大战略、健全推进新型城镇化体制机制改革的城乡融合发展新阶段。

前述着重论述了新型城镇化战略与乡村振兴战略的战略协同问题。在新的发展阶段，国家提出将新型工业化与前两大战略的统筹改革，意义重大而深远。所谓新型工业化，是以信息化带动工业化、以工业化促进信息化的工业升级发展进程，是具有科技含量高、经济效益好、资源消耗低、环境污染少和人力资源得到充分发挥等特征的工业化。如果以新型工业化内涵着社会生产方式的信息化、农业现代化道路更新为乡村全面振兴来看的话，统筹新型工业化、新型城镇化和乡村全面振兴三大战略，实际上是 2012 年党的十八大将新型工业化、信息化、新型城镇化与农业现代化道路一起定义为的“新四化”的统筹升级，更加注重统合性、整合度和系统性。从多系统协同而非单一的工业化、城镇化或乡村领域的发展角度看，是一种战略新努力和实践新探索。

（二）以战略统筹促融合发展的路径

第一，更充分地关注新型工业化对于新型城镇化、乡村全面振兴的积极作用。工业化是现代化的基础和前提，推进新型工业化是实现中国式现代化的必然要求。中国特色新型工业化道路，相较于西方工业化实现了五方面突破创新，即价值基础是以人为本而非资本驾驭人本，动力机制是技术与制度协同创新而非技术创新单线引领，目标理念为区域和产业协同推进而非利润引导的失衡发展，发展模式为并联式协调发展而非串联式单维发展，以及对外关系为开放合作、互利共赢而非内向自利、零和博弈。因此，加快推进新型工业化，在供给侧培育壮大自主创新增长引擎，以“四化同步”畅通国内循环、高水平开放推动国内国际双循环相互促进等方面，具有重要的促进作用①。从原则上讲，中国的新型工业化需要遵循坚持创新驱动、包容可持续的工业化道路，坚持与信息化、城镇化和农业现代化协调同步，坚持以加快构建现代化经济体系为目标导向，坚决防止“过早去工业化”和脱实向虚的倾向，坚持先进制造业与现代服务业融合发展，以及，坚持数字化、网

① 李婧、王跃生：《新型工业化的历史演进、时代特色与推进路径》，《北京师范大学学报》（社会科学版）2024 年第 3 期。

络化、智能化的战略方向等发展原则①。而这些原则方向也表明,新型工业化与新型城镇化、乡村振兴之间存在着复杂的发展关联,长远来看是一种互为条件、互相驱动、互相支撑的多向关系。

第二,健全推进新型城镇化体制机制将为新型工业化和乡村全面振兴创造极大契机。党的二十届三中全会提出,要构建产业升级、人口集聚、城镇发展良性互动机制。具体而言,就是要推行由常住地登记户口提供基本公共服务制度,推动符合条件的农业转移人口社会保险、住房保障、随迁子女义务教育等享有同迁入地户籍人口同等权利,加快农业转移人口市民化。与此同时,还要保障进城落户农民合法土地权益,依法维护进城落户农民的土地承包权、宅基地使用权、集体收益分配权,探索建立自愿有偿退出的办法。从城镇化发展格局而言,则要健全城市规划体系,引导大中小城市和小城镇协调发展、集约紧凑布局,一方面推动形成超大特大城市智慧高效治理新体系,建立都市圈同城化发展体制机制,另一方面深化赋予特大镇同人口和经济规模相适应的经济社会管理权改革。在此基础上,建立可持续的城市更新模式和政策法规,加强地下综合管廊建设和老旧管线改造升级,深化城市安全韧性提升行动。这就从诸多方面为城乡融合发展、以更系统协调的制度机制优化方式来促进城镇化与工业化、乡村发展的衔接和协同。

第三,基于连续性基础上的进一步农业农村改革将有助于形成与新型工业化和新型城镇化联动发展的新路径和新闭环。党的二十届三中全会部署了三大领域的改革:一是巩固和完善农村基本经营制度。明确有序推进第二轮土地承包到期后再延长三十年试点,深化承包地所有权、承包权、经营权分置改革,完善农业经营体系和农业社会化服务体系方面着力,并不断发展新型农村集体经济,赋予农民更加充分的财产权益。二是完善强农惠农富农支持制度。坚持农业农村优先发展,完善乡村振兴投入机制,通过壮大县域富民产业、培育乡村新产业新业态,优化农业补贴政策体系,加快健全种粮农民收益保障机制等健全推动乡村全面振兴长效机制。三是深化土地制度改革。通过改革完善耕地占补平衡制度,完善高标准农田建设、验收、管护机制,有序推进农村集体经营性建设用地入市改革,健全土地增值收益分配机制,以及健全同宏观政策和区域发展高效衔接的土地管理制度,优先保障主导产业、重大项目合理用地,建立新增城镇建设用地指标配置同常住人口增加协调机制,探索国家集中垦造耕地定向用于特定项目和地区

① 黄群慧、贺俊等:《新征程两个阶段的中国新型工业化目标及战略研究》,《南京社会科学》2021 年第 1 期。

落实占补平衡机制，以促进城乡健康可持续发展。

全面可知可感可测度地缩小城乡差别、扎实促进城乡共同繁荣发展，是中国式现代化高质量发展的内在要求和重要目标。由此可知，新型工业化、新型城镇化和乡村全面振兴三大战略的战略统筹是方式、是路径，目标则直指城乡融合发展，以体制机制的改革创新促进城乡融合发展、进而以达成循序促进中国式现代化的宏远目标。在三大战略的统筹之中，城乡规划、建设、治理的科学统筹与有机融合，至关重要，这对于有序引导和促进城乡要素平等交换、双向流动，形成新一轮在更大范围、更高层次、更具内涵意义上的新型城镇化、新型工业化和城乡融合发展，具有重要而深远的实践价值和建设意义。

第七章 “结构与功能”：以新型城镇化战略推进国家治理现代化

新型城镇化是一项综合性的国家战略，对于国家治理现代化尤其是国家治理体系的现代化，有着重要而深刻的影响。新型城镇化从理念、内涵、路径、机制以及风险等方面，区别于既往的城镇化，呈现出新的特征。围绕着以人为本的发展主线，需要对城镇化进程中的国家治理若干关系进行调整，对政府系统中的行政改革（诸如清单制、机构改革、职责体系等），以及社会治理等领域作出调适性发展。

一、新型城镇化战略推进国家治理体系优化

（一）新型城镇化何以推动国家治理体系优化

国家治理体系是一个复杂的综合系统。党的十九届四中全会在《中共中央关于坚持和完善中国特色社会主义制度　推进国家治理体系和治理能力现代化若干重大问题的决定》中从 13 个方面进行了详细的任务阐述，内容涉及党的领导、民主制度、法治体系、行政体制、经济制度和文化制度等诸多重要领域，成为新时代展开国家治理现代化探索建设的纲领性文件（见表 7-1）。党的二十届三中全会通过的《中共中央关于进一步全面深化改革　推进中国式现代化的决定》，围绕继续完善和发展中国特色社会主义制度、推进国家治理体系和治理能力现代化总目标，提出了未来五年（到 2029 年）的改革目标和具体任务，从高水平社会主义市场经济体制、民主政治、文化强国、共同富裕等方面，规划了进一步深化拓展国家治理的改革蓝图，为推进国家治理现代化探索呈现了时间表和路线图（见表 7-2）。

表 7-1　党的十九届四中全会部署的国家治理现代化建设任务

序号	领域	具体描述
1	坚持和完善党的领导制度体系，提高党科学执政、民主执政、依法执政水平	1. 建立不忘初心、牢记使命的制度 2. 完善坚定维护党中央权威和集中统一领导的各项制度 3. 健全党的全面领导制度 4. 健全为人民执政、靠人民执政各项制度 5. 健全提高党的执政能力和领导水平制度 6. 完善全面从严治党制度

续表

序号	领域	具体描述
2	坚持和完善人民当家作主制度体系,发展社会主义民主政治	1. 坚持和完善人民代表大会制度这一根本政治制度 2. 坚持和完善中国共产党领导的多党合作和政治协商制度 3. 巩固和发展最广泛的爱国统一战线 4. 坚持和完善民族区域自治制度 5. 健全充满活力的基层群众自治制度
3	坚持和完善中国特色社会主义法治体系,提高党依法治国、依法执政能力	1. 健全保证宪法全面实施的体制机制 2. 完善立法体制机制 3. 健全社会公平正义法治保障制度 4. 加强对法律实施的监督
4	坚持和完善中国特色社会主义行政体制,构建职责明确、依法行政的政府治理体系	1. 完善国家行政体制 2. 优化政府职责体系 3. 优化政府组织结构 4. 健全充分发挥中央和地方两个积极性体制机制
5	坚持和完善社会主义基本经济制度,推动经济高质量发展	1. 毫不动摇巩固和发展公有制经济,毫不动摇鼓励、支持、引导非公有制经济发展 2. 坚持按劳分配为主体、多种分配方式并存 3. 加快完善社会主义市场经济体制 4. 完善科技创新体制机制 5. 建设更高水平开放型经济新体制
6	坚持和完善繁荣发展社会主义先进文化的制度,巩固全体人民团结奋斗的共同思想基础	1. 坚持马克思主义在意识形态领域指导地位的根本制度 2. 坚持以社会主义核心价值观引领文化建设制度 3. 健全人民文化权益保障制度 4. 完善坚持正确导向的舆论引导工作机制 5. 建立健全把社会效益放在首位、社会效益和经济效益相统一的文化创作生产体制机制
7	坚持和完善统筹城乡的民生保障制度,满足人民日益增长的美好生活需要	1. 健全有利于更充分更高质量就业的促进机制 2. 构建服务全民终身学习的教育体系 3. 完善覆盖全民的社会保障体系 4. 强化提高人民健康水平的制度保障
8	坚持和完善共建共治共享的社会治理制度,保持社会稳定、维护国家安全	1. 完善正确处理新形势下人民内部矛盾有效机制 2. 完善社会治安防控体系 3. 健全公共安全体制机制 4. 构建基层社会治理新格局 5. 完善国家安全体系
9	坚持和完善生态文明制度体系,促进人与自然和谐共生	1. 实行最严格的生态环境保护制度 2. 全面建立资源高效利用制度 3. 健全生态保护和修复制度 4. 严明生态环境保护责任制度
10	坚持和完善党对人民军队的绝对领导制度,确保人民军队忠实履行新时代使命任务	1. 坚持人民军队最高领导权和指挥权属于党中央 2. 健全人民军队党的建设制度体系 3. 把党对人民军队的绝对领导贯彻到军队建设各领域全过程

续表

序号	领域	具体描述
11	坚持和完善“一国两制”制度体系,推进祖国和平统一	1. 全面准确贯彻“一国两制”“港人治港”“澳人治澳”、高度自治的方针 2. 健全中央依照宪法和基本法对特别行政区行使全面管治权的制度 3. 坚定推进祖国和平统一进程
12	坚持和完善独立自主的和平外交政策,推动构建人类命运共同体	1. 健全党对外事工作领导体制机制 2. 完善全方位外交布局 3. 推进合作共赢的开放体系建设 4. 积极参与全球治理体系改革和建设
13	坚持和完善党和国家监督体系,强化对权力运行的制约和监督	1. 健全党和国家监督制度 2. 完善权力配置和运行制约机制 3. 构建一体推进不敢腐、不能腐、不想腐体制机制

资料来源:根据《中共中央关于坚持和完善中国特色社会主义制度 推进国家治理体系和治理能力现代化若干重大问题的决定》(2019 年 10 月 31 日)整理而得。

表 7-2 党的二十届三中全会部署全面深化改革以推进中国式现代化的目标任务

总目标	继续完善和发展中国特色社会主义制度,推进国家治理体系和治理能力现代化
阶段目标	到 2035 年,全面建成高水平社会主义市场经济体制,中国特色社会主义制度更加完善,基本实现国家治理体系和治理能力现代化,基本实现社会主义现代化,为到本世纪中叶全面建成社会主义现代化强国奠定坚实基础
5 年目标	聚焦构建高水平社会主义市场经济体制,聚焦发展全过程人民民主,聚焦建设社会主义文化强国,聚焦提高人民生活品质,聚焦建设美丽中国,聚焦建设更高水平平安中国,聚焦提高党的领导水平和长期执政能力
具体任务	1. 构建高水平社会主义市场经济体制:坚持和落实“两个毫不动摇”;构建全国统一大市场;完善市场经济基础制度。 2. 健全推动经济高质量发展体制机制:健全因地制宜发展新质生产力体制机制;健全促进实体经济和数字经济深度融合制度;完善发展服务业体制机制;健全现代化基础设施建设体制机制;健全提升产业链供应链韧性和安全水平制度。 3. 构建支持全面创新体制机制:深化教育综合改革;深化科技体制改革;深化人才发展体制机制改革。 4. 健全宏观经济治理体系:完善国家战略规划体系和政策统筹协调机制;深化财税体制改革;深化金融体制改革;完善实施区域协调发展战略机制。 5. 完善城乡融合发展体制机制:健全推进新型城镇化体制机制;巩固和完善农村基本经营制度;完善强农惠农富农支持制度;深化土地制度改革。 6. 完善高水平对外开放体制机制:稳步扩大制度型开放;深化外贸体制改革;深化外商投资和对外投资管理体制改革;优化区域开放布局;完善推进高质量共建“一带一路”机制。 7. 健全全过程人民民主制度体系:加强人民当家作主制度建设;健全协商民主机制;健全基层民主制度;完善大统战工作格局。

续表

具体任务	8. 完善中国特色社会主义法治体系:深化立法领域改革;深入推进依法行政;健全公正执法司法体制机制;完善推进法治社会建设机制;加强涉外法治建设。 9. 深化文化体制机制改革:完善意识形态工作责任制;优化文化服务和文化产品供给机制;健全网络综合治理体系;构建更有效力的国际传播体系。 10. 健全保障和改善民生制度体系:完善收入分配制度;完善就业优先政策;健全社会保障体系;深化医药卫生体制改革;健全人口发展支持和服务体系。 11. 深化生态文明体制改革:完善生态文明基础体制;健全生态环境治理体系;健全绿色低碳发展机制。 12. 推进国家安全体系和能力现代化:健全国家安全体系;完善公共安全治理机制;健全社会治理体系;完善涉外国家安全机制。 13. 持续深化国防和军队改革:完善人民军队领导管理体制机制;深化联合作战体系改革;深化跨军地改革。 14. 提高党对进一步全面深化改革、推进中国式现代化的领导水平:坚持党中央对进一步全面深化改革的集中统一领导;深化党的建设制度改革;深入推进党风廉政建设和反腐败斗争;以钉钉子精神抓好改革落实

资料来源:根据《中共中央关于进一步全面深化改革 推进中国式现代化的决定》(2024 年 7 月 18)整理而得。

国家治理包括价值范畴、演进逻辑、比较优势等理论层面,广泛涉及基层治理、政治治理、全球治理、绿色发展和生态治理等实践难题①。作为政治现代化的重要组成部分,国家治理包括治理体系与治理能力两个层面的丰富内容,前者包括规范行政行为、市场行为和社会行为的一系列制度和程序,政府治理、市场治理和社会治理是现代国家治理体系中三个最重要的次级体系;②后者则是指运用国家制度管理社会各方面事务的能力,诸如改革发展稳定、内政外交国防、治党治国治军等各个方面的能力。③ 国家治理现代化,实质上就是在充分发掘现有国家制度资源的基础上,实现国家在结构与功能方面的现代性建设,亦即提升国家治理结构的规范度与治理能力的有效性④。从传统走向现代的国家治理,在结构上要解决的核心问题是权力与权利的理性化制度关联;在功能上要拓展的是基于政府与市场有机作用关联基础上的实践机制平衡,从而“导向国家治理绩效的

① 欧阳康:《国家治理现代化理论与实践研究》,华中科技大学出版社 2022 年版,第 1—2 页。

② 俞可平:《衡量国家治理体系现代化的基本标准》,《北京日报》2013 年 12 月 9 日。

③ 江必新:《推进国家治理体系和治理能力现代化》,《光明日报》2013 年 11 月 15 日。

④ 有研究指出,国家治理现代化的变革逻辑主要体现在三个层面,即在经典理论根基上的守正创新、在制度体系上的结构性革新以及在治理范式更替上的独特智慧。参见赵中源、黄罡:《新时代国家治理现代化的变革逻辑与实践图谱》,《学术研究》2022 年第 11 期。

最大化”①。

中国国家治理体系是以社会主义为根本和特质,制度、体制、机制运行为一体,具有整体性、协同性、层次性、关联性等系统性特征②。国家治理体系中,有着自洽的制度逻辑,其最根本的是执政党逻辑③,即在政党层体系之中,以政党治理优化国家治理的实践逻辑④。在此制度框架之下,政府治理、市场治理和社会治理体系的重要性不言而喻。如何在城镇化战略进程中来推进国家治理体系的优化,首先需要明确新型城镇化战略究竟提出了怎样的国家治理需求。概括起来,这些需求包括:

其一,国家治理体系的人本化需求。这就是以人民为中心的国家治理在治理结构上的体现,是国家治理的价值规约。这与人民共和国的理念是一致的。从价值应然层面,党和国家高度重视城镇化进程中的以人为本,不断创造条件促进城镇化的市民化推进以及实现城镇化发展的民众福祉增长。这需要国家治理体系来予以落定和夯实。

其二,国家治理体系的制度化需求。城镇化进程实际上就是国家治理面对社会经济、社会结果急速变化而作出调整的过程,其中至关重要的是国家治理体系的法治化。如何构建现代化的政府治理体系、市场治理体系和社会治理体系这三个最为重要的次级体系,是国家在以城镇化为基本载体和路径之一的现代化所需要面对的重大问题。制度化的体系意味着将不断调适和回应社会现代化发展需求的次级治理结构持续升级优化,以形成有效的治理支撑框架。

其三,国家治理体系的效能化需求。现代化的最主要的特征之一便是效能效率的现代化。这种效能化,一方面是具有能够保持基本制度和主要制度的稳定性、延续性和承载力的能力;另一方面,是具有能够对来自体系内外、社会诸环境各种挑战作出有效回应的能力。城镇化因引发人口的生产生活形态出现空间、结构和性质等方面的深刻变化,容易将传统性的各种问题与新增的各种风险叠加起来,形成发展的压力。国家治理体系就需要在城镇化的复杂而深刻的社会变迁中发展出这样的能力素质,从而确保国

① 尚虎平、陈婧:《公共行政实践与理论互构的历史与未来——从“关于效率的科学”到“关于国家治理绩效最大化的科学”》,《政治学研究》2024 年第 1 期。

② 张树华、王阳亮:《制度、体制与机制:对国家治理体系的系统分析》,《管理世界》2022 年第 1 期。

③ 陈明明主编:《国家治理现代化的政党逻辑》,复旦大学出版社 2022 年版,第 1—3 页。

④ 王阳、熊万胜:《党政科层体系:“制度—关系”视野下的政党治理与国家治理》,《开放时代》2021 年第 6 期。

家秩序的稳定性和治理的有效性。

其四,国家治理体系的协同性需求。城镇化是推进国家现代化、国家治理现代化的重要力量。在此过程中,面临多主体、多议题、多阶段和多重挑战,需要国家治理体系具有资源的整合能力,以合理的治理价值排序、合适的进度安排和适切的资源汲取及其分配等方式方法,来推动城镇化在稳定可靠的轨道上行进,这个过程,对于国家治理体系的自洽性运转和整合性协同提出了更高的要求。

（二）新型城镇化推动国家治理体系的优化方向

那么,在新型城镇化战略推进中,如何来理解国家治理体系的优化方向呢? 概之有三:

第一,政府治理体系的现代化。党的十九届四中全会通过的《决定》指出,要坚持和完善中国特色社会主义行政体制,构建职责明确、依法行政的政府治理体系。在城镇化进程中,有几条主线值得关注:一是国家行政体制的完善。需要以推进国家机构职能优化协同高效为着力点,优化行政决策、行政执行、行政组织、行政监督体制。同时,在健全部门协调配合机制、深化行政执法体制改革以及创新行政管理和服务方式等方面,均需要进一步着力。二是优化政府职责体系。围绕政府经济调节、市场监管、社会管理、公共服务、生态环境保护等核心职能,以推行政府权责清单制度为突破口,厘清政府和市场、政府和社会的关系。同时,深入推进简政放权、放管结合、优化服务,深化行政审批制度改革,为经济社会发展创造更优环境。三是优化政府组织结构。推进机构、职能、权限、程序、责任法定化,使政府机构设置更加科学、职能更加优化、权责更加协同。与此同时,一个长线的问题是,健全充分发挥中央和地方两个积极性体制机制。理顺中央和地方权责关系,加强中央宏观事务管理,维护国家法制统一、政令统一、市场统一,对于国家的长治久安和持久繁荣意义重大。①

第二,市场治理体系的现代化。城镇化在基础意义上应该是一个持续市场化的过程,让市场在资源配置中发挥决定性作用。但是,要让市场作用得以有效发挥,需要建设全国统一的大市场。2022 年 4 月,中共中央、国务院发布《关于加快建设全国统一大市场的意见》,提出要加快建设高效规范、公平竞争、充分开放的全国统一大市场,全面推动我国市场由大到强转变,为建设高标准市场体系、构建高水平社会主义市场经济体制提供坚强支

① 何艳玲:《理顺关系与国家治理结构的塑造》,《中国社会科学》2018 年第 2 期。

撑。从内容上看,核心目标是推进市场治理体系的现代化,关键有三:一是市场的底层基础建设,即制度规则“软建设”和设施平台“硬建设”。前者包括产权保护、市场准入、社会信用和公平竞争等方面的基础规则建设;后者涉及流通网络、信息交互和交易平台等方面的市场设施联通。二是市场的内部客体建设,涉及要素资源市场和商品服务市场的统一。分别指涉土地、劳动力、资本、技术、数据、能源、生态环境等要素资源市场的健全发展,以及涵盖质量体系、标准和计量体系、消费服务质量等商品服务市场的全面升级。三是市场的外部因素建设,即市场监管、规范和干预等领域,聚焦弥补市场外部性,强化监管规则、监管执法和监管能力等建设。如果说前两个层次主要围绕市场基础规则、市场设施联通、要素资源市场、商品服务市场等方面重要领域的“立”,建章立制、建设为主,那么,在后一层次的市场监管、规范和干预等领域,则是致力于“破”,破除利益藩篱、破除边界壁垒。破立结合,方向就是要致力于建设高标准市场体系和构建高水平社会主义市场经济体制。

第三,社会治理体系的现代化。社会是国家的基础,也是国家稳定发展的依托。国家治理体系中,社会治理体系建设构成国家治理建设的基础性内容。坚持和完善共建共治共享的社会治理制度,保持社会稳定、维护国家安全,是城镇化持续推进过程中要高度关注的议题。为此,需要关注:一是社会治理体系的构建。城镇化塑造新的社会结构,也需要新的社会治理体制机制来予以支撑。加强和创新社会治理,完善党委领导、政府负责、民主协商、社会协同、公众参与、法治保障、科技支撑的社会治理体系,建设人人有责、人人尽责、人人享有的社会治理共同体,建设更高水平的平安中国。二是完善正确处理新形势下人民内部矛盾有效机制,畅通和规范群众诉求表达、利益协调、权益保障通道,完善信访制度,完善人民调解、行政调解、司法调解联动工作体系。三是完善社会治安防控体系,坚持专群结合、群防群治,提高社会治安立体化、法治化、专业化、智能化水平,形成问题联治、工作联动、平安联创的工作机制。四是健全公共安全体制机制,完善和落实安全生产责任和管理制度,建立公共安全隐患排查和安全预防控制体系,构建统一指挥、专常兼备、反应灵敏、上下联动的应急管理体制。五是构建基层社会治理新格局,健全党组织领导的自治、法治、德治相结合的城乡基层治理体系,加快推进市域社会治理现代化,推动社会治理和服务重心向基层下移。六是完善国家安全体系,坚持总体国家安全观,统筹发展和安全,以人民安全为宗旨,以政治安全为根本,以经济安全为基础,以军事、科技、文化、社会安全为保障,健全国家安全体系,增强国家安全能力。

二、新型城镇化战略推进中的行政改革与社会治理

（一）新型城镇化战略推进中的行政改革

深化党和国家机构改革，既是推进国家治理体系和治理能力现代化的一场深刻变革、一个重要支撑和一项重要任务，也是全面深化改革的一个大动作。① 自2018年以来，党和国家机构改革循序推进。在国务院机构改革方面，转变政府职能为重要着眼点。一方面，改革推进国务院组成部门调整，新组建自然资源部、生态环境部等7个政府部门，重新组建科学技术部和司法部，同时优化审计署和水利部的相关职责。改革后，国务院正部级机构减少8个，副部级机构减少7个，除国务院办公厅外，国务院设置组成部门26个。另一方面，改革推进国务院其他机构调整，新组建国家市场监督管理总局、国家广播电视总局、中国银行保险监督管理委员会等8个机构，重新组建国家知识产权局，调整全国社会保障基金理事会隶属关系，改革国税地税征管体制。此外，全国社会保障基金理事会隶属关系被调整，国税地税征管体制也进行了改革。

在地方机构改革方面，提出全面贯彻落实党中央关于深化党和国家机构改革的决策部署。地方机构改革着力完善维护党中央权威和集中统一领导的体制机制，省市县各级涉及党中央集中统一领导和国家法制统一、政令统一、市场统一的机构职能基本对应，同时还赋予省级及以下机构更多自主权，突出不同层级职责特点，根据本地区经济社会发展实际，在规定限额内因地制宜设置机构和配置职能。此外，地方机构改革一方面加强各级党政机构限额管理，地方各级党委机构限额与同级政府机构限额统一计算；承担行政职能的事业单位，统一纳入地方党政机构限额管理；省级党政机构数额，由党中央批准和管理；市县两级党政机构数额，由省级党委实施严格管理。另一方面强化机构编制管理刚性约束，结合全面深化党和国家机构改革，对编制进行整合规范，加大部门间、地区间编制统筹调配力度；在省（自治区、直辖市）范围内，打破编制分配之后地区所有、部门所有、单位所有的模式，随职能变化相应调整编制。

在行政执法体制改革方面，改革以相对集中行政执法权、减少执法队伍种类为一以贯之的原则，把执法不作为、乱作为当作主要针对对象，采用合

---

① 陈振明：《党和国家机构改革与国家治理现代化》，《行政论坛》2023年第5期。

并同类项的方式尽可能减少层次、整合队伍、提高效率。具体而言,整合工商、质检、食品等执法职责和队伍,组建市场监管综合执法队伍;整合环境保护和国土、农业等部门相关污染防治和生态保护执法职责和队伍,组建生态环境保护综合执法队伍;整合旅游市场执法职责和队伍,组建文化市场综合执法队伍;整合交通运输系统内路政等执法职责和队伍,组建交通运输综合执法队伍;整合农业系统内兽医兽药等执法队伍,组建农业综合执法队伍。这五支队伍由国家市场监督管理总局、生态环境部、文化和旅游部、交通运输部、农业农村部一一对应单独指导,在各自职责范围内统一行使行政执法职责,实现同一领域或相近领域执法队伍的有效整合和执法力量的合理配置。

城镇化进程中,作为对治理权力的优化配置和动态调适①,政府各级机构发起了一系列的改革行为,对自身和经济社会的发展产生了复杂多元的影响。譬如,权力清单制度、“放管服”改革、行政审批改革以及公共服务改革等改革,具有广泛影响。限于篇幅,此处仅就清单制度、“放管服”中的行政审批改革两个方面进行扼要论述,并揭示其对政府转型和服务型政府建设的意义。

1. 城镇化进程中的权力清单制度改革

清单制度是构建新时代中国政府职责体系中一项制度创新,以权力清单为起点,逐步推广和完善,形成了以权力清单和责任清单为核心和关键,以负面清单为目标的清单制度体系。2013 年,党的十八届三中全会中发布的《中共中央关于全面深化改革若干重大问题的决定》正式提出“推行各级地方政府部门权力清单制度”。党的十九届三中全会通过的《中共中央关于深化党和国家机构改革的决定》,首次明确指出权责清单制度在合理设置和配置各层级机构及其职能中的重要作用。中央政府将清单制度作为巩固政府职能转变和“放管服”改革成效的制度保障,相继推出了省、市、县三级政府部门的权力清单和责任清单以及市场准入负面清单。2019 年党的十九届四中全会决定中提出了“构建职责明确、依法行政的政府治理体系”的目标要求,以优化政府职责体系为“抓手”,提出“实行政府权责清单制度,厘清政府和市场、政府和社会关系”。

落实权力清单和负面清单,就是为了明确政府权力的范围,防止政府不作为和乱作为,打造依法行政、透明高效的“有限”政府。基层政府在列出权力清单、明晰行政权力的同时,要列出相应的责任清单,责任清单与权力

① 陈国权、皇甫鑫:《功能性分权与中国特色国家治理体系》,《社会学研究》2021 年第 4 期。

清单相呼应,保证有权必有责、用权受监督、违法受追究。构建市场准入的负面清单制度,发挥"法治+公开"的力量才能从根本上防止变相审批和违规乱设审批的回潮。[①] 责任清单中要明确责任事项及其相应的追责情形,确保包括责任主体、责任类型、责任大小等内容明确清楚。从而确保基层政府部门恪尽职守,限制不良工作作风。

从整体发展演变来审视,我国权力清单实践发展主要可以分为两大阶段:从个别地方政府公开行政权力事项,到各级地方政府全面建立和实行权力清单制度,经历了地方自主尝试到中央要求全国推广的发展过程。[②] 清单制度的推行对于转变政府职能具有重要意义。基于"统一部署、上下联动、同步开展、分工清理、慎重公开、动态调整"等原则[③],所以清单制度就具有了明确政府职责范围、调整政府职责配置的、实现行政程序规范化和推进国家治理现代化的功能。具体而言,清单制度改革的政府转型成效表现为:

一是清单制度的推行有助于梳理政府职责。在清单制度的运行过程中明确了政府的职责范围,可以帮助实现对政府职责的规范和梳理。其中,权力清单和责任清单作为清单制度的核心和主要内容,涵盖了政府职责中面向行政相对人和政府内部的部分内容。各级基层政府的行政机关对照着宪法以及相关法律的规定,对行政过程中的权力进行逐一梳理、归纳和总结,并以清单的形式向社会公布。同时,行政相对人和社会公众也能通过清单知晓行政机关的权力和办事流程,监督行政机关依法行政。权力清单按照职权法定的原则,明晰了政府职责中合理的部分,实现了对行政职权的合法性、合理性和必要性筛查,清理了现行法律法规和部门规章中不合理的行政职权,明晰了权力类别和实施主体、运行流程等具体事项,便于规范政府行政行为。同时,责任清单也对权力清单进行了补充,通过责任更加细化的"职责清单"和"权责清单",厘清部门间的职责边界,实现清单全覆盖。

二是清单制度的推行有助于调整政府职责。梳理政府职责体系的同时,还可以通过制定和调整地方政府的清单,达到调整政府职责配置的目的。首先,清单制度的推进有利于合理分配纵向间的政府职责。"清单制度"在运行过程中实现了各级地方政府的职责体系调整,整合了基层政府内部的职责体系,推动政府职责体系的重心向公共服务转变。其次,政府责任清单制度的目标就在于推动各级政府及政府部门的职权确位,职责归位,

① 王敬波:《"放管服"改革与法治政府建设深度融合的路径分析》,《中国行政管理》2021年第10期。

② 孙彩红:《权力清单制定与实施的逻辑分析与发展路径》,《中国行政管理》2020年第4期。

③ 莫于川:《推行权力清单,不等于"依清单行政"》,《人民日报》2014年4月23日。

进一步优化政府职责体系,固化政府职能转变成果。2019 年,党的十九届四中全会提出优化政府职责体系,要“完善政府经济调节、市场监管、社会管理、公共服务、生态环境保护等职能,实行政府权责清单制度,厘清政府和市场、政府和社会关系”。2020 年,党的十九届五中全会指出,“建设职责明确、依法行政的政府治理体系。深化简政放权、放管结合、优化服务改革,全面实行政府权责清单制度”。2024 年,党的二十届三中全会进一步要求推进政府机构、职能、权限、程序、责任法定化,促进政务服务标准化、规范化、便利化,深入推进依法行政。新时代,责任清单制度在推动政府职责合理归位,调整政府间关系,优化政府职责体系方面的积极效应越发凸显。

三是清单制度的推行有助于实现行政程序规范化。除了对政府职责的梳理和调整作用,清单制度的推行还是实现行政程序规范化的重要保障,因为清单制度的制定不仅要求明确本层级政府的行政权力,也要明晰本层级政府部门的工作流程。通过公示权力清单和责任清单,响应了社会和民众的高度关注,便于接受行政相对人和社会公众的有效监督,除了政府工作人员在履职过程中行使的权力,行者机关行政权力的行使程序也在监督范围内,也必须严格按照法律条文的规定和行政管理的实际需要,增强了政府公信力和执行力。浙江省推出“四张清单一张网”,即权力清单、责任清单、企业投资负面清单、财政专项资金管理清单以及浙江政务网,并以“四张清单一张网”作为推进政府自身改革、转变政府职能的抓手,推进法治政府建设。① 以浙江省政务服务网为例,根据网站公布的权责清单事项变化情况,自 2014 年 11 月至 2021 年 5 月达到 1767 条,几乎所有事项调整都对职责状态、实施主体、行使层级和实施依据进行了详细说明,面向社会公众和市场主体的政务服务建设与法律法规调整之间的互动关系变得更加清晰透明。②

四是清单制度的推行有助于推进国家治理现代化。全面推行政府清单制度,厘清政府权力的边界,规范权力运行流程,有效解决政府在实践履职中越位、错位、缺位的问题,杜绝行政人员不作为、乱作为或以权谋私等乱象,使行政权力和行政行为得到有效监督,依法公开行政和规范权力运行,促进法治政府的建设。全面推行政府清单制度,加快了政府职能转变的进程,深化了行政体制改革的效果,科学配置政府部门的行政权力,更新政府

---

① 赵光勇、辛斯童、罗梁波:《“放管服”改革:政府承诺与技术倒逼——浙江“最多跑一次”改革的考察》,《甘肃行政学院学报》2018 年第 3 期。

② 赵志远:《政府职责体系构建中的权责清单制度:结构、过程与机制》,《政治学研究》2021 年第 5 期。

管理理念和管理方式，进而推进国家治理能力和治理体系的现代化。

2.“放管服”中的行政审批改革

“放管服”改革过程中的政府职能转变具有内在性、主动性、伦理性、创新性的特征，标志着“放管服”改革是以往40年来我国改革开放与政府职能转变的延续与创新，是政府职能转变的一个新的历史阶段。党的十八大以来，国务院每年召开全国放管服改革电视电话会议，总结近几年简政放权工作的成效及问题，并部署下一步放管服工作的推进方向和重点任务（见表7-3）。2015年5月，国务院在全国推进简政放权放管结合职能转变工作电视电话会议上首次提出“放管服”改革的概念后，各级政府及其部门围绕简政放权、放管结合和优化服务等内容展开了积极探索。

表7-3　党的十八大以来“放管服”改革电视电话会议汇总表

序号	日期	配套发文号	会议名称	主要内容
1	2013.5.13	国办发〔2013〕22号	国务院机构职能转变动员电视电话会议	对国务院机构职能转变工作进行再动员再部署
2	2013.11.1	未新发，依据中发〔2013〕9号	全国地方政府职能转变和机构改革工作电视电话会议	对地方政府职能转变和机构改革进行安排部署
3	2015.5.12	国发〔2015〕29号	全国推进简政放权放管结合职能转变工作电视电话会议	首次提出“放管服”改革概念推进双创
4	2016.5.9	国发〔2016〕30号	全国推进简政放权放管结合优化服务改革电视电话会议	总结简政放权、事中事后监管和公共服务三方面改革不到位
5	2017.6.13	国办发〔2017〕57号	全国深化简政放权放管结合优化服务改革电视电话会议	为促进就业创业降门槛，为各类市场主体减负担，为激发有效投资拓空间，为公平营商创条件
6	2018.6.28	国办发〔2018〕79号	全国深化“放管服”改革转变政府职能电视电话会议	最大限度减少政府对市场资源的直接配置和市场活动的直接干预，创新和完善事中事后监管，提高政府服务效能，打造国际一流、公平竞争的营商环境
7	2019.6.25	国办发〔2017〕39号	全国深化“放管服”改革优化营商环境电视电话会议	深入推进“放管服”改革，着力优化营商环境，推动简政放权向纵深发展，进一步放出活力，加强公正监管，切实管出公平

续表

序号	日期	配套发文号	会议名称	主要内容
8	2020.9.11	国办发〔2020〕43 号	全国深化“放管服”改革优化营商环境电视电话会议	进一步深化“放管服”改革,加快打造市场化法治化国际化营商环境,不断激发市场主体活力和发展内生动力
9	2021.6.2	国办发〔2021〕25 号	全国深化“放管服”改革着力培育和激发市场主体活力电视电话会议	持续一体推进“放管服”改革,打造市场化法治化国际化营商环境,培育壮大市场主体,更大激发市场活力和社会创造力
10	2022.8.29	国办发〔2022〕37 号	全国深化“放管服”改革电视电话会议	持续深化“放管服”改革,推进政府职能深刻转变,加快打造市场化法治化国际化营商环境,着力培育壮大市场主体,稳住宏观经济大盘,推动经济运行保持在合理区间

资料来源:根据国务院办公厅发文自制。

党的十九大报告指出:“要深化机构和行政体制改革,转变政府职能,深化简政放权,建设人民满意的服务型政府。”①中央政府在定精神指导下持续深化行政体制改革,创新行政管理方式。行政审批制度作为政府调节经济、规范市场行为的重要制度是政府深化行政体制改革的重点领域,中央政府和地方各级政府不断进行制度创新,推动行政审批向标准化、法治化、精准化、便民化发展。党的二十大报告进一步明确,以转变政府职能、优化政府职责体系和组织结构为重点,通过推进机构、职能、权限、程序、责任法定化,提高行政效率和公信力。此处着重分析十八大以来行政审批改革的政策走势与实践发展,并通过深入描绘政府行政审批改革的最新成果:跨域行政审批、容缺审批及一网通办来进一步展示行政审批改革的未来图景。

(1)行政审批改革的性质与愿景

行政审批本质上是政府以国家权力为基础管控经济、社会的手段。概括来讲,行政审批决定着公民、法人及社会组织能否合法的产生、运行,并决定着部分资源的分配。党的十八大前,我国行政审批改革尚处于探索阶段,以取消、下放行政审批权限为核心,以地方自主创新、先行先试行政审批新

① 习近平:《决胜全面建成小康社会 夺取新时代中国特色社会主义伟大胜利——在中国共产党第十九次全国代表大会上的报告》,人民出版社 2017 年版,第 31 页。

制度为抓手推进行政审批改革，取得了一定成效，但粗放式的行政审批改革也产生了一系列严重的后遗症。党的十八大后，党中央国务院在已有行政审批改革的基础上开展了新一轮的行政审批改革，重点解决前期行政审批改革过程中出现的审批标准不一、审批监管脱离、审批改革碎片化、审批效率低下以及放责不放权等问题，系统推进行政审批改革，以实现行政审批精准化、法治化、标准化、便民化为愿景全面深化行政审批改革。从远景上看，行政审批改革瞄准精准化、法治化、便民化和标准化来展开，以此来推进职责明确、依法行政的政府职责体系建设。

(2)党的十八大以来行政审批改革的政策走势与实践发展

党的十八大以来，党中央国务院全面深化行政审批制度改革，进行政府自我革命，打造具有中国特色的行政审批制度。党的十八大以来，国务院共下发行政审批改革核心文件50个(见附录三)，另有多次政府工作报告、电视会议对行政审批改革作出规划。近年来的行政审批改革主要集中于如下方面：一是继续取消、下放行政审批项目。国务院自2013年起共下发文件18个，共取消、下放调整1258项行政审批项目，还权于市场，放权给地方政府及社会力量，已经基本完成审批项目的取消、下放调整，未来还会根据市场、社会需要继续调整。二是推动行政审批中介服务规范化、市场化改革。国务院共发文5次要求各级政府全面清理承担的行政审批中介服务项目，与审批部门有关联的涉及中介服务的事业单位、企业及社会组织应全部完成改制脱钩，破除利益关联。各行业主管部门采取措施促进行政审批中介服务市场发展，并且规范行政审批中介服务机构的行为。三是持续深化行政审批证照改革。国务院共发文7次推动全国范围内证照改革，首先推动先证后照向先照后证改革，由轻监管重审批转变为轻审批重监管。紧接着推动多证合一改革，逐步完成由“三证合一”到“五证合一”再到“多证合一”的改革，“一照一码”改革实现了“一处登记、处处可用”。最后推动“照后减证”“证照分离”改革，破除办照容易办证难、准入不准营等问题。四是探索相对集中行政审批制度。在国务院下发的多个文件中，中央政府鼓励地方政府进行相对集中行政许可权探索。由鼓励各级地方政府、各部门推行“一窗式”改革到鼓励推行“审批大厅”模式，再到如今的“行政审批局”模式，相对集中行政审批制度已经逐步走向成熟，不仅便捷了办事主体，也打破了政府内部以审代管、既是裁判员又是运动员的怪圈。五是全面推行行政许可清单管理。2013年《国务院关于严格控制新设行政许可的通知》的下发标志着行政审批迈入清单制时代。行政许可清单制逻辑起点在于限制权力而非设定权力，是通过制度约束审批权力，确保审批权不错位、不叠位,让行政审批在阳光下运行,防止出现权力寻租及踢皮球现象。目前行政审批清单制改革已经基本完成,行政审批权也做到了配置清晰、运行通畅。六是加快网上行政审批步伐。网上行政审批最早于 2003 年提出,但是由于时机及条件不成熟一直没有得到落实。党的十八大后,进行“互联网+政务服务”改革,由此网上行政审批重新提上日程,中央政府及地方各级政府积极实践,目前全国范围内已经基本完成网上行政审批系统的搭建工作,并按照审批项目应上尽上的要求继续深化网上行政审批改革。

(3)党的十八大以来行政审批改革的成效

第一,继续取消、下放行政审批项目。2013 年至 2022 年,国务院共下发批文 18 次,共取消、下放调整 1258 项行政审批项目,其中直接取消行政审批项目 1004 项,下放调整审批项目 254 项。行政审批项目变动走势如图所示(见图 7-1),2013—2016 年间中央政府大规模裁撤、下放调整行政审批项目,2016 年后行政审批项目变动趋势趋于缓和。2021 年至今中央政府未发文对行政审批项目进行重大变动。在行政审批项目调整过程中,中央政府一方面还权于市场,能够通过市场机制自我运作、调节的行政审批项目一律归还市场。下发的政策文件中涉及企业生产经营、投资融资的取消下放项目共 372 项,占比达 30%。在 2013—2022 年间,中央政府将 134 项行政审批项目审批方式由前置审批转为后置审批,以此降低市场准入门槛、打破市场壁垒,激发市场活力;另一方面,改革逐渐将政府承担的公共服务、公共管理职能转交社会力量,让社会力量发挥作用,下发的政策文件中涉及资格、资质认定的取消下放项目共 366 项,涉及评比达标表彰类行政审批项目 42 项,共占比高达 31%。与此同时,国务院也在竭力厘清政府内部关系,全面清理非行政许可审批事项。2014 年,国务院下发《关于清理国务院部门非行政许可审批事项的通知》,要求清理非行政许可审批事项,将现有非行政许可审批按要求调整为行政许可事项、政府内部审批事项或直接取消。2015 年,国务院下发的《国务院关于取消非行政许可审批事项的决定》在之前已经逐步取消非行政许可审批成果之上又取消了 49 项非行政许可审批事项,并强调今后不再保留“非行政许可审批”这一类别,自此实施了近十年的非行政许可审批制度走向终结。

第二,推动行政审批中介服务规范化、市场化改革。行政审批中介服务分为公益类中介服务与有偿类中介服务。公益性中介服务由政府部门免费提供,有偿性中介服务则需要市场主体向中介服务机构购买,后者在为企业和群众提供专业技术服务过程中发挥了重要作用。然而,有偿性行政审批中介服务存在垄断性强、收费标准差异性大等问题,严重的阻碍了市场主体

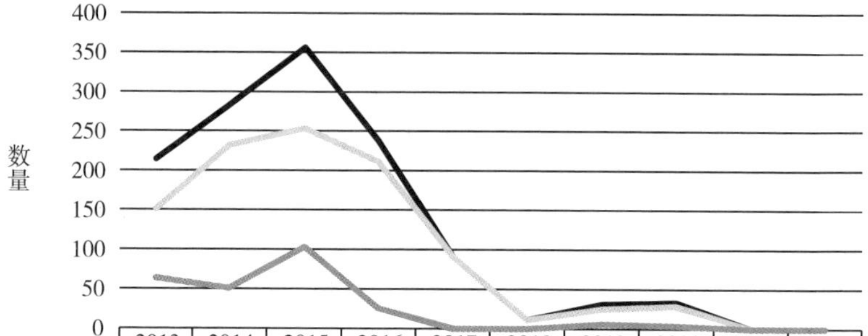

	2013	2014	2015	2016	2017	2018	2019	2020	2021	2022
总数	215	283	356	238	91	11	31	33	0	0
取消总数	151	232	253	212	91	11	25	29	0	0
下放调整总数	64	51	103	26	0	0	6	4	0	0

图 7-1 党的十八大以来行政审批取消、下放调整项目统计图

图片来源：根据中国政府网政策文件自制。

自由进出行业，扰乱市场秩序且滋生腐败。2013 年，《国务院关于严格控制新设行政许可的通知》要求规范行政审批中介服务，依法管理行政审批中介服务，

不得对中介服务机构设置行政许可。由此拉开了行政审批中介服务改革帷幕。一方面，国务院积极推动行政审批中介服务市场化改革，要求各政府部门清理行政审批中介服务项目，除却必须保留的行政审批中介服务项目，全面取消可以由市场完成的行政审批中介服务项目。2013—2022 年期间，国务院共发文 3 次取消行政审批中介服务项目 298 项，并严禁各部门私设行政审批中介服务项目，拆分开展中介服务活动。为了促进中介服务市场的规范发展，国务院要求各部门不得设置行政审批中介服务区域性、行业性限制，切断政府部门与中介服务机构的利益关联，严禁出现“红顶中介”现象；同时国务院指示各部门要建设完善中介服务网上交易系统，助力行政审批中介服务机构充分竞争。另一方面，通过下发《国务院办公厅关于清理规范国务院部门行政审批中介服务的通知》、《国务院关于加快推进政务服务标准化规范化便利化的指导意见》等文件强化规范。文件要求各部门加强对行政审批中介服务的监管力度，规范中介服务收费，指导监督本行业中介服务机构建立办理时长明确、服务流程清晰、服务记录完整的行政审批中介服务体系，完善中介服务机构惩戒淘汰机制，促进行政审批中介服务规范化发展。在此背景下，地方政府纷纷展开行政审批中介服务改革，开展中介服务机构改制脱钩，编制政府部门保留的行政审批中介服务项目清单，积极兴办“行政审批中介服务网上超市”，促进行政审批中介服务市场快速

发展。

第三,持续深化行政审批证照改革。为了营造宽松便捷的营商环境,降低企业制度性交易成本,解决证照过多、准入不准营的问题,国家持续深化行政审批证照改革,提高政府服务效率。2013 年国务院下发《国务院机构改革和职能转变方案》,推动“先证后照”向“先照后证”改革,改变传统严禁宽管的管理模式,放松商事主体准入管理,加强对商事主体的事中事后监管。在先照后证改革落实后,国务院继续推动证照改革。为解决商事主体多次跑、分头跑的难题,政府首先推行将工商营业执照、组织机构代码、税务登记证三证合一的改革举措,各地方政府按照“三证合一”登记制度改革的新要求,整合优化申请、受理、审查、核准、公示、发照等程序,缩短登记审批时限。“一个窗口”统一受理企业申请并审核后,申请材料和审核信息在部门间共享,实现数据交换、档案互认。在获得社会各界的一致好评后,国务院先后又推动将工商营业执照、组织机构代码、税务登记证、社会保险登记证和统计登记证整合到一张证件上的“五证合一”改革以及多证合一改革,全面实行“一套材料、一表登记、一窗受理”工作模式,极大地便捷了商事主体办理审批业务。在推动多证合一改革后,国务院在上海市以及自由贸易区先后开展证照分离试验,将能分离的许可类的

“证”与营业执照分离出来,并通过直接取消审批、审批改备案、告知承诺制方式减少各类许可证,从根本上解决“准入不准营”的问题。地方政府积极创新,深化证照分离改革,取得了众多创新成果。例如贵州省贵安新区在上海市证照分离经验的基础上,提出了“自主办证、承诺办证、证照合发”三种大力度新举措。与此同时,国务院以“一照一码”为抓手推动电子证照改革,以商事主体凭借营业执照和社会信用代码既可“一照一码”走天下为目标,要求各地方、各部门加快建设数据交换共享平台,完善国家和省级信息平台、国家企业信用信息公示系统,从而实现企业基础信息和信用信息在各区域、各部门广泛共享和有效应用。证照改革具有持续性、动态性特征,随着商事主体需要以及地方政务实践,证照改革不断深化,例如 2020 年上海在浦东新区开展“一业一证”改革试点,将市场主体进入特定行业涉及的多张许可证整合为一张行业综合许可证,实现“一证准营”。上海市围绕全球资源配置、科技创新策源、高端产业引领、开放枢纽门户等四大功能,首批选择 31 个行业纳入“一业一证”改革试点,按照“一帽牵头、一键导航、一单告知、一表申请、一标核准、一证准营”工作流程持续提升政务服务水平。该试点形成可复制推广的经验后,国务院将会在全国范围内开展新一轮证照改革。

第四，探索相对集中行政审批制度。2001 年，国务院下发《关于行政审批制度改革工作的实施意见》，要求各部门应当实行一个窗口对外，各部门、各地区积极响应并开展"一窗式"服务实践。这成为政府探索相对集中审批制度的开端。"一窗式"服务模式逐渐走向成熟后，部分地方政府在此基础上建设"行政服务大厅"或"行政服务中心"。但是，"一窗式""行政服务中心"或"审批大厅"等模式从根本上来讲只是实现物理上的聚合，其行为方式为"前端受理、后端审理"，并非真正意义上的行政许可权相对集中。在此探索阶段，四川省成都市武侯区创新开设行政审批局，将区内 21 个部门 60 项审批事项的行政审批权划分到行政审批局，该模式以审管分离、联审联办为特征集中办理行政审批事项，并以集约化、智能化、便捷化、法制化以及标准化为工作重点，极大地便捷了办事主体，取得了积极成效。随后，天津滨海新区、江苏南通、苏州工业园区、盐城大丰区以及浙江省等地接连开展类行政审批局模式实践。国务院在考察各地方政府在相对集中行政审批制度探索实践取得的成效后，决定在全国范围内开展相对集中许可权试点。2015 年中央编办与国务院法制办联合发布《相对集中行政许可权试点工作方案》，鼓励江苏、四川、浙江等地积极展开相对集中许可权实践，将政府各部门的行政许可权交由一个部门行使，或者将一个部门的行政许可权交由另一个部门行使。当然，相对集中行政许可权不仅意味着将审批权力剥离转移，也意味着接受权力的部门要承担相对应的审批监管责任。随后，地方政府纷纷开展相对集中行政许可权试点，在此过程中，行政审批局模式成为地方政府改革的主要方向并取得了一系列成绩。2018 年中共中央办公厅、国务院办公厅印发《关于深入推进审批服务便民化的指导意见》，该文件明确指出要进一步深化集中行政许可权改革，鼓励市县及开发区成立行政审批局，实行"一枚印章管审批"。至今，全国共有 22 个省、5 个自治区、3 个直辖市开展行政审批局改革试点，共设立审批局 1025 个，涉及地级市 92 个、县级市 123 个、市辖区 305 个以及各级功能区 109 个。① 从国务院发布的一系列鼓励地方政府设立行政审批局的指导文件及统计数据来看，行政审批局模式已经在全国范围内遍地开花、得以推广，成为地方开展相对集中行政许可权改革的主要模式。

第五，全面推行行政许可清单管理。2013 年 9 月，国务院下发《国务院关于严格控制新设行政许可的通知》要求："国务院部门要制定本部门负责实施的行政许可目录并向社会公布，目录要列明行政许可项目、依据、实施

① 贾义猛：《模式的扩散与扩散的模式：行政审批局创新扩散研究》，《求实》2022 年第 2 期。

机关、程序、条件、期限、收费等情况。”①行政许可目录是行政审批清单制的雏形。同年 11 月,党的十八届三中全会通过《中共中央关于全面深化改革若干重大问题的决定》,首次明确提出推行地方政府及其工作部门权力清单制度,政府部门由此着手推动清单制改革。在此阶段,由于政策扩散尚处于起步阶段,仅有少数几个省公布政府部门权力清单,因而编制行政审批权力清单的省市也较少。2015 年,国务院下发《国务院关于实行市场准入负面清单制度的意见》,鼓励各地区在省、市、县三级政府推行市场准入事项(限制类)行政审批清单。截至 2016 年底,中央机构编制委员会办公室统计全国已有 31 省公布政府部门权力清单,17 个省市公布了市县两级政府部门权力清单及责任清单,这也意味着越来越多的省市着手开展行政审批清单制改革。随着清单制的不断发展应用,国务院下发多个文件要求有条件的各地方政府、各部门编制行政审批权责清单,并在《国务院关于深化“证照分离”改革进一步激发市场主体发展活力的通知》(2021)一文中明确指出,将全部涉企经营许可事项纳入清单管理。2022 年,国务院下发《国务院办公厅关于全面实行行政许可事项清单管理的通知》明确指出:“构建形成全国统筹、分级负责、事项统一、权责清晰的行政许可事项清单体系,编制并公布国家、省、市、县四级行政许可事项清单,将依法设定的行政许可事项全部纳入清单管理”。② 这意味着我国已经迈入行政审批全面清单管理时代,政府的行政审批权力被全面纳入制度监管的笼子。

第六,加快网上行政审批步伐。伴随信息技术、信息设备的迅速发展迭代,我国政府与时俱进大力发展“互联网+政务服务”,这也为行政审批改革提供了全新的视角,即开展网上行政审批。早在 2003 年国务院下发的《关于进一步推进省级政府行政审批制度改革的意见》批文中,就规划出“积极运用信息、网络等技术手段,发展电子政务,推行网上审批”的改革方向,但改革落实并不充分。党的十八大后,开展网上行政审批各方面的条件逐步成熟,各级政府积极开展互联网+政务服务实践,推动电子政务向纵深发展。2014 年,《国务院办公厅关于印发精简审批事项规范中介服务实行企业投资项目网上并联核准制度工作方案的通知》明确要求,中央各部门要按照统一标准分别建立本系统的在线审批监管平台并适时联通,形成覆盖全国的投资项目在线审批监管平台。2015 年,国务院下发《国务院关于规

① 《国务院关于严格控制新设行政许可的通知》,中国政府网,2013 年 9 月 26 日。

② 《国务院关于深化“证照分离”改革进一步激发市场主体发展活力的通知》,中国政府网,2021 年 6 月 3 日。

范国务院部门行政审批行为改进行政审批有关工作的通知》，进一步要求具有行政审批职能的部门要积极推行网上集中预受理和预审查，创造条件推进网上审批。国务院接连发文及示范作用，引导各地方政府迅速展开网上行政审批实践。其中，江苏省开展的不见面审批改革具有代表性。江苏将省内 65 个省直部门和所有市县政务网整合，实现政务信息系统互联互通，2017 年底江苏省市县三级行政机关大部分审批服务事项都能在网上办理，并形成了“网上办、集中批、联合审、区域评、代办制、不见面”的不见面审批新模式。2018 年，国家下发《关于深入推进审批服务便民化的指导意见》，要求政府部门凡是与企业生产经营、群众生产生活密切联系的审批事项，都要“应上尽上，全程在线”，争取实现 80% 审批事项网上办。同时要求，各部门加强信息互联共享，清理规范政务信息系统，实现全省“一张网、一平台、一个库”。2018—2022 年国务院多次发文要求加快全国一体化政务服务平台建设，实现“一网通办”，尽快将各项审批事项纳入其范围内。这意味着网上行政审批正式进入“一网通办”时代。

从行政审批政策变迁与各级政府实践关系来看，二者具有极强的互动性。行政审批制度创新从发起源头而论，大致上可以分为自上而下和自下而上两种路径，每一项制度创新转化成为正式的政策并大规模推广不是一蹴而就、一次成型的。行政审批新政策生成过程较为符合林德布洛姆的公共政策渐进模型，呈现出稳中求进、积小成大特征，两条创新路径都需要试点后才能大规模在地方实践。从自上而下的行政审批政策变迁来看，国务院发起一项行政审批改革，首先在自贸区或一线城市试行后再在全国推广。例如金融类的行政审批项目的取消、下放调整基本上都需要在上海自贸区先行先试再大规模推广。而自下而上的行政审批政策变迁更为复杂，地方政府在实践过程中产生的行政审批新制度即使成效显著，也并不会被国务院在全国范围内立刻推广，通常是要经过“两上两下”甚至“三上三下”才能在全国范围内推广实施。自下而上行政审批制度创新典型案例当属“证照分离”改革，上海市证照改革一直走在全国前列，在已有基础上上海创新开展“证照分离改革”，随后将方案及经验上报中央。虽然上海市“证照分离”改革效果明显，但国家并没有急于推广该项制度，而是谨慎地在天津、辽宁、浙江等十个自贸区推广复制上海经验。经过一年新一轮的试错及经验积累后，国务院下发文件在全国范围内开展“证照分离”改革。中央政府及各级政府每一次行政审批制度的改革与完善，都是基于已有的行政审批制度改革实践经验，并经过多次多地的实践试错、经验积累才能够得以实施，具有典型的“试点型政策变迁”特征。

3. 治理重心下移的基层整合性改革——江苏省“三整合”改革案例

基层政府是党和国家权力体系的末梢，各级政府的政策能否得到高效、到位的贯彻完成依赖基层政府的治理能力。党的十八大以来，推动基层治理体系和治理能力现代化成为党和国家机构改革的重要方向，虽然近年来各地开展了形式多样的行政管理体制创新，但基层负担过重、形式主义、官僚主义等沉疴宿疾却未得到实质性解决。为响应新一轮党和国家机构改革的要求，江苏省以构建简约高效的基层管理体制，推动基层治理体系和治理能力现代化为目标，推出整合基层审批、服务、执法力量的“三整合”改革。党的十九届三中全会提出新一轮的党和国家机构改革要求，并通过了《中共中央关于深化党和国家机构改革的决定》，随后印发了《深化党和国家机构改革方案》，这两个文件是本轮机构改革的行动指南。新一轮机构改革提出“构建简约高效的基层管理体制”，夯实国家治理体系和治理能力的基础，改革的核心指导思想是“推动社会治理和服务重心向基层下移，把更多资源下沉到基层，会更好提供精准化、精细化服务”。依据这一指导思想，中共中央办公厅、国务院办公厅印发《关于推进基层整合审批服务执法力量的实施意见》，标志着新一轮基层治理体制改革的全面展开。江苏省积极响应国家的改革倡议，印发《关于推进基层整合审批服务理论的实施方案》并制定《乡镇（街道）经济社会管理权限指导目录》，正式启动基层“三整合”改革。

江苏省在基层治理领域深耕多年，积累了一系列的改革经验，如经济发达镇的“1+4”基层治理体制、开发区“一县一区、一区多园”规范化管理、“三项机制”和机构编制管理刚性约束有机结合、全省网格化社会管理创新经验等等。“三整合”改革同先前的改革经验相结合，推出了一批有价值、有力度的改革措施。①

其一，推动基层党建和基层治理深度融合。“三整合”改革的核心在于深化基层党建共驻共建，以基层党建引领基层治理创新。主要措施有三方面：一是加强党的组织和人员建设，充分发挥基层党组织的战斗堡垒作用；二是完善乡镇（街道）党（工）委运行机制，规范议事规则和决策程序；三是突出政治功能，推动基层党委、支部、党员和群众四个主体联动共进。

其二，整合基层行政审批和公共服务职责。首先，加快建设乡镇（街

---

① 以下内容部分参考芮国强：《以“三整合”改革推动城市基层治理现代化》，《中国社会科学报》2023 年 3 月 9 日；徐冠英等：《江苏省全面推开“三整合”改革》，国际在线江苏频道，2020 年 7 月 29 日。

道)便民服务机构,完善"线上线下、虚实一体"便民服务平台,注重推进实现数据共享;其次,紧扣城乡基层治理,聚焦基层党的建设等重点工作、社会保障等重点事项,建立和完善适应基层实际的办事指南和工作规程;再次,在实现"一枚印章管审批"的基础上,进一步优化审批流程,逐步事项"一口受理、一窗通办";最后,建立健全乡镇(街道)、村(社区)两级联动的便民服务网络,推进直接受理、代办代缴等工作,打通为民服务"最后一公里"。

其三,组建统一的综合执法队伍。江苏省前期的试点经验形成了"一个区域一支队伍管执法"和"一个街道一支队伍管执法"两种模式,综合执法局以乡镇或街道的名义集中行使执法权。"三整合"改革在吸收之前试点经验的基础上,从综合行政执法机构建设和执法工作方式方法两个层面加以综合再创新。一方面,整合基层执法力量,组建综合行政执法机构,按照《行政处罚法》《行政强制法》等法律规定相对集中行使行政处罚权以及与行政处罚权相关的行政强制措施和监督检查权,以乡镇或街道的名义开展执法工作;另一方面,继续完善"依据权责清单追责""双随机一公开抽查""企业信用承诺、联合惩戒""重大风险监测防控""绩效评估"等已经探索形成的工作方式方法。

其四,横向整合基层治理综合网格。由于不同领域综合行政执法队伍在乡镇和街道的派驻、设置以及在村和社区的延伸形成了各种类型的管理网络,导致网格化管理较为混乱。"三整合"改革在尊重历史沿革、兼顾乡土风情、满足现实需求的基础之上,重新规划基本网格,统筹管理网格内社会保障、社会救助等工作,实现"多网合一",此外改革特别强调网格化服务管理标准化建设和网格化责任落实机制的健全。

其五,建设多功能的综合指挥平台。"三整合"改革充分整合基层的人文地理等各项基础信息,接入数字城管、社会治安、环境保护等各类信息化管理端口,建立实时监控、研判预警、协调联动等功能于一体的综合指挥平台。综合指挥平台不仅与综合行政执法互联互动,实现执法过程的全面监控,还通过对政务平台、执法平台、部门数据的分析研判和对镇域交通、水电、企业工况的实时监测,为乡镇和街道运行和应急事件管理提供决策辅助,构建事前事中事后日常监管新模式。

基层治理的症结,在于治理体制同现实环境的不适配、治理能力同现实要求的不匹配。"三整合"改革旨在总结以往基层行政管理体制改革的经验,探索适应基层工作特点和满足便民服务需求的改革措施,从而促进基层政府治理能力的整体提升。改革开展以来,取得了较好的成绩:

一是机构精简化。在三整合改革的过程中,严格控制机构数量,并推动各类资源下层到基层,优选配强基层干部,确保基层减量不减质。譬如,苏州全市75个涉改镇街中,组建7个及以下、8个、9个职能机构的占比分别为24%、45.3%、30.7%;扬州市整合镇街原30多个职能机构,乡镇综合设置“一办八局”9个职能机构,街道设置“一办七局”8个职能机构,职能机构内部不设科室,实行大部制管理。

二是权责明确化。制定基层赋权清单,并建立职责准入制度,防止县区级政府向基层转嫁责任。县区级政府根据赋权清单与当地的经济社会发展状况,制定基层详细的责任清单。例如,扬州市根据江苏省《乡镇(街道)经济社会管理权限指导目录》,以县为单位统一制定出台审批服务清单和行政执法清单,各镇街平均承接30余项县级行政审批权和近100项县级行政处罚权。除中央明确要求外,其他设在镇街的县级派驻部门均实行属地管理,科学划分县级部门与镇街713项事项的主体责任和配合责任。

三是资源集中化。推进编制资源向基层倾斜,“编随事走”;建立与事权和支出责任相适应的基层财政管理体制,同时,上级政府对下放给基层的事权给予相应的财力支持;落实基层人事管理激励政策,包括探索村级党组织书记编制化管理,推动职称评审权力下沉,全面落实基层事业单位工作人员各项待遇政策,等等。比如,苏州市在改革过程中,累计下沉89个机构、4600余名人员、1400多个编制;扬州市赋予镇街“调度权”“考核权”“任免建议权”,对派驻的机构和人员年终绩效考评权重不低于50%。

四是服务便民化。“三整合”改革从规范服务流程和降低办事成本两方面入手,极大地提升了民众办事的便捷度和效率。其中,服务流程方面,苏州涉改镇(街道)建立为民服务中心,围绕基层治理领域中群众重点关注的事项,通过审批服务事项无差别受理、同标准办理,“单窗”向“综窗”转变,实现了同一事项“同样办”;办事成本方面,苏州通过“现场办”向“代办”“不见面办”升级,压缩了办理审批服务的经济成本,并通过简化工作流程、培训全科社工人员,严格控制按时办结率,实现了开办企业3个工作日内完成,压缩了办理审批服务的时间成本。

4. 面向市场化发展的政府市场监管现代化

构建有效市场与有为政府并形成有机互动,是建设成熟社会主义市场经济的重要任务,其中,面向统一大市场建设的政府市场监管现代化体系至关重要。2022年初《中共中央国务院关于加快建设全国统一大市场的意见》(以下简称《意见》)发布,提出“加快建设高效规范、公平竞争、充分开放的全国统一大市场,全面推动我国市场由大到强转变,为建设高标准市场体系、构建高水平社会主义市场经济体制提供坚强支撑。”在新时代中国特色社会主义国家新征程阶段,《意见》是倡导深度建设高质量市场经济的宣言书,同时也为在调节政府与市场关系过程中推进政府市场监管现代化作出了方向性指引。①

(1)统一大市场建设与推进政府市场监管现代化的要求

面向高质量市场竞争来建设全国统一的大市场,是此次《意见》的主题。市场是最为稀缺的发展资源,也是能够将稀缺性组织起来实现创造和创新的财富制造机制、社会组织机制和进步发展机制,但同时它又是风险的叠加机制甚至是因为资本逻辑局限而不断制造负外部性和侵害性的“问题机制”。建设全国统一大市场,其一体两面就是要将市场的“其利”最大化、“其害”最小化,从而在趋利避害的过程中实现社会共益和发展进步。

面向促进高质量竞争的统一大市场建设,《意见》作出了三方面的重要安排。一是市场的底层基础建设即制度规则“软建设”和设施平台“硬建设”。前者包括产权保护、市场准入、社会信用和公平竞争等方面的基础规则建设;后者涉及流通网络、信息交互和交易平台等方面的市场设施联通。二是市场的内部客体建设,涉及要素资源市场和商品服务市场的统一,分别指涉土地、劳动力、资本、技术、数据、能源、生态环境等要素资源市场的健全发展,以及涵盖质量体系、标准和计量体系、消费服务质量等商品服务市场的全面升级。三是市场的外部因素建设,即市场监管、规范和干预等领域,聚焦弥补市场外部性,强化监管规则、监管执法和监管能力等建设。如果说前两个层次主要围绕市场基础规则、市场设施联通、要素资源市场、商品服务市场等领域的“立”,建章立制、建设为主,那么,在后一层次的市场监管、规范和干预等领域,则致力于“破”,破除利益藩篱、破除边界壁垒。破立结合,建设高标准市场体系和构建高水平社会主义市场经济体制。

作为统一大市场建设的重要内容,市场监管的重要性以及改革指向已然清晰。健康成熟的市场经济,需要充分发挥价值规律和竞争杠杆的作用,也离不开市场的法治化运作。从根本上说,市场机制本身无法解决自然垄断、负外部性、公共产品供给不足和信息不对称等“市场失灵”问题。市场经济越发展,越需要建立起与之匹配的政府监管体系,从而实现市场“无形之手”与政府“有形之手”的有效对握。从这个角度讲,市场监管本身便是嵌入市场全过程的扶助力量、引导力量和规范力量,其建设性价值需要得到更为充分和积极的认可。从构造高质量市场竞争秩序的需要,在全国统一大市场建设中的市场监管现代化,不仅需要构筑尊重市场规律、经济规律的

① 黄建洪:《统一大市场建设与政府市场监管现代化》,中国社会科学网,2022 年 4 月 28 日。

自发秩序,更需要发展出让这种秩序得以转变成为效率与公平、安全与健康等诸价值兼容的人为秩序。统一大市场,意味着统一大市场监管,既包括广义的政府监管,也包括狭义的市场监督管理;既涉及对价格、市场进入和退出条件、服务标准等规制的经济性监管,也涵盖以保障劳动者和消费者的安全、健康、卫生,以及保护环境和防止灾害为目的和对相关产品与服务的质量及供给等活动进行规制的社会性监管。从现代化发展的维度看,市场监管作为现代政府的核心职能之一,需要在理念法治化、权力理性化、结构分化和功能专门化等方面持续发展,以现代化的监管体系和监管能力建设,将强制型监管迭代升级为服务型监管,从而促进服务型政府的成长和经济社会的高质量发展。

(2)统一大市场建设中推进政府市场监管现代化的向度

创新和完善市场监管,推进市场监管现代化,是建立统一、开放、竞争、有序的现代市场体系的客观需要,是完善社会主义市场经济体制的内在要求。党和国家历来重视对市场监管的建设工作。自党的十四大明确我国经济体制改革的目标是建立社会主义市场经济体制以来,政府市场监管取得长足进步。在实施《“十三五”市场监管规划》基础上,国务院于 2021 年 12 月印发《“十四五”市场监管现代化规划》。此项规划围绕持续优化营商环境,充分激发市场主体活力;加强市场秩序综合治理,营造公平竞争市场环境;维护和完善国内统一市场、促进市场循环充分畅通;完善质量政策和技术体系,服务高质量发展;坚守安全底线,强化消费者权益保护;构建现代化市场监管体系,全面提高市场综合监管效能等 6 个重点领域,实施 12 项专项建设工程。作为国家“十四五”规划指导下的 20 个重点专项规划之一,该规划以建设科学高效的市场监管体系、全面提高市场综合监管效能为主线,为“十四五”期间甚至更长时期推进政府市场监管现代化描绘了时间表和路线图。此次《意见》的颁行,回应统一大市场发展,无疑在前述规划的基础上,为推进政府市场监管现代化建设提供了新的向度。

从建设原则上看,《意见》提出“坚持放管结合、放管并重,提升政府监管效能,增强在开放环境中动态维护市场稳定、经济安全的能力,有序扩大统一大市场的影响力和辐射力”。这清晰地表明,构建全国统一大市场中的政府市场监管,只能在服从和服务于充分发挥市场在资源配置中的决定性作用、更好发挥政府作用的前提下,以市场化和法治化的方式来进一步强化竞争政策的基础地位和加快转变政府职能。显然,这样的过程,就是要使建设超大规模国内市场成为一个可持续的历史过程,而监管现代化正在路上,亟待深化拓展。

从建设目标看,构建以高质量竞争为主轴的全国统一大市场,公平公正监管至关重要。以市场主体需求为导向,力行简政之道,坚持依法行政,公平公正监管,持续优化服务,加快打造市场化、法治化、国际化的营商环境极其重要。统一大市场,顾名思义就是让商品和生产要素在全国各地区之间实现自由的、无障碍的流通,实现资源优化配置。规范、高效、公平的市场监管,对于持续推动国内市场高效畅通和规模拓展、加快营造稳定公平透明可预期的营商环境、进一步降低市场交易成本尤其是制度性交易成本、促进科技创新和产业升级以及培育参与国际竞争合作新优势、推动制度型开放等,均具有积极意义。

从建设内容看,围绕推进市场监管公平统一,需要着重关注以下方面。一是健全统一市场监管规则。加强市场监管行政立法工作和完善市场监管程序,对食品药品安全等直接关系群众健康和生命安全的重点领域以及互联网医疗、线上教育培训、在线娱乐等新业态,实施分级分类监管,努力形成多元治理新模式。二是强化统一市场监管执法。推进维护统一市场综合执法能力建设,加强知识产权保护、反垄断、反不正当竞争执法力量,建立综合监管部门和行业监管部门联动的工作机制,创新联合监管模式。三是全面提升市场监管能力。深化"放管服"改革,完善"双随机、一公开"监管等方式,建立健全跨行政区域网络监管协作机制。

与此同时,《意见》在此基础上,围绕市场监管中面对的宿弊顽疾,着力强化了反垄断、依法查处不正当竞争行为、破除地方保护和区域壁垒、清理废除妨碍依法平等准入和退出的规定做法等,以列举方式对"两不当"行为(即市场主体的不当市场竞争行为和政府的不当市场干预行为)作出了规定。市场壁垒和贸易保护主义造成市场分割,垄断和不正当竞争则导致市场竞争失序。市场监管改革的推进,需要直面这些难点、堵点问题,打破制约全国统一大市场建设的显性、隐性壁垒,强化制度建设,以收循序渐进之效。

(3)在统一大市场建设中推进政府市场监管现代化的路径

在统一大市场建设中,缓释和规避市场失灵,是政府市场监管的核心任务。没有永远自洽的"市场神话",但同时也需警惕政府无所不能的"国家神话"。以构建全国统一大市场为契机,推进政府市场监管的现代化,需要拓展新思路、发展新路径。

其一,树立大市场监管观。经过多年的改革实践努力,中国的市场建设蒸蒸日上、市场经济蓬勃发展,取得了举世瞩目的成就。但同时,也要看到经济发展质量不高、市场分隔和本位主义现象普遍存在,阻碍市场要素自由流动和充分竞争的各种障碍还不少,市场监管中碎片化、封闭性等状况还比较常见,监管效能还不够高。尤其是在打通各类循环堵点、规范市场竞争秩序,有效防范市场运行风险、维护市场安全,以及全面提升产品和服务质量水平等方面,既有的市场监管尚不能充分满足高质量发展的需要。大市场需要大质量、大监管。为此,需要不断刷新监管理念,在市场化、法治化原则基础上,发展大市场监管理念,以更为完整、规范、高效和公平的监管过程,服务于超大规模的全国统一大市场建设。面对新的发展需求,政府市场监管的大局观、全局观和服务意识,需要在持续构建政府监管、平台自律、行业自治、社会监督协同互通的合作监管治理体系中得以实现。

其二,着力完善市场监管基础制度。当前,市场监管正面对一系列新情况:经济总量和各类市场主体快速增长,合作和竞争、优胜和劣汰格局深刻演化的新形势;商品和服务市场在相互渗透中加快融合,线上和线下市场在并行交织中形成复杂生态的新特点;新产业、新业态、新模式不断涌现,效率和公平、创新和保护的需求更趋多元的新挑战。与此同时,国内市场国际化、国际市场中国因素增多的特征更加明显,尤其是近期俄乌冲突加剧、国际经济低迷以及国内疫情反复造成一定影响。为此,着力完善市场监管的基础制度,为长远计,就需要坚持立法和改革相衔接、相促进,运用法律制度巩固和深化改革成果,加快推动新经济监管等领域立法,健全完善公平竞争制度、知识产权保护制度、市场主体信用监管制度、市场交易监管规则、产品质量安全监管制度等,从而推进市场监管制度型开放。

其三,深化市场监管职责体系改革。享有法定监管职能的政府行政机关依法展开市场规制,是政府监管的基本含义。目前,客观上存在着包括独立式、内部独立式、嵌入式三种监管机构。前者如作为国务院直属机构的国家市场监管总局、国务院直属事业单位的银保监会和证监会等。中者如国家部委管理的能源、铁路、邮政、民航、煤矿安全监察等局办。后者则如国家部委内设的通信管理局、无线电管理局、核电安全监管司以及产业安全与进出口管制局等政监一体部门。三类监管机构涉及广义市场监管的范围,涵盖市场投资、运行、管理和服务等重大领域。为此,可考虑将实际履行监管职能的直属事业单位向行政机构性质转设,并出台相应配套法律法规;对大部门制下相对独立的监管机构剥离宏观管理职能,使其专司监管职责;对政监合一的机构转设成为其内设的综合监管机构,在监管的权力、职能和责任方面予以更清晰明了的配置,并建立大市场监管的部级联席协调机制等,推动形成面向全国统一大市场建设的规范监管,从而提高监管效能。

其四,发展完善市场监管“机制群”。监管机制对于监管环境不断变迁的适切性直接影响监管效能效率。譬如,面对新形势,需要在持续更新中优化监管事项层级配置,强化跨部门综合监管,深化综合执法改革。建立起横向协同、纵向联动的执法办案机制,健全信息通报、案件移交、执法反馈等日常监管与综合执法衔接协调机制,积极探索建立分类执法机制。又如,激发市场主体自觉承担其应有市场安全责任、质量责任、技术责任等,健全信用监管长效机制。逐步完善信息归集公示、信用约束激励、信用风险分类管理等诸多机制,特别是强化信用监管对重点领域监管的支撑作用,从而建立食品药品、特种设备、重点工业产品质量安全等领域信用监管专门制度,提升产品质量安全综合治理水平。再如,围绕依法监管的清单实施机制。运用法治思维和法治方式履行监管职责,全面实施权力清单、责任清单、负面清单管理制度,完善保障机制,让政府依法履责到位,切实保障市场主体合法权益。最后,建设信息化条件下的智慧监管机制,通过打造市场监管大数据平台来推动"互联网+监管",提高市场监管智能化、智慧化水平。

其五,聚焦监管重点领域发力。"放管服"改革,实质是一场深刻的刀刃向内的自我革命,即用政府减权限权和监管改革,换来市场活力和社会创造力释放。加强市场监管的"加法"要与简政放权的"减法"和优化服务的"乘法"有机配合,形成合力。在放松规制的情势下,事中事后监管的"安全阀""兜底性"作用至关重要。为此,市场监管的改革,需要真切有效地面对"三条线"、构筑"三环境",即:市场监管促经济发展高线、守质量安全底线、保市场竞争公平线;努力营造宽松便捷的市场准入环境、公平有序的市场竞争环境、安全放心的市场消费环境。其中,市场监管改革尤其要精准面对直接涉及公共安全和人民群众生命健康等特殊和重点领域,落实"四最"(最严谨标准、最严格监管、最严厉处罚、最严肃问责)。对食品、药品、医疗器械、特种设备等重点产品,需要建立健全追溯体系、完善重点领域监管清单制度,形成来源可查、去向可追、责任可究的信息链条,形成规范高效的深度监管。

其六,持续强化构建市场监管基础能力。建设面向治理现代化的市场监管能力,需要"组合拳"。首先,需要加快推进智慧监管,加强科技支撑体系建设,不断导入先进监管技术、手段和方法以提升监管能力。从构建基层基础能力建设出发,打造素质过硬的专业化监管人才队伍。市场监管的专业性、科学性要求越发高企,需要通过深化队伍专业化建设和优化监管绩效考评等方式,不断提升监管能力素质。其次,要加快《市场监管所条例》立法工作,推进基层市场监管标准化规范化建设。明确事权划分、规范业务运行、创新监管方式、配强工作力量、提升专业能力,是不断提升基层监管现代化水平的基础,也是让市场监管“有手有脚”、提高监管的根植性和服务的共生性的重要环节。再次,需要创新丰富市场监管工具。完善针对不同违法倾向、违法阶段和违法程度的阶梯式监管工具,创新和丰富普法宣传、合规指南、行政指导、行业公约、公开承诺、约谈、警告、检查执法等监管手段,采用市场化、社会化、多元化的监管工具来提高监管的针对性和有效性。

市场监管现代化,关系高质量的市场竞争得以真切发生和民生福祉得以持续改善的组织条件和制度环境。面对新发展阶段的监管新需求,以法治化和效能化为主轴的服务型监管体制革新来推进服务型政府建设,正逢其时。这就需要政府整体性地思考其市场监管角色、监管体制、监管职能、监管工具和监管能力建设,以系统性监管、功能型监管、建设性监管、开放型监管、科学化监管的整合方案,构建起符合中国新发展阶段统一大市场建设所需要的监管体系和监管能力,实现市场监管现代化。

5. 从国家治理体系优化的角度审视政府面临的几对主要关系

在新型城镇化进程中,作为推进国家治理现代化这一全面深化改革总目标的基础性内容,系统性优化重构政府职责体系,需要妥善处理好如下几对重要关系:

第一,政府与市场、社会关系。习近平总书记强调,经济体制改革的关键问题是处理好政府和市场的关系,着力解决市场体系不完善、政府干预过多和监管不到位的问题。面对全国统一大市场建设,合理调整这对关系,核心在于创造让市场对资源配置发挥决定性作用,让政府发挥应有合理的作用。与此同时,让社会发挥自治自洽的作用,形成政府“有形之手”与市场“无形之手”和社会“自助之手”的有效对握。政府职责体系构建优化,就是要引导政府做到不错位、不缺位、不乱位,真正做到归位、正位,从而有效且适度地履行好其应有的使命,促进经济社会高质量发展。

第二,角色与职能、工具关系。政府角色不是随意选择的,而是在特定发展阶段回应经济社会发展需要的公共需求所决定的。政府角色的选择、扮演以及更新,需要动态地建置在市场机制的成熟程度和社会自治能力的发育程度基础之上,要在政府、市场、社会三者能力的权衡中动态调整政府职能边界①。相应地,政府的权能配置,就需要与市场、社会的治理“投榫”。以政府角色的科学设置为前提,政府职能的领域、重点厘定以及具体职能的强化、转化、弱化、优化等相关改革事项,就有了较为清晰的“靶向”。从构

① 薛澜、李宇环:《走向国家治理现代化的政府职能转变:系统思维与改革取向》,《政治学研究》2014 年第 5 期。

建政府“角色—职能—工具”的动态链条出发，政府适配性工具组合和运用就能够更好地促进有的放矢、提升效能。

第三，纵向与横向、跨域关系。纵向政府职责的配置，是理顺政府关系、优化政府职责体系的关键。倡导以职责同构为基础，导入职责序构，对中央事务、地方事务、共享事务以及特定事务，作出更具有针对性和适配性的划分、配置和整合，以提升中央和地方政府的应变能力和治理效能。横向上，政府部门之间的职能与责任配置，在科层职能制基础上，适当嵌入差异性和灵活性，以达成精准治理的改革目的。在纵横的交汇点上，事实上存在着大量的跨域治理，以及各类开发区和示范区等，则需要基于务实高效的协同治理方式，来厘清和配置政府权能。

第四，放权与监管、服务关系。深入推进政企、政资、政事、政府与市场中介组织分开，把该由政府管理的事项管住管好。“放管服”改革，通过简政放权、公正监管、高效服务，有利于提高政府治理的整体效能。从提高规范性、可操作性的角度入手，持续做好简政放权的“减法”、加强监管的“加法”和优化服务的“乘法”。进一步加大权力、责任、负面等清单制度的改革和实施力度，最大限度减少政府对市场资源的直接配置和对市场活动的直接干预。这样改革，实际上也就是寻求让政府在“放手做事”“束手做事”与“巧手做事”之间的动态平衡。

第五，体系与能力、绩效关系。政府职责体系的优化构建，精准确权与履责是关键。以需确权、以责赋职、职责相容、规范高效的职责体系改革优化行动框架，是政府治理体系改革发展的需要。以政府自我管理、自我约束、社会适应、自我创新和自我发展等自我治理能力为基础，强化政府的权力—权威、调控—监管、汲取—分配、合作—发展、动员—控制和整合—平衡等经济社会治理能力，增强政府的总体效能。与此同时，倡导政府职责体系的治理绩效向效能化、法治化、服务化和绿色化转向，从而为社会主义现代化强国新征程提供可靠的发展支撑和行政助力。

进入新时代，党领导国家治理现代化的交互界面和治理尺度出现重大调整，这为政府职责体系的优化构建提出了新的要求，同时赋予了新契机。妥善处理好上述基本关系，则有助于促进改革目标的顺利实现。

（二）新型城镇化战略推进中的社会治理

城镇化既是经济命题，更是社会命题，从社会结构、社会运行等方面产生了深刻复杂的影响。对于新型城镇化与社会治理关系需要有新认识，基于新型城镇化所带来的社会自主性治理以及社会治理共同体建设，需要在新的维度上给予新的建设。在新型城镇化快速推进中,生活治理正以全新的姿态成为国家治理的重要组成部分。研究表明,生活治理是国家建构和社会变迁双向运动的结果,广泛存在于社会保护、乡村建设、移风易俗以及对特定人群和习惯的干预等多个领域。国家以基层组织和动员为核心,在民众日常生活领域建构了生活治理场景,生活治理基于合法性、反向制度化和政治统合机制三个机制,深度参与国家治理新秩序的建构。[①]在城镇化发展的语境中,社会治理有着两重极为关键的期许:一是基于国家民族角度的认知;二是基于人民群众角度的理解。前者直指实现国家富强、民族复兴,后者面向人民幸福、社会和谐。因此,社会治理既是国家立场,又是民众期盼;既是理想愿景,又是阶段实践;既是自我实现,又是他者观照;既是理性忖度,又是能动创造。它的发展涵义在于,让理想照进现实,以此来指引治理改革与创新;与此同时,须臾不可或缺的是,通过与时俱进、科学发展来循序夯实基础、展望未来。

1. 新型城镇化进程中的社会自主性治理

中国正处于中国式现代化发展的关键期。新型城镇化,是从传统农业社会向现代工业社会转变,是一个长期的社会再建设阶段。在此阶段,既需要克服转型过程中种种的无序,又需要循序建立起一个更具现代性的治理结构。提出社会自主性的管理,意在强调尊重经济社会发展规律办事,通过由政府本位到社会本位、由权力本位到权利本位、由单向的政府控制转向政府与社会的合作治理、由社会管理走向社会建设的治理优化升级,通过社会与政府的同步转型实现现代化。一方面,需要培育社会自主性;另一方面,又需要引导社会自主性,与此同时,还需要规范政府的行为。社会自主性的发展,需要面对政府既是改革动力又是改革对象的现实,给予党政治理结构以足够的重视并循序调整优化之。

2. 新型城镇化进程中的社会治理共同体建设

以社会建设促成“国家成长”,至关重要。“中国之治”制度体系,其根基是社会治理现代化,实践依托则是建设社会治理共同体。在社会实践“结构性巨变”进程中,构建社会治理共同体,本质上是坚持和发展好新经济社会基础框架中党领导的群众路线的新实践,目标是构建“一元统属、七位一体、三共耦合、三治融合、三人衔接”的高质量社会治理,意在全面提升治理的“人民性”内涵和品质,它是权威核心、治理体系、治理格局、治理方式以及治理实现的连续体,是一种新需求持续强化呈现背景下的社会治理

① 吕德文:《生活治理与国家治理新秩序》,《开放时代》2024年第3期。

新模式。在理论上，这一思路以马克思主义理论为基础，是一种更趋合作式、融合型的社会建设思路。在实践中，需要妥善处理好结构与功能、激励与约束等协同创新的若干关系，通过全面强化“党建引领”和优化政府统筹，实施“技术赋能”，引导民众有效参与和广泛协同，以民主协商为途径、科技支撑为辅助，从而深度塑筑尊重社会自主性和遵循社会发展规律的法治之治。

从实践结构看，构筑社会治理共同体可以尝试从如下方面展开：①

第一，全面强化和优化党的领导。党的十九大指出，“坚持党对一切工作的领导”，是构成新时代坚持和发展中国特色社会主义的基本方略之一。“党政军民学，东西南北中，党是领导一切的。”构建社会治理共同体，就必须健全强化以党统摄的组织化权威。具体而言，党对社会治理共同体建设的领导，就是要以政治建设为根本开展主导性治理。面对城乡社会结构的重大变迁，就需要在新型城镇化战略与乡村振兴战略的协同实施进程中，重塑新形势下城乡的基本关系，重构国家权威在基层社会的组织力与领导力，重建具有政治认同感和合作力的基层自治秩序共同体，并具有与国家治理秩序有效衔接的亲和力和融合度，深度解决现代化进程中自由与秩序的持续张力问题。② 全面强化和优化党的领导，就是将党的政治优势全方位嵌入到日渐分化、诉求多元化和结构复杂化的社会治理之中，有序领导和整合各种社会主体，形成广泛参与和协同治理。

第二，持续构建“七位一体”的治理体系。在社会领域，加强和创新社会治理，就需要坚持和完善共建共治共享的社会治理制度，完善党委领导、政府负责、社会协同、公众参与、民主协商、法治保障、科技支撑的社会治理体系。实际上，是在原来“五位一体”的基础上，通过嵌入“民主协商”“科技支撑”的方式，将原来的社会治理体制更新为社会治理体系，整体性治理、动态性治理的思路更为凸显。这之中，党的领导是核心，政府有效地担负起组织社会力量有序参与社会建设、实现社会动态稳定和谐是关键。如何将共同体建设落到实处呢？公众参与和社会协同通过民主协商、科技支撑等方式途径、以法治来保障推进。因此，通过领导力量、组织力量、参与协同力量、技术力量、程序的承载以及法治的保障，以治理共同体方式来实现社会的和谐稳定。

---

① 黄建洪：《构筑“中国之治”的社会之基：新时代社会治理共同体建设》，《新疆师范大学学报》（哲学社会科学版）2020 年第 5 期。

② 黄建洪：《西方社会建设思想：演进逻辑及其“脱域”价值》，《国外社会科学》2014 年第 4 期。

第三,深入打造“三共”耦合的治理格局。建设社会治理共同体,形成共建共治共享的社会治理格局,有利于提升社会治理的有效性。共建、共治、共享,分别回答了由谁来治理、怎样治理、为什么治理的基本问题。面对工业化、城市化、信息化和服务化的持续深化,社会成员之间的分层会更趋频繁和复杂,随之出现更多的流动性和不确定性。共建意味着社会各主体需要面向治理共同体的长期需要和持续价值而参与治理;共治要求以基于基本共识为前提、以遵循基本程序和规则寻求治理的“最大公约数”,实现协作共赢;共享则是明晰参与治理成本合理分担基础上的利益分配公平合理。实际上,共建、共治、共享的社会治理,要求约束社会个体或组织的“私性”利益冲动和独断判断,以面向协商、协作与协同的商谈方式、行动方式来实现“社会成长”。

第四,着力建设“三治”融合的基层治理。健全党组织领导的基层社会自治、法治、德治。以自治增活力,以法治强保障,以德治扬正气,“三治”融合,建设法治社会、平安社会、民生社会。这是进入新时代以来社会治理回应人民对美好生活需要的内在需要。从宏观视野讲,“七位一体”的社会治理体系、“三治”结合的基层治理与“三共”结合的社会治理格局衔接,实质上就是要走出一条社会治理高质量发展的道路。在社会治理共同体建设过程中,自治是基础,这是来自社会自身属性的需要,也是社会自主性日渐发育和成长后的治理需求增量的需求。法治,作为一种思维方式、生产方式和生活方式,则是社会自组织和自服务的基本保障,可以讲,没有法治便没有社会治理现代化;而德治是社会治理的伦理文化底色,缺乏人文精神和伦理道德的支撑,社会治理共同体就难以做到德达及人、德润人心。

第五,务实推进“三人”衔接的社会治理。“共同体意味着成员之间主体地位平等、决策程序民主、资源配置公平、结果共享正义。”①《决定》提出要建设人人有责、人人尽责、人人享有的社会治理共同体,可以分为两个主要层次去理解。一方面,社会治理共同体主要要解决的是人民内部矛盾。之所以提出治理共同体,就是意味着在“共同体”内部解决利益分歧和化解矛盾,治理共同体本身既是内部矛盾调解和解决的载体、场域,又是内部矛盾调解和解决的方式、途径。另一方面,建设治理共同体,就是要将“责任配置—责任履行—成果享有”链接起来,形成合作之治。人人有责,是讲治理之责的“归位”问题,与认知、意识和价值判断相关;人人尽责,是论说治理之责的“到位”问题,与参与、行动和携手合作相联;人人享有,则是论及

① 杨开峰、郁建兴、何艳玲:《如何建设社会治理共同体》,《浙江日报》2019年11月13日。

治理之绩的“分享”问题，与绩效、结果和权益实现勾连在一起。但是这三者的“一以贯之”，就是社会治理中“人民”主体性或曰人民性在共同体中的实现问题。

在构建社会治理共同体实践结构的基础上，进一步的协同创新需要处理好党的领导与各方协同、中央与地方、政府与市场、结构与功能、赋权与赋能、程序与机制、动力与资源、固本与创新、激励与约束以及近务与愿景等关系。

3. 新型城镇化中的网格化社会治理

党的十九大报告提出，“打造共建共治共享的社会治理格局”，“提高社会治理社会化、法治化、智能化、专业化水平”，为新时代的社会治理创新确立了实践发展的新向度，其中，前者回答了由谁来治理、怎样治理、为什么治理的基本问题，后者的“四化”，为全面实现小康社会进程中社会治理的转型升级指明了方向、提出了要求。以创新基层社会治理的积极行动，践行党和国家的决策部署，着力通过以“网格化”促进“四化”的创新探索，不断满足人民群众在新时代的新需求，形成了一整套符合地方实际的社会治理模式。用系统化思维、全局性站位，把社会治理网格化联动机制建设置于新时代改革发展整体大局中来定位、谋策和推进，提升全市网格化联动机制质效，把网格打造成采集信息、发现风险的第一感知触角，化解矛盾、消除隐患的第一前沿阵地，便民利民、解决问题的第一服务窗口，群众自治、多元参与的第一共治平台。

第一，织密网格进一步推进社会治理精细化。社会治理创新，需要继续按照基层治理“一张网”要求，以居民小区（楼栋）、机关事业单位、工商企业集聚地等为单位划分网格，每个网格配备一名以上专兼职网格员，将基层社会治理要素纳入服务管理范畴。按照“一格多元、三社联动”要求，将基层党组织建在网格上，将综治、公安、民政、城管、安监、环保等涉及基层治理部门工作纳入网格。还将健全城乡社区“综合受理、一门服务、全科社工”工作机制，实现“多元合一、一员多用”。同时，还将协调相关部门通过派员进驻或网络可视化办公等方式，为群众提供全面、优质、高效公共管理服务。

第二，智能化布局着力强化治安防控。大数据应用已然成为新时代基层社会治理创新的最大亮点，在“融、通、用”方面仍有进一步优化突破的空间。建立社会治理数据汇聚体系，推动信息系统互联互通，实现政法综治专业数据、政府部门管理数据、公共服务机构业务数据、互联网数据的集成一网应用。未来需充分运用互联网、大数据、云计算、人工智能等现代科技手段，推进人口基础信息库、互联网+可信身份认证平台、公共安全视频共享平台、动态人像卡口系统等项目建设,构建“大格局”、汇聚“大数据”、开展“大建模”、推动“大应用”,提高道路交通、公共安全、城市治理等方面能力,提升治安防控科技化、智能化水平。

第三,多元参与推动共建共治共享。打造共建共治共享的社会治理格局,要促进社会组织、专业社会工作、志愿服务健康发展。的确,让专业的人做专业的事,对于深化政社互动、提高社会治理质量以更好地服务于民生,具有举足轻重的作用。在经济社会进入高质量发展阶段,尤其需要在创新社会治安防控体系、公共安全监管体系、社会秩序运行体系、人口服务管理体系、社会风险评估体系、城乡社区治理体系、多元协同治理体系和社会治理责任体系等体系入手,以网格治理力量为主干、综合执法力量为保障、社会资源力量为补充,形成治理合理、促进治理质量持续提升,让人民群众获得感幸福感安全感更加充实、更有保障、更可持续。

第四,持续更新社会治理生态系统。借助大数据平台整合重塑“共建共治共享”,坚持问题导向、需求导向和效果导向,“责权沉底”,将治理资源下沉基层,以服务民众的生产生活需求和发展需求作为基本任务,面向民生改善、面向预防和化解基层矛盾、面向优质生活共同体的打造,进一步展开“全要素”网格化社会治理模式的构建和完善工作,以更好地服务于经济社会高质量发展的大局。

第五,深入构建大安全和大管理服务融合网格。实际上,各地社会治理底层结构模式业已展现出基本轮廓,并展现出优良的治理绩效。接下来,需要进一步研判城市发展和经济社会发展的新定位、新走势和新机遇,进一步整合社会治理的大数据,综合运用云计算、物联网等手段,依托“城市大脑”的公共信息服务系统,在深化“放管服”改革中整合各类平台资源,构建完善社情民意、城市管理、企业监管(包括编制完善经营、管理、服务三类企业单位的主体责任清单)、涉稳隐患、重点人群五大数据库。与此同时,完善联动指挥、电子地图应用、企业监管预警、公共安全监管(企业建立主体责任清单信息报送机制)、指标统计分析研判及运用、网格化管理、视频监控、智慧社区和信息采集移动终端等基础信息平台,形成“一张网”采集、事件处置“闭环”流转、多源数据“一体化”共享,联动平台“实战化”体系建设,综合运用专业化工作方法能力,熟练运用预测预警、风险防控、事件应急、教育感化、心理疏导、矛盾调处、利益协调、政策引导、规范执法、责任追究等机制,借助信息化手段,德法并举,促进社会治理的信息化、智能化和精准化。

（三）制度化治理:国家治理体系现代化之路

人本化的价值预期和再平衡的功能预设表明,新型城镇化正在以一种独特的方式塑造中国经济社会发展的新格局。渐次改造和置换乡村性,新型城镇化以其引导式的城市性逻辑表述着区别于既往的实践逻辑,逐步发展出新的经济状况、新的阶层集结和新的社会交往。通过以经济现代化为导向的效率提升、以国家建构为中心的秩序重建以及人的现代化,新型城镇化正成为一场名副其实的进步运动。在此过程之中,回应于城镇化所引致的中国社会实践的结构性巨变,国家治理的现代化成为新时期国家改革发展向纵深迈进的关键命题,这既关系到国家治理结构的持续优化,又涉及国家治理功能的调整创新。城镇化发展的"中国道路",则是中国国家治理进程的缩影。

持续开展制度化治理,是国家治理体系现代化之路。我们知道,国家治理现代化涉及一系列复杂关系,诸如国家与社会、政府与市场等,其中最为核心的是权力与权利关系。

一方面,权力与权利关系是国家治理中有关公共能量场的基础问题。国家治理是最大的公共行政。公共行政是公共能量场中关于价值权威性分配和有序实现的交互活动,其绩效高低受制于行政权力对公共需求与公共供给关系的把握程度。从公共供求关联性、政府职能重心位移以及治理工具选择组合等角度看,行政权力是公共场域中具有独特作用的核心资源,在根本属性、职能取向与利益发展等方面有着复杂的特征呈现。为回应社会的公共需求,行政权力的配置与运行需要在有限与有效的双重维度上展开,即通过法律、授权和社会等方式来配置、规范行政权力,以及建立起价值、信息、协调、激励和约束等运行机制以确保权力高效运行。行政权力配置过程本质上是公共选择过程,运行过程则是将资源性势能转换成为服务性动能、实现治理绩效的过程,这两个过程的衔接度对于行政的民主化、法治化、效能化与服务化发展态势影响深刻。

另一方面,此对关系的重要性与权力场域内涵有关。行政权力具有三个方面的内涵:其一,基于公共行政的治理价值,行政权力是促成公共价值权威性分配的主导力量;其二,基于公共行政的管理价值,行政权力是贯穿于公共政策过程的支配力量;其三,基于公共行政的技术价值,行政权力是弥漫于具体行政管理诸环节中的管制性力量。

新型城镇化过程,是一个复杂的公共选择过程,其运行与国家政府权力的运行一刻也不可分离。尤其对于政府治理而言,无论是行政权力配置运行的民主化、法治化,还是行政权力配置运行的效能化、服务化,都需要对基于民众权益的保障和发展的基本立场出发。在社会市场化、信息化、知识化与全球化的新时代,基于公共需求的有效捕捉、科学甄别与有力回应,尤其是有效回应来自基层民众更高要求的参与权、发言权、知情权和监督权的落实和运行,行政权力方能从原有的“居高临下”和“自我决策”的静态性、宰制化形态中解放出来。从发展角度看,通过政府职能重心的社会化位移和政策工具的多元化配置,以民主、法治、效能与服务的能动姿态,供给制度化的公共服务能量,从而实现政府转型基础上的公共事务治理化的深度转变,正在深刻地并将持续地塑造着“城乡中国”公共行政的未来。

三、以新型城镇化战略升级国家治理能力构建

(一)新型城镇化何以升级国家治理能力

中国的国家治理现代化,是以治理体系现代化为根基、以治理能力现代化为驱动力,以促进“党”“国家”与“社会”的有机互动和融合为依托,以提升国家治理效能为旨归的国家治理理论与实践新创造①。作为一种基于中国历史文化和政治发展而演绎出来的政治学学术理论,国家治理能力理论的追求是为了“解决问题”的研究范式。而国家治理能力,其实是协调国家权力关系的能力,它由“体制吸纳力—制度整合力—政策执行力”构成,作为一种祛价值化的实践性理论,具有系统性、分层性和非对称性的特征;②衡量国家治理能力,至少包含政治认知力、体制吸纳力、制度整合力和政策执行力四项指标。③ 研究表明,主要资源国家所有和多种所有制下不同经济主体市场化竞争的经济制度、中国共产党全面领导的制度体系、单一制中央集权的行政体制,这三项制度的综合效应支持了中国高效快速的发展,也为中国治理优势的展现提供了保障。④ 从政治系统论的视角看,我国的制度优势转化为国家治理效能主要基于三重实践模式,即执政党的“主导推

① 赵中源、黄罡等:《国家治理现代化的内在理性、变革逻辑与实践形态》,《政治学研究》2022 年第 1 期。

② 杨光斌:《关于国家治理能力的一般理论——探索世界政治(比较政治)研究的新范式》,《教学与研究》2017 年第 1 期。

③ 杨光斌:《衡量国家治理能力的基本指标》,《前线》2019 年第 12 期。

④ 燕继荣:《制度、政策与效能:国家治理探源——兼论中国制度优势及效能转化》,《政治学研究》2020 年第 2 期。

动型”模式、民众的“参与推动型”模式，以及执政党同民众的“协作推动型”模式。① 从结构分化的视角看，当前发展形势下，国家治理能力建设的重点是汲取能力、控制能力、创新能力等方面的制度建设。② 作为国家特有的“潜能”，国家治理能力本质上可以被还原为“组织资源”“价值资源”和“物质资源”三种质料在对应的加工机制——国家结构的聚合机制、国家行动的合法化机制、国家组织的延展机制的合成和作用之下，转化为实际执行效能的显化过程。③ 基于推进国家治理现代化之战略环境分析，制度强国是全面建成社会主义现代化强国重要的战略选择。基于外部最大挑战，制度强国的优先战略部署是实现国家安全体系和能力现代化，提升国家制度整合力；面对内外叠加重大考验，制度强国的战略部署要继续完善重点领域的党和国家机构职能体系，提升国家制度执行力。④ 在强调政府社会管理职能的今天，从政治—行政并重的角度出发，政府维护社会秩序的能力、合作治理能力、公共服务能力、创造公共价值的能力应该是构成国家治理能力的主要组成部分，提升国家治理能力需要从制度、组织和价值三个维度进行。⑤ 新型城镇化意味着一场系统的社会变迁，在引发国家治理体系变迁的同时，也会在极为广泛的程度上引发国家治理能力的变化。在治理能力上，国家治理现代化不但要求有较强的体制吸纳力和制度整合力，还要求有基于国家与社会合作之上的政策执行力⑥。但是，中国城镇化这样的变化是强化了国家治理能力，还是弱化了国家治理能力，抑或是部分强化、部分弱化的局面出现？这有待于进一步研究。故此，需要从新型城镇化战略是否有助于升级国家治理能力以及如何升级等方面，做一个初步探讨。

众所周知，我国是一个历史传统极为悠久的国度，传统经济以及传统文化的浸淫对于现当代中国的发展有着复杂而深刻的影响。传统性，是相对于现代性而言的；乡村性，则是中国传统性的内涵表达，是传统小农经济及其与之相匹配的社会结构在实践运行过程中所表达出来的独有特性，总体上是传统乡村为主体的社会所具有的基本属性。这种乡村性，内含着相对稳态的地域性、人际交往的村落性以及文化认知上的局部性，是超稳定社会结构下的相对封闭性和固态质。相比较而言，城市性则是现代社会中以城

① 胡洪彬：《制度优势转化为国家治理效能的政治系统分析》，《政治学研究》2021 年第 3 期。
② 梁波：《结构分化视域下的国家治理能力建设》，《教学与研究》2019 年第 2 期。
③ 王浦劬、汤彬：《论国家治理能力生产机制的三重维度》，《学术月刊》2019 年第 4 期。
④ 宋世明、黄贵辉等：《论析国家治理现代化的战略部署》，《行政管理改革》2023 年第 3 期。
⑤ 竺乾威：《行政生态与国家治理能力：政治—行政角度的分析》，《求索》2021 年第 1 期。
⑥ 杨光斌：《新征程中的国家治理现代化》，中国人民大学出版社 2023 年版，第 1—2 页。

市为主体社会形态所反映出来的社会文化属性。区别于乡村性,城市性作为现代化进程中现代性的主体内容和集中表达,呈现出广泛流动性基础上的动态性、交互性以及广阔性。

(二) 城市性促进国家治理能力的变迁

新型城镇化进程,便是中国从乡村性逐步转向城市性的过程。但是,需要明确的是,这个过程并非是线性的,也不是此消彼长的,而是相互之间存在着交互、交融乃至交锋的,因而中国正在发展成长的城市性,是一种独特的城市性特征。现代城市“是人们积极的集聚行动发生的场所”。[①] 作为是一种理性化与市场化并存、社会隔离与社会创新交织、多样性与复杂性纠葛的社会形态,城市本质上是“历史变迁的工具”,城市社会以区别于乡村生活的城市性(urbanism)而成为最大限度鼓励个性与社会创新的社会结构体。但是,中国的城市性与复杂现代性勾连在一起,表现出与西方演进型城市性颇为不同的内涵和特征:其一,与传统性密切勾连的城市现代性。中国的现代性不是简单地对传统的替代和取消,而是二者互相吸收、互溶和共生的。伴随城市载体的扩大和人口规模的扩张,以城市为主要生产生活的基本发展是大势所趋,是颇具深厚乡土底色的城市而非乡村将成为中国最为重要、也最具活力的场域。其二,具有显著建构色彩的城市复杂性。历时性任务的共时性展开,是当下“城乡中国”建设题域的独特展开方式,具有典型的建构性与整合性特征。它极为特别地展现出了复杂现代性对于国家建设战略的内在要求,整合了发展的层次性与建设的共融性。其三与国家治理相同步的城市发展性。以人为本的观照使得城镇化的发展具有了较之既往更为均衡和多元的目标取向,但毋庸置疑的是,城市的生产性功能依然得到极为高度的重视。

在逐步获取城市性的过程中,国家治理结构出现相应变化。无论是国家的行政体系,还是社会治理体系,都因为城乡结构的变化以及背后国家与社会、政府与市场、政府与公民等之间关系以及交互方式的变化,势必引发对国家治理能力的新要求。譬如,对于新的经济力量不断成长,就需要国家要具有对市场经济的引导能力和规范能力,这样既可以保护和促进市场主体的合法权益,又能够在不断维护市场公平正义基础上获得国家的财力支持。但是,经济发展与国家财力增长并非自然而然同步的,这就需要国家的

---

① [美]斯皮罗·科斯托夫:《城市的形成:历史进程的城市模式和城市主义》,单皓译,中国建筑工业出版社2005年版,第1—3页。

资源汲取能力既足够但又不会限制经济更高质量的发展。又如,随着城市集聚度的不断攀升,政府需要发出这些对城市的管理和发展能力,既要达成一定程度上的集聚和集约能力,让城市充满机遇和活力,但同时又要对于过度快速的城市膨胀而导致的诸如人满为患、交通拥堵、就业困难、居住难以保障,以及教育、医疗、卫生、文体等社会保障和公共服务难以有效供给、社会治安以及违法犯罪不断攀升等“城市病”予以有效解决。这就需要对于城镇化的积极效应以及消极后果要有适度且有效的规制和管控能力。再如,新的社会阶层不断涌现,人们对于安居乐业也不断提出新的要求,如何更为充分地保障城市居民的知情权、发言权、参与权和监督权,尤其是在城市权利的促进和发展方面做到制度化的接纳以引导高质量的公共参与,引导城市逐步迈向人民城市的人民治理,这也需要国家要有制度建设、制度运行和制度创新的能力,这既是减少社会冲突、降低社会抗议、促进社会和谐的重要内容,也是城镇化建设的题中之意,即城市让生活更美好。但是,这样的过程不是一蹴而就的,政府的治理能力建设也不可能一步到位,这就留下制度建设滞后、国家治理能力难以有效满足快速增长的城市社会发展诸问题。因而,需要从城市性的成长服务于国家的长治久安和民众福祉的持续增长角度出发,来思考和建设国家的治理能力。因此,需要有国家视野、国家维度和国家高度来探究新型城镇化进程中国家治理能力的现代化问题。

四、新型城镇化战略推进中的国家治理能力系统

(一)新型城镇化与国家体制吸纳、资源整合能力

国家建构与治理体系具有同构性,即导向复杂现代性的国家治理,因此国家治理能力的建设,需要从这种同构性中寻求思路和行动方案。

关注同构性的创新向度,其基本的方向是导向复杂现代性的国家治理,形成国家的善治。在现代社会,特别是在信息化和全球化带来国家治理变量巨大变化的今天,国家建构所面临的权力运行、议题遴选、机制创设、资源整合乃至绩效评价,都在经历着前所未来的结构性变化。在观察和反思“国家走向”“国家命运”的时候,务实的国家建构与治理体系同构性认知和选择,成为国家进步的重要基础和智识资源,对后续的行为模式将产生重要影响。

其一,理念的同构性融合。国家建构与治理体系的同构性,在理念上要解决的核心问题便是同构性导向国家治理的全面“现代性”。其中,关键在于在尊重国家治理自主性的前提下,引导国家在提供公共秩序和公共产品

与服务的过程中,既具有效能,更具有公共性。

其二,要素的同构性整合。国家治理是一种领域多元、层次多样的系统性复杂活动。一种治理体系,需要有诸多要素在特定机制作用下才能发挥作用。因此,要素的整合,就需要面向国家自身秩序巩固和治理有效性提升的方向去在“要素集群”的基础上形成“功能集群”。这就需要人力与物力的整合、线上与线下的整合、硬资源与软资源的整合、内部与外部的整合等。其中,国家建构中,至关重要的是执政党的制度整合。尤其是对于大国而言,执政党既是资源性存在,更是动力性存在;既是国家建构的主体性要素,更是国家治理的保障性权威。对此,需要有更对的制度化建设思路拓展和路径开掘,形成国家与执政党的良性互动。此外,对市场资源的法治化整合,以及对社会力量的组织化整合,也极为重要。

其三,机制的同构性融通。同构性的基本要求,就是国家治理面向具有开放性与整合度的治理现代化。要形成有效的国家治理,国家建构需要在治理体系上设计、选择、组合、配置如下三个方面的关键机制:一是资源汲取机制。特定阶段内国家与社会系统之间始终存在资源相对有限的问题,因而资源有效汲取的方式举足轻重。现代国家需要治理资源的现代化,需要发展出国家与社会之间资源交换的动态均衡性,尤其要逐步改变在区域之间、行业之间、人群之间的过度差异化配比,促进发展成本相对公正且有效率的分担。二是利益整合机制。治理体系的再造与治理能力的建设,会带来大规模利益分化和再配置,制度化和公平性的国家利益整合,既是其获取源源不断治理能量的内在需要,又是其有效化解治理风险的基本手段。三是社会平衡机制。大规模社会转型中的国家治理,容易陷入治理结构失衡和治理利益失衡。为此,强化国家平衡能力,尤其需要着力实现政府治理、市场治理和社会治理这三个现代国家治理体系中最重要次级体系的协同改革①,以形成协同化的国家治理能力。

其四,价值指向的同构性发展。国家建构需要公共理性,国家治理体系更是对于公共理性须臾不可或缺。遵从公共理性的价值,实质是国家理性对公共利益的致敬与回归。② 公共理性是有限理性、渐进理性,作为导向制度正义与政策正义的行为规范和价值尺度,其核心功能在于塑成权力的合法性与利益的协调性。它表达的是公正理念,倡导的是社会合作,追求的是

① 俞可平:《衡量国家治理体系现代化的基本标准》,《北京日报》2013 年 12 月 9 日。

② 许章润:《国家建构的精神索引——今天中国为何需要省思“国家理性”》,《战略与管理》2010 年第 9/10 期合编本。

协商民主，运行的是共赢思维，发展的是公共治理的逻辑。① 作为公共领域的核心精神，公共理性精神是和谐公共空间成长与良善公共生活营造所必须的一系列精神观念、文化要素与心理习惯。践行公共理性精神，就意味着在公共管理中充分彰显公共价值、以公共的视野和思维逻辑进行治理，实现社会的科学发展，达致公共生活的民主化与效能化。显然，这里提出的国家建构与治理体系在价值指向上的同构性，要义就是在基于公共共识的公共理性精神导引下，以规训权力为中心，合理配置国家治理的权力资源、文化资源、市场资源和社会资源，进而形成权力理性化、结构分化、功能专门化和文化世俗化的政治文明之治②，将"国家"作为文明促进和发展的有效载体、驱进动力和发展保障，形成人民之治。

1. 新型城镇化进程中的国家体制吸纳能力

城镇化是一个持续的社会分化过程。这个过程中，一个典型的现象便是广大的农民逐步转化成为城镇、城市的市民。根据 2021 年公布的国家第七次人口普查数据可知，截至 2021 年，全国居住在城镇、乡村的人口分别为 90199、50979 万人，分别占 64%、36%。2021 年末，全国常住人口城镇化率达 64.72%，超过 9.1 亿人在城市生产生活。其中，县城及县级市城区人口 2.5 亿，占全国城镇常住人口的近 30%，在中心城区生产生活的人口约 6.6 亿，占 70%。由此可知，在"十三五"期间，农业转移人口大规模进入城市，他们从事工业、服务业等各种细分产业，也有许多人成长成为各种经济成分的经营管理者，包括私营企业主和民营企业家、各类社会组织和大量生产性服务业、生活性服务业的从业人员。这意味着，大量由原来农民职业和政治身份分化出来的新经济组织、新社会组织和新就业的人群，伴随着城镇化的推进而成为"城市社会"中数量越发庞大的群体。对这些人员的政治安顿即体制吸纳，考验着国家的治理能力。我们知道，任何一个快速转型发展的社会，其社会流动性所带来的社会结构分化，是一个极其复杂的过程，也会随着而带来极为复杂的包括政治利益诉求在内的权益诉求。如果一国政治体系能够在面对城乡流动大背景下作出体制性接纳，将为国家提供人才，也会缓解、消弭社会紧张、社会矛盾甚至是社会冲突而促进国家发展和社会进步。因此，从这个维度，需要关注国家体制吸纳能力的两个层次：一是对城镇化发展中既有国家体制的吸纳能力做一个全面

① 黄建洪：《公共理性视野中的当代中国政府能力研究》，中国社会科学出版社 2009 年版，第 57 页。

② ［美］亨廷顿：《变化社会中的政治秩序》，王冠华等译，生活·读书·新知三联书店 1989 年版，第 12 页。

评估,分析其长处、不足及原因;二是对标城镇化发展的新趋势和新需求展开深度探讨,这对于城镇化的健康可持续发展和国家治理能力的提升至关重要。

2. 新型城镇化进程中的国家资源整合能力

城镇化战略的顺利推进,无论是从动力机制的塑造、推进模式的选择还是空间结构的型构出发,都需要国家具有相当开放性与整合度的现代治理能力。这既是城镇化有序推进的内在需要,更是现代性国家建构所不可或缺的行动基础。为此,需要密切关注城镇化进程中国家治理的资源汲取、资源整合和社会平衡三大功能:

其一,资源汲取功能。现代国家需要治理资源的现代化,发展出国家与社会之间资源交换的动态均衡性。尤其要逐步改变在区域之间、行业之间、人群之间在资源权利的过度差异化配比,促进发展成本相对公正且有效率的分担。城镇化进程中的权益固化风险告诉我们,离却了从治理结构层面的改革,适度的城镇化资源汲取是难以达成的。

其二,利益整合功能。现代性国家治理,究其实质就是要有效解决“谁得到什么、何时和如何得到”①的问题。低利益整合力只能造就低质量的国家治理。面对不断涌现的新阶层、新力量,如何给予社会各阶层以制度化的利益诉求回应,对国家治理体系是重大挑战。城镇化进程会带来的大规模利益分化和再配置,制度化和公平性的国家利益整合,既是其获取源源不断治理能量的内在需要,又是其有效化解治理风险的基本手段。为此,需要摒弃治理权力的垄断性与治理利益的选择性覆盖,在权力过程的开放性、市场竞争的公平性以及社会保障的普惠性等方面迈出更大的步伐。

其三,社会平衡功能。城镇化进程中的国家治理,最容易陷入两种失衡,一是治理结构失衡,表现为权力或资本的单向度支配,贻害有序向城市社会的转型;二是治理利益失衡,即形成利益固化、两极化态势,从而坠入将转型期的阶段性机制安排格式化为长期的目标模式所引发的“转型陷阱”②。为此,必须强化国家平衡能力,着力规范和创新围绕行政行为、市场行为和社会行为的一系列制度和程序,实现政府治理、市场治理和社会治理这三个现代国家治理体系中最重要次级体系的协同改革③,以形成协同化的国家治理能力。

---

① [美]拉斯韦尔:《政治学:谁得到什么、何时和如何得到?》,杨昌裕译,商务印书馆2000年版。

② 孙立平等:《“中等收入陷阱”还是“转型陷阱”?》,《开放时代》2012年第3期。

③ 俞可平:《衡量国家治理体系现代化的基本标准》,《北京日报》2013年12月9日。

（二）新型城镇化与国家政策供给、综合治理能力

1. 新型城镇化进程中的国家政策供给能力

新型城镇化，需要解决好城市与乡村发展的联动问题。但是，这样的问题绝非是线性的，而是存在于城乡之间较为长时段和多领域的持续互动。这就需要国家发展出能够有效回应向城市社会、城镇社会发展的政策能力。换言之，这种能力不是一种单一的能力，而是一种能力系统，即能够对国家有效解决城市建设、乡村发展尤其是城乡关联性发展和治理有效性的政策系统。因而，这应该是一个能够不断满足人民对美好生活需要的公共政策过程，即政策议程确立、政策目标厘清、政策方案设计和择优、政策决策、政策合法化、政策执行、政策监控、政策评估以及政策更新和政策终结等，需要在“以人为本”的价值维度和政策取向下持续推进，让人的城镇化成为发展改革和经济社会建设的重点和突破点。以面对城乡结合部社会治理、城郊治理以及城乡一体化或融合发展的政策供给为例，国家近些年就提出给予了大量的政策关注，注入了丰富的政策资源，以期获得高质量的社会治理成效和民生福祉的持续增进（见附录四）。

2. 新型城镇化进程中的国家综合治理能力

新型城镇化是中国现代化的战略依托和实践载体，也是一个长政策周期的复杂社会工程系统。在此过程中，尤其需要国家在体制吸纳、资源汲取和整合、社会平衡、政策供给等能力的基础上，发展出综合治理能力。这种综合治理能力，包括内政外交、区域发展、经济与社会平衡等丰富内容，不是简单的各单项能力的加总。面向21世纪中叶实现中华民族伟大复兴“中国梦”的社会主义现代化新征程，有“两翼”是值得高度关注的，即强大国家和美好社会。在新型城镇化的持续推进中，从能力构造的角度讲，这一深刻社会转型所伴随的是经济市场化、行政现代化、文化多元化与社会信息化，需要国家发展出综合治理能力①。为此，在进一步发展的过程中，国家政府努力的方向是刷新治理理念、优化治理体制、规范权力行为和提高综合治理能力。从政府能力需求的角度看，中国的能力需求是多方面、多层次的，既有自我治理能量的迫切需求，又有政府社会治理力量的需要，更要有高效公正的综合治理能力的持续供给。从政府能力供给的角度讲，需要体现公共

① 对国家治理效应，需要进行综合性的评价，涉及评估价值中国化、评估体系综合化以及指标体系可量化等方面。参见杜志章：《中国国家治理现代化综合评估体系研究》，华中科技大学出版社2023年版，第1页。

理性的政府能力供给,这就要求政府能力要素(权力—职能)科学配置、能力结构(结构—功能)合理、具有动态开放性;还需要适量的政府能力总量,以确保政府能力效度与信度的均衡,有高能力效用。

与上述分析相适应,中国国家政府能力现阶段的规划与开发,也需要科学、合理地进行,彰显政府治理的公共理性,以有效达成社会转型的效能化与民主化目标(参见表 7-4)①。

表 7-4 适应中国式现代化发展的政府能力构造

<table>
<tr><th colspan="2">能力类型</th><th colspan="2">适应现代化发展的政府能力建设方向</th></tr>
<tr><td colspan="2" rowspan="5">自我治理能力</td><td>自我管理能力</td><td>开发人力资源、降低行政成本、效能化机关管理、后勤市场化</td></tr>
<tr><td>自我约束能力</td><td>约束政府规模、规范政府行为,提升廉洁度</td></tr>
<tr><td>社会适应能力</td><td>围绕市场经济体制完善行政管理体制</td></tr>
<tr><td>自我创新能力</td><td>发展理念创新、体制创新、行政方法与技术创新</td></tr>
<tr><td>自我发展能力</td><td>科学化、规范化机构改革</td></tr>
<tr><td rowspan="11">社会治理能力</td><td rowspan="4">宏观能力</td><td>政治能力</td><td>强化政府民主能力、巩固政府专制能力(国防安全维护、国际关系、国家与公共安全保障能力、社会公正秩序塑造能力)</td></tr>
<tr><td>经济能力</td><td>合理调处作为社会管理者的经济管理能力与作为国有资产所有者的经济生产能力,强化宏观调控能力</td></tr>
<tr><td>文化能力</td><td>增强文化价值导向能力与社会文化事业的管理发展能力</td></tr>
<tr><td>社会能力</td><td>改善社会保障能力与社会应急能力</td></tr>
<tr><td rowspan="7">微观能力</td><td>权力—权威能力</td><td>适量的政府权力、合理的职能配置,法理型权威构建</td></tr>
<tr><td>政策—过程能力</td><td>提高综合科学化民主化决策能力、强化法制化政策执行能力</td></tr>
<tr><td>调控—监管能力</td><td>提高综合性、协调性,增强行政执法能力和公正能力</td></tr>
<tr><td>汲取—分配能力</td><td>优化汲取结构与范围,增强分配的效能和公正性</td></tr>
<tr><td>合作—发展能力</td><td>发展政府体系内、与公民社会、与国际社会的合作发展</td></tr>
<tr><td>动员—控制能力</td><td>转变动控方式和频度,实现程序化的动员控制</td></tr>
<tr><td>整合—平衡能力</td><td>强化资源整合,平衡三大差距,确保公共物品公正分布受益</td></tr>
<tr><td colspan="2">综合能力</td><td colspan="2">增强政府总体效能的发挥,实现政府理念、体制、政策和行为的整体优化</td></tr>
</table>

① 黄建洪:《公共理性视野中的当代中国政府能力研究》,中国社会科学出版社 2009 年版,第 256 页。

五、新型城镇化与中国式现代化道路的国家治理图景

（一）新型城镇化与国家治理图景

习近平总书记在庆祝中国共产党成立100周年大会上的重要讲话中指出，在党的百年奋斗中，“我们坚持和发展中国特色社会主义，推动物质文明、政治文明、精神文明、社会文明、生态文明协调发展，创造了中国式现代化新道路，创造了人类文明新形态。”党的十九届六中全会通过的《中共中央关于党的百年奋斗重大成就和历史经验的决议》（以下简称《决议》）强调，“党领导人民成功走出中国式现代化道路，创造了人类文明新形态”。“中国式现代化道路”是党在全面深刻总结贯穿百年党史主题主线时提出的重大新论断、新概括和新命题。①

习近平总书记“七一”重要讲话和党的十九届六中全会《决议》的相关论述，包涵三层含义：一则中国式现代化道路，是在党百年奋斗中，把握历史大势、掌握历史主动，探索出走中国特色社会主义道路这一根本成就和实现中华民族伟大复兴这一正确道路进程中的伟大创造；二则中国式现代化道路，是“走自己的路”探索出的“新”道路，是包括以物质文明、政治文明为主线的多态文明协调发展的创新之路，创造了人类文明新形态；三则中国式现代化道路，是新时代坚持和发展社会主义基本制度，实现建设现代化强国和中华民族伟大复兴总任务的基本路径，步骤是新的“两步走”战略和“五位一体”的总体布局。这样的涵义，清晰表达出了中国式现代化道路的国家维度、国家治理向度，即中国特色社会主义现代化国家治理的新图景。为此，对中国式现代化道路的国家治理图景做“密涅瓦的猫头鹰”式审视与反思，极为必要。

在国家功能意义上，所谓国家治理，是在国家与社会的关系中，政治权力主体与公民权利主体，围绕化解社会冲突和矛盾，维持国家安全和社会秩序，提供公共物品和公共服务而形成的互动行为、制度规则和思想文化。而中国国家治理现代化的过程，本质上是国家治理中政治权力与公民权利之间的良性互动结构性关系的构建和不断优化的过程。因此，从国家与社会关系发展归属来看，国家治理现代化的根本目标是人的全面发展，在不断促

① 黄建洪：《中国式现代化新道路的国家治理图景》，中国社会科学网，2022年6月19日。

进社会主义社会生产力发展，提升经济发展水平和质量的基础上，推动物质文明、政治文明、精神文明、社会文明、生态文明协调发展，沿着中国式现代化新道路，创造人类文明新形态，不断实现人的现代化。① 国家治理现代化是中国式现代化的有机成分和基础性工程。新时代国家治理现代化理论是马克思主义国家治理理论中国化、时代化的创新成果，其理论建构以探析社会主义国家治理转向的动力及内在机理为指向，在认识论、方法论、价值论等层面上形成了新突破，历史性地回应了“怎样治理社会主义社会这样全新的社会”的重大命题②，实践中呈现出了新时代国家治理现代化的新形态。③

（二）新型城镇化与国家治理图景的展开

实现中华民族伟大复兴，是党团结带领人民百年奋斗、牺牲和创造的唯一主题。而“以中国式现代化推进中华民族伟大复兴”，则是实现这一伟大愿景征程中的战略主题、战略规划和战略行动。其间，最为核心的是中国式现代化道路的国家治理图景之厘定、构筑、升级和发展。它构成了理解和阐释中国式现代化道路的积极视角。这里所言的国家治理图景，是指国家获得可治理性的图景或曰治理有效性的图景，核心是国家以具有超越性的“共同体”方式，持续获得其在结构与功能的现代性，即实现国家治理现代化。

其一，中国式现代化道路的核心目标与国家治理目标图景。中国式现代化的首要议题和核心目标，是服务于中华民族的伟大复兴，即“以中国式现代化推进中华民族伟大复兴”。这表明，对于民族复兴而言，现代化道路是路径、是载体、是战略依托。但同时需要明确，从“走自己的路”这一历史结论出发，实现社会主义现代化又与实现中华民族伟大复兴一道，构成坚持和发展中国特色社会主义的总任务。这样，交汇于两大总任务内容的国家现代化、国家治理现代化便成为最现实、也最具有将抽象任务具象化的战略引领力和实践发展力。通过组织起来、行动起来的这一政党“组织化”，来建设独立自强的、现代化的、强大的国家，是中华民族的百年梦想，也是融入于党百年征程中的至上主题。因此，理解中国式现代化道路的缘起、发展、调适和创新，从根本上讲，就需要从国家现代化和国家治理现代化的角度出

① 王浦劬：《推进国家治理现代化的基本理论问题》，《中国党政干部论坛》2021 年第 11 期。

② 赵中源、黄罡：《新时代国家治理现代化理论建构及其原创性贡献》，《政治学研究》2023 年第 4 期。

③ 冉杰：《新时代国家治理现代化新形态的建构与创新》，《学术研究》2022 年第 12 期。

发，来解读国家独立、民族解放、人民幸福的历程，它既是党团结带领中国人民的不懈奋斗史、不怕牺牲史、理论探索史、为民造福史和自身建设史，同时它又是中国现代国家成长的历史，是国家自立、自强和发展的进步史，是“国家足迹”的生动映照。正如习近平总书记所指出的那样，我国现代化是人口规模巨大的现代化，是全体人民共同富裕的现代化，是物质文明和精神文明相协调的现代化，是人与自然和谐共生的现代化，是走和平发展道路的现代化。中国式现代化道路之所以是“中国式”的，是因为它具有深深扎根于中华优秀传统文化，依托于党领导国家和建设国家的伟大实践，将中国现代化的推进安置在现代国家的可治理和人本化基础之上，以服务于中华民族的伟大复兴。时至今日，这一现代化道路，在充实升级国家治理内涵的基础上，正通过建设社会主义现代化强国的新战略步骤，以国家富强的持续努力来达成民族复兴和人民幸福的新图景。

其二，中国式现代化道路的基本属性与国家治理价值图景。一是人民性。江山就是人民，人民就是江山。中国式现代化道路，是旨在围绕解决人民的生存问题、发展问题基础上而发展起来的，即瞄准这样的“人民目标”——人的自由而全面发展，而寻找和落定服务于此的国家治理。很清楚，这样的历程，是通过党领导革命和发展的方式来实现的。正是通过政党领导、人民主体的方式，中国的现代化道路体现了以人民性引领政党性、以政党性来实现人民性、以政党领导人民来实现现代国家构建与发展的辩证统一。正因为如此，可以将中国式现代化道路称之为人的现代化道路、人民之治的现代化道路。二是现代性。现代性具有多源性和多样性。我们知道，现代化的最朴素含义是一个社会从传统社会向现代社会的整体变迁，既包括其持续过程，又涵盖其过程累积的复杂后果。但是，中国式现代化道路在规模上的超大性与时空上、任务上的叠加性等因素，决定了它所获得的现代性是一种复杂的现代性，即规范协调性和内在结构自洽性方面的复杂性，实现条件和实现方式上的复杂性，以规范、结构的生成性和开放性方式表现出来的发展性。从党领导中国推进的现代化进程看，这种现代性在一定程度上既包容扬弃了中国既往的传统性，又积极互鉴了其他现代性、后现代性的合理成分，表现出了中国式的国家理性和公共理性精神。三是自主性。如果说党成立以前，国人的现代化探索具有较为显著的自为性、反应性的话，党成立及其后续的革命和发展实践，则清晰地体现出了自觉性和建构性。从后发外生型现代化、追赶型现代化，逐步相机转变成为自主型现代化、全面现代化建设，这种深刻的转变既有国家秩序情势的引导，更有付出惨痛代价的曲折探索；既有知识体系和话语体系的转变，更有以马克思主义指引下的付诸行动。可以讲,党领导的百年中国现代化历史,实质上就是让中国发展再次获得自主性、实现自主性、升级自主性的历史。这种自主性在妥善处理历史与现实、理论与实践、国内与国际、近期与长期、有序与有效等一系列复杂关联中而得以成长、得以丰富。循序走向自洽、自觉和自信的自主性,表达的是党领导下国家治理的人民价值和现代性价值的有序安顿,并通过与此持续地以民族性的方式释放其世界性价值,从而展现出其更为厚实的一般性意义。

其三,中国式现代化道路的进阶路径与国家治理秩序图景。在中国式现代化道路上,四大路径对国家治理秩序图景的构建,产生深远影响。一是中国式现代化的革命路径与革命立国的政治现代化。在党的领导下,中国现代化的革命路径以致力于反对帝国主义列强侵略的民族战争和致力于消灭阶级压迫的民主战争方式展开,新民主主义革命把解决民族矛盾与阶级矛盾统一起来,其主线是救国,其重大成果是新中国的成立。二是中国式现代化的建设路径与发展兴国的经济现代化奠基。人民共和国的核心价值,在于提供了走向国家可治理性的秩序图景,它成为中国现代化发展尤其是经济现代化发展的新历史起点。通过社会主义革命和建设探索,为中国的现代化发展提供持续强化的秩序基础,通过激发人民主体性和系统化的国家统筹方式全速推进了现代化。以独立自主的方式推进“四个现代化”,主线是兴国。三是中国式现代化的改革开放路径与改革富国的经济现代化发展。以坚持实事求是思想路线为先导、以经济建设为中心的社会主义初级阶段基本路线为主轴,通过构建社会主义市场经济体制为主要目标、实施“三步走”发展战略的改革开放,核心就是以经济现代化快速发展的方式推进富国。四是中国式现代化的新发展路径与创新强国的全面现代化。面对实现中华民族伟大复兴的战略全局和世界百年未有之大变局这两个“大局”,新的历史方位、新的社会实践结构,为中国的现代化事业设置了新的历史使命。以贯彻新发展理念、构建新发展格局、实现高质量发展为基础,以国家治理现代化这一制度型治理为主轴,实现面向人的全面发展的国家全面现代化,主线是强国。从国家治理图景的角度观察中国式现代化道路,政党统合性、民族主体性与国家自主性的有机结合,是其显著特色。由政治、经济而逐步转移至包括文化、社会以及生态在内的全面建设,国家治理尺度在发展中根据国家需要不断得以调适,实现了国家治理的有序和有效。国家可治理性的秩序图景是贯穿中国式现代化道路的主线,反映出中国现代国家构建、国家发展与国家认同的进阶和贯通,表现为国家治理体系、治理能力和治理绩效的持续现代化趋势。

其四，中国式现代化道路的人民逻辑与国家治理文明图景。习近平总书记指出，当代中国的伟大社会变革，不是简单延续我国历史文化的母版，不是简单套用马克思主义经典作家设想的模板，不是其他国家社会主义实践的再版，也不是国外现代化发展的翻版。这样的论断具有方法论自觉的意义。作为深刻社会变革的中国式现代化道路，需要面对“母版”“模板”“再版”和“翻版”的诘问，明晰该道路的多重逻辑，以寻求国家治理的文明图景，从而回答好时代之问、人民之问。依据对纵贯性“四大路径”的识别，中国式现代化道路以涵盖革命和发展的历史逻辑，在实现救国、兴国、富国基础上，正在迈向强国的新征程。国家治理与全球治理是当代中国两大战略考量①，凭借对世界百年未有之大变局的问切和实现中华民族伟大复兴“中国梦”的执著，从“两个大局”切题解题的现实逻辑中，国家治理展现了服务于人民之治的现代化图景。追索马克思主义唯物史观并以马克思主义中国化指导新时代中国方案的理论逻辑，获得和实现了中国国家的复杂现代性和治理韧性。依照对现代化发展所需的秩序维度和人本价值而言的中国逻辑，国家治理的速度、力度、深度、高度和温度已然成为世界发展进步的一扇最具活力、最具内涵的“世界之眼”。聚焦于以赋予赓续中华文明重归于内生力量建置现代国家所需要的文化理念、体制制度与运行模式为认知的文明逻辑，当代中国国家治理以共和国载体而成为一种具有显著内生性的文明方式和文明方法论，让现代中国的存在成为中华文明，更成为世界文明。即，中国式现代化道路以自己的文明逻辑，通过对国家的文明建设和发展而创造了人类文明的新形态。上述无论是历史逻辑、现实逻辑、理论逻辑，还是中国逻辑、文明逻辑，归根结底是人民的逻辑，即人民性现代化模式的国家治理图景。

其五，中国式现代化道路的知识体系与国家治理图景的未来。中国式现代化道路，有着自身的方法论、认识论和价值论。中国式现代化道路的国家治理新图景，便意味着在这“三论”基础上新的国家知识体系的生产和再生产。新任务、新属性、新路径和新逻辑，表达了中国式现代化道路在比较视野中的新内涵、新特征、新方式以及新机理，需要构建中国自主的知识体系来系统化、深层次地探寻中国之路、中国之治和中国之理，以把握历史大势、掌握历史主动精神，回答好中国之问、世界之问、人民之问、时代之问的重大议题。中国式现代化道路中的国家治理，呈现出其在目标、价值、秩序和文明等方面的新图景，构成了实现国家现代化和实现中华民族伟大复兴

① 蔡拓：《全球治理与国家治理：当代中国两大战略考量》，《中国社会科学》2016年第6期。

“中国梦”的“双向奔赴”。具体而言,以政党治理结构对传统差序结构的循序嵌入、部分替代和功能改造为核心,形成了新的国家治理结构,表达为人民民主专政的国体和人民代表大会制度的政体。以这种党领导国家(包括党领导成立国家、建设国家、发展国家和强大国家)的政治结构,开掘和创造出以新的工业化为主体的经济结构、以新的主体间性为内核的文化结构,以及以新的交互性为特征的社会结构等,形成了当代中国的国家可治理性。这之中,以新民主主义革命和社会主义革命所确立的制度秩序,以社会主义建设、改革开放和新时代创新发展所确立的经济秩序,以及以赓续中华五千年传统、革命传统和改革发展传统所确立的文化秩序,通过较为妥善安顿和处理国家秩序与效率、汲取与分配、整合与平衡等一系列国家治理体系和治理能力的锻造优化,构筑了当代中国国家治理的向心式人心秩序和凝聚力。故此,“强大国家”与“美好社会”便构成国家治理未来图景中的“两翼”,国家强盛与民族振兴有机结合的国族现代化,在中国式现代化道路中得以成型、发展和壮大。

现代化是循序实现人的主体性和提高国家治理自主性为核心内涵的历史变迁。当现代化的叙事以西方资本逻辑展演开来并先发性地占据所谓某种理论和实践“正当性”的时候,给世界呈现的,无非是如《共产党宣言》所言说的“使未开化和半开化的国家从属于文明的国家,使农民的民族从属于资产阶级的民族,使东方从属于西方”。这种奠基于“三个从属于”的支配体系,代表着先发国家现代化道路的资本主义体系和旧全球化霸权体系的经验表达,说到底仍然是一种地方性知识的扩散式宰制化,其国家治理形态有其先进的某些特征,但总体上未能跳脱“强力—支配”体系,其消极性和危害性正逐步显现。在“世界走向中国”逐步迈进“中国走向世界”的新阶段,中国式现代化道路所代表的国家治理图景,从新范式变革和新文明开掘的角度,正以政党性引领实现人民性、以现代性融汇扬弃传统性、以民族性表达世界性的方式,逐步承担起其“世界历史任务”。显然,这将有助于把现代化发展从既有大量的西方范式甚至是理论的“西方霸权”中解放出来,以人本的主体性逻辑和人民国家的治理图景,服务于构筑面向新全球化时代世界政治经济新秩序与新的治理体系。

第八章 “文化生长”:新型城镇化战略推进中的现代国家认同构筑

中国国家治理现代化拥有自己的制度原理、结构体制和运行机制,中国国家治理体系也有着自己的传统文化底色、思想要素和路径逻辑①。这就决定了中国现代国家认同的建构过程,也是有着自身的独特性。所谓国家认同,是人们在与社会、与国家的互动中自我建构起来的,其本质是对自我与国家之间存在的内在一体性的认同。国家认同建构,一定以民主为基本前提,以国家制度及其所决定的国家结构体系的全面优化为关键,最后决定于认同主体的自主选择。当代中国国家认同建构的战略议程,应在学理上阐释中国现代国家产生与发展的历史逻辑,在理论上阐释国家及其制度的价值合理性与工具合理性,在制度上优化国家结构关系以实现多元化与一体化共存发展,在政策上实践国家发展与治理的基本价值。② 新型城镇化是中国式现代化的重要内容,也是中国现代国家建构的持续过程,更是中国现代国家认同构筑的发展历程。新型城镇化进程中的国家认同,是伴随着中国式城镇化新道路而展开、获得公民对现代性国家的普遍接纳、认肯、参与和建构历程,是国家向心力和国家凝聚的生产和再生产过程。面对因城镇化而到来的传统社会部分解体、社会结构解构和重构,大流动、大分化以及大汇聚所带来的国家信仰以及认同构筑,比起历史上任何时候都更加复杂,也更加重要,关乎国家长治久安和社会稳定和谐,值得高度关注。

一、面向“中国城市性”:城镇化进程中的权利保障发展与国家认同

(一)现代城市性即人民性

城市性是对城市本质的理论超越,是社会生活与城市空间的历史形塑的结果。在城市空间背后,人是社会科学的向度,自由的人是城市性的起

---

① 王浦劬等:《国家治理现代化:制度与文化》,人民出版社 2023 年版,第 1—2 页。

② 林尚立:《现代国家认同建构的政治逻辑》,《中国社会科学》2013 年第 8 期。

源。现代城市性表现为城市的“人民性”即城市属于人民。人民是城市建设的主体,是城市治理的目标,是城市发展的尺度。城市的人民性纠正了城市的“非人”表现,系统回答了关于城市价值的根本性追问,成为中国本土城市性的基本内核①。在新型城镇化进程中,以“人”为中心的转向,可以推动人们从社会、文化等更具有人文性的视角去衡量中国的“城市性”,从而超越城市的物质层面,深入城市的精神内核。从“结构过程”观察中国城市的结构要素,可以为中国“城市性”的存在提供确凿依据②。

城市集“正面性”与“负面性”于一体,兼具空间、经济、社会和组织四个维度,具有“两极四维”特性③。在此过程中,需要尤其谨慎地处理好国家与社会、政府与市场等复杂关系,最为核心的是处理好权力重置与保障发展权利的动态互构关系。根据最新公布的数据,截至 2023 年底,中国城镇化率为 66.16%。快速发展的新型城镇化正成为塑造中国未来的战略支点,其对国家治理的嵌入性型构与全景式“镌刻”正逐渐显现。研究的“知识井喷”与各地实践的“快捷行动”交相呼应,体现了中国的国家治理在全球化外力推动与社会内在转型双向互动过程中的独特复杂性,对国家认同产生了影响深刻。城镇化战略及其实践进程,构成“国家故事”的细部,它所带来的结构性变化成为民众认识国家、建构国家形象乃至发展国家想象的思维基础、生产基础和生活基础。新形势下国家认同的形成与再生产,倚重于民众在权益享有、发展与保障基础上的主体性体验与自主性选择,这成为国家治理不可或缺的观念基础、心理条件与隐形结构。从这个层面上讲,持续推进的城镇化,既是国家在物质资源方面的“硬”现代化实践,又是促进国家激发和整合内生力量的“软”现代化探索,前者成为表述国家强大的显性指针,后者则是解读国家繁盛的隐性密码。

(二)现代城市性有助于构筑开放性的国家认同

近年来,城镇化研究颇有进展,但总体上,将城镇化视作经济现象、社会现象或文化现象,未能将其放置在国家认可层面上来予以把握。因此,不少的研究虽有基于国家视角或社会侧重的探讨,但却缺乏将公民本位与国家立场结合起来的政治逻辑分析。譬如,城镇化之于国家治理现代化的非经济作用机理是怎样发生的?有什么样主体性的心理—行为影响?这些问题

① 姚尚建:《“人民”的城市及其指向——城市性概念的初步检讨》,《浙江学刊》2021 年第 1 期。

② 许哲娜:《从民俗研究重新认识中国“城市性”》,《中国社会科学评价》2022 年第 1 期。

③ 吴晓林:《城市性与市域社会治理现代化》,《天津社会科学》2020 年第 3 期。

仍属于有待拓展研究的领域。目前,社会科学在面对重大战略问题时整体上呈现出“政治—经济”范式,高度重视经济绩效提升与社会风险规避,但却对“心理—行为”视角的国家认同发生学与运筹学缺乏足够的理论关怀。城镇化是一种国家行为、国家历程和国家建制,它广泛地涉及经济社会发展的诸多领域,除了各自领域的问题具有多样性外,还存在着诸问题之间彼此冲突、拒斥、嵌入与融合等状况。然而,对于部分问题的过度关注,往往会影响、限制人们的视野,甚至使人“刻意忽视”系统性、全局性的问题。

基于公共供求的视角,作为全面性国家建设的战略议程和重大的公共选择过程,新型城镇化的历史语境、实践逻辑与全球视野正影响着国家认同的新基础、新格局与新走向。为此,城镇化深入推进中的国家认同建构,就需要遵循“基础依据——范式转变——展开图式”的实践逻辑,借以实现以“价值—结构—秩序”为中轴的开放性国家认同。为此,必须充分尊重本源型传统与复杂现代性依据,深刻扎根于乡土性制度底色向城市性增量循序转变这一根本事实,引导认同范式的社会化转向,对认知思维、制度系统、政策模式、交互方式以及信任结构等支撑机制进行协同性调整,从而助益于国家治理现代化的深度型构。

二、城镇化的发展阶段、实践逻辑、全球视野与国家认同

国家治理现代化的逻辑形态与历史实践样态之间的叠加、融合、转化,表明了国家治理现代化的具体样态,既是逻辑的,也是历史的,更是现实的[①]。城镇化进程中的国家认同,就是在这样的逻辑形态与历史实践样态融合的过程中得以呈现的。

(一)城镇化的发展阶段与国家认同

纵观新中国成立以来的城镇化实践,大体可以划分为三个阶段,即新中国成立至“文化大革命”结束、改革开放到2000年左右以及2001年至今。依据情势对城镇化实践的战略调适,反映出国家对于保障民众权益以及国家自身建设的发展逻辑。基于历史回望,城镇化的理念取向、战略布局、实践模式、动力机制与实践绩效等,实际上深刻揭示城镇化不同发展阶段对国

① 冉杰:《新时代国家治理现代化新形态的建构与创新》,《学术研究》2022年第12期。

家认同的塑造与建构作用。①

纵向地看，三个阶段的城镇化分别经历了国家的秩序理念、发展理念与人本理念。新中国成立初期，国家的首要任务是巩固新生政权，恢复秩序与发展生产是当时的主线，因而城镇发展自然被纳入国家新秩序构建的序列之中。改革开放条件下，伴随着经济建设的重启与社会秩序的重建，城镇化建设成为服务于发展导向的“资源集结器”，城镇与经济社会发展的内在因应关系更趋密切。及至新世纪，既有城镇化的种种遗留问题为新型城镇化的人本化转向设定了实践向度，城镇化作为生活政治的细部作用与认同功能得到高度重视。②

实践层面上，城镇化有着阶段性的战略嬗变。在秩序导向下，第一阶段城镇化秉持极为谨慎的限制思路，城市建设总体上处于相对迟缓且阶段性起伏的状态。譬如，1949—1960 年显著上升、1961—1965 持续下降、1966—1976 基本停滞，到 1977 年城镇化率为 17. 55%，30 年间提高了不到 7 个百分点。③ 1978—2000 年之前，第二阶段城镇化以经济发展为核心，经历了由农村体制改革和农村工业化推动（1979—1984），由城市体制改革和制造业快速发展推动（1985—1991），以及由产业集聚发展和市场化改革推动（1992—2000）三个阶段，其主要特征是市场化导向。进入新世纪以来的第三阶段，对“物本”与发展主义局部超越的再平衡城镇化，将“人本化”定位为治理的新向度。以协调推进“新四化”为愿景，国家为此专门设计城镇化 2014—2020 年的发展规划，选取一定区域进行政策试点，以期取得新突破。2024 年 7 月，国务院印发《深入实施以人为本的新型城镇化战略五年行动计划》，以推进城镇化的高质量发展。

城镇化实践模式的选择回应着国家经济社会发展的基本要求。新中国成立初年，以确保城乡分治格局为主线、凸显城市为中心、以乡村资源支撑城市发展为路径的城镇化，总体上是一种低端工业化状态下的逆城镇化模式，其起伏波动反映出特定年代政府以计划方式展开国家建构中存在的秩序与发展的张力。改革初年，乡镇工业发展所带来的城镇扩张，与经济改革所带动的城市崛起一道形成了城乡发展的新格局，构成城镇化发展的联动模式。新世纪以来，国家以战略方式组织实施新型城镇化，这种主动模式的核心用意在于突破既有工业经济跟随的单向支配格局，倡导产城融合、就业

① 黄建洪：《城镇化发展的“中国道路”与国家治理现代化》，《江汉论坛》2014 年第 8 期。

② 黄建洪：《中国城镇化与现代国家认同的三维建构——基于公共供求的视角》，《天津社会科学》2016 年第 4 期。

③ 李强等：《多元城镇化与中国发展》，社会科学文献出版社 2013 年版，第 6—8 页。

与安居匹配的新路径。

突破资源约束、实现优化配置的能力左右着城镇化的实际走向。新中国成立初期,国家建设资源的严重匮乏决定了资源的流向,即确立乡村服从于城市、以农村对城市的支撑能力为依据设计城市规模,意在将经济上"小体量"的城市转变成为秩序支配中轴。改革开放以来,行政主导机制坐实了城镇化的补偿型形态。市场经济扩散促成了人口与要素的新结合,政府以指导性方式加速了经济要素的集聚,从而引发城镇化率的翻倍增长,在相当程度上改变了中国的国家底色和社会基础。及至 21 世纪,实现"物本性"向"人本化"的根本性转变,再平衡城镇化既需要国家的高端规划,亦离不了市场机制的助力,"行政—市场"复合机制成为撬动新一轮城镇化发展的基础动力。

基于上述原因,城镇化不同阶段的治理绩效也表现出明显的阶段性。在第一阶段,严控农业人口流动,确保城市地位,实质性地促成了"秩序城市"的确立,也构成新中国成立初期的国家发展基础。在第二阶段,城镇化成为经济发展的杠杆,"经济城市"面貌得以凸显。长达 30 多年的经济高度发展,以工业化为龙头、以城市为载体,给中国现代化带来了绝佳的良机和丰厚的财富回报。尽管如此,相比较于 2000 年工业化发展指数的 40.35%,城镇化指数为 36.22%,仍明显滞后 5 个百分点。[①] 而第三阶段,则试图通过人本化的发展路径,在与工业化、信息化和农业现代化的深度融通互动基础上,实现"权利城市"的发展,由此开启了人们对于城镇化"新型"的政策预期与绩效期盼。

宏观看来,经历了政治语境主导、经济绩效侧重和强调人本价值关怀三种类型的演进嬗变,城镇化改变了中国,并为新的国家认同提供了基础。

基于秩序可控的考量与实践可操作性的需要,第一阶段城镇化时代的"生产性功能"城市定位置换了传统的消费性城市定位,这一国家取向成为设置公民基本角色的现实依据。与强调公民政治服从与义务本位的建设语境相匹配,城乡分治格局下的城市重心发展与薄弱的乡村资源支撑,既导致了深入基层社会汲取资源的全能型政府的出现,同时也引发了国家与社会的高度同质化。国家以运动性治理方式既强化了国家的秩序巩固能力,但同时也伴生性地侵蚀了国家法理型合法性的建构能力。生产生活的方方面面,塑造着市民与村民之间悬殊化的身份认同和国家感知。

① 中国金融 40 人论坛课题组:《加快推进新型城镇化:对若干重大体制改革问题的认识与政策建议》,《中国社会科学》2013 年第 7 期。

第二阶段的城镇化,在通过利益诱导的方式给社会释放和激活改革动力的同时,给国家与公民之间的关系和角色确认带来新的契机。乡村的资源性地位与城市与日俱增的改革内涵,为城镇化的发展开掘出新的机会。可控性改革的经济让乡镇工业与城市国有经济和民营经济得以迅速发展。社会对于物质财富的渴望与国家对于经济发展的依赖,同时成为卷入国家现代化进程中的匹配性因素,因而“发展型国家”在整个20世纪八九十年代表现得尤为突出。社会观念的多元化与公共生活的平民化,使得在利益主导秩序的社会中,基于法定权益的身份建构和国家认同成为主流。

新型城镇化的发展表征着国家治理进入新的第三阶段。城市扩张使得陌生人世界逐渐成形,由此,身份建构与国家治理也面临新的社会基础。通过持续优化政府的经济发展、社会建设等职能,着力改造既有的资源汲取方式和交换方式,以社会权益为基本的政策导向设置国家治理内容,从而形成新的国家认同。

(二)城镇化的实践逻辑与国家认同

在转型的独特时空之中,中国的现代化表现出规范协调性和内在结构自洽性方面的复杂性,实现条件和实现方式上的复杂性,以及规范、结构的生成性、开放性和发展性。[①] 当现代化从中期向后期转变,发展到“新型”节点上的城镇化,在战略上蕴含着对效率与公平的更高层次动态平衡的期盼,体现出新的实践逻辑。

首先,复杂现代性决定了城镇化实践任务的多重性。在一个压缩的时空中,将历时性的多重城镇化任务放置在后发的场域之内,将历时性题域转化成为共时性议程,[②]具有典型的建构性特征。在技术—经济维度,技术进步与经济发展是核心;在社会—政治维度,通过权利实现资源的再配置促进城市权利均等化是基础;在文化—生存维度,让城市成为机会集聚与财富创造的共同体是重点;在生态—环境维度,建设“看得见山、望得见水、记得住乡愁”的美丽家园是难点;在心理—体认维度,不断提高民众的参与度与效能感,[③]则是一个需要慎重考虑的新的着力点。

其次,转型年代政府既是改革的动力,又是改革的对象。在这种特殊的同体式格局中,行政对于城镇化的推进既可能是积极有效的,亦可能是破坏

---

① 冯平、汪行福:《“复杂现代性”框架下的核心价值建构》,《中国社会科学》2013年第7期。

② Chang Kyung-Sup, The Second Modern Condition? Compressed Modernity as Internalized Reflexive Cosmopolitization. *The British Journal of Sociology*, Vol.61, No.3, 2010, pp.444-464.

③ 黄建洪:《中国城镇化战略:构造逻辑、题域呈现与风险防范》,《江海学刊》2014年第3期。

性的。同样,市场化取向亦有可能存在公共产品供给与公共服务质量改进的低效率。政府失败、市场失灵的叠加容易导致转型期的社会失序。为此,新型城镇的资源配置应依托于“政府—市场—社会”的深度结合。有鉴于此,就需要高度关注行政指导与行政强制在城镇化建设过程中的结合度问题、关注市场主体性培育与市场秩序法律规制的平衡性问题以及社会自主自治力量的培育问题,以渐次形成多力协同的公共治理。

再次,在社会结构深度重构过程中,城镇化内生着“社会问题——社会风险——公共危机”的因果链,表现为诸如交通拥堵、环境不堪承载等过载风险,把既有不合理城乡矛盾内化为城市内部常态的固化风险①以及多种跨地域、跨流域的漂移风险等。城镇化的风险不是一个风险、一种风险或一类风险,而是以城镇为载体的自然、技术、管理、人文乃至心理等诸类型叠加的风险。

城镇化的实践逻辑塑造着国家认同的新格局。这主要表现为:②

第一,国家认同在新的发展阶段需要新的国家战略实践来型构。国家认同不是一个独立发挥作用的自变量,它是一个建构性变量,其形成过程与功能实现必须依托具体的国家治理。城镇化的“新型”题域表明,它正成为新型国家认同建构的新契机。新型城镇化既是国家治理的战略平台,又是实践机制,更是行动体系,直接导向民生改善与人的全面发展。然而,这个过程不是自然而然发生的,而是需要从理念到行动的系统转变。其中关键,在于确立城镇化中民众的权益主体中心地位。

第二,国家认同在新的发展阶段需要新的国家建设动力来支撑。新的国家认同需要新的国家战略实践、新的资源配置方式和动力驱动机制来培育和引导。行政主导是城镇化推进的基本模式,尽管具有高效率的优势,但这一过程中产生的问题仍有待进一步消解。市场化取向改革释放出强大的实践助推力,但“政府主导、大范围规划、整体推动”的发展格局,却面临着民间社会尚不足以自发推进城镇化的困扰。③ 因此,需要深化政府职能转变和精细化治理工具,着力塑造成熟规范的市场机制,深化社会建设以不断提升城镇化的参与度。这之中,权力的效能化、理性化与服务化的转型举足轻重,核心是着力矫正权力的自为现象和对社会的单向支配,使其制度化运行。唯此,回应新型城镇化所需要的资源供给结构与方式的调整,有可能在

---

① 韩康:《中国城镇化最大风险:城乡矛盾内化》,《人民论坛》2013 年第 15 期。

② 黄建洪:《中国城镇化七十年与国家治理现代化》,载钱振明主编:《中国城镇化研究》第一辑,中国社会科学出版社 2023 年版,第 106—128 页。

③ 李强等:《中国城镇化“推进模式”研究》,《中国社会科学》2012 年第 7 期。

实践中引导性地形成"政府—市场—社会"互动的动力结构与实践模式。这样的发展过程,同时也是塑造国家认同的实践过程。

第三,国家认同在新的发展阶段需要新的国家治理体系来达成。发展中国家的国家认同,主要内容是国家治理现代化的认同,即遵循国情的治理结构开放性与整合度提高、法治化与制度化治理能力提升以及权益之治的治理绩效提质,①这三者分别对应国家治理的主体、机制和评价问题。新型城镇化需要国家发展出开放性的现代治理结构来展开常态化的公共治理,具有国家视角的经济发展和社会整合功能,更有人民视角的权利发展和民生改善预期,对权利的空间化、社会化和均衡化发挥实质性的引领调节作用。这个过程,要克服国内外既往城镇化的弊病,防范社会变迁过程中经济增长与社会公平的"脱臼",促成民生导向的城镇化治理绩效新体系和新认同。

第四,国家认同在新的发展阶段需要新型的国家治理来管控风险。作为现代化过程的城镇化,其伴生的风险直指现代化发展的效率、秩序与公平。有效管控经济社会发展风险,方能给民众的生产生活带来稳定的预期,也才能聚合国家认同的心理和实践依据。大规模快速的城镇化,导致社会结构的分化速度快于制度规范的整合速度,其引发的社会"结构紧张"使城镇化的风险呈现出跨域渗透性、层叠集群性与虹吸传感性的特征,处理不当或将成为制约国家治理的"顽疾",会加剧社会碎裂、威胁公共秩序。这就要求国家治理体系和治理能力的现代化以法治化、整体性治理的方式来调节和管控风险,在技术层面取得实效,在价值层面实现价值的重建。

三、新型城镇化与价值—结构—秩序维度的国家认同建构

(一)新型城镇化与国家认同的价值维度

新型城镇化进程,是人民国家的价值认同的厚植发展和实践强化历程。现代国家认同是人民群众对人民主权治权化实现的方法性、过程性与结果性认同,它既是公民身份与现代国家交互的塑造机制,又是对国家治理合法

① 从发展次序角度,福山开出了政治现代化的标准菜单,即有效国家、法治与民主问责制,引发全球学界重大关注。然而,实践并非完全如此,发展中国家这三者则是一个同步建设、互相影响的过程。参见包刚升:《"福山的菜单"与政治现代化的逻辑》,《开放时代》2015年第3期。

性与有效性的体认结构，更是为公民提供本体性安全以及提升国家聚合力的实践能力。

一方面，新型城镇化是从价值上强化和优化对党领导中国特色社会主义现代化道路认同的城镇化。中国的新型城镇化，本质上是党领导下的国家现代化建设。作为中国式现代化的重要组成部分，这一战略制定、展开、实施和不断完善的历程，正是我们党领国家走向更高目标、更具内涵和更富人本价值的治理现代化历程，是人民国家的建设发展进程中的重要组成部分和人民价值的实现。党的十八大以来，历次党代会、人代会以及各项重要的国家规划和行动方案，都高度认可和充分强调“以人为本”作为新型城镇化的本质，并系统化地转化成为面向实践的制度安排和政策创新。这是以人民为中心的政治价值和发展理念在城镇化领域的具体表达和实践展开，获得了人民普遍的赞誉和广泛自觉的行动认同。因此，中国式城镇化新道路，便建设性地发展成为人民群众对中国特色社会主义道路自信、理论自信、制度自信、文化自信的实践场和助推器，是国家价值认同的重要的、鲜活的构筑过程和沉淀领域。

另一方面，新型城镇化是从价值上发展和实现人民城市理念、不断满足人民对美好生活需要和认同的城镇化。城市作为具象的生产、生活空间，其背后更为重要的是权益空间，更是文化生产和价值生成的认同空间。城镇化向“新型”方向的发展，意味着城镇化的发展需要强化城乡融合、产城互动、节约集约、生态宜居、集约保障、和谐发展取向，更加具有集约性和人本化的特征。无论是2013年12月中央城镇化工作会议精神、2014年3月的国家新型城镇化规划（2014—2020年），还是2019年4月关于建立健全城乡融合发展体制机制和政策体系的意见，抑或是2022年5月推进以县城为重要载体的城镇化建设意见、“十四五”新型城镇化实施方案，乃至2024年7月公布的深入实施以人为本的新型城镇化战略五年行动计划，都清晰地表明，我国的新型城镇化是以满足人民日益增长的美好生活需要为根本目的人本城镇化，是围绕人的全面发展的人的城镇化。

坚持以人为本，既是新型城镇化实践的价值体现，又是国家治理现代化的价值实现，更是人民理念的价值认同在中国经济社会发展发展过程中的价值展现。譬如，2024年新型城镇化的五年行动计划就明确指出，要“把推进农业转移人口市民化作为新型城镇化首要任务，坚持人民城市人民建、人民城市为人民，充分尊重人的意愿，调动和发挥好人的积极性主动性创造性，促进人的全面发展和社会公平正义，使全体居民共享现代化发展成果。党和国家的中国式现代化建设事业即人民的事业，在新型城镇化的推进和发展进程中,获得了深切的价值支持和信念拥护,为经济社会发展集聚了向心力、激发了创造力、强化了合作力,成为国家治理现代化进程中的建设性国家认同力量。

(二) 新型城镇化与国家认同的结构维度

新型城镇化,以战略方式赋予实现国家治理现代化的认同价值和塑造功能,它遵循着“基础依据——范式转变——展开图式”的实践逻辑:①

第一,新型城镇化进程中国家认同建构的基础依据。城镇化深入推进中的国家认同建构,必须充分尊重本源型传统②与复杂现代性依据,扎根于乡土性制度底色向城市性增量循序转变这一根本事实。尊重本源型传统,“有助于解释农村到城市移民如何反复成为城市发展历史的关键性因素,而且至今仍然是关键性因素”,③意味着国家认同需要更为充分考虑农耕文化所蕴含的深层养分。复杂现代性使中国现代化建设经历了非均衡的发展战略、工业主义的效率追求,面临着社会和谐的公平需要、文化整合的认同需要以及生态文明的权益诉求,国家在相当长的时段内均会面临各种叠加性的建设使命。因此,渐强的城市性与存量的乡土性彼此作用、相互交融,正全方位地嵌入国家建设的全过程。

第二,新型城镇化进程中国家认同建构的范式转向。国家认同的范式是指社会公众形成国家认同的方式方法,其核心在于解决谁认同、认同谁、如何认同等基本问题。从公民出发的“观念国家”和“观念自我”构成了超越于具体实在的国家体验,是一种主观见之于客观的建构性成果,而国家则可以通过一系列的政经方案和治理工具塑造其所需要的国家认同。新型城镇化时代,经济基础和社会结构的重大变化,需要有新的国家认同范式相匹配。“权利导引权力”“社会规范国家”意味着改变技术性治理形成的碎片化的国家认同。国家认同不是一个纯粹意识形态的“翻版”过程,而应演进成为通过社会合作形成社会共识和“国家底线”的创造过程,核心是对于人民主体性价值的制度化尊重与回应。从“国家首肯”到“社会体认”,意味着将“国家”放回“社会”中,本质上属于国家认同范式的社会化转向。

第三,新型城镇化进程中国家认同建构的展开图式。城镇化进程中,国家认同新范式应围绕“价值—结构—秩序”中轴展开。价值角度,确保民众

① 黄建洪:《中国城镇化与现代国家认同的三维建构——基于公共供求的视角》,《天津社会科学》2016 年第 4 期。

② 徐勇:《中国家户制传统与农村发展道路》,《中国社会科学》2013 年第 8 期。

③ [美]张庭伟、田莉:《城市读本》(中文版),中国建筑工业出版社 2013 年版,第 13 页。

权益与改善大众福祉的国家工具主义定位，代表了一种人民国家观；结构层面，制度认同对于转型期的中国尤为重要，是支撑国家认同的基础性力量，国家现代化发展所急需的权力法治化是核心；秩序视域，经济发展秩序、行政服务秩序与社会合作秩序是稳定的国家治理的主要组成部分，对于民众的心理秩序和意义世界影响深刻。在此图式中，价值认同是国家认同的基础，也是国家建构最深层次的、作用力最持久的、影响最深远的因素，国家可以通过教育、舆论等方式进行政治社会化，以引领和规范社会发展；结构认同，是以政治认同为中心的制度认同，体现的是民众的对政治体系社会价值权威性分配的效能性与公正性的评价与反思；秩序认同体现的则是民众对其享有的权利确认与利益发展在文化与心理等方面的体验与分析。

（三）新型城镇化与国家认同的秩序维度

在新型城镇化进程中，上述新范式的国家认同建构需要一整套匹配性的实践支撑机制：①

其一，认知思维的具象化。具象化是融合“具体抽象化与抽象具体化”②的思维范式，注重社会发展现实与社会发展理念的结合。该思维方式试图克服从抽象的理念和概念化的目标出发进行思维，同时也避免陷于过度繁琐的细节而致使认知呈现出碎片化。就新型城镇化建设而论，需要以人本主体性价值的社会实现为思维起点，联通宏观与微观，消除局部技术化而整体低效性的宿弊。

其二，制度系统的协同化。国家治理是一个极为复杂和动态演进的系统工程。新时代推进国家治理体系和治理能力现代化，就是遵循中国特色社会主义制度的核心价值和建构逻辑，自觉推进国家治理理念的时代化，国家治理目标的合理化，国家治理体系的科学化，国家治理方式的智能化，国家治理功能的实效化，国家治理成本的低廉化，彰显国家治理现代化的中国智慧③。简言之，国家建设意味着国家制度系统的结构调整和功能再造。就国家治理的权力系统而论，需要在城镇化进程中高度重视权力配置、权力运行、权力监督的动态匹配和协调，提高权力实践的文明程度。在行政层面，政府角色、职能、工具、绩效的一体化设计和制度化建设依然至关重要。

---

① 黄建洪：《中国城镇化七十年与国家治理现代化》，载钱振明主编：《中国城镇化研究》第一辑，中国社会科学出版社 2023 年版，第 106—128 页。

② 金太军、姚虎：《公共政策的思维范式》，《马克思主义与现实》2012 年第 6 期。

③ 欧阳康：《中国式现代化视域中的国家制度和国家治理现代化》，《中国社会科学》2023 年第 4 期。

为避免新型城镇化进程中国家认同的弱化,就必须解决政府越位、错位与缺位等问题,政府慢作为、乱作为甚至不作为行为就必须得到矫正。新型城镇化建设无论发展规划、资源整合、组织实施,还是到后续的新市民权益保护、生活训练等,都亟需将农地保护、新农村建设与农业现代化道路统筹起来进行考虑,减少战略缝隙和策略抵牾或制度空转,从而最大限度地保障和促进经济社会有序发展、泽及民生。

其三,政策过程的参与化。政策过程是一个以合意方式确定治理偏好、选取治理方案并组织实施的公共过程。新型城镇化的建设决策本质上是以公共博弈方式达致利益均衡的。在此进程中,公民需要对土地使用、产业发展、环境保护、社会保障等方面有更真切的知情权、表达权、参与权、监督权,有更多主体性的意志表达。在快速信息化的条件下,应着力将“内输入”的决策议程设置循序转变为“社会输入”的政策模式,走出经验型决策,形成能够及时、充分导入社会民意和大众智慧的开放型政策系统,通过提高政策质量以提升实践绩效。换言之,通过公共参与渠道的拓展与参与机制的有效运转,让参与的在场感、体验感转变成为国家认同的归宿感和效能感。

其四,交互方式的多元化。空间拓展与权益主导格局对于国家认同有多重作用。以遵循既有规则和环境约束的在场空间,与以网络连接起来的虚拟空间这一匿名化、后台式、话语性交往的缺场空间一道,构成当下极为复杂的场域。在场空间交往中形成的权益结构与认知模式,会与缺场空间中形成的话语力量及认同建构并存、互塑,从而对不断“转场”中的社会行为体产生极为微妙复杂的影响。城镇化进程中,这种影响涉及公共权力系统,也涉及社会各类行动者的博弈互动。为此,政府治理的协同化要求就必须得到真切对待,社会主体的行为自律性也必然需要直面更具整合力的规则系统的调节和规范,从而促进公域与私域交互的公共理性化。

其五,信任结构的双向化。双向化的信任结构意味着国家认同的发生发展所需要的能量来源和动力基础不再是传统的权力单向度支配,而是全程化的公共能量交换。在既往单向度的信任结构中,易于出现参与过度或群体冷漠,从而引发社会系统性的支持衰减、信任下降乃至非制度化参与而威胁社会稳定。从公民角度出发,尤其需要凸显对公民行动者地位、主体性价值的尊重并培育其交互塑造能力。从国家角度而论,获取持续增强的或保持较高的社会忠诚度和信任度,是进行有效社会治理所不可或缺的。因此,建构国家与公民的双向互动信任机制,即信任结构的平等化塑造,关键在于依据宪法确保人民主权在治权的社会性转化中得到法治化的保障和制度化的规范。

四、新型城镇化进程中以新国家认同引导均衡性的国家建设

（一）作为国家治理的新型城镇化塑造新国家认同

国家认同的基础来自于实践，国家认同的强化则缘于这种实践的文明价值沉淀和直抵人心的国家信任。新型城镇化的经年实践，不断为中国式城镇化新道路的铺就和展演供给着源源不断经验素材和理论养分，也成为中国式现代化的重要构成和生动实践。作为进一步全面深化改革重要内容的新型城镇化，在塑造现代国家治理体系、治理能力的基础上，正在以日新月异的“城乡中国”故事构筑中华民族伟大复兴“中国梦”的民族认同、道路认同和文化认同。

从民族认同的角度讲，中国的新型城镇化推进及其卓越成就，既尊重民意、回应民众对美好生活的更高需求，又尊重规律、循序进阶，促成了中国经济社会面貌的持续现代化发展，对于强化和深化中华民族共同体意识和实践，具有持久的塑造和濡化作用。从道路认同的角度看，新型城镇化不仅仅是一场持续的以人民为中心的国家谋划，更为重要的是它展现出基于中国社会实践结构深层内在需求和动力所发展出来的实践自觉和历史主动，构筑了城镇化、城市化发展的“中国道路”，也为突破以资本逻辑为主导的旧有城市发展理论和实践格局提供给了强大力量，为新全球化时代的全球城市发展体系和全球城市治理体系供给了“中国智慧”和“中国方案”。从文化认同的角度论，新型城镇化正在型构现代化中国的经济社会基础和国家治理结构，也从形成向心力、塑铸信任力、发展忠诚力、升级协作力、夯实发展力等方面，改变着整个社会的价值观念、实践模式和行为范式，成为新时代中国城市性积蓄生产、生活和思维诸多领域文明创造力的新契机和新实践。

（二）以新国家认同引导均衡性的国家建设

作为新情势下认同政治发展的实践载体与战略依托，新型城镇化是一个“全面深刻的社会变革过程”，①其本质在于消除社会经济结构的对立性，

① 李铁：《城镇化是一次全面深刻的社会变革》，中国发展出版社2013年版，第1页。

经由城市性持续增量和彰显而达成的国家现代化。在中国特定的“社会—历史—文化”环境中,新型城镇化建设正是通过将生存性需求转化为发展性需求,将国家认同的历时性积累转化为共时性提升,来促进新型国家认同建构。

中国的国家认同建构,经由新型城镇化这一重大而持续的公共选择过程和全面性国家建设的战略,就是要创造国家治理新的经济基础、社会结构和文化心理条件。基于此,对于城镇化之“新型”,就需要在内涵界定、内容要素、价值功能以及提升路径等方面进行深究。

以新型城镇化“解码”国家建构,在“基础依据——范式转变——展开图式”的实践逻辑中,要形成以“价值——结构——秩序”为中轴的开放性国家认同,并非易事。在中国场域中,传统不是被克服、被超越的,而是内化到现代之中的;实践逻辑不是独立运行的,而是与市场化、全球化相互因应、相互塑造的;国家与社会、政府与公民不是绝然孤立的,而是以双向互动的嵌入与脱嵌方式彼此关联的。新型城镇化撕裂了传统与现代之间既有的某种黏合,也同时带来了调整国家治理结构的新契机,对于公共场域中国家治理的这种“结构自主性”的“转向—过渡”具有重大的意义。无疑,带有乡土底色的城市社会的来临,需要国家认同范式的社会化转变,这对于认知思维、制度系统、政策模式、交互方式以及社会信任结构的挑战是巨大的。但同时,也意味着国家认同建构和国家建设发展,正迎来新机遇。

五、新型城镇化进程中国家自主知识体系构建

基于中国式城镇化新道路的探索,思考中国自主知识体系的构建,具有重大时代价值和理论价值。正如近日习近平总书记 2022 年 4 月在考察调研中国人民大学时所言,加快构建中国特色哲学社会科学,归根结底是建构中国自主的知识体系。立足中华民族伟大复兴战略全局和世界百年未有之大变局“两个大局”,需要哲学社会科学工作者以把握历史大势、掌握历史主动的精神,回答好中国之问、世界之问、人民之问、时代之问的重大议题。立基于中国之路、中国之治,来系统化、深层次地探寻“中国之理”,建构中国自主的知识体系,是新时代赋予中国学人的时代使命和思想追求。

讨论建构中国自主的知识体系,需要聚焦三个基本问题,即为何要建构、建构什么、如何建构。前者关系到必要性和意义问题,即这种自主知识体系的建构,为何是重要的、其深层次的目的价值何在,是建构“何以可能”的问题。中者需要回答面对“两个大局”,在建构怎样的知识体系并体现出

其自主性,是建构“何以可为”的问题。后者则涉及宏观的原则方式问题,是建构“何以可行”的问题。①

（一）建构自主知识体系何以可能

众所周知,经过党领导人民的百年奋斗,我们走出了中国式现代化道路,成就举世瞩目。一方面,中国走出了以西方资本逻辑演进形成的“三个从属于”的支配体系,即如《共产党宣言》所说的西方资本主义生产方式“使未开化和半开化的国家从属于文明的国家,使农民的民族从属于资产阶级的民族,使东方从属于西方”。这种所谓“正当性”的支配体系,代表着先发国家现代化道路的资本主义体系和旧全球化霸权体系的经验表达,说到底仍然是一种地方性知识的扩散式宰制化。另一方面,中国式现代化道路申述着“中国时刻”的到来,并正在不断展现出不一样的“世界图景”。国家和民族正逐步从站起来、富起来迈向强起来转变,从历史发展的角度看,就需要深刻致力于从解决“挨打”“挨饿”到有效解决“挨骂”的论域转换。仅有物质财富的增长,而缺乏精神体系、知识体系的真正自主和强大,缺乏文明维度的证成力和解释力,就可能始终处于精神“蜷缩”状态,抑或是非理性的盲目自大状态,那就难以立足世界民族之林并为世界文明作出更大的贡献。

面对“两个大局”,在社会实践结构出现历史性巨变的当下,中国已然具备了建构自己知识体系的较丰厚物质基础和深切的理论需求,百年未有之大变局为中国构建知识体系提供了历史机遇,中华民族伟大复兴“中国梦”的“梦圆”则更加需要有自主知识体系的建构、支持、引领和阐释,以提供知识合法性和知识有效性的方式来参与和保障文明进步。一则,逐步走出西方知识范式,有助于规避以“西方的钥匙”插入“中国的门锁”的简单和片面。相当长一段时间以来,我们的理论实践和社会实践较多地“吃水”于西方文明框架下来检视自己、认识自己,甚至指导自己的社会政治实践。尤其是在哲学社会科学领域,在汲取西方理论合理成分以获得滋养功能以外,也形成了某些排他性、区隔性的思维定式和“锁定式”的实践后果,需要予以审慎省思和鉴别。二则,在“世界走向中国”逐步迈进“中国走向世界”的新阶段,中国具备建构中国自主知识体系的现实能力。无论是从赓续中华传统文化的必要性,还是立足于现实创新创造的紧迫性,或是在文明互鉴中

① 黄建洪:《“中国之理”:建构新时代中国自主的知识体系》,中国社会科学网,2022年5月5日。

的可行性中，都需要将在地化的知识体系构建作为引领、发展和深化中华文明形态的“国之大者”来予以充分体认和持续推进。但这种努力，本身就是开放性、建设性的，它既尊重常识又遵循常理，在传承和创新中华文明的道路上精耕细作、行稳致远。

赋予赓续中华文明重归于内生力量建置现代国家所需要的文化理念、体制制度与运行模式，是党领导团结人民百年奋斗所创造的伟大成就。这种成就的深刻性就在于，围绕中华民族伟大复兴这一矢志不渝的中心主题和初心使命，当代中国国家治理和实践发展以共和国载体而成为一种具有显著内生性的文明方式和文明方法论。这是深切理解建构自主知识体系的前提和基础。为此，通过建构中国自主的知识体系，在赓续文明和吸收借鉴的基础上，以体系化的知识结构和范式，来深度解决当前中国理论落后于实践所形成的约束问题，提升中国软实力、加强对党和国家的政治认同，将极富建设价值。以此观之，建构中国自主的知识体系，本就是以文明方式申述中国之路、中国之治、中国之理的探索创造之旅，它反映出以国家和民族为主体的核心行动者在认识论、方法论和知识论方面的高度自觉。

（二）建构自主知识体系何以可为

在新时代，建构怎样的知识体系并体现出其自主性，议题重大、内容丰富。在加快构建中国特色哲学社会科学的过程中，以赓续中华文明、走中国式知识现代化道路的方式，来建构中国自主的知识体系，要解决的核心问题是坚持以人为主体来构建包容性的知识体系。这种知识体系，本质上是中华文明在新时代、新际遇和新挑战下的新发展、新表达和新证成。坚守其人本内核、革新其体系表达和传播方式，更好地以新知识结构和知识范式构建的方式，来建构中国人的“意义世界”、国家图景和世界愿景，时不我待。毫无疑问，这样的历程，将是以精神自觉的高度和深度，以方法论的自觉和价值观的深化而重整中华文明，从而达致中华民族伟大复兴“中国梦”的历史性进程。

知识是人们对于自身和身外世界的确定性、规律性、程式化认知和探索。作为一种精神产品，它是人类认识世界、改造世界的理念、思维、行为和方式、方法的主客观塑造物。知识体系则是以模块化、系统化和高度理性化的学科、学术和话语等形态呈现出来的精神产品集。作为一个文明全部知识的总和，知识体系的核心部分是知识的基本构成、思想内核和知识方法。而我们要讨论的“中国知识体系”，是指以中国场域为基本范围，以中华民族的思维活动、生产活动和生活活动实践为基本内容，以建构中华文明的价值目标、丰富内涵、深刻思想、内在机理、制度载体和行为模式等为基本内容的知识体系。建构中国自主的知识体系，就需要集中关注中国知识体系的价值系统、生产系统、运用系统构建。

其一，中国知识体系的价值系统构建。贯通中国的历史传统、现实实践与未来发展，从人的现实性、社会性出发，从人在本质上是一切社会关系的总和认知出发，为现实的人以及为人的现实需求寻求有效满足和发展保障，进而促进人的全面自由发展。这种建构的主线正是从每个人的自由发展是一切人的自由发展的条件出发，建构中国的知识体系，并将之应用于制度体系和实践体系。以“人民”来确立知识价值、丈量知识伦理、确立知识结构、革新知识范式和发展知识能力，至关重要。在新全球化的发展态势下，这是中国可以为世界贡献新治理知识、新治理体系之知识基础和公共产品的重大领域。

其二，中国知识体系的生产系统构建。知识的生产与再生产，绝非单纯的个体性学术行为，而应是一个社会持续的重大公共选择。这对于深切尊重历史、现实、人性和规律的知识民主体制的稳定建立和知识生产民主范式的有效运行，对于知识生产的人民价值秩序塑造、运行秩序构筑和知识生产的质量保障都至关重要。以全过程人民民主为基本管理方式和实践机制，以中国式现代化道路为实践进路来设计和思考自主性的知识体系建设，需要在构建中国特色哲学社会科学的过程中，高度关注这一生产系统构建的合理性和有效性，从而让社会各阶层都能够享有相对机会公平，有序地参与到中国知识生产的过程中来，让中国知识体系的建构过程成为与人民物质财富生产相匹配的精神财富创新和创造过程。

其三，中国知识体系的运用系统构建。知识体系是一个复杂的系统，有其稳定的价值内核以及丰富的表现形态。知识体系的建构过程，实际上也是该体系在发展过程中不断获得时代养分、回应时代需要、展现时代智慧和呈现时代特色的开放体系。中国自主知识体系需要有相对稳定的价值系统和知识内核，但是缘于其知识环境包括人文环境、制度环境和国际环境的变迁，其价值系统和知识内核的表达、呈现以及运用，如付诸于教育系统以促进政治社会化实践等，就需要作出与时俱进的变化。这既要解决知识体系对于新环境、新需求以及新发展的学理回应问题，更要对其实践运用的可操作性进行调适和规整，以使其能够进入百姓日常生活，成为建构民众认知方式、心理秩序和社会秩序的知识基础。

价值系统的构建，解决中国知识体系基于以现实的人、现实的社会、现实的社会群体为价值主体以构筑和发展中华文明的问题，是建设自主性知识体系的基础,也是赓续中华文明的生命之基、力量之源。生产系统的构建,让中国哲学社会科学的“中国知识”在自觉的维度和开放发展的视野中得以创新创造,让支撑和服务于中国道路、中国发展和中国模式的知识生产与再生产、知识分配与知识运用在可持续的轨道上运行,成为建设和发展中华文明的基础性力量。运用系统的构建,则是要建立起符合中国国情、具有中国特色、展现中国风格的哲学社会科学学科体系、学术体系和话语体系,让中国知识体系建构能够直接嵌入和引领中国式现代化道路的进一步探索中来,形成具有普遍解释力和服务力的知识力量与精神力量。

融合三大系统构建,建设中国自主的知识体系,需要慎重思考如下内容:一是知识体系内外内容的分殊及链接。即对内部而言,我们是谁、我们从哪里来、我们在哪里、我们要走向何方;对外部而论,何谓中国、中国从哪里来、中国在哪里、中国将如何走向未来。内外部的链接,意味着知识体系需要有全景式的知识结构和解释力。二是知识体系具体的对象厘定。以中国思维方式、生产方式、生活方式作为研究对象,坚持以现实的人的需要、以最广大人民群众的交往实践为全部知识的出发点,来认识世界、建构知识体系。三是知识体系的重要范畴。包括:我者与他者、自我认知与外部认知、发现自己与重识世界、价值理性与工具理性、主体性与主体间性、批判与创新、中国走向世界与世界走向中国,等等。尤其需要关注,从国家层面要解决从传统国家向现代国家转变过程中面临的知识理性、国家理性和公共理性,以及促进人类命运共同体构建的知识体系等问题。这之中,哲学、政治学、经济学、历史学、社会学、法学、管理学等哲学社会科学任重道远。

(三)建构自主知识体系何以可行

正如恩格斯所言,历史从哪里开始,思想的进程也应当从哪里开始。这表明,理论体系、知识体系具有两个起点,即历史起点和逻辑起点,二者具有吻合性,即历史与逻辑相一致。建构自主知识体系,就是要以“中国”作为行动主体,以对“中国知识”的深加工使之成为“中国知识体系”。作为建构对象,这种社会精神生产需要从经验现象上升到理论体系和思想体系,凝聚成文明的内核,表达成为助推经济社会可持续进步的知识价值范畴、知识结构范式和知识发展能力,从而形塑国家,服务于人类。

一是坚持以马克思主义为指导来建构中国自主的知识体系。唯物辩证法和历史唯物主义是认识世界和改造世界的价值观和方法论,是科学行动的指南。坚持“两个结合”,即把马克思主义基本原理同中国具体实际相结合、同中华优秀传统文化相结合。以中国化的马克思主义来指导自主的知识体系建设,问题“靶向”有三:其一循序解决中国场域内因自主性知识系统构建不完善所导致的问题;其二循序解决中国意义系统、价值系统和符号系统彼此欠匹配的问题;其三循序解决中国知识生产力不高、创新力和创造力因此而被桎梏、被碎片化、被矮化甚至被虚无化的问题。基于“两个结合”,中国自主的知识体系建设需要在批判资本逻辑及其主导下,围绕高度原子化个人所展开的知识生产及其体系建构、制度安排,发展出知识生产的中国范式、中国路径和中国力量。这就需要从既有大量的西方范式甚至是理论的“西方霸权”中解放出来,阐发以人本为核心的新知识体系和治理体系,回答好“世界怎么了”“人类向何处去”的时代之问。由此可见,不断推进马克思主义中国化时代化,加快构建中国特色哲学社会科学,是回答好坚持和发展中国特色社会主义理论和实践中提出大量亟待解决新问题的基本路径。

二是坚持以深切的人民逻辑来建构中国自主的知识体系。知识的人民生产以及体系的人民建构,让知识体系制度化地服务于人民,是中国知识体系建构的价值立场和中心内容。以人为主体,既是中华文明知识体系的本质特征,又是传承、创新和发展中华文明知识体系的基本路径。中国之所以为中国,其思维方式、生产方式和生活方式的传承、迭代和更新,有其自身的逻辑,凝聚成为中华文明。这种文明有着自身的生成学逻辑、运筹学逻辑和发展学逻辑,经由其现代性转化和民族性表达,成为以中国式现代化推进中华民族伟大复兴的新知识形态和发展模式。从根本上讲,这种坚持以人为本、以群体的人为本来建设“伟大国家”和“美好社会”的知识体系,本质上运行的是人民性逻辑,是知识体系的人民书写和中国式现代化书写。这样的知识体系建设表明,自主性的知识体系既是自然的,又是历史的;既是演进生成的,又是建构做成的。面向新时代,中国自主的知识体系既是中国的、当代的,又是开放的和建设性的,它以主体性的知识原理与原创性的知识范式来阐释文明在“历史—现实—未来”惯序维度上的内在一致性和连续性。同时又具有将知识资源化、科学化、民主化、制度化、时代化的实践、调适和更新能力;具有逻辑的自洽性、知识的批判力和生产力,以及应对环境变迁与诸多挑战的足够韧性。

三是坚持以“中国性”为主题来建构中国自主的知识体系。中国知识体系建设的自主性体现在两个方面:一是中国性。中国知识体系建设有自己独立的问题意识、思维方式、原创性发现、论域证成、知识符号体系以及传播方式;建设过程充分体现知识生产和知识运用过程的自主性、独立性、中国性。习近平总书记指出,当代中国的伟大社会变革,不是简单延续我国历史文化的母版,不是简单套用马克思主义经典作家设想的模板,不是其他国家社会主义实践的再版,也不是国外现代化发展的翻版。这样的论断对于知识体系的建构同样具有方法论自觉的意义。作为回应深刻社会变革的中国知识体系建设,需要面对“母版”“模板”“再版”和“翻版”的诘问,回答好中国之问、世界之问、人民之问、时代之问。这种知识体系建构,既不是偏执的高深,也不是简单的印证,更不是粗暴的拿来主义,抑或是“移花接木”式的“混栽”。积攒“纯粹的力量”的基础研究与服务于经世致用的应用研究,一体构成知识的体系性内容,需要体现出对世情、国情、民情的深切尊重、对世道人心的接纳和对精神文化家园的建设性修葺和扬弃性发展。二是普遍性。生产出为实践所检验、被世界所认同和自觉使用的命题、原理、推论、公式、符号,能够在科学体系和经验世界中得到双重检验,能够在逻辑世界和实践活动中得到持续发展,能够成为具有明晰知识内核体系和保护带的自循环体系,同时能够以持续开放的姿态接受批评并建构发展的知识系统。从全球视野的角度看,发展出能够在文明互鉴中得到接续发展和凝练提升的知识体系至关重要。在知识体系建设中,中国性是普遍性的表达,普遍性是中国性的基础,是特殊性与普遍性的有机统一。

理性包容的中国自主知识体系,“此物最相思”。作为稳定表达中华文明内涵的思维体系和知识财富,自主的知识体系,对于行进在中华民族伟大复兴新征程路上的当代中国,最是需要。建构中国自主的知识体系,实质是扎根中国大地,发展出从中国解释世界、从中国走向世界、从中国服务世界的世界观、实践观和方法论。它首先应该是一个中国式知识现代化的过程,与此同时,它自然地且又负有使命地成为世界知识体系建构发展大进程、大历史之中的“中国担当”。这种建设,不应局限在“历史叙事”和“当下故事”的讲述之中,而是要充分体现其重要的超越时代、超越民族、超越国界的理论和现实价值,是持续的高级精神创造。正如黑格尔所言:一个民族在世界历史的发展阶段中究竟占据着什么样的位置,不在于这个民族外在成就的高低,而在于这个民族所体现出的精神,要看该民族体现了何种阶段的世界精神。这种面向世界精神的努力,核心所指是具有自主性的思想体系和知识体系的创造和贡献。面向“中国之理”来建构中国自主的知识体系,使中国特色哲学社会科学真正屹立于世界学术之林,既有利于对中国实践进行深度“思想解码”,又有助于以全球视野对中国文明进行深切文明交互,从而为中国的文明安顿和世界的文明发展找到新的发展向度、为人类作出新的文明贡献。

结论与展望：中国式城镇化新道路与国家治理现代化的未来

凡是拥有自己历史和文明的国家，都需要回答自己的“国家性”问题。没有这样根本性命题的政治学理论，一个国家就可能犯战略性颠覆性错误。“以中国为方法”的政治学，既是一种研究路径，更是一种研究方法，拥有本体论属性亦即拥有主体性方法论的自觉和自信。① 对新型城镇化与国家治理现代化的关联题域研究，就是嵌入到这种“以中国为方法”的政治学学科视野之中的初步尝试。城镇化绝非是国家治理的“被动结果”，它本身也作为重要变量进入国家治理的制度安排、通过强化和传导人本价值的自觉性而引发国家治理持续革新。从被动到主动的认知转变、从独立论域到关联分析的理论进阶、从结构调适到功能优化及至国家认同的致思理路，中国式城镇化新道路业已深深扎根于并促生着国家治理的循序进步。反映于中国城市性获取和成长与乡村性之间的复杂纠葛，城镇化进程对国家治理体系与能力的现代化提出了高要求，在回应、引领以及一定程度矫正城镇化发展的过程中，国家治理展现出更高的人本价值的自觉性以及制度安排、政策过程的灵活性与务实性，从而达成了中国式城镇化新道路对中国式现代化的有机植入和有力助推。新型城镇化既是中国国家治理的重要依托，更是具有全球价值的人类现象，将对中国国家治理以及全球城市治理产生极为重要而深远的影响。如何科学理性地认知新型城镇化的原创性探索意义，并从国家行为、国家治理逻辑以及国家文明进步的角度给予学理的分析和解读，成为亟待学界予以关注的重大课题。

一、中国式城镇化新道路是什么、为什么与做什么

（一）中国式城镇化新道路新在哪里

中国政治发展的复线性与现代国家建构的复合路径，值得关注。② 党

① 杨光斌：《以中国为方法的政治学》，《中国社会科学》2019 年第 10 期。

② 贺东航：《政治发展的复线性与现代国家的复合路径》，《东南学术》2022 年第 2 期。

领导人民通过党建立国家政权与推进社会变革发展的双重革命以建构现代国家，实现了理论与实践的超越，即它既超越了传统国家的社会历史形态，也超越了西方理论的现代国家建构逻辑，是一种新型的国家建构实践，具有中国式现代化进程中现代国家建设的特点。[①] 城镇化是现代化的必由之路，新型城镇化是中国式现代化的必然要求和生动实践。推进以人民为中心的城镇化是应有之义，是中国式城镇化道路的根本遵循。新时期我国进入以人民为中心、注重高质量内涵式发展的新型城镇化2.0阶段，需要紧紧围绕以人民为中心发展思想，全面满足不同类型、地域、代际人群自主、多元、公平、全面的发展需求，实现人的全面发展、共同富裕的中国式现代化目标。[②] 新型城镇化是中国式现代化和国家治理现代化进程中的重大变量[③]。重视对新时代中国式城镇化新道路研究，需要明细其必要性、重大价值以及其丰富内容。习近平总书记在庆祝中国共产党成立100周年大会上的讲话中指出，党成立一百年来创造了中国式现代化道路，创造了人类文明新形态。“中国式现代化道路”的重大命题，在党的十九届六中全会上，被写入到了《中共中央关于党的百年奋斗重大成就和历史经验的决议》文本之中。作为中国式现代化道路的具体表达之一，新时代中国式城镇化新道路命题，是集合经济社会发展叠加目标、多重论域、战略依托和实践载体，值得深入挖掘、深化研读、深度拓展的综合性战略命题。

根据国家最新统计，2023年末全国常住人口城镇化率达66.16%，超过9.3亿人在城市生产生活，一个快速演进中的“城乡中国”正逐步成型。根据国务院2024年7月公布的《深入实施以人为本的新型城镇化战略五年行动计划》，2029年常住人口城镇化率将提升至接近70%，城镇人口未来将会进一步增加[④]。研究表明，顺应城市化基本规律，中国式城市化或城镇化先后经历了地理空间、社会空间和数字空间的三次转型，即从外部扩张到内城更新，从城市治理到区域联动，从社区治理到数字孪生，中国城市理论支持了中国式城镇化的政策选择。总体上看，从区域治理、社会治理到数字治理，从土地城镇化到人口城镇化，中国式城镇化逐渐形成了人民至上的核心理念，形成了政策演进的权利主线，走出了人口大国社会发展的

---

① 陈军亚、王浦劬：《以双重革命构建新型现代国家——基于中国共产党使命的分析》，《政治学研究》2022年第1期。

② 郑筱津、尹稚等：《以人民为中心的新型城镇化》，《城市规划》2023年第12期。

③ 解安、林进龙：《新型城镇化：十年总结与远景展望》，《河北学刊》2023年第1期。

④ 《国务院关于印发〈深入实施以人为本的新型城镇化战略五年行动计划〉的通知》（国发〔2024〕17号），2024年7月28日。

独特道路。[1] 据预测研究,2035 年,中国城镇化率将达 72.4%,届时城镇化的质量将大幅度提高,以人为本的城镇化内涵将更加充实(详见下面两个表)。[2]

2020—2050 年间经济增长和结构变迁情况:基准情景

年份	2010	2018	2020	2035	2050
GDP 增长率(%)	10.3	6.6	2.3	4.0	2.0
城市化(%)	47.5	59.6	61.6	72.4	81.6
GDP 总量(现价,万亿元)	41.3	82.7	101.6	270.2	452.7
人民币对美元平均汇率	6.6	6.3	6.9	5.5	5.0
GDP 总量(现价,万亿美元)	6.3	13.1	14.7	49.1	90.5
人均 GDP					
现价人民币(元)	30798	59496	72571	197515	356457
现价美元(美元)	4666	9444	10518	35912	71291
GDP 支出结构					
投资率(资本形成总额)	48.1	42.3	43.1	31.2	23.7
消费率(居民消费和政府消费)	48.2	55.1	54.3	68.8	76.3
产业结构					
第一产业占比(%)	10.1	7.0	7.7	5.0	3.0
第二产业占比(%)	46.7	39.7	37.8	32.0	27.0
第三产业占比(%)	43.2	53.3	54.5	63.0	70.0

注:(1)2020 年 11 月开展全国第七次人口普查,2020 年全国人口数据在 2021 年 4 月份公布。此处假定 2020 年全国人口数据为 13.97 亿人(约 14 亿人)。(2)2019 年中国城镇化率(按常住人口计算)为 60.6%。2020 年中国城镇人口数据在 2021 年 4 月份公布。此处假定 2020 年中国城镇化率为 61.6%。(3)2035 年和 2050 年当年的 GDP 增速会受到各类因素影响,预测精准性不高。此处是用 2020—2035 年间和 2035—2050 年间的年均 GDP 增速来表示。

数据来源:课题组根据国家统计局等相关数据的预测结果。

---

① 姚尚建、王倩:《空间转型与治理迭代——兼论中国式城市化的理念、政策和行动》,《江苏行政学院学报》2023 年第 2 期。

② 国务院发展研究中心市场经济研究所课题组:《新一轮技术革命与中国城市化 2020—2050——影响、前景与战略》,《管理世界》2022 年第 11 期。

中国城市高质量发展评价指标体系

一级指标	二级指标	三级指标	备注
创新发展	创新投入	每万人中 R&D 人员数	R&D 人员数/总人口×10000
		创新投资指数	创新研发投资额/GDP
	创新绩效	每万人发明专利拥有量	发明专利申请量/总人口×10000
		科技进步贡献率	扣除了资本和劳动后科技等因素对经济增长的贡献份额
协调发展	城乡结构	城镇化率	城市人口/总人口
		城乡人均收入比	城市人均收入/农村人均收入
	产业结构	非农产业产值占比	1-第一产业产值/三产总产值
		高新技术产值占比	高新技术产业产值/三产总产值
绿色发展	节能减排	污水处理率	经过处理的生活污水、工业废水量/污水排放总量
		每万元 GDP 综合能耗	一次能源供应总量/GDP
	生态建设	建成区绿化覆盖率	城市建成区的绿化覆盖面积/建成区面积
		空气质量优良率	全年环境空气污染指数(API)≥二级的天数/全年天数
开发发展	对外贸易	贸易依存度	进出口总额/GDP
		外资依存度	外商投资额/GDP
	对外交流	外籍人口比重	外籍人口/总人口
		旅游创汇收入能力	旅游外汇收入/GDP
共享发展	社会保障	城市就业率	城市在业人员/(城市在业人员+城市待业人员)
		城镇职工基本养老保险参保比例	城镇职工基本养老保险参保人数/城镇职工人数
	教育医疗	城镇职工基本医疗保险参保比例	城镇职工基本医疗保险参保人数/城镇职工人数
		每万人专任教师数量	专任教师数(普通高校+中等职业教育学校+普通中小学)/总人口×10000
	基础设施	每万人学生数量	学生数(高等本专科学校+中等职业教育学校)/总人口
		每万人执业(助理)医师数	执业(助理)医师数/总人口×10000
		每万人互联网宽带接入用户数	互联网宽带接入用户数/总人口×10000
		每万人公共图书馆图书藏量	公共图书馆图书藏量/总人口×10000

资料来源:国务院发展研究中心市场经济研究所课题组:《新一轮技术革命与中国城市化 2020—2050——影响、前景与战略》,《管理世界》2022 年第 11 期。

城镇化是现代化的标志,城镇化是一种生活方式,城镇化是一个社会过程。中国城镇化取得举世瞩目的成就,其史诗般的进程正深度地改变中国,也改变着世界。中国式城镇化新道路,是在全球百年未有之大变局和中华民族伟大复兴全局的大背景下,党领导中国人民创造中国式现代化道路的历史经验在开创中国特色新型城镇化道路方面的具体表达。这深刻地表明,中国的城镇化新道路,作为当代中国伟大社会变革的主要构成部分和动力策源地,既需要面对如何走出我国长期以乡村为主体、城市作为政权中心和消费所在地的乡土传统问题,又要总结新中国工业化道路为主轴的城市化以及城镇化的重大成就经验与遗留教训问题;既要以马克思主义城市理论原则为指导,又要避免对其简单套用的风险;既要克服对其他国家社会主义城市化实践的再版,又要避免囫囵吞枣式地对国外城市化发展的翻版。这需要方法论的自觉。学理性地审视中国式城镇化新道路,是重大的时代命题,具有重要的理论价值和实践意义。

（二）中国式城镇化新道路即城镇化的“中国方案”

然则,现有研究较多地从具体领域和政策分析切入,有其专业性、深刻性和实践性,但未能从理论上走出西方城市化理论的局限(诸如城市化理论模式的局限、城市化理论发展前提的局限以及全球城市化理论的局限等),也未能立足于新时代下的新挑战、新机遇来开掘新愿景。这种宏观统合性视野的缺失,导致难以去阐发这一新道路的原创性价值以及促进人类新文明形态发展的全球意义。为此,需要从新范式变革和新文明开掘的角度,深度阐发新时代中国式城镇化新道路是什么、为什么、做什么的基础问题,从而为未来新型全球城镇化体系的建构供给“中国方案”,以服务于丰富中国式现代化道路的理论内涵和实践发展。①

——是什么。从内涵上讲,需要在本体论、认识论和实践论的角度,将新时代中国式城镇化新道路的演进规定性与实践建构性,融入到中国场域、勾勒其中国形象。从内容上而言,则需要对新时代中国新型城镇化的理念原则、战略目标、重点场域、推进机制、资源体系、动力结构、风险管控以及实践保障等,形成具有自主性的城镇化治理新典范,表达城镇化的中国特色、中国风格和中国气派。从特征上论,则需要将该道路归置到中国所采取的人本逻辑对西方资本逻辑主导下全球城市体系资本逻辑的改造和替换上来,从而塑造新旧全球化转变过程中的新城市治理范式、新文明发展范式,

① 黄建洪:《学理性审视中国式城镇化新道路》,《社会科学报》2022 年 5 月 12 日。

彰显中国城镇化的普遍价值与世界意义。

——为什么。一方面，学理性地审视中国式城镇化新道路这一重大时代命题，是对进入新时代国家的历史方位、社会的实践结构以及全球化的新局势做出系统化理论反应的需要，以深刻的理论创新嵌入到对大变局与“中国梦”的“两个大局”中来。另一方面，新时代中国式城镇化新道路的发生学或“出场学”，以及运筹学或“在场学”，需要得到更深切的学理探讨。开辟新时代中国式城镇化新道路的历史逻辑、理论逻辑、比较逻辑、制度逻辑和实践逻辑，都可以归结到中国式现代性的开辟和建构中来。说到底，中国式城镇化新道路是党领导下的人民治理之新发展范式和新文明逻辑。

——做什么。进入新时代，现代化国家建设的新征程需要中国独立自主地开辟属于自主原创的城镇化道路，既服务于自身，也贡献于全球。在指导理论上，中国式城镇化新道路以马克思主义政治经济学和空间生产理论为基础，需着力探究中国新型城镇化体系如何建构、如何发展和如何完善所面临的基础理论、重大领域和实现机制。在发展脉络上，中国式城镇化新道路是党领导中国人民创造的以人民为中心、根植于中国大地、遵循国情、民情和世情，实现“五位一体”的新型城镇化道路，有若干重大理论命题和实践论域亟需深入探讨。在理论创新上，中国式城镇化新道路需要从既有大量的西方范式甚至是理论的“西方霸权”中解放出来，从而阐发以人为核心城镇化新模式的全新体系，创新城市化理论体系和治理构架，构筑面向新全球化时代的新城市化体系。

二、中国式城镇化新道路与国家治理现代化的前景

（一）在解决问题中前行

无论从经济现代化、行政现代化抑或是社会现代化的角度，新型城镇化都可以视作是对中国现代化新阶段所面临各种严峻挑战的主动回应，同时它也以“项目载体”的方式提出了推进国家各级治理体系和治理能力现代化的新要求与新期许。① 然而，在人们普遍关注到城镇化的发展功能与政策利好的时候，必须清醒地认识到有效克服国家治理中“路径依赖”这一宿

① 关于项目制对地方治理影响的分析，参见折晓叶：《县域政府治理模式的新变化》，《中国社会科学》2014 年第 1 期。

弊的重要性与艰巨性。作为“改革项目”推进的城镇化建设,需要突破发展型国家所具有的发展主义、经济国家主义、地方政商合作等种种限制,①尤其需要改变实际存在的改革碎片化、短期行为、政出多门、部门主义以及地方主义等现行治理体制和公共政策的致命弱点。② 如若仍然较多地回避制度性、结构性的问题,一些政策反而不断强化旧有制度的惯性,那么,城镇化建设的提质升级乃至对发展型国家的超越转型,都将会变得更加困难。从这个角度讲,以服务型政府的效能化与法治化构建为基础的公共治理结构打造,成为通过城镇化来稳步推进国家治理现代化的组织保障与规范基础。而在此过程中,治理的结构分化、功能专门化与权力理性化、文化世俗化之间的协同运行不可或缺。由是观之,从城镇化战略的稳健推进角度看,治理的根植性来源于对于国家复杂现代性特征的准确把握。这也从另一个侧面表明,大转型时代塑造国家治理体系与治理能力的现代化,亟待我们在未来前进道路中不断进行改革调适与机制创新,以实现结构优化基础上的功能强化,从而导向秩序可控的现代化。

党的十九大立意高远,实质性地提出了在新的历史时期如何建设“强大国家、美好社会”的重大命题。党的十九大明确指出,“深化改革总目标是完善和发展中国特色社会主义制度、推进国家治理体系和治理能力现代化”。这一论断再次明确和强调了新时代全面深化改革的目的和任务。党的二十大报告、二十届三中全会决定,更是细化和深化了这一改革总目标。发展中的现实表明,国家治理现代化这一重大改革建设主题,业已成为自党的十八大以来不断深化和发展的“四个全面”战略布局之关键任务之一,构成习近平新时代中国特色社会主义思想的内核。

理论地看,现代国家是实现对法强制的垄断的公共团体③,要凸显主权性、国民性和人民性等现代性特征。④ 现代国家的适当定义是,与传统国家相比,国家的公共性更强,公民拥有政治参与权,国家机构的制度化和政治权威的合理化程度更高,并有较强能力促进稳定和发展的国家。⑤ 其中,重塑国家与人民之间的关系至关重要。正如有学者指出的那样,从新中国成立时期和国家工业化时期以集中化的权力结构为手段、以民族主权和国家

---

① 郁建兴、石德金:《超越发展型国家与中国的国家转型》,《学术月刊》2008 年第 4 期。

② 俞可平:《“城管式困境”与治理现代化》,《同舟共进》2014 年第 1 期。

③ 杨利敏:《论韦伯社会理论中现代国家的特质与实现》,《中国人民大学学报》2019 年第 2 期。

④ 燕继荣、王江成:《中国共产党领导的现代国家建构逻辑》,《政治学研究》2022 年第 3 期。

⑤ 马德普:《什么是现代国家?》,《天津社会科学》2024 年第 3 期。

安全为最高目标，过渡到这些目标完成之后，进而以人民的基本权利和福祉为立法和决策的优先考量。① 这两项任务，对于建构一个和谐稳定的真正意义上的现代民族国家，不可或缺。可喜的是，这样的努力正在不断勠力推进。纵贯地讲，中国特色社会主义国家制度和国家治理体系，是中国共产党带领中国人民百年奋斗获得的最重要思想创新成果、最重要制度创造成果和最重大实践创新成果之一，国家治理现代化是中国式现代化的重要组成部分，对于全面建设社会主义现代化国家，以中国式现代化全面推进中华民族伟大复兴具有极为重要的意义。② 实践而论，中国的国家治理，是在党的领导、人民当家作主和依法治国三者有机统一构架下、融合“五位一体”总体布局、“四个全面”战略布局的复合治理体系。③ 在持续的改革和建设过程之中，这一治理体系正在呈现出向管理型治理、服务型治理和制度化治理的深刻转变，有着深厚的历史逻辑、科学的思想逻辑和以提升国家治理效能现代化为导向的实践逻辑。④

（二）伟大实践中的国家治理现代化

新型城镇化引发了社会巨变。在一个社会实践“结构性巨变”的时代，要“在场性”地准确认识和科学把握“国家治理”，可以尝试从如下五个“关系”维度来展开思考。⑤

一是理论与实践关系的维度。“时代是思想之母，实践是理论之源。”进入新时代、面对新矛盾、呼唤新思想，就有“八个明确、十四个坚持”，就要开启新征程，实施“两步走”战略，从而实现中国梦。这就是十九大的逻辑，也是我们认知新时代国家治理的理路。这之中，一个至关重要的话题便是我们处在什么样的历史方位、我们以什么理论指引走向何方。的的确确，经历了40多年的改革开放和新中国建设，当前中国的经济基础和社会结构出现重大变化。国家正在由一个“乡村的中国”逐步转变成为“城乡的中国”，正在由一个农业农村的社会逐步转变成为工业化、服务化、信息化和智能化

① 李怀印：《中国是怎样成为现代国家的？——国家转型的宏观历史解读》，《开放时代》2017年第2期。

② 欧阳康：《中国式现代化视域中的国家制度和国家治理现代化》，《中国社会科学》2023年第4期；许耀桐：《中国式现代化的内涵拓新和国家治理现代化的赋能加力》，《科学社会主义》2023年第1期。

③ 佟德志：《中国国家治理的复合体系与合力效应》，《政治学研究》2016年第5期。

④ 丁志刚、熊凯：《中国式国家治理现代化的三重逻辑分析》，《中南大学学报》（社会科学版）2023年第5期。

⑤ 黄建洪：《国家秩序图景中的治理体系构建》，《中国社会科学报》2019年11月1日。

的社会。因此,面对不平衡不充分的发展不能很好地满足人民日益增长的美好生活需要这一主要矛盾,国家治理就需要更好地坚持以人民为中心的发展,在理论上回应如何将国家议程从“效率增长模式”循序转变成为“效益发展模式”,解决人们“生存性需要”基本满足条件下向“发展性需要”转变的一系列体制机制问题。实践中,就是需要更好地贯彻发展新理念、实现经济社会的高质量发展。党的二十大,尤其是二十届三中全会,持续拓展了进一步全面深化改革的认识,增强了实践的协调性。譬如,从全面改善和加强党的领导出发,把握党和国家机构改革的重大现实意义,做好党政融合、功能优化工作;又如,研究决策与执行的法治化和效能化问题,通过调节经济发展和社会共享之间关系,实现结构性战略再平衡;再如,深入反思单纯的区隔化、城市主义思维,正视和回归乡村振兴的国家治理战略功能。因此,在新时代要提升国家治理的有效性和可持续性,就亟待对理论与实践关系作出适配性、互洽性和建设性的调整与更新。基于此,对新时代国家治理绩效的实践评价,就需要实现社会化、法治化与综合化方面的转变。社会化的转向,就是要突破简单地以政府偏好为中心和自我评价,发展民意导向的政策过程和绩效评价体系;法治化的转向,即倡导国家政策决策与实施的规范化、制度化,确保社会的有序参与及权益的均衡保障,提升建设的理性化程度;综合化的转向,则意味着对建设发展进行经济、社会、文化、生态等多维度的综合考评,导引高质量发展的再平衡功能之实现。这样的转向,其要义在于在国家治理进程中实现由“物本”向“人本”模式与机制的深层次实践转变。

二是历史与现实关系的维度。我国依然处在社会主义初级阶段,这是十九大对国家经历经年建设发展后作出的审慎而理性的重大判断。但与此同时,以新的经济体量、新的社会结构、新的实践能力呈现出来的共和国,之于改革开放初年又存在着实实在在的“能级差”和影响力区别。新的历史时期,国家治理的根基和依据,尽管出现显著变化,但却不是根本性的变化。这种清醒,需要理性,更需要自信。新时代的国家治理,既需要深切地理解和把握改革开放的逻辑,又需要联系和衔接社会主义革命和建设的优良传统,同时还需要参透和融合到我们祖祖辈辈存续发展的心理文化和行为结构之中。任何历史都是当代史,忘却历史就意味着背叛,更为重要的是,忘却历史我们则极有可能忘记了出发的初心和失却了前行的依据。从这个角度讲,新时代的国家治理既需要充分尊重本源型传统与复杂现代性依据,扎根于乡土性制度底色向城市性增量循序转变这一根本事实,做好诸如新型城镇与乡村振兴的融合式、协调性发展,又需要精准回应深度市场化的需求，更深切地理解和把握经济规律，尤其是实践中逐渐摆脱对行政的过度依赖，同时通过构建和运行完备的法治体系，规避资本逻辑对于社会诸领域的同质化“殖民”所造城的诸多风险和不确定性，降低国家治理的“风险成本”。

三是线上与线下关系的维度。复杂现代性发展情势下的互联网+、大数据、云计算、人工智能等现代科技手段，给国家治理勾勒出了一个与人们日常“在场空间”看似迥异、而实际却是“关系万千重”的“缺场空间”——“线上空间”。这为国家治理给出了新命题、提出了新挑战。在一个主体性与场域性二重性特征鲜明的线上世界，我们可以从本体论意义出发，视网络政治为通过交互方式以寻求生存发展的政治形态，也可以从方法论角度把网络政治看作是社会力量互动博弈的场域政治。这样，诸如在场与缺场、解构与建构、生产与传播、政治资源与社会资本、生态系与社会熵以及有效性与合法性等复杂问题，便会成为将历时性命题压缩转变成为共时性表达的复杂国家治理问题。在一个现代化深入推进的大转变年代，国家治理需要将“线上”与“线下”有机结合起来，实现一体化、开放式的公共政策优化。这就需要深度把握经济社会发展新常态和理解性地切入国家治理现代化进程，在对策建言、战略引领、思想创建、秩序建构等层次上，进阶式地契入到满足大国民生、风险社会、协同创新等内生新需求的智识作为系统之中，从而深度地消除经济社会结构的对立性，实现以人民为中心的发展和国家的长治久安。譬如，大数据正深层次地影响着社会生活的方方面面，同时也重塑着社会治理范式。社会治理是国家治理的当然内容和基础，可以通过深度运用大数据，一方面有利于进一步克服“信息孤岛”“数字鸿沟”等“技术藩篱”现象，竭力规避碎片化、应景式、悬浮式治理，另一方面对于回应新时代社会治理现代化的整体型、开放型、服务型和质量型发展趋势也富有价值。为此，应更加务实地依托于“五位一体”的治理体制，高效地促进社会治理社会化、法治化、智能化、专业化的“四化”协同，持续更新社会治理生态系统，深入开展“全要素”嵌入式共建共治共享的社会治理模式构建，既要有向下、向内的坚持，更要有向外、向远的视野，以有利于国家可持续地提升管理服务，从而促进民生福祉的改善。

四是结构与功能关系的维度。“国家治理，是实现国家性质、国家发展和国家根本制度要求的治理，是国家共同体的总体治理。”①国家治理现代

① 王浦劬：《国家治理、政府治理和社会治理的含义及其相互关系》，《国家行政学院学报》2014 年第 3 期。

化，需要对国家治理结构进行调适性的优化，透过功能改造和功能释放，引领性地促进经济社会的高质量发展，最终实现“国家”的高质量发展。作为政治现代化的重要组成部分，国家治理包括治理体系与治理能力两个层面的丰富内容。前者包括规范行政行为、市场行为和社会行为的一系列制度和程序，政府治理、市场治理和社会治理是现代国家治理体系中三个最重要的次级体系；后者则是指运用国家制度管理社会各方面事务的能力，诸如改革发展稳定、内政外交国防、治党治国治军等各个方面的能力。“国家治理是国家政权的所有者、管理者和利益相关者等多元行动者对社会公共事物的合作管理”，①国家治理的主体、过程与产品具有统一性：即以执政党与政府为核心的治理主体，通过利益表达、利益综合与政策制定、政策实施等过程的循环往复，输出自由、安全、福利与团结等公共产品。为此，提升以民主和法治为核心的制度建构能力、进行制度化与协调性的治理，是重中之重。国家治理现代化，实质上就是在充分发掘现有国家制度资源的基础上，实现国家在结构与功能方面的现代性建设，亦即提升国家治理结构的规范度与治理能力的有效性。作为实践中的国家建构，国家治理现代化旨在不断提升治理的民主化与效能化，前者指向解决提供制度保障问题，后者旨在落实让公共治理结构运转起来并产生预期治理绩效的问题，裨使国家成为保障和发展公共利益的现代公共管理者与服务者。从国家均衡建构的角度讲，从传统走向现代的现代性国家治理，在结构上要解决的核心问题是权力与权利的理性化制度关联；在功能上要拓展的是基于政府与市场有机作用关联基础上的实践机制平衡，建立包容性的经济体制和治理体系。这样，才有可能拥有真正有效的社会参与社会利益配置的动态平衡。从国家与社会有机互动的视野看，这也是真正深度完成现代国家建构的内在需要。作为现代化重要组成部分的政府治理现代化，表面上集聚的是物态现代化，然而实质上最应该解决的问题则是权力与权利关系的现代化，即在政府价值层面、治理结构层面和治理能力层面的现代化。在体制转型与发展转型重叠的双重转型关口，关键要解构“主客同体”张力中地方政府所面对的阶段性“角色不适”与“效能递减”困局、探索社会结构日渐分化条件下政府与市场、社会边界的动态调整与交互机制的引导性重构重建，从而促进治理工具的合理选择和有效组合。

五是中国化与全球化关系的维度。全球化时代最为主要的行动单元国

① 何增科：《国家治理现代化的维度与面向》，《人民论坛》2014 年第 27 期。

家在主权维护与形象建构方面面临着全新的机遇与挑战。资本、人才、科技等资源的全球加速流动，既让我们获益匪浅，同时也带来大量不可预知的后果。国家的制度运行、行为模式与治理秩序构成全球化进程的当然组成部分，但全球化超越国家疆域而带来的全球主体性交互，无时无刻不在叩问着民族国家治理的有效性与合法性，国家认同等问题也日渐凸显。全球化本质上是一个内在地充满矛盾的过程：它包含有一体化的趋势，同时又含多中心化的倾向；既是单一化，又有多样化；既是集中化，又是分散化；既是国际化，又是本土化。作为一种客观事实和发展趋势，全球化广泛影响下的国家治理以构成性内容和基础性战略嵌入到中国国家建构之中，为国人在变迁"认异"基础上建构国家能力提供了机遇与动力。我们知道，国家治理从来都不是一个封闭系统。这就涉及到一个我者与他者、国内与国外、自主与协调的关系问题。实际上，中国这样的国家，拥有广袤的国土、悠久的历史、灿烂的文化、最多的人口、庞大的经济体量和潜力无比的市场，注定了她是一个伟大的国家、一个全球性大国。也正因为如此，无论是中国的城镇化、乡村建设，还是市场经济、文化发展以及生态建设，一定是一个个人类现象，均具有世界意义。与此同时，中国以独特的方式参与全球化治理的竞合历程。通过改革开放，通过积极主动参与包括经济全球化在内的全球化进程，中国成为全球化发展的推动者、合作者和建设者。在此过程中，中国不仅获得了全球化的发展红利，而且也为全球化红利的世界分配贡献了智慧和力量。现在，改革开放和新时期国家建设实践的新结晶和集体智慧即习近平新时代中国特色社会主义思想，不仅仅为全球化进程中中国国家治理的发展提供理论指导、思想武器和行动指南，也正通过更加开放、更多途径和更加有效的全球合作，为全球治理提供中国思想、中国方案，贡献中国智慧。因此，进一步的国家治理，需要在不断强化国家整合平衡和发展服务能力的基础上，对全球治理供给更多制度性的公共产品、为人类命运共同体的构建贡献更多力量。

国家治理的发展，本质上是现代民族和民主国家动态均衡建构的国家建设历程，更是一个以人民为中心、实现人全面发展的持续"进步运动"。从理论与实践、历史与现实、线上与线下、结构与功能和中国化与全球化五个关系维度出发理解新时代的国家治理现代化，目的在于帮助我们更好地认知"从站起来、富起来到强起来的伟大飞跃"实现过程中的历史方位、现实依据、理论依归、治理题域和国家使命，从而为更加自觉地坚持以习近平新时代中国特色社会主义思想为指引，为建设富强文明民主和谐美丽的社会主义现代化强国新征程助力。在新型城镇化进程中推进国家治理现代化，就是要“自觉推进国家治理理念的时代化，国家治理目标的合理化，国家治理体系的科学化，国家治理方式的智能化，国家治理功能的实效化，国家治理成本的低廉化，彰显国家治理现代化的中国智慧”。[①]

① 欧阳康：《中国式现代化视域中的国家制度和国家治理现代化》，《中国社会科学》2023 年第 4 期。

参 考 文 献

《习近平关于城市工作论述摘编》，中央文献出版社 2023 年版。

习近平：《高举中国特色社会主义伟大旗帜 为全面建设社会主义现代化国家而团结奋斗——在中国共产党第二十次全国代表大会上的报告》，人民出版社 2022 年版。

习近平：《在庆祝中国共产党成立 100 周年大会上的讲话》，人民出版社 2021 年版。

《习近平谈治国理政》1—4 卷，外文出版社 2018、2017、2020、2022 年版。

习近平：《决胜全面建成小康社会 夺取新时代中国特色社会主义伟大胜利》，人民出版社 2017 年版。

欧阳康：《国家治理现代化的中国智慧》，华中科技大学出版社 2024 年版。

彭凤莲：《分化与融通：国家治理现代化进程中的德治法治》，人民出版社 2024 年版。

胡必亮等：《中国新型城镇化》，中国大百科全书出版社 2024 年版。

赵永平等：《以人为核心的城镇化动力机制与路径重构研究》，经济科学出版社 2024 年版。

杨光斌：《新征程中的国家治理现代化》，中国人民大学出版社 2023 年版。

杜志章：《中国国家治理现代化综合评估体系研究》，华中科技大学出版社 2023 年版。

李钊：《国家治理现代化公共行政理论创新研究》，华中科技大学出版社 2023 年版。

王浦劬等：《国家治理现代化：制度与文化》，人民出版社 2023 年版。

高培勇、张翼主编：《深入推进国家治理现代化研究》，中国社会科学出版社 2023 年版。

谭志雄：《产业集聚与新型城镇化互动发展研究》，中国社会科学出版社 2023 年版。

刘卫柏、李中：《城镇化进程中的农村土地制度改革研究》，人民出版社 2023 年版。

孙久文、席强敏等编：《新型城镇化与区域协调发展》，中国人民大学出版社 2023 年版。

李丽琴：《财政分权体制下中国新型城镇化的推进与实现》，经济出版社 2023 年版。

楚天骄：《以人为核心的新型城镇化》，中共中央党校出版社 2023 年版。

沈海军：《新型城镇化背景下地方政府公信力提升的路径研究》，社会科学文献出版社 2023 年版。

孙久文、张皓等：《推进黄河流域高效城镇化与城市群可持续发展的科学路径》，经济管理出版社 2023 年版。

方创琳：《城镇化与城市地理学》，科学出版社 2023 年版。

刘青：《基于区域创新体系的珠江三角洲区域城镇化空间研究》，科学出版社 2023

年版。

李慧燕:《京津冀城市群新型城镇化质量时空演变与提升路径》,中国经济出版社2023年版。

陈晨:《新型城镇化进程中新生代农业转移人口城市融入研究》,中国商务出版社2023年版。

孟延春等:《新型城镇化视野下城市更新与治理》,清华大学出版社2023年版。

侯月丽等:《新型城镇化标准化研究与实践》,中国标准出版社2023年版。

欧阳康编:《国家治理现代化理论与实践研究》,华中科技大学出版社2022年版。

陈明明主编:《国家治理现代化的政党逻辑》,复旦大学出版社2022年版。

蓝志勇等:《国家治理现代化与行政管理制度体系创新》,中国社会科学出版社2022年版。

刘成晨、陈建平等:《新型城镇化的多维研究》,上海三联书店2022年版。

梁振民:《我国人口城镇化与土地城镇化协调性研究》,人民出版社2022年版。

刘岱宁:《传统农区人口流动与城镇化模式研究》,中国经济出版社2022年版。

谢天成:《乡村振兴与新型城镇化协同发展研究》,中国建筑工业出版社2022年版。

袁方成:《迈向充分而平衡的新型城镇化》,中国社会科学出版社2022年版。

杨飞虎:《中国新型城镇化包容性发展研究》,经济管理出版社2022年版。

何苑、代雪玲等:《基于人口变化的我国新型城镇化发展研究》,经济管理出版社2022年版。

马宁宁:《中国城镇化进程中的政策工具适配性研究》,中国财政经济出版社2022年版。

姚远:《生态位视角下新型城镇化适宜度评价》,中国建筑工业出版社2022年版。

顾菁:《信息化背景下中国城镇化动力作用机理及仿真》,陕西科学技术出版社2022年版。

徐维祥、李露:《乡村振兴与新型城镇化的战略耦合研究》,经济科学出版社2022年版。

陈昱:《人口城镇化与土地城镇化互动机理及政策优化研究》,社会科学文献出版社2022年版。

侯祥鹏:《基于地方政府行为的中国城镇化发展研究》,江苏人民出版社2022年版。

许伟:《中国特色城镇化道路探索的研究》,人民出版社2022年版。

朱翔:《中国绿色城镇化推进研究》,湖南教育出版社2022年版。

任远、赵德余主编:《人口迁移流动和新型城镇化发展》,上海人民出版社2022年版。

马德勇:《中国新型城镇化的技术选择探究》,东北大学出版社2022年版。

张晋晋:《新型城镇化与产业集聚互动发展研究》,经济管理出版社2022年版。

沈蕾:《新型城镇化进程中财政政策与金融政策的协同效应和模式选择研究》,中国金融出版社2022年版。

袁冬梅:《中国城镇化与产业转型升级互动研究》,经济管理出版社 2022 年版。

汪光焘等编著:《新发展阶段的城镇化新格局研究》,中国建筑工业出版社 2022 年版。

姚江云:《新型城镇化进程中乡村治理研究》,中南大学出版社 2022 年版。

蒲松林:《城镇体系构建与城乡经济一体化发展研究》,成都时代出版社 2022 年版。

罗意、王炜等:《新城新生:新疆北部牧区城镇化进程中牧民生活转型研究》,科学出版社 2022 年版。

江欢成、胡昊等主编:《长三角一体化城镇建设与协调发展研究》,上海交通大学出版社 2022 年版。

江苏省住房和城乡建设厅编:《城镇化》,中国建筑工业出版社 2022 年版。

邓祥征、张帆等:《城镇化生态转型》,科学出版社 2022 年版。

魏后凯、宋亚平编:《新型城镇化与乡村振兴》,社会科学文献出版社 2022 年版。

何立峰主编:《国家新型城镇化报告(2020—2021)》,人民出版社 2022 年版。

魏礼群主编:《国家治理现代化:70 年回顾和新时代展望》,国家行政管理出版社 2021 年版。

王浦劬主编:《国家治理现代化研究》(第 1—7 辑),中国社会科学出版社 2017—2021 年版。

邢伟:《国家治理现代化背景下的公共服务体系建设》,人民出版社 2021 年版。

高小平等:《中国行政管理制度创新:国家治理现代化视角》,人民出版社 2021 年版。

武廷海、张能:《空间共享——新马克思主义与中国城镇化》,商务印书馆 2021 年版。

魏后凯:《新型城镇化重塑城乡格局》,社会科学文献出版社 2021 年版。

刘爱梅:《新型城镇化与城乡融合发展》,人民出版社 2021 年版。

唐浩:《新型城镇化进程中农业转移人口的土地退出机制与实现途径研究》,经济管理出版社 2021 年版。

马德功、王建英等:《新型城镇化金融支持研究》,西南财经大学出版社 2021 年版。

许耀桐:《中国之治:国家治理现代化的发展路径》,东方出版社 2020 年版。

刘建军、邓理:《国家治理现代化:新时代的治国方略》,上海人民出版社 2020 年版。

何立峰、宁吉喆等:《推进以人为核心的新型城镇化》,中国市场出版社 2020 年版。

王格芳:《以人为核心的新型城镇化道路研究》,人民出版社 2020 年版。

武勇杰:《新型城镇化下中小城市发展的关键问题研究》,经济管理出版社 2020 年版。

杨慧:《新型城镇化与房地产市场》,中国财政经济出版社 2020 年版。

梁益琳:《新型城镇化建设与财政支持模式》,经济科学出版社 2020 年版。

胡星:《基于结构转型、时空质均衡演化的新型城镇化质量提升研究》,经济管理出版社 2020 年版。

于斌斌:《中国新型城镇化转型与治理:效率增进、产业升级与绿色发展》,经济科学出版社 2020 年版。

杨佩卿:《西部地区新型城镇化研究——发展目标、动力机制与绩效评价》,中国社会科学出版社 2020 年版。

何立峰主编:《国家新型城镇化报告》(2016—2019 年),中国计划出版社 2017—2020 年版。

欧阳康、杜志章编:《国家治理现代化:理念、体制和方法论创新》,中国社会科学出版社 2019 年版。

蔡昉、都阳等:《新中国城镇化发展 70 年》,人民出版社 2019 年版。

黄锟:《新时代中国特色新型城镇化道路》,社会科学文献出版社 2019 年版。

王建英:《新型城镇化发展中的金融支持效应研究》,中国经济出版社 2019 年版。

李晓江编:《中国县(市)域城镇化研究》,中国建筑工业出版社 2019 年版。

王兴芬:《中国人口城镇化与土地城镇化协调发展研究》,中国社会科学出版社 2019 年版。

刘习平:《中国新型城镇化转型研究:人口、土地与产业三维协调发展的视角》,知识产权出版社有限责任公司 2018 年版。

尹稚编:《中国城镇化与城乡发展建设的绿色化道路探究》,清华大学出版社 2018 年版。

朱建良编:《改革开放 40 年中国新型城镇化发展》,经济管理出版社 2018 年版。

焦晓云:《当代中国人的城镇化研究》,吉林大学出版社 2018 年版。

王晓丽:《中国人口城镇化质量研究:基于市民化角度》,经济科学出版社 2018 年版。

邓文钱:《中国新型城镇化发展理论与实践问题研究》,中国政法大学出版社 2018 年版。

段进军:《城镇化转型与健康城镇化道路》,苏州大学出版社 2017 年版。

冀福俊:《资本的空间生产与中国城镇化道路研究》,武汉大学出版社 2017 年版。

叶林:《中国新型城镇化发展与城市区域治理创新》,中央编译出版社 2017 年版。

蔡秀玲:《中国城镇化进程中城乡结合部"准市民"包容性发展研究》,经济科学出版社 2017 年版。

樊纲:《中国城市化和特大城市问题再思考》,中国经济出版社 2017 年版。

张江华、沈关宝:《深入与反思:费孝通的小城镇理论与 30 年来的中国城镇化实践》,社会科学文献出版社 2016 年版。

梁鹤年:《旧概念与新环境:以人为本的城镇化》,生活・读书・新知三联书店 2016 年版。

杨振宇:《资本空间化:资本累积、城镇化与空间生产》,东南大学出版社 2016 年版。

冯虹:《中国城镇化进程中农民工的就业歧视及其社会风险》,社会科学文献出版社 2016 年版。

张占斌编:《中国新型城镇化健康发展报告》,社会科学文献出版社 2016 年版。

徐绍史、胡祖才:《国家新型城镇化报告 2015》,中国计划出版社 2016 年版。

李伟、宋敏、沈体雁编著:《新型城镇化发展报告 2015》,社会科学文献出版社 2016 年版。

刘国新:《中国特色城镇化制度变迁与制度创新研究》,中国社会科学出版社 2015 年版。

向春玲:《中国特色城镇化重大理论与现实问题研究》,中共中央党校出版社 2015 年版。

吴柏均:《中国城镇化的经验与理论研究:长三角地区的发展格局与未来道路》,上海人民出版社 2015 年版。

张平:《中国新型城镇化道路与人的城镇化政策选择》,广东经济出版社 2015 年版。

魏丽莉:《中国特色城镇化道路的区域响应、动力机制与政策创新》,中国社会科学出版社 2015 年版。

厉以宁:《中国新型城镇化概论》,中国工人出版社 2014 年版。

马海涛编:《中国新型城镇化进程中的土地财政与公共服务问题研究》,中国财政经济出版社 2014 年版。

文贯中:《吾民无地:城市化、土地制度与户籍制度的内在逻辑》,东方出版社 2014 年版。

李伟、宋敏、沈体雁编著:《新型城镇化发展报告 2014》,社会科学文献出版社 2014 年版。

贺雪峰:《城市化的中国道路》,东方出版社 2014 年版。

李强:《多元城镇化与中国发展:战略及推进模式研究》,社会科学文献出版社 2013 年版。

李强编:《城镇化进程中的人口迁移与人的城镇化研究》,中国建筑工业出版社 2013 年版。

李铁:《中国城镇化进程中的非农就业问题和政府治理结构研究》,中国发展出版社 2013 年版。

段进军:《城镇化转型与健康城镇化道路》,苏州大学出版社 2013 年版。

韩康:《中国城镇化向何处去》,国家行政学院出版社 2013 年版。

李培林:《当代中国城市化及其影响》,社会科学文献出版社 2013 年版。

厉以宁编:《中国道路与新城镇化》,商务印书馆 2012 年版。

郑兴明:《中国城镇化进程中农民退出机制研究》,人民出版社 2012 年版。

赵峥:《中国城市化与金融支持》,商务印书馆 2011 年版。

费孝通:《中国城镇化道路》,内蒙古人民出版社 2010 年版。

姚士谋:《中国城镇化及其资源环境基础》,科学出版社 2010 年版。

曲福田:《中国工业化、城镇化进程中的农村土地问题研究》,经济科学出版社 2010 年版。

简新华:《中国城镇化与特色城镇化道路》,山东人民出版社 2009 年版。

顾朝林:《中国城市化:格局·过程·机理》,科学出版社 2008 年版。

谷荣:《中国城市化公共政策研究》,东南大学出版社 2007 年版。

孔凡文:《中国城镇化发展速度与质量问题研究》,东北大学出版社 2006 年版。

郝寿义:《中国城市化快速发展期城市规划体系建设》,华中科技大学出版社 2005 年版。

仇保兴:《中国城镇化——机遇与挑战》,中国建筑工业出版社 2004 年版。

普景秋:《中国工业化与城镇化互动发展研究》,经济科学出版社 2003 年版。

胡顺延:《中国城镇化发展战略》,中共中央党校出版社 2002 年版。

叶裕民:《中国城市化之路:经济支持与制度创新》,商务印书馆 2001 年版。

徐和平:《城市化比较与中国城市化道路选择》,贵州人民出版社 2000 年版。

[美]朱迪斯·德·容编著:《新型城市郊区化》,张靓秋、宫本丽译,华中科技大学出版社 2016 年版。

[美]罗伊·鲍尔:《城镇化与中国财政改革》,刘乐峥译,中国财政经济出版社 2014 年版。

[美]张庭伟、田莉主编:《城市读本》(中文版),中国建筑工业出版社 2013 年版。

[美]凯文·林奇:《城市意象》,方益萍等译,华夏出版社 2013 年版。

[美]刘易斯·芒福德:《城市发展史——起源、演变和前景》,宋俊岭等译,中国建筑工业出版社 2013 年版。

[美]爱德华·格莱泽:《城市的胜利》,刘润泉译,上海社会科学院出版社 2012 年版。

[美]R.E.帕克等:《城市社会学——芝加哥学派城市研究》,宋俊岭译,商务印书馆 2012 年版。

[美]保罗·斯诺克等:《城市化》,顾朝林等译,科学出版社 2011 年版。

[法]勒·柯布西耶:《光辉城市》,金秋野等译,中国建筑工业出版社 2011 年版。

[英]约翰·里德:《城市》,郝笑丛译,清华大学出版社 2010 年版。

[美]刘易斯·芒福德:《城市文化》,宋俊岭等译,中国建筑工业出版社 2009 年版。

[美]布莱恩·贝利:《比较城市化:20 世纪的不同道路》,顾朝林译,商务印书馆 2008 年版。

[加]简·雅各布斯:《美国大城市的死与生》,金衡山译,译林出版社 2006 年版。

[美]斯皮罗·科斯托夫:《城市的形成:历史进程的城市模式和城市意义》,单皓译,中国建筑工业出版社 2005 年版。

欧阳康:《中国式现代化视域中的国家制度和国家治理现代化》,《中国社会科学》2023 年第 4 期。

赵中源等:《新时代国家治理现代化理论建构及其原创性贡献》,《政治学研究》2023 年第 4 期。

钱坤、唐亚林:《规划治国:一种中国特色的国家治理范式》,《学术界》2023 年第

4期。

田鹏:《超越城乡的新型城镇化——理论框架、多重逻辑与实现路径》,《人口与经济》2023年第3期。

姚毓春、夏宇:《县域城镇化推动中国式现代化建设的内在机理与实现路径》,《农业经济问题》2023年第3期。

王立胜、朱鹏华:《以县城为重要载体的城镇化建设的内涵、挑战与路径》,《中央财经大学学报》2023年第6期。

王继威:《新型城镇化视角下土地城镇化与人口城镇化协调发展分析》,《农业经济》2023年第6期。

温璐歌、沈体雁:《省际多维度城镇化的时空分异及耦合协调发展研究》,《统计与决策》2023年第11期。

解安、林进龙:《中国农村人口发展态势研究:2020—2050年——基于城镇化水平的不同情景模拟分析》,《中国农村观察》2023年第3期。

黄家敏、莫赟:《以县城为重要载体推进城镇化建设的三重逻辑》,《当代县域经济》2023年第6期。

靳小怡、刘诗奇、杜海峰等:《新型城镇化研究的关键问题:农业转移人口的家庭功能与可持续发展》,《西安交通大学学报》(社会科学版)2023年第3期。

刘天宝、马嘉铭:《空间生产理论在中国城镇化研究中的应用进展与展望》,《地理科学进展》2023年第5期。

刘建娥、凌巍:《中国县域城镇化再抉择——社会性流动的重大转向与系统性构建》,《社会学研究》2023年第3期。

罗宁、孙平军、曹乃刚等:《东北三省收缩城市的城镇化演化特征与作用机理研究》,《世界地理研究》2023年第3期。

覃俊博:《以新型城镇化建设促进城乡高质量发展》,《新型城镇化》2023年第5期。

张琦、李顺强:《共同富裕目标下的新型城镇化战略》,《西安交通大学学报》(社会科学版)2023年第3期。

孟立慧:《乡村振兴与新型城镇化协同发展的现实挑战与路径选择——基于国际经验视角》,《西南金融》2023年第4期。

王涛:《新型城镇化视角下农民工市民化现状及成本分担机制研究》,《农业经济》2023年第4期。

李汝资、黄晓玲、刘耀彬:《2010—2020年中国城镇化的时空分异及影响因素》,《地理学报》2023年第4期。

刘秉镰、高子茗:《城市群空间结构视角下中国式城镇化的内涵、机制与路径》,《西安交通大学学报》(社会科学版)2023年第3期。

薛海波、吴文良、王劼等:《多元理论视域下乡村振兴与新型城镇化协同发展探究》,《电子科技大学学报》(社科版)2023年第2期。

欧进锋、许抄军、陈东:《广东省新型城镇化高质量发展水平演变及其影响因素》,

《经济地理》2023 年第 3 期。

李书奎、任金政、毛世平等:《乡村振兴背景下城镇化发展的研究脉络及展望——基于 CiteSpace 的可视化分析》,《城市发展研究》2023 年第 3 期。

赵晓峰、曹聪敏、张丽:《双重经营:县城城镇化中的政府行为与农民抉择——基于陕西省合县的案例分析》,《农业经济问题》2023 年第 3 期。

陆兵哲:《社会空间的继替与共存——一个郊区村庄城镇化的社会学研究》,《社会学研究》2023 年第 2 期。

徐雪、王永瑜:《新型城镇化与乡村振兴耦合协调发展的时空格局及影响因素》,《统计与决策》2023 年第 5 期。

陶真:《新型城镇化背景下转居村民身份认同的冲突与重构》,《山东社会科学》2023 年第 3 期。

徐雪、王永瑜:《城乡融合的逻辑机理、多维测度及区域协调发展研究——基于新型城镇化与乡村振兴协调推进视角》,《农业经济问题》2023 年第 3 期。

蔡雪雄、程秋旺、许安心:《经济增长、城镇化与农地流转》,《社会科学战线》2023 年第 3 期。

瞿诗进、马珺、李全峰等:《长江中游地区县城城镇化质量演变规律与驱动机制》,《经济地理》2023 年第 2 期。

孙杰、于明辰、甄峰等:《新型城镇化与乡村振兴协调发展评估——浙江省案例》,《经济地理》2023 年第 2 期。

聂桢海、包学雄:《中国新型城镇化与乡村振兴战略融合:历史演变、挑战与实现路径》,《湖北农业科学》2023 年第 2 期。

赵美风、翟云利、汪德根:《中国中西部地区就近城镇化空间演变及类型分异》,《人文地理》2023 年第 1 期。

何得桂、赵倩林:《多维互动治理:城镇化进程中基层社会治理创新行为研究》,《学术界》2023 年第 2 期。

刘志、仇保兴、郑思齐等:《"双碳"目标下中国城镇化路径:前沿思考》,《城市观察》2023 年第 1 期。

白美妃、孙国嫄:《城乡两居与合一:县域城镇化进程中的代际关系与养老安排》,《中国农业大学学报》(社会科学版)2023 年第 1 期。

韩宜佟、王鑫滨:《长江经济带城镇化发展质量评价与空间关联性分析——以长江经济带 108 市为例》,《新型城镇化》2023 年第 1 期。

蔡翼飞:《城镇化进程中的城市人口扩张与土地扩张:特征事实与协调机制》,《中国软科学》2023 年第 1 期。

张明斗、乔雪蓓:《新型城镇化促进共同富裕的效应与机制研究》,《郑州大学学报》(哲学社会科学版)2023 年第 1 期。

陆铭、李鹏飞:《区位与分工:论统一大市场建设下的县域城镇化》,《农业经济问题》2023 年第 1 期。

姜瑞云、刘志华:《优化农民工基本公共服务供给的策略分析——基于新型城镇化视角》,《农业经济》2023 年第 1 期。

邹新阳、姚清霞:《数字普惠金融、新型城镇化与农民增收——基于 2011—2020 年 30 个省域面板数据》,《农村金融研究》2023 年第 1 期。

解安、林进龙:《新型城镇化:十年总结与远景展望》,《河北学刊》2023 年第 1 期。

冉杰:《新时代国家治理现代化新形态的建构与创新》,《学术研究》2022 年第 12 期。

赵中源、黄罡:《新时代国家治理现代化的变革逻辑与实践图谱》,《学术研究》2022 年第 11 期。

周黎安:《国家治理理论的自主性探索》,《公共管理与政策评论》2022 年第 6 期。

杨雪冬、陈晓彤:《国家治理现代化的空间逻辑》,《中国人民大学学报》2022 年第 5 期。

赵中源、黄罡、邹宏如:《国家治理现代化的内在理性、变革逻辑与实践形态》,《政治学研究》2022 年第 1 期。

张树华、王阳亮:《制度、体制与机制:对国家治理体系的系统分析》,《管理世界》2022 年第 1 期。

赵果庆、张欣玲:《城镇化能否突破“胡焕庸线”?——基于 2005—2020 年中国省区市面板数据的实证检验》,《中国软科学》2022 年第 12 期。

朱奕衡、杨山、尹上岗等:《长三角地区人口城镇化的空间极化过程及其演变格局研究》,《地理科学进展》2022 年第 12 期。

丁成日、朱佳星、陈灿:《城镇化和城镇化模式对经济增长的影响分析》,《城市发展研究》2022 年第 12 期。

朱鹏华、刘学侠:《以人为核心的新型城镇化:2035 年发展目标与实践方略》,《改革》2023 年第 2 期。

刘彦随、杨忍、林元城:《中国县域城镇化格局演化与优化路径》,《地理学报》2022 年第 12 期。

刘涛、卓云霞、彭荣熙等:《基于城乡人口变动视角的中国城镇化地域类型时空演变》,《地理学报》2022 年第 12 期。

王越、王启轩、陈忠:《从“镇域小城市”到“村域小城市”——浙江省就地城镇化的实践与启示》,《小城镇建设》2022 年第 12 期。

程明、方青:《乡村振兴与新型城镇化战略耦合机理研究——基于城乡要素流动的视角》,《华东经济管理》2023 年第 5 期。

姚尚建、王倩:《空间转型与治理迭代——兼论中国式城市化的理念、政策和行动》,《江苏行政学院学报》2023 年第 2 期。

孙婷:《中国近 40 年城市化发展主导战略与实践反思》,《岭南学刊》2023 年第 1 期。

孔翠芳、徐勤贤:《对国家重大规划实施情况评估之思考——以〈国家新型城镇化规划(2014—2020年)〉为例》,《工程研究——跨学科视野中的工程》2022年第3期。

苏红键:《中国城镇化改革红利:一个量化空间分析》,《中国农村经济》2022年第11期。

魏湖滨、戚伟、刘盛和等:《新型城镇化背景下中国城市郊区化研究进展与展望》,《地理科学进展》2022年第11期。

赵旭、王信知:《基于府际协同的长株潭城市群新型城镇化高质量发展研究》,《城市学刊》2022年第6期。

高帆、许铭:《分税制改革如何影响了中国城镇化质量》,《学术月刊》2022年第11期。

张勇:《公众参与县域城镇化建设:困境、定位与路向》,《华北理工大学学报》(社会科学)2022年第6期。

文丰安:《基于共同富裕的新型城镇化之路:重要性、障碍及实现路径》,《山东大学学报》(哲学社会科学版)2022年第6期。

刘海龙、张丽萍、王炜桥等:《中国省际边界区县域城镇化空间格局及影响因素》,《地理学报》2023年第6期。

谭鑫、杨怡、韩镇宇等:《欠发达地区新型城镇化与乡村振兴战略协同水平的测度及影响因素——基于政府效率和互联网发展视角》,《经济问题探索》2022年第11期。

李晓燕、苏智、刘志慧:《共享发展:马克思主义理论视角下的新型城镇化动力研究》,《农村经济》2022年第10期。

王鑫哲、肖振红、章昌平:《领导力、主动作为与收缩型城市治理——县域政府推进"人的城镇化"的启示》,《公共管理学报》2022年第4期。

胡丽娜、薛阳、孙倩:《财政分权对新型城镇化的影响及作用机制研究——有调节的中介和门槛效应检验》,《经济体制改革》2022年第5期。

任杲、宋迎昌、张枭:《中国新型城镇化内涵特征、水平测度与推进路径》,《宁夏社会科学》2022年第5期。

张元庆:《"逆城镇化"视阈下土地制度创新与乡村振兴》,《党政干部学刊》2022年第9期。

贺雪峰:《大城市的"脚"还是乡村的"脑"?——中西部县域经济与县域城镇化的逻辑》,《社会科学辑刊》2022年第5期。

李培林:《面对未来:我国城镇化的特征、挑战和趋势》,《中国社会科学院大学学报》2022年第8期。

袁梦、杨华:《农民县域城镇化的实践逻辑与社会风险》,《城市问题》2022年第7期。

左停、赵泽宇:《共同富裕视域下县城新型城镇化:叙事逻辑、主要挑战与推进理路》,《新疆师范大学学报》(哲学社会科学版)2022年第6期。

钱振明:《县城城镇化趋势与县城公共服务供给强化之路径》,《中国行政管理》2022年第7期。

项锦雯、袁宏伟、孙严超:《土地城镇化与人口城镇化协调发展的时空差异研究——以安徽省16个城市为例》,《安徽农业大学学报》(社会科学版)2022年第4期。

任远:《城乡整体发展和实现共同富裕:论中国城镇化发展的道路》,《苏州大学学报》(哲学社会科学版)2022年第4期。

王永进、刘玉莹、陈晓佳:《新型城镇化背景下的中央地方财政关系调整》,《社会科学文摘》2022年第7期。

段禄峰、岳路:《城镇化高质量发展指数测度及动力机制研究》,《城市》2022年第6期。

文丰安:《新型城镇化建设中的问题与实现路径》,《北京社会科学》2022年第6期。

袁鸿:《当代中国城镇化下的民族认同建构》,《中央社会主义学院学报》2022年第3期。

张悦倩、刘全龙、李新春:《长三角城市群城市韧性与新型城镇化的耦合协调研究》,《城市问题》2022年第5期。

李燕凌、温馨:《推进以县城为重要载体的城镇化建设:新发展格局中的战略选择》,《中国行政管理》2022年第5期。

朱华雄、王文:《经济视角下的县域城镇化:内在逻辑、难点及进路》,《新疆师范大学学报》(哲学社会科学版)2022年第5期。

高妍蕊:《新型城镇化要因地制宜推进县域城镇化建设》,《中国发展观察》2022年第5期。

邱婷:《从"城乡失衡"到"城乡均衡":乡村振兴背景下的农业产业化与就地城镇化实践》,《华中农业大学学报》(社会科学版)2022年第4期。

任杲、赵蕊:《中国新型城镇化内涵演进机理、制约因素及政策建议》,《区域经济评论》2022年第3期。

史思念:《马克思城乡融合思想视域下的中国城镇化研究》,《农村经济与科技》2022年第9期。

许刚、郑沐辰、王亚星等:《中国人口与土地城镇化:演化趋势、区域和规模差异及测度方法比较》,《中国土地科学》2022年第5期。

葛天任:《都市权力结构与土地利益分配——快速城镇化时期北京城市更新的空间政治经济学》,《广西师范大学学报》(哲学社会科学版)2022年第4期。

万广华、江葳蕤、赵梦雪:《城镇化的共同富裕效应》,《中国农村经济》2022年第4期。

张东玲、王艳霞、刘敏:《新型城镇化对城市土地绿色利用效率的政策驱动效应——基于280个地级市的实证检验》,《城市问题》2022年第4期。

苏红键:《人口城镇化趋势预测与高质量城镇化之路》,《中国特色社会主义研究》2022年第2期。

于斌斌:《城市级别和市场分割对城镇化效率影响评价——以中国285个地级及以上城市为例》,《地理科学》2022年第3期。

孙学涛、于婷、于法稳:《新型城镇化对共同富裕的影响及其作用机制——基于中国281个城市的分析》,《广东财经大学学报》2022年第2期。

唐永、李小建、娄帆等:《快速城镇化背景下中国小城镇时空演变及影响因素》,《经济地理》2022年第3期。

陈伟旋、叶昌、艾历·切希:《新型城镇化背景下基于要素视角的中国城市转型发展分析》,《上海城市管理》2022年第2期。

陈景帅、张东玲:《城乡融合中的耦合协调:新型城镇化与乡村振兴》,《中国农业资源与区划》2022年第10期。

李燕凌、代蜜:《我国县城城镇化政策的适配性研究——基于政策文本分析的视角》,《公共管理与政策评论》2022年第2期。

朱纪广、侯智星、李小建等:《中国城镇化对乡村振兴的影响效应》,《经济地理》2022年第3期。

李运华、赵亢:《新型城镇化背景下农民工城市定居的生活质量效应分析》,《华东理工大学学报》(社会科学版)2022年第2期。

段龙龙、叶子荣:《"逆城镇化"推动中国城乡融合发展的逻辑关联与实现路径》,《当代经济研究》2022年第3期。

刘雪华、孙大鹏:《政策工具视角下我国城镇化政策文本量化研究——基于2014—2020年的国家政策文本》,《吉林大学社会科学学报》2022年第2期。

桂华:《城乡"第三极"与县域城镇化风险应对——基于中西部地区与东部地区比较的视野》,《中州学刊》2022年第2期。

赵德昭:《地方政府财政治理对就地城镇化影响的实证研究》,《中国软科学》2022年第1期。

杨佩卿:《新型城镇化和乡村振兴协同推进路径探析——基于陕西实践探索的案例》,《西北农林科技大学学报》(社会科学版)2022年第1期。

吴瑞君、薛琪薪,罗志华:《我国人口迁移和城镇化格局的转折性变化:2000—2020年》,《上海行政学院学报》2022年第1期。

张明皓:《乡村振兴与新型城镇化的战略耦合及协同推进路径》,《华中农业大学学报》(社会科学版)2022年第1期。

李慧:《土地财政、创新驱动与城市化质量》,《江海学刊》2022年第6期。

王微、邓郁松等:《新一轮技术革命与中国城市化2020—2050——影响、前景与战略》,《管理世界》2022年第11期。

段坤君、李燕凌、张斌等:《数字乡村建设与新型城市化道路》,《公共管理学报》2022年第4期。

管兵:《城市化的行政、福利、治理维度:控制权视角下的政策过程分析》,《学海》2022年第5期。

贺雪峰:《区域差异与中国城市化的未来》,《北京工业大学学报》(社会科学版)2022年第5期。

黄锡生、王中政:《论城乡融合发展的双重逻辑及制度统合》,《现代经济探讨》2021年第5期。

黄茂兴、张建威:《中国推动城镇化发展:历程、成就与启示》,《数量经济技术经济研究》2021年第6期。

黄亮雄、王贤彬、刘淑琳:《经济增长目标与激进城镇化——来自夜间灯光数据的证据》,《世界经济》2021年第6期。

徐成龙、庄贵阳:《新型城镇化下城镇可持续发展的内涵解析与差异化特征探讨》,《生态经济》2021年第1期。

刘炳辉、熊万胜:《县城:新时代中国城镇化转型升级的关键空间布局》,《中州学刊》2021年第1期。

洪银兴、杨玉珍、王荣:《城镇化新阶段:农业转移人口和农民市民化》,《经济理论与经济管理》2021年第1期。

蔡禾:《新中国城乡关系发展与当下面临的问题》,《社会学评论》2021年第1期。

李晓琳:《适应城镇化未来发展需要的行政区划调整研究》,《区域经济评论》2021年第2期。

谢天成:《乡村振兴与新型城镇化融合发展机理及对策》,《当代经济管理》2021年第2期。

熊曦、闫跳跳、段宜嘉、肖俊:《中国城镇化质量研究现状与热点分析》,《人文地理》2021年第4期。

赖先进:《从赋权转向赋能:"镇改市"治理体制创新的优化路径》,《经济体制改革》2021年第5期。

曹守慧、丁士军、孙飞:《新型城镇化综合试点政策对城镇发展质量的影响研究》,《华中农业大学学报》(社会科学版)2021年第5期。

熊柴、蔡继明、刘媛:《城乡融合发展与土地制度改革》,《政治经济学评论》2021年第5期。

李沛霖:《户籍制度改革区域差异对人口流动影响研究》,《人口与发展》2021年第6期。

金丹、戴林琳:《中国人口城镇化与土地城镇化协调发展的时空特征与驱动因素》,《中国土地科学》2021年第6期。

吴宇哲、任宇航:《以县城为重要载体的新型城镇化建设探讨》,《郑州大学学报》(哲学社会科学版)2021年第6期。

王立平、鲍鹏程:《中国的城镇化推进与区域创新——来自卫星灯光数据的经验证据》,《技术经济》2021年第7期。

罗必良、洪炜杰:《城镇化路径选择:福利维度的考察》,《农业经济问题》2021年第9期。

刘长庚、吴迪:《习近平关于新型城镇化重要论述的逻辑体系》,《湘潭大学学报》(哲学社会科学版)2021年第6期。

吴重庆:《超越“空心化”:内发型发展视角下的县域城乡流动》,《南京农业大学学报》(社会科学版)2021 年第 6 期。

张蔚文、麻玉琦等:《现代化视野下的中国新型城镇化》,《城市发展研究》2021 年第 7 期。

姜彦坤、赵继伦、刘晓静:《政策工具视阈下农业转移人口市民化政策的三维分析》,《经济问题》2021 年第 8 期。

周文:《西方国家城市权利状况及对中国城镇化建设的启示》,《学术月刊》2021 年第 8 期。

赵军洁、张晓旭:《中国户籍制度改革:历程回顾、改革估价和趋势判断》,《宏观经济研究》2021 年第 9 期。

陆铭:《从分散到集聚:农村城镇化的理论、误区与改革》,《农业经济问题》2021 年第 9 期。

仇保兴、叶蒙宇、宁坤:《关注我国城镇化下半场的十二个拐点》,《城市发展研究》2021 年第 9 期。

姚常成、宋冬林:《中国城市群空间结构演化机制与优化路径问题研究》,《教学与研究》2021 年第 10 期。

毛一敬、刘建平:《农民城市化视角下县域城乡融合发展的实践机制研究》,《暨南学报》(哲学社会科学版)2021 年第 10 期。

刘双双、段进军:《协调推进乡村振兴与新型城镇化:内在机理、驱动机制和实践路径》,《南京社会科学》2021 年第 11 期。

姜长云:《建党百年优化城乡关系治理的历程、经验与启示》,《人文杂志》2021 年第 11 期。

易忠君、王振中:《中国村域城镇化演绎机制与路径设计》,《中国农业大学学报》2021 年第 11 期。

毛一敬、刘建平:《农民城市化视角下县域城乡融合发展的实践机制研究》,《暨南学报》(哲学社会科学版)2021 年第 1 期。

王俊龙、郭贯成:《长江经济带城市化发展水平时空差异——基于 108 个城市的实证分析》,《北京理工大学学报》(社会科学版)2021 年第 5 期。

汪彬、郭贝贝:《基于城市效率视角的中国城市化道路思考》,《学习与探索》2021 年第 9 期。

王宏亮、高艺宁、吴健生等:《高度城市化地区建设用地扩展及其驱动力分析——以深圳市为例》,《北京大学学报》(自然科学版)2021 年第 4 期。

李阿琳:《地方身份的规划叙事——一个乡镇城市化的案例》,《社会学研究》2021 年第 3 期。

庄友刚、马征:《城市风险化与风险城市化:风险发展的当代趋势与治理要求》,《中国矿业大学学报》(社会科学版)2021 年第 5 期。

唐亚林:《构建新时代社会主义现代化国家的空间布局战略体系——基于城市化发

展的考察》,《同济大学学报》(社会科学版)2021 年第 1 期。

李锦峰、俞祖成:《现代城市化的“反向运动”与基层治理的中国逻辑——基于上海创新社会治理实践的理论思考》,《政治学研究》2021 年第 1 期。

罗必良、张露:《风险规避与农村城镇化——重新理解城市化道路模式的选择逻辑》,《人文杂志》2021 年第 2 期。

周启良、范红忠:《人力资本—产业结构匹配度对城市化的影响——来自中国 287 个地级及以上城市的经验证据》,《重庆大学学报》(社会科学版)2021 年第 4 期。

马长发、贾鼎、李嘉、朱文浩:《以人为核心的“城市能力”论——中国新型城镇化研究新思维》,《城市发展研究》2020 年第 12 期。

李兰冰、高雪莲、黄玖立:《“十四五”时期中国新型城镇化发展重大问题展望》,《管理世界》2020 年第 11 期。

陈亚军:《新型城镇化建设进展和政策举措》,《宏观经济管理》2020 年第 9 期。

何江、闫淑敏、关娇:《中国新型城镇化:十年研究全景图谱——演进脉络、热点前沿与未来趋势》,《经济地理》2020 年第 9 期。

徐维祥、李露、周建平、刘程军:《乡村振兴与新型城镇化耦合协调的动态演进及其驱动机制》,《自然资源学报》2020 年第 9 期。

桂华:《论新型城镇化与乡村振兴战略的衔接》,《贵州社会科学》2020 年第 9 期。

赵玉、谢啟阳、丁宝根:《中国城镇化高质量发展的综合测度与演化特征》,《区域经济评论》2020 年第 5 期。

叶超、于洁:《迈向城乡融合:新型城镇化与乡村振兴结合研究的关键与趋势》,《地理科学》2020 年第 4 期。

陈文胜:《城镇化进程中乡村社会结构的变迁》,《湖南师范大学社会科学学报》2020 年第 2 期。

谢立中:《未来中国城镇化的理想水平与乡村治理的中国方案》,《武汉大学学报》(哲学社会科学版)2020 年第 3 期。

苏小庆、王颂吉、白永秀:《新型城镇化与乡村振兴联动》,《天津社会科学》2020 年第 3 期。

袁方成、陈泽华:《新时代新型城镇化的要素结构及其优化路径》,《华中师范大学学报》(人文社会科学版)2020 年第 3 期。

赵永平、王可苗:《公共服务供给、空间溢出与新型城镇化发展质量》,《经济体制改革》2020 年第 2 期。

陈心颖:《新型城镇化中“人”的现代化解读》,《福建论坛》(人文社会科学版)2020 年第 2 期。

乔艺波:《改革开放以来中国城镇化的演进历程、特征与方向——基于人口、经济与制度视角》,《城市规划》2020 年第 1 期。

李兰冰、高雪莲、黄玖立:《“十四五”时期中国新型城镇化发展重大问题展望》,《管理世界》2020 年第 11 期。

马长发、贾鼎、李嘉、朱文浩:《以人为核心的“城市能力”论》,《城市发展研究》2020年第12期。

卓玛草:《新时代乡村振兴与新型城镇化融合发展的理论依据与实现路径》,《经济学家》2019年第1期。

傅允生:《城市化逻辑与进程:中国的实践》,《浙江学刊》2019年第1期。

陈小卉、国子健、钟睿:《开发区与城镇化互动发展的反思和展望——基于江苏的思考》,《城市规划学刊》2019年第1期。

方创琳:《中国新型城镇化高质量发展的规律性与重点方向》,《地理研究》2019年第1期。

夏柱智:《城市化进程中的土地制度改革比较研究——基于苏南和珠三角的经验》,《社会科学》2019年第2期。

孙斌栋、金晓溪、林杰:《走向大中小城市协调发展的中国新型城镇化格局》,《地理研究》2019年第1期。

韩云、陈迪宇等:《改革开放40年城镇化的历程、经验与展望》,《宏观经济管理》2019年第2期。

李蓉蓉、段萌琦:《城镇化进程中中国新市民的身份迷失》,《经济社会体制比较》2019年第3期。

李斌、张贵生:《农业转移人口身份认同的分化逻辑》,《社会学研究》2019年第3期。

陈桂生、张跃嫔:《精准扶贫跨域协同研究:城镇化与乡村振兴的融合》,《中国行政管理》2019年第4期。

许伟:《新中国成立70年来的城镇化建设及其未来应然走向》,《武汉大学学报》(哲学社会科学版)2019年第4期。

吴海琳、陆兵哲:《新型城市化的时空社会学分析》,《江海学刊》2019年第4期。

陈明星、叶超、陆大道等:《中国特色新型城镇化理论内涵的认知与建构》,《地理学报》2019年第4期。

杨嵘均:《论新型城镇化与乡村振兴战略的内在张力、政策梗阻及其规避》,《南京农业大学学报》(社会科学版)2019年第5期。

王志锋、张维凡、朱中华:《中国城镇化70年:基于地方政府治理视角的回顾和展望》,《经济问题》2019年第7期。

谭景辉:《论新型城镇化中的经济发达镇行政管理体制改革》,《中国行政管理》2019年第10期。

段禄峰、魏明:《人口城镇化与土地城镇化同步发展研究》,《当代经济管理》2019年第11期。

宋辉:《新型城镇化推进中城市拆迁安置社区治理体系重构研究》,《中国软科学》2019年第1期。

宁越敏、杨传开:《新型城镇化背景下城市外来人口的社会融合》,《地理研究》2019年第1期。

桂华:《论土地开发模式与“人的城镇化”》,《华中农业大学学报》(社会科学版)2019 年第 1 期。

刘金伟:《户籍人口城镇化进程评价及城际差异分析》,《国家行政学院学报》2018 年第 4 期。

霍鹏、张冬、屈小博:《城镇化的迷思:户籍身份转换与居民幸福感》,《农业经济问题》2018 年第 1 期。

梁文泉:《不安居,则不消费:为什么排斥外来人口不利于提高本地人口的收入?》,《管理世界》2018 年第 1 期。

姚进忠:《福利多元:农民工城市融入服务体系建构的社会工作行动研究》,《中国行政管理》2018 年第 1 期。

蒋丽、李锋、方健雯:《城镇化能提升居民幸福感吗?》,《公共行政评论》2017 年第 6 期。

陈锡文:《以新型城镇化与新农村建设双轮推进城乡一体化》,《求索》2017 年第 11 期。

韩增林、温秀丽、刘天宝:《中国人口半城镇化率时空分异特征及影响因素》,《经济地理》2017 年第 11 期。

杨华磊、何凌云:《人口迁移、城镇化与住房市场》,《中国软科学》2016 年第 12 期。

詹国彬:《公共服务与城镇化质量的关联测度》,《政治学研究》2016 年第 4 期。

潘鑫、魏旭红、王颖:《中部地区县域城镇化统计口径优化思考——半城镇化现象的视角》,《城市规划》2015 年第 11 期。

陈云松、张翼:《城镇化的不平等效应与社会融合》,《中国社会科学》2015 年第 6 期。

周飞舟、王绍琛:《农民上楼与资本下乡:城镇化的社会学研究》,《中国社会科学》2015 年第 1 期。

Patchell J.*China's Greater Bay Area:Agglomeration,External Economies,Governance and Urbanization*.Taylor and Francis:2023.

Hague C,Harridge C,Julyan B,et al.*Planning,Sustainable Urbanisation,and the Commonwealth:The Commonwealth Association of Planners,Past,Present and Future*.Taylor and Francis:2022.

ELI F.*The Urbanization of People:The Politics of Development,Labor Markets,and Schooling in the Chinese City*.Columbia University Press:2022.

Wiryomartono B.*Globalization,Urbanization,and Civil Society:A Non-Western Critique*.Taylor and Francis:2022.

Nickain S S.*The Urban Forest in the Age of Urbanisation*.River Publishers:2022.

ELI F.*The Urbanization of People:The Politics of Development,Labor Markets,and Schooling in the Chinese City*.Columbia University Press:2022.

Roger K,Fulong W.*After Suburbia:Urbanization in the Twenty-First Century*.University of

Toronto Press:2021.

Solomon Nathaniel, Syed Abdul Rehman Khan. The nexus between urbanization, renewable energy, trade, and ecological footprint in ASEAN countries. *Journal of Cleaner Production*, 2020, 272.

Thomas Elmqvist, Erik Andersson, Niki Frantzeskaki, Timon McPhearson, Per Olsson, Owen Gaffney, Kazuhiko Takeuchi, Carl Folke. Sustainability and resilience for transformation in the urban century. *Nature Sustainability*, 2019, 2(4).

Kockelkorn, Anne, Sawyer, Lindsay, Hanakata, Naomi C., et al. Towards a New Vocabulary of Urbanisation Processes: A Comparative Approach. *Urban studies*, 2018, 55(1).

Winters, John V., Li, Yu. Urbanisation, Natural Amenities and Subjective Well-being: Evidence from US Counties. *Urban studies*, 2017, 54(8).

Christian Sorace, William Hurst. China's Phantom Urbanisation and the Pathology of Ghost Cities. *Journal of Contemporary Asia*, 2016, 46(2).

Tomaz Ponce Dentinho. Urbanisation and Sustainability: the Role of the Spatial Allocation of Property Rights and Public Investment. *International Journal of Global Environmental Issues*, 2014, 13(2/3/4).

John Friedman, Four Thesises in the Study of China's Urbanization. *International Journal of Urban and Regional Research*, 2006, 30(2).

附录一　党的十八大以来新型城镇化的重要文件

序号	发文时间	发文号	发文单位	发文名称
1	2013 年 9 月 6 日	国发〔2013〕36 号	国务院	关于加强城市基础设施建设的意见
2	2014 年 3 月 16 日	中发〔2014〕4 号	中共中央、国务院	国家新型城镇化规划（2014—2020 年）
3	2014 年 7 月 1 日	环办〔2014〕57 号	环保部办公厅	关于推进新型城镇化建设加强环境保护工作的通知
4	2014 年 7 月 7 日	国函〔2014〕86 号	国务院	关于同意建立推进新型城镇化工作部际联席会议制度的批复
5	2014 年 12 月 29 日	发改规划〔2014〕2960 号	国家发展改革委	国家新型城镇化综合试点方案
6	2015 年 3 月 20 日	国标委农联〔2015〕21 号	国家标准委、国家发改委、住建部	关于开展新型城镇化标准体系建设工作的指导意见
7	2015 年 6 月 2 日	发改规划〔2015〕1129	国家发展改革委	关于扩大国家新型城镇化综合试点范围的通知
8	2015 年 11 月 27 日	发改规划〔2015〕2665 号	国家发展改革委	关于公布第二批国家新型城镇化综合试点地区名单的通知
9	2015 年 12 月 3 日	发改就业〔2015〕2811 号	国家发展改革委	关于结合新型城镇化开展支持农民工等人员返乡创业试点工作的通知
10	2016 年 2 月 2 日	国发〔2016〕8 号	国务院	关于深入推进新型城镇化建设的若干意见
11	2016 年 4 月 14 日	国土资规〔2016〕4 号	国土资源部	关于进一步做好新型城镇化建设土地服务保障工作的通知
12	2016 年 8 月 5 日	发改办规划〔2016〕1798 号	国家发展改革委	关于开展国家新型城镇化综合试点进展情况第三方评估的通知
13	2016 年 8 月 16 日	发改办规划〔2016〕1858 号	国家发展改革委	关于开展第三批国家新型城镇化综合试点工作的通知

续表

序号	发文时间	发文号	发文单位	发文名称
14	2016 年 8 月 26 日	发改办就业〔2016〕1869 号	国家发展改革委	关于做好第二批结合新型城镇化开展支持农民工等人员返乡创业试点地区申报工作的通知
15	2016 年 10 月 8 日	发改规划〔2016〕2125 号	国家发展改革委	关于加快美丽特色小(城)镇建设的指导意见
16	2016 年 11 月 29 日	发改规划〔2016〕2489 号	国家发展改革委	关于公布第三批国家新型城镇化综合试点地区名单的通知
17	2016 年 12 月 9 日	发改办规划〔2016〕2659 号	国家发展改革委	关于印发新型城镇化系列典型经验(农业转移人口市民化案例)的通知
18	2016 年 12 月 30 日	发改办规划〔2016〕2873 号	国家发展改革委	关于印发新型城镇化系列典型经验(国家新型城镇化综合试点地区探索实践)的通知
19	2017 年 6 月 15 日	发改规划〔2017〕1098 号	国家发展改革委	加快推进新型城镇化建设行动方案
20	2017 年 7 月 1 日	发改办就业〔2017〕1201 号	国家发展改革委	关于做好第三批结合新型城镇化开展支持农民工等人员返乡创业试点地区申报工作的通知
21	2017 年 8 月 10 日	发改办规划〔2017〕1373 号	国家发展改革委	关于总结推广第一批国家新型城镇化综合试点阶段性成果的通知
22	2017 年 10 月 24 日	发改就业〔2017〕1848 号	国家发展改革委	关于同意河北省大名县等135 个县(市、区)结合新型城镇化开展支持农民工等人员返乡创业试点的通知
23	2018 年 3 月 9 日	发改规划〔2018〕406 号	国家发展改革委	关于实施 2018 年推进新型城镇化建设重点任务的通知
24	2018 年 4 月 28 日	发改办规划〔2018〕496 号	国家发展改革委	国家发展改革委办公厅关于印发第一批国家新型城镇化综合试点经验的通知
25	2018 年 11 月 15 日	发改办规划〔2018〕1453 号	国家发展改革委	关于总结推广第二批国家新型城镇化综合试点阶段性成果的通知
26	2019 年 1 月 4 日	2019 年第 1 号	国家标准委	新型城镇化标准化试点项目管理办法(试行)

续表

序号	发文时间	发文号	发文单位	发文名称
27	2019 年 3 月 31 日	发改规划〔2019〕0617 号	国家发展改革委	2019 年新型城镇化建设重点任务
28	2019 年 6 月 25 日	发改办规划〔2019〕727 号	国家发展改革委	关于推广第二批国家新型城镇化综合试点等地区经验的通知
29	2019 年 11 月 1 日	标委秘函〔2019〕16 号	国家标准委	关于开展农业农村及新型城镇化领域标准化试点示范申报工作的通知
30	2020 年 4 月 3 日	国标委发〔2020〕16 号	国家标准委	国家标准化管理委员会关于下达农业农村及新型城镇化领域标准化试点示范项目的通知
31	2020 年 4 月 3 日	发改规划〔2020〕532 号	国家发展改革委	2020 年新型城镇化建设和城乡融合发展重点任务
32	2020 年 7 月 9 日	发改办高技〔2020〕530 号	国家发展改革委	关于加快落实新型城镇化建设补短板强弱项工作有序推进县城智慧化改造的通知
33	2020 年 8 月 11 日	发改办财金规〔2020〕613 号	国家发展改革委	关于印发县城新型城镇化建设专项企业债券发行指引的通知
34	2021 年 4 月 8 日	发改规划〔2021〕493 号	国家发展改革委	2021 年新型城镇化和城乡融合发展重点任务
35	2021 年 8 月 26 日	发改办规划〔2021〕668 号	国家发展改革委	关于推广第三批国家新型城镇化综合试点等地区经验的通知
36	2022 年 3 月 10 日	发改规划〔2022〕371 号	国家发展改革委	2022 年新型城镇化和城乡融合发展重点任务
37	2022 年 5 月 6 日	中办国办 2022	中共中央办公厅国务院办公厅	关于推进以县城为重要载体的城镇化建设的意见
38	2022 年 6 月 21 日	发改规划〔2022〕960 号	国家发展改革委	“十四五”新型城镇化实施方案
39	2024 年 7 月 28 日	国发〔2024〕17 号	国务院	深入实施以人为本的新型城镇化战略五年行动计划

附录二　党的十八大以来新型城镇化重要政策内容梳理

序号	时间	文件名称	相关内容
1	2013 年 12 月 12 日至 13 日	中央城镇化工作会议	要以人为本，推进以人为核心的城镇化，提高城镇人口素质和居民生活质量，把促进有能力在城镇稳定就业和生活的常住人口有序实现市民化作为首要任务。推进农业转移人口市民化、提高城镇建设用地利用效率、建立多元可持续的资金保障机制、优化城镇化布局和形态、提高城镇建设水平、加强对城镇化的管理
2	2014 年 3 月 16 日	国家新型城镇化规划（2014—2020 年）	1. 有序推进农业转移人口市民化；2. 优化城镇化布局和形态；3. 提高城市可持续发展能力；4. 推动城乡发展一体化；5. 改革完善城镇化发展体制机制
3	2014 年 7 月 30 日	国务院关于进一步推进户籍制度改革的意见	1. 进一步调整户口迁移政策；2. 创新人口管理；3. 切实保障农业转移人口及其他常住人口合法权益
4	2014 年 11 月 20 日	中共中央办公厅、国务院办公厅关于引导农村土地经营权有序流转发展农业适度规模经营的意见	1. 稳定完善农村土地承包关系；2. 规范引导农村土地经营权有序流转；3. 建立健全农业社会化服务体系
5	2014 年 12 月 29 日	国家发展改革委：国家新型城镇化综合试点方案	1. 建立农业转移人口市民化成本分担机制；2. 建立多元化可持续的城镇化投融资机制；3. 改革完善农村宅基地制度；4. 探索建立行政管理创新和行政成本降低的新型管理模式；5. 综合推进体制机制改革创新
6	2015 年 4 月 25 日	中共中央 国务院关于加快推进生态文明建设的意见	1. 强化主体功能定位，优化国土空间开发格局；2. 推动技术创新和结构调整，提高发展质量和效益；3. 全面促进资源节约循环高效使用，推动利用方式根本转变；4. 加大自然生态系统和环境保护力度，切实改善生态环境质量；5. 健全生态文明制度体系；6. 加强生态文明建设统计监测和执法监督；7. 加快形成推进生态文明建设的良好社会风尚
7	2015 年 12 月 12 日	居住证暂行条例	推进城镇基本公共服务和便利常住人口全覆盖，保障公民合法权益，促进社会公平正义

续表

序号	时间	文件名称	相关内容
8	2015年12月20日至21日	中央城市工作会议	1. 尊重城市发展规律;2. 统筹空间、规模、产业三大结构,提高城市工作全局性;3. 统筹规划、建设、管理三大环节,提高城市工作的系统性;4. 统筹改革、科技、文化三大动力,提高城市发展持续性;5. 统筹生产、生活、生态三大布局,提高城市发展的宜居性;6. 统筹政府、社会、市民三大主体,提高各方推动城市发展的积极性
9	2016年2月6日	国务院关于深入推进新型城镇化建设的若干意见	1. 积极推进农业转移人口市民化;2. 全面提升城市功能;3. 加快培育中小城市和特色小城镇;4. 辐射带动新农村建设;5. 完善土地利用机制;6. 创新投融资机制;7. 完善城镇住房制度;8. 加快推进新型城镇化综合试点;9. 健全新型城镇化工作推进机制
10	2016年2月6日	中共中央、国务院关于进一步加强城市规划建设管理工作的若干意见	1. 塑造城市特色风貌;2. 提升城市建筑水平;3. 推进节能城市建设;4. 完善城市公共服务;5. 营造城市宜居环境;6. 创新城市治理方式
11	2016年2月6日	国务院关于深入推进新型城镇化建设的若干意见	1. 积极推进农业转移人口市民化;2. 全面提升城市功能;3. 加快培育中小城市和特色小城镇;4. 辐射带动新农村建设
12	2016年7月11日	国务院关于统筹推进县域内城乡义务教育一体化改革发展的若干意见	1. 同步建设城镇学校;2. 努力办好乡村教育;3. 科学推进学校标准化建设;4. 实施消除大班额计划;5. 统筹城乡师资配置;6. 改革乡村教师待遇保障机制;7. 改革教育治理体系;8. 改革控辍保学机制;9. 改革随迁子女就学机制;10. 加强留守儿童关爱保护
13	2016年7月27日	国家信息化发展战略纲要	1. 加快推进农业现代化;2. 促进区域协调发展
14	2016年10月11日	国务院办公厅关于印发推动1亿非户籍人口在城市落户方案的通知	1. 进一步拓宽落户通道;2. 制定实施配套政策;3. 强化监测检查
15	2016年10月30日	关于完善农村土地所有权承包权经营权分置办法的意见	1. 逐步形成“三权分置”格局;2. 确保“三权分置”有序实施
16	2018年3月13日	关于实施2018年推进新型城镇化建设重点任务的通知	1. 加快农业转移人口市民化;2. 提高城市群建设质量;3. 提高城市发展质量;4. 加快推动城乡融合发展;5. 深化城镇化制度改革
17	2019年3月31日	2019年新型城镇化建设重点任务	1. 加快农业转移人口市民化;2. 优化城镇化布局形态;3. 推动城市高质量发展;4. 加快推进城乡融合展

续表

序号	时间	文件名称	相关内容
18	2019 年 4 月 15 日	中共中央、国务院关于建立健全城乡融合发展体制机制和政策体系的意见	1. 建立健全有利于城乡要素合理配置的体制机制;2. 建立健全有利于城乡基本公共服务普惠共享的体制机制;3. 建立健全有利于城乡基础设施一体化发展的体制机制;4. 建立健全有利于乡村经济多元化发展的体制机制;5. 建立健全有利于农民收入持续增长的体制机制
19	2019 年 5 月 7 日	住房和城乡建设部等部委关于进一步规范发展公租房的意见	1. 继续做好城镇中等偏下及以下收入住房困难家庭的保障工作;2. 加大对新就业无房职工、城镇稳定就业外来务工人员的保障力度;3. 加强公租房建设运营管理;4. 落实各项支持政策
20	2019 年 12 月 25 日	关于促进劳动力和人才社会性流动体制机制改革的意见	1. 推动经济高质量发展,筑牢社会性流动基础;2. 畅通有序流动渠道,激发社会性流动活力;3. 完善评价激励机制,拓展社会性流动空间;4. 健全兜底保障机制,阻断贫困代际传递
21	2020 年 4 月 3 日	2020 年新型城镇化建设和城乡融合发展重点任务	1. 提高农业转移人口市民化质量;2. 优化城镇化空间格局;3. 提升城市综合承载能力;4. 加快推进城乡融合发展
22	2020 年 7 月 20 日	关于全面推进城镇老旧小区改造工作的指导意见	1. 明确改造任务;2. 建立健全组织实施机制;3. 建立改造资金政府与居民、社会力量合理共担机制;4. 完善配套政策
23	2021 年 1 月 4 日	中共中央、国务院关于全面推进乡村振兴加快农业农村现代化的意见	1. 实现巩固拓展脱贫攻坚成果同乡村振兴有效衔接;2. 加快推进农业现代化;3. 大力实施乡村建设行动;4. 加强党对“三农”工作的全面领导
24	2021 年 2 月 24 日	国家综合立体交通网规划纲要	1. 优化国家综合立体交通布局;2. 推进综合交通统筹融合发展;3. 推进综合交通高质量发展
25	2021 年 4 月 8 日	2021 年新型城镇化和城乡融合发展重点任务	1. 促进农业转移人口有序有效融入城市;2. 提升城市群和都市圈承载能力;3. 促进大中小城市和小城镇协调发展;4. 加快建设现代化城市;5. 提升城市治理水平;6. 加快推进城乡融合发展
26	2021 年 5 月 25 日	关于加强县城绿色低碳建设的意见	1. 严守县城建设安全底线;2. 控制县城建设密度和强度;3. 限制县城民用建筑高度县城建设;4. 要与自然环境相协调;5. 大力发展绿色建筑和建筑节能;6. 建设绿色节约型基础设施;7. 加强县城历史文化保护传承;8. 建设绿色低碳交通系统;9. 营造人性化公共环境;10. 推行以街区为单元的统筹

续表

序号	时间	文件名称	相关内容
27	2021 年 8 月 27 日	“十四五”就业促进规划	1. 坚持经济发展就业导向，不断扩大就业容量；2. 强化创业带动作用，放大就业倍增效应；3. 完善重点群体就业支持体系，增强就业保障能力；4. 提升劳动者技能素质，缓解结构性就业矛盾；5. 推进人力资源市场体系建设，健全公共就业服务体系
28	2021 年 10 月 21 日	关于推动城乡建设绿色发展的意见	1. 推进城乡建设一体化发展；2. 转变城乡建设发展方式；3. 统筹城乡规划建设管理、建立城市体检评估制度、加大科技创新力度、推动城市智慧化建设、推动美好环境共建共治共享
29	2021 年 12 月 28 日	关于印发《“十四五”公共服务规划》的通知	健全完善公共服务体系，持续推进基本公共服务均等化，着力扩大普惠性非基本公共服务供给，丰富多层次多样化生活服务供给
30	2022 年 1 月 6 日	要素市场化配置综合改革试点总体方案	进一步深化户籍制度改革。支持具备条件的试点地区在城市群或都市圈内开展户籍准入年限同城化累计互认、居住证互通互认，试行以经常居住地登记户口制度，实现基本公共服务常住地提供
31	2022 年 3 月 10 日	2022 年新型城镇化和城乡融合发展重点任务	1. 提高农业转移人口市民化质量；2. 持续优化城镇化空间布局和形态；3. 加快推进新型城市建设；4. 提升城市治理水平；5. 促进城乡融合发展
32	2022 年 5 月 6 日	关于推进以县城为重要载体的城镇化建设的意见	1. 科学把握功能定位，分类引导县城发展方向；2. 培育发展特色优势产业，稳定扩大县城就业岗位；3. 完善市政设施体系，夯实县城运行基础支撑；4. 强化公共服务供给，增进县城民生福祉；5. 加强历史文化和生态保护，提升县城人居环境质量；6. 提高县城辐射带动乡村能力，促进县乡村功能衔接互补；7. 深化体制机制创新，为县城建设提供政策保障
33	2022 年 6 月 7 日	“十四五”新型城镇化实施方案	1. 加快农业转移人口市民化；2. 优化城镇化空间布局和形态；3. 推进新型城市建设；4. 提升城市治理水平；5. 推进城乡融合发展
34	2022 年 12 月 30 日	关于下达农业农村及新型城镇化领域标准化试点示范项目的通知	下达国家农业标准化示范区项目、全国农村综合改革标准化试点项目、新型城镇化标准化试点项目建设任务
35	2024 年 7 月 28 日	关于印发《深入实施以人为本的新型城镇化战略五年行动计划》的通知	实施新一轮农业转移人口市民化、潜力地区城镇化水平提升、现代化都市圈培育、城市更新和安全韧性提升等四大行动、19 项重点任务

资料来源：根据国务院“政策库”信息整理而得。

附录三　党的十八大以来行政审批改革重要发文汇总

序号	日期	发文号	发文名称
1	2013.5.17	国发〔2013〕19 号	国务院关于取消和下放一批行政审批项目等事项的决定
2	2013.7.22	国发〔2013〕27 号	国务院关于取消和下放 50 项行政审批项目等事项的决定
3	2013.9.26	国发〔2013〕39 号	国务院关于严格控制新设行政许可的通知
4	2013.12.10	国发〔2013〕44 号	国务院关于取消和下放一批行政审批项目的决定
5	2014.1.28	国发〔2014〕5 号	国务院决定取消和下放管理层级的行政审批项目目录
6	2014.4.22	国发〔2014〕16 号	国务院关于清理国务院部门非行政许可审批事项的通知
7	2014.7.22	国发〔2014〕27 号	国务院关于取消和调整一批行政审批项目等事项的决定
8	2014.10.23	国发〔2014〕50 号	国务院关于取消和调整一批行政审批项目等事项的决定
9	2014.12.10	国办发〔2014〕59 号	国务院办公厅关于印发精简审批事项规范中介服务实行企业投资项目网上并联核准制度工作方案的通知
10	2015.2.4	国发〔2015〕6 号	国务院关于规范国务院部门行政审批行为改进行政审批有关工作的通知
11	2015.2.24	国发〔2015〕11 号	国务院关于取消和调整一批行政审批项目等事项的决定
12	2015.4.29	国办发〔2015〕31 号	国务院办公厅关于清理规范国务院部门行政审批中介服务的通知
13	2015.5.10	国发〔2015〕27 号	国务院关于取消非行政许可审批事项的决定
14	2015.10.19	国发〔2015〕55 号	国务院关于实行市场准入负面清单制度的意见
15	2015.10.11	国发〔2015〕57 号	国务院关于第一批取消 62 项中央指定地方实施行政审批事项的决定

续表

序号	日期	发文号	发文名称
16	2015.10.15	国发〔2015〕58 号	国务院关于第一批清理规范 89 项国务院部门行政审批中介服务事项的决定
17	2015.11.3	国发〔2015〕62 号	国务院关于“先照后证”改革后加强事中事后监管的意见
18	2015.12.28	国办发〔2015〕92 号	国务院办公厅关于印发国务院部门权力和责任清单编制试点方案的通知
19	2015.12.29	国函〔2015〕222 号	国务院关于上海市开展“证照分离”改革试点总体方案的批复
20	2016.2.19	国发〔2016〕9 号	国务院关于第二批取消 152 项中央指定地方实施行政审批事项的决定
21	2016.2.23	国发〔2016〕10 号	国务院关于取消 13 项国务院部门行政许可事项的决定
22	2016.2.28	国发〔2016〕11 号	国务院关于第二批清理规范 192 项 国务院部门行政审批中介服务事项的决定
23	2016.5.19	国发〔2016〕29 号	国务院关于印发清理规范投资项目报建审批事项实施方案的通知
24	2016.6.1	国发〔2016〕32 号	国务院关于在内地对香港、澳门服务提供者暂时调整有关行政审批和准入特别管理措施的决定
25	2016.6.8	国发〔2016〕35 号	国务院关于取消一批职业资格许可和认定事项的决定
26	2016.9.5	国令第 671 号	国务院关于修改《国务院对确需保留的行政审批项目设定行政许可的决定》的决定
27	2017.1.12	国发〔2017〕7 号	国务院关于第三批取消中央指定地方实施行政许可事项的决定
28	2017.1.22	国发〔2017〕8 号	国务院关于第三批清理规范国务院部门行政审批中介服务事项的决定
29	2017.5.7	国发〔2017〕32 号	国务院关于进一步削减工商登记前置审批事项的决定
30	2017.6.29	国发〔2017〕34 号	国务院关于调整工业产品生产许可证管理目录和试行简化审批程序的决定
31	2017.9.28	国发〔2017〕45 号	国务院关于在更大范围推进“证照分离”改革试点工作的意见
32	2017.9.29	国发〔2017〕46 号	国务院关于取消一批行政许可事项的决定
33	2017.12.15	国办发〔2017〕94 号	国务院办公厅关于推进重大建设项目批和实施领域政府信息公开的意见
34	2018.5.17	国办发〔2018〕32 号	国务院办公厅关于进一步压缩企业开办时间的意见

续表

序号	日期	发文号	发文名称
35	2018.5.23	2018 年第 16 号	中共中央办公厅　国务院办公厅印发《关于深入推进审批服务便民化的指导意见》
36	2018.8.3	国发〔2018〕28 号	国务院关于取消一批行政许可等事项的决定
37	2018.10.10	国发〔2018〕35 号	国务院关于在全国推开“证照分离”改革的通知
38	2019.2.27	国发〔2019〕6 号	国务院关于取消和下放一批行政许可事项的决定
39	2019.3.26	国办发〔2019〕11 号	国务院办公厅关于全面开展工程建设项目审批制度改革的实施意见
40	2019.9.12	国发〔2019〕18 号	国务院关于加强和规范事中事后监管的指导意见
41	2019.11.15	国发〔2019〕25 号	国务院关于在自由贸易试验区开展“证照分离”改革全覆盖试点的通知
42	2020.9.13	国发〔2020〕13 号	国务院关于取消和下放一批行政许可事项的决定
43	2020.11.9	国办发〔2020〕42 号	国务院办公厅关于全面推行证明事项和涉企经营许可事项告知承诺制的指导意见
44	2020.11.19	国函〔2020〕155 号	国务院关于上海市浦东新区开展“一业一证”改革试点大幅降低行业准入成本总体方案的批复
45	2021.6.3	国发〔2021〕7 号	国务院关于深化“证照分离”改革进一步激发市场主体发展活力的通知
46	2022.1.30	国办发〔2022〕2 号	国务院办公厅关于全面实行行政许可事项清单管理的通知
47	2022.3.1	国发〔2022〕5 号	国务院关于加快推进政务服务标准化规范化便利化的指导意见
48	2022.10.3	国办发〔2022〕32 号	国务院办公厅关于加快推进“一件事一次办”打造政务服务升级版的指导意见
49	2022.10.28	国办函〔2022〕102 号	国务院办公厅关于印发全国一体化政务大数据体系建设指南的通知
50	2023.3.16	国办发〔2023〕5 号	国务院办公厅关于公布《法律、行政法规、国务院决定设定的行政许可事项清单（2023 年版）》的通知

资料来源：根据中国政府网政策文件自制。

附录四　党和国家关于城乡一体化政策文件梳理

发布时间	政策、文件标题	主要内容
2007 年 10 月 15 日	党的十七大报告	确保到 2020 年实现全面建成小康社会的奋斗目标,要统筹城乡发展,形成城乡经济社会发展一体化新格局
2008 年 10 月 12 日	《中共中央关于推进农村改革发展若干重大问题的决定》	新形势下推进农村改革发展,要把加快形成城乡经济社会发展一体化新格局作为根本要求
2012 年 11 月 8 日	党的十八大报告	①解决好农业农村农民问题是全党工作重中之重,城乡发展一体化是解决“三农”问题的根本途径。 ②要加大统筹城乡发展力度,逐步缩小城乡差距,促进城乡共同繁荣
2016 年 3 月 16 日	《中华人民共和国国民经济和社会发展第十三个五年规划纲要》	推动新型城镇化和新农村建设协调发展,促进公共资源在城乡间均衡配置,形成城乡共同发展新格局
2017 年 10 月 18 日	党的十九大报告	要坚持农业农村优先发展,建立健全城乡融合发展体制机制和政策体系,加快推进农业农村现代化
2018 年 1 月 2 日	《乡村振兴战略规划(2018—2022 年)》	①坚持城乡融合发展是实施乡村振兴战略的基本原则之一。 ②要区分特大城市主城区、郊区等区域,分类制定落户政策
2019 年 4 月 15 日	《中共中央 国务院关于建立健全城乡融合发展体制机制和政策体系的意见》	到 2022 年,城乡融合发展体制机制初步建立。城乡要素自由流动制度性通道基本打通……城市郊区在体制机制改革上率先取得突破
2021 年 3 月 11 日	《中华人民共和国国民经济和社会发展第十四个五年规划和 2035 年远景目标纲要》	①坚持农业农村优先发展,健全城乡融合发展体制机制,全面推进乡村振兴。 ②坚持产城融合,完善郊区新城功能,实现多中心、组团式发展
2021 年 4 月 8 日	《国家发展改革委关于 2021 年新型城镇化和城乡融合发展重点任务的通知》	①深入实施以人为核心的新型城镇化战略……加快推进城乡融合发展。 ②在中心城区周边科学发展郊区卫星城,促进多中心、组团式发展,实现产城融合和职住平衡

续表

发布时间	政策、文件标题	主要内容
2021年4月28日	《中共中央 国务院关于加强基层治理体系和治理能力现代化建设的意见》	①统筹推进乡镇（街道）和城乡社区治理，是实现国家治理体系和治理能力现代化的基础工程。 ②力争再过15年，基本实现基层治理体系和治理能力现代化，中国特色基层治理制度优势充分展现
2021年11月12日	《国务院关于印发"十四五"推进农业农村现代化规划的通知》	推动城乡融合发展。将县域作为城乡融合发展的重要切入点，以保障和改善农村民生为优先方向，强化以工补农、以城带乡，加快建立健全城乡融合发展体制机制，推动公共资源县域统筹，促进城乡协调发展、共同繁荣
2021年12月27日	《国务院办公厅关于印发"十四五"城乡社区服务体系建设规划的通知》	到2025年末，党建引领社区服务体系建设更加完善，服务主体和服务业态更加丰富，线上线下服务机制更加融合，精准化、精细化、智能化水平持续提升，社区吸纳就业能力不断增强，基本公共服务均等化水平明显提升，人民群众操心事、烦心事、揪心事更好解决
2022年3月10日	《国家发展改革委关于印发〈2022年新型城镇化和城乡融合发展重点任务〉的通知》	①深入推进以人为核心的新型城镇化战略，提高新型城镇化建设质量；②以县域为基本单元推动城乡融合发展，推进城镇基础设施向乡村延伸、公共服务和社会事业向乡村覆盖
2022年5月20日	中共中央办公厅 国务院办公厅印发《关于推进以县城为重要载体的城镇化建设的意见》	①到2025年以县城为重要载体的城镇化建设取得重要进展，综合承载能力明显增强，农民到县城就业安家规模不断扩大，县城居民生活品质明显改善；②在全国范围内基本建成各具特色、富有活力、宜居宜业的现代化县城，与邻近大中城市的发展差距显著缩小，促进城镇体系完善、支撑城乡融合发展作用进一步彰显
2022年10月16日	党的二十大报告	推进以人为核心的新型城镇化，加快农业转移人口市民化。以城市群、都市圈为依托构建大中小城市协调发展格局，推进以县城为重要载体的城镇化建设

续表

发布时间	政策、文件标题	主要内容
2024 年 7 月 21 日	《中共中央关于进一步全面深化改革　推进中国式现代化的决定》	必须统筹新型工业化、新型城镇化和乡村全面振兴，全面提高城乡规划、建设、治理融合水平，促进城乡要素平等交换、双向流动，缩小城乡差别，促进城乡共同繁荣发展。为此，需要构建产业升级、人口集聚、城镇发展良性互动机制，坚持人民城市人民建、人民城市为人民两方面，推进新型城镇化体制机制，进而完善城乡融合发展体制机制
2024 年 7 月 28 日	《国务院关于印发〈深入实施以人为本的新型城镇化战略五年行动计划〉的通知》	以满足人民日益增长的美好生活需要为根本目的，以体制机制改革为动力，实施新一轮农业转移人口市民化、潜力地区城镇化水平提升、现代化都市圈培育、城市更新和安全韧性提升等四大行动、19 项重点任务

资料来源：根据国务院“政策库”整理而得。

附录五　29个省份关于权力清单制度实施的文件

省份	文件名称	发文时间	特点或其他
北京	北京市人民政府关于建立市政府部门权力清单责任清单制度的通知	2015年12月	权力与责任分开列出
天津	关于推行政府工作部门权力清单责任清单制度的意见	2015年3月	统一权责清单
河北	关于建立行政权力清单制度的实施方案	2014年8月	按11类行政权力
内蒙古	内蒙古自治区行政权力监督管理办法	2015年3月	以监督带动权力清理
黑龙江	关于推行政府权力清单制度的指导意见	2015年3月	分14类行政权力
吉林	关于加强省政府部门权力清单和责任清单监督管理的意见	2016年2月	省级与市县分两个文件规定
辽宁	辽宁省权责清单管理办法	2016年11月	有10类行政权力
浙江	关于全面开展政府职权清理推行权力清单制度的通知	2014年3月	分10类行政权力
山东	关于在全省推行行政权力清单制度的通知	2014年7月	按10类行政权力
江苏	江苏省行政权力事项清单管理办法	2015年12月	分10类行政权力
广东	广东省推行市、县政府工作部门权责清单制度工作方案	2015年6月	省级与市县分开
福建	福建省推行省级行政权力清单制度实施方案	2014年8月	分11类行政权力
海南	关于在全省各市县人民政府开展职权清理推行权力清单制度的通知	2015年9月	按10类行政权力
山西	关于全面清理行政权力推行权力清单制度的通知	2014年12月	清理10类行政权力
河南	关于推行全省各级政府工作部门权力清单和责任清单制度的实施意见	2015年5月	按10类行政权力
湖南	关于推行各级政府工作部门权力清单制度的实施意见	2015年6月	按10类行政权力

续表

省份	文件名称	发文时间	特点或其他
湖北	关于在全省推行政府工作部门权力清单制度的通知	2015年6月	按10类行政权力
安徽	关于推行省级行政权力清单制度的通知	2014年9月	梳理10类权力
江西	江西省行政权责清单管理办法	2016年3月	分8类行政权力
重庆	关于公布市政府部门和有关单位行政权力清单和责任清单	2015年11月	按10项行政权力
四川	关于推行行政权力清单制度进一步清理优化行政权力事项的通知	2014年9月	内部权力事项不列入清单
云南	云南省政府工作部门权责清单管理办法	2017年10月	权责清单统一编制
贵州	贵州省推行政府工作部门权力清单制度实施方案	2015年5月	推进两单合一
广西	关于推行各级政府部门权力清单制度的意见	2015年1月	按10类行政权力
陕西	陕西省权力和责任清单管理办法	2016年3月	不含行政许可权力
青海	关于全面开展政府职权清理推行权力清单责任清单制度的通知	2014年12月	按12类权力清理
宁夏	关于建立政府部门权力清单制度的实施意见	2014年12月	以梳理权力为主
甘肃	关于推行全省各级政府工作部门权力清单制度的实施意见	2015年4月	按10类行政权力
新疆	新疆维吾尔自治区行政权力清单和责任清单监督管理办法	2016年10月	分10类行政权力

资料来源：孙彩红：《权力清单制定与实施的逻辑分析与发展路径》，《中国行政管理》2020年第2期。

附录六　21世纪以来中央一号文件一览（2003—2024年）

发文时间	发文机关	文件名称
2024-02-03	中共中央、国务院	关于学习运用“千村示范、万村整治”工程经验有力有效推进乡村全面振兴的意见
2023-02-13	中共中央、国务院	关于做好2023年全面推进乡村振兴重点工作的意见
2022-02-22	中共中央、国务院	关于做好2022年全面推进乡村振兴重点工作的意见
2021-02-22	中共中央、国务院	关于全面推进乡村振兴加快农业农村现代化的意见
2020-02-05	中共中央、国务院	关于抓好“三农”领域重点工作确保如期实现全面小康的意见
2019-01-03	中共中央、国务院	关于坚持农业农村优先发展做好“三农”工作的若干意见
2018-02-04	中共中央	关于实施乡村振兴战略的意见
2017-02-05	中共中央	关于深入推进农业供给侧结构性改革加快培育农业农村发展新动能的若干意见
2016-01-27	中共中央	关于落实发展新理念加快农业现代化实现全面小康目标的若干意见
2015-02-01	中共中央	关于加大改革创新力度加快农业现代化建设的若干意见
2014-01-19	中共中央、国务院	关于全面深化农村改革加快推进农业现代化的若干意见
2013-02-01	中共中央、国务院	关于加快发展现代农业　进一步增强农村发展活力的若干意见
2012-02-02	中共中央、国务院	关于加快推进农业科技创新持续增强农产品供给保障能力的若干意见

续表

发文时间	发文机关	文件名称
2011-02-09	中共中央、国务院	关于加快水利改革发展的决定
2009-12-31	中共中央、国务院	关于加大统筹城乡发展力度进一步夯实农业农村发展基础的若干意见
2008-12-31	中共中央、国务院	关于 2009 年促进农业稳定发展农民持续增收的若干意见
2007-12-31	中共中央、国务院	关于切实加强农业基础建设进一步促进农业发展农民增收的若干意见
2006-12-31	中共中央、国务院	关于积极发展现代农业扎实推进社会主义新农村建设的若干意见
2005-12-31	中共中央、国务院	关于推进社会主义新农村建设的若干意见
2004-12-31	中共中央、国务院	关于进一步加强农村工作提高农业综合生产能力若干政策的意见
2003-12-31	中共中央、国务院	关于促进农民增加收入若干政策的意见

资料来源:根据国务院政策信息整理所得。